JN206614

地教研に入会して地域・日本・世界の再発見をしませんか

東京九段，靖国神社近くの千代田区三番町に小さな事務所があります。そこが地理教育研究会の事務局のある地理教育研究所（所長：小山昌矩）です。ここを発信基地として，日々の活動をおこなっています。地理教育研究会（略称：地教研）というと，学校の教員だけの集まりのように思われますが，最近では地理の魅力に惹かれて，大学生や一般の方の参加もあり，市民に開かれた地理教育をめざして，幅広い活動をおこなっています。

また，地教研は「日本民間教育研究団体連絡会（略称：民教連）」の加盟団体であり，歴史教育者協議会や全国民主主義教育研究会と連携して活動するとともに，日本学術会議協力学術研究団体の一員として，地理関連学会連合，地球惑星科学連合などに加盟し，学術研究団体としても活動しています。

地教研が発足したのは1957年のことです。その後，一時停滞期がありますが，1964年に現在の会の体制を確立し，今日に至っています。本研究会では，「戦前の地理教育には科学性が乏しく国家主義，軍国主義の政策に奉仕する場合」があったとの反省に立ち，「平和と民主主義をおしすすめる教育」をめざすことを，発足の時からの精神としています。2017年に設立60周年を迎えました。毎年，夏季に研究大会を開催しており，2018年は第57回研究大会を札幌で，2019年は熊本・水俣で，第58回研究大会を開きます。

地教研の研究主題は「子どもとともに地域に学ぶ地理教育の創造を」です。子どもを中心に据え，地域を歩き，地域に学ぶことを実践しています。北海道，埼玉，千葉，東京，神奈川，名古屋，大阪，広島，島根，鹿児島などに地域サークルがあり，フィールドワークや例会などをおこない，独自に出版物も刊行しています。また，国内や海外現地見学にも取り組んでおり，2019年3月には第14回の国内現地見学「福島原発事故から8年目のフクシマ」を実施しました。フィールドワークは"地教研らしい新しい発見"があると評判です。会の活動は，会報「地理教育研究会会報」（年10回）や機関誌『地理教育』（年1回）に掲載され，会員になると定期的に届きます。この面からも"お得感"のある研究会です。なお，会のホームページも開設しています。

3・11東日本大震災・福島原発事故とその後の地域の現実は，私たちが継続的に考えなければいけない課題を投げかけています。一方，改訂された教育基本法の下での今次の学習指導要領は，深く考える子どもを育てるカリキュラムになっているか，危ぶまれます。

学校現場に役立つ地理（社会科・地理教育）から教養としての地理（生涯学習）まで幅広く取組む"地教研"に是非参加して，一緒に学び・考えましょう。

◇入会希望者は郵便振替用紙に，住所・氏名・勤務先・電話番号を記入し，年会費を［振替00120-5-161662・地理教育研究会］に振り込んで下さい。

＊年会費4,000円，ただし，シルバー会員および大学生・院生は3,000円
（会計年度：8月～翌年7月／会報10号分・機関誌「地理教育」1部を送付）

地理教育研究会　　102-0075　東京都千代田区三番町24-5　三番町ハイム601　　地理教育研究所内
電話：03（3237）7279
メール：chikyouken@sepia.plala.or.jp
ホームページ：https://chikyouken.sakura.ne.jp/

地理教育研究会編

新版 地理授業で使いたい教材資料

清水書院

　日本と世界の現実は，日々刻々と変化しています。その激動してやまない諸現実に肉迫する地理学習を，生徒や児童とともに実践したいと思います。これまで，私たちは，自然と人文現象との関係論にかたよる伝統的な地理教育の内容に疑問をもち，それよりも，地域実態の理解を学習の中心をおくよう，授業実践や研究会活動などを通じて訴えてきました。しかし，地域実態といっても，教師である私たち自身が実際に見聞したり，調査したりできる地域は限られています。その多くは，行ったことも見たこともない地域であり，そうした地域の姿について，いきいきと教えることは容易ではありません。

　教材がどんなに優れていても，それが生徒たちの興味や関心，能力などとかけ離れていれば，教室で生徒たちの拒否反応にあいます。事実，中学や高校に入学してくる生徒たちにたずねると「地理が嫌い」という生徒が多く，社会科の教師のなかでも「地理はもちたくない」という人が多い現状があります。

　これまで地理教育研究会は，『授業のための日本地理』『授業のための世界地理』シリーズを古今書院から刊行してきました。

　また，『毎日小学生新聞』の9年間（2004〜2012年度）にわたる連載記事（「新常識！世界とニッポン」「ぐるーり日本」など）をもとに『地理を楽しく！子どもを引きつける60のポイント』（高文研2009年）および『ニッポンまるかじり・地理ブック』（講談社2010年）を，さらに2016年には『人の暮らしと動きが見えてくる！知るほど面白くなる日本地理』を日本実業出版社から刊行してきました。さいわいにもこれらの書籍は多くの読者の支持を得て，版を重ねることができました。

　2017年に小学校と中学校が，2018年には高等学校の学習指導要領が改訂されました。高等学校の地理は，新しく必修教科として「地理総合」が始まります。地理情報や国際理解，自然環境と防災についての学習が大きな比重を占めることになります。また，地理総合を引き継ぐ形で地理探究が選択教科として設置されます。高校でのカリキュラムの変化に隠れがちですが，中学校地理的分野や小学校の社会科も構成が大きく変わるのに，工夫は現場任せのように見えます。世界・日本の諸地域からどういったテーマを教材として扱えばよいのか，あるいはどういった資料を使えば効果的なのか，現場では戸惑いも見られます。

　そこで地理教育研究会のこれまでの研究，実践を生かし，地誌学習の経験の少ない若い先生や地理の専門ではない先生，教職課程を受講する学生などに，十分授業の指針となる本を作りたいと考え，『地理授業で使いたい教材資料』を2014年に上梓しました。しかし，昨今の世界情勢や国内の変化や先述した学習指導要領の改訂が行われたのに合わせ，資料を更新し，現状の解説やコラムも一部入れ替えた『新版・地理授業で使いたい教材資料』を作成しました。テーマ数は91項目で，系統地理15項目，日本地誌39項目，世界地誌37項目，総論となっています。

　資料選択の基準は，①教科書では取扱われない資料だが重要な内容。②地理学習の見方・考え方を変え（教員の既成概念を革新），教材研究の手助けとなる資料。③学習者の興味・関心を高めるような具体的な資料。④現代世界や現在の日本社会を理解するうえで，“鍵”となる意味のある事実資料。⑤大人が見てもなるほどと思う資料（生涯学習の観点）で地理のおもしろさ再発見につながる。⑥教職をめざす学生に授業づくりの視点を例示するもの，などです。「地理は楽しい」という授業をつくっていきましょう。

『新版・地理授業で使いたい教材資料』編集委員会

本書の利用の仕方

　本書は，中学校，高等学校の地理の授業において1時間（テーマによっては2時間）で扱う学習内容を見開き2頁で配列した。基本的に「ねらい」「資料」「情報」「解説」「コラム」で構成している。

◼1　授業の展開にそった構成

1．**ねらい**は，この単元で習得したい事柄を，学習者の視点に立ち具体的に表現した。

2．**資料**（「図」）の地名の読み方は，地図帳を参考とした。地形図は縮小して掲載しているものもある。統計資料の年次は，比較がしやすいように西暦表示を原則とした。資料は，図表や文章資料を含め，すべて資料1，資料2…とした。取り上げた資料は，大きく次の5類型であり，扱い方の一例をあげる。

①新旧地形図の対比から地域の変貌をつかむ。

・たとえば「42鹿島臨海工業地域の変貌」では，砂浜が工業地域に変わったが，もともと住んでいた人はどうなったのだろう，何によって生活を立てているのだろう，などと変貌がもたらす人々のくらしへの影響を考えることができる。

②主題図（分布図，交通網地図や2種類の図の比較など）から地域間の関連性を読み取り，「発見」を促す。

・「29高速交通網の発達とその影響」では，本四架橋・高速道路網とフェリーの変遷図の2葉を比べることで，新たな過疎が「つくられた」と考える生徒も出てこよう。

③統計資料から，時系列の変化や他地域との比較を通じて学習内容を多角的に検証し，現状をつかむ。

・「82ハワイ」の資料1主要産業別収入は，観光より軍事のそれが早い時期に始まり，高い比率で推移していることを示している。「ハワイ＝観光」という固定的な見方が覆され，地域の課題に気づくことができる。

④文章資料により地域の人々の生活やねがいを読み取り，今の課題に思いをめぐらす。

・「47三陸海岸の漁業と環境保全」が好例だ。畠山重篤氏の平易で具体的な文章は，運動の原点を伝えている。

⑤写真，イラストなどの五感に訴える教材は，本質に迫る力を持っている。

・「50アイヌ民族の文化と人権」では，アイヌ語地名表示板の写真，アイヌ文様のイラストなどを見て，その意味を考える授業を紹介している。

3．**情報**は，「出典」と「授業づくりに有用な情報源」を載せた。ここは，おもに関連する教材づくりへの参考文献を兼ねている。また，教材作成のための情報源を検索することで，新たな資料を入手できることと思う。

4．本書は，テーマを理解するうえで，資料をどう使うかを主眼に編集した。そのため解説は，資料の読み方，そこから導き出されることがら，それに対しどう考えるかという授業展開を考慮して記述してある。小見出しが展開の項目に相当するだろうか。発問や発展的な学習へのヒントも書くように努めた。

5．枠で囲ってある**コラム**は，単元のねらいと関連づけている。導入あるいはまとめ（次の学習への橋渡し）に有用であろう。コラムから「地域の今」を読み取ってもらいたい。

◼2　教材化の視点

　資料は授業者と学習者の間にあって，たがいを結ぶ位置にある。発問は資料に基づいておこなわれ，学習者の理解度は提示する資料如何である。テーマに対し批判的に迫る学習態度を培うためにも，多角的で，実態に迫る資料を精選したい。

　各省庁のホームページには，教材になる図やグラフを見出すことが多い。海外の情報も比較的入手できる。たとえば，農林水産省のホームページで「アメリカ・農業法」と検索し「最近の動向」を探ると，生産額の推移はもちろん詳細な具体的な項目まで入手できる。また，企業のホームページ，とくに「キッズコーナー」なども見逃せない。授業の「ねらい」を確認しながら，教材作成に努めたい。教室で，学習者の「発見」の声があがることを期待している。

もくじ

1　世界の地形

ねらい
（1）　地体構造（地質）と地形の違い，および専門用語のもつ意味を明確に理解する。
（2）　プレートテクトニクス理論にもとづいて，変動帯と大地形の分布について考える。

資　料

資料1　世界の大地形

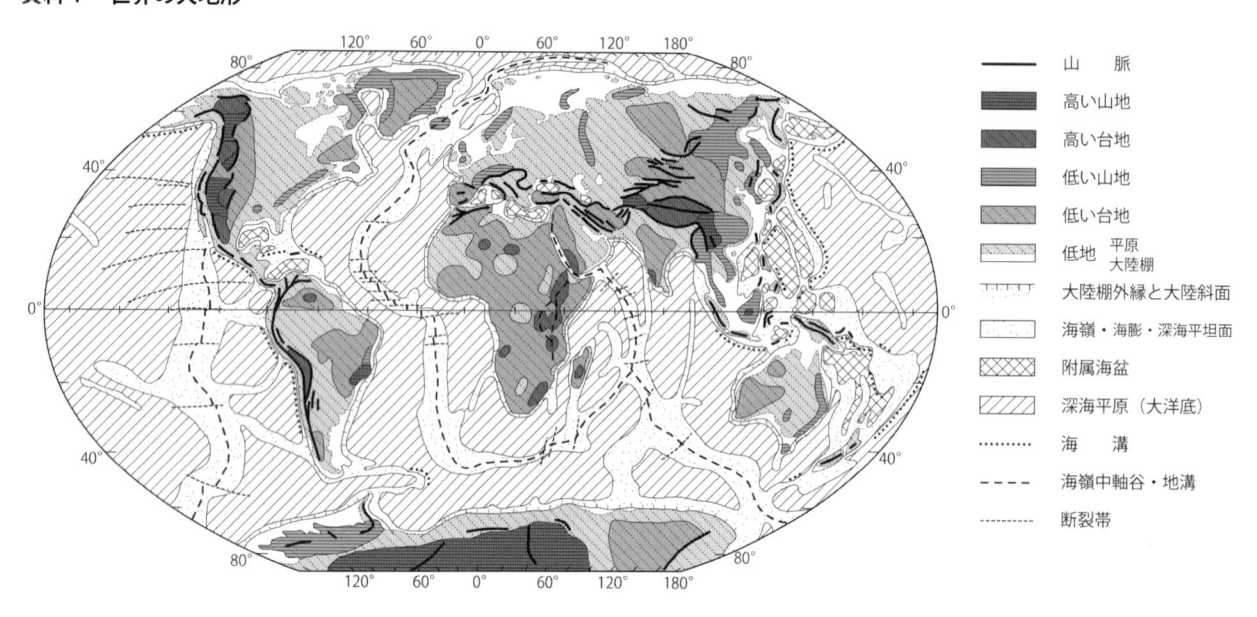

資料2　世界の変動帯と安定地域の分布

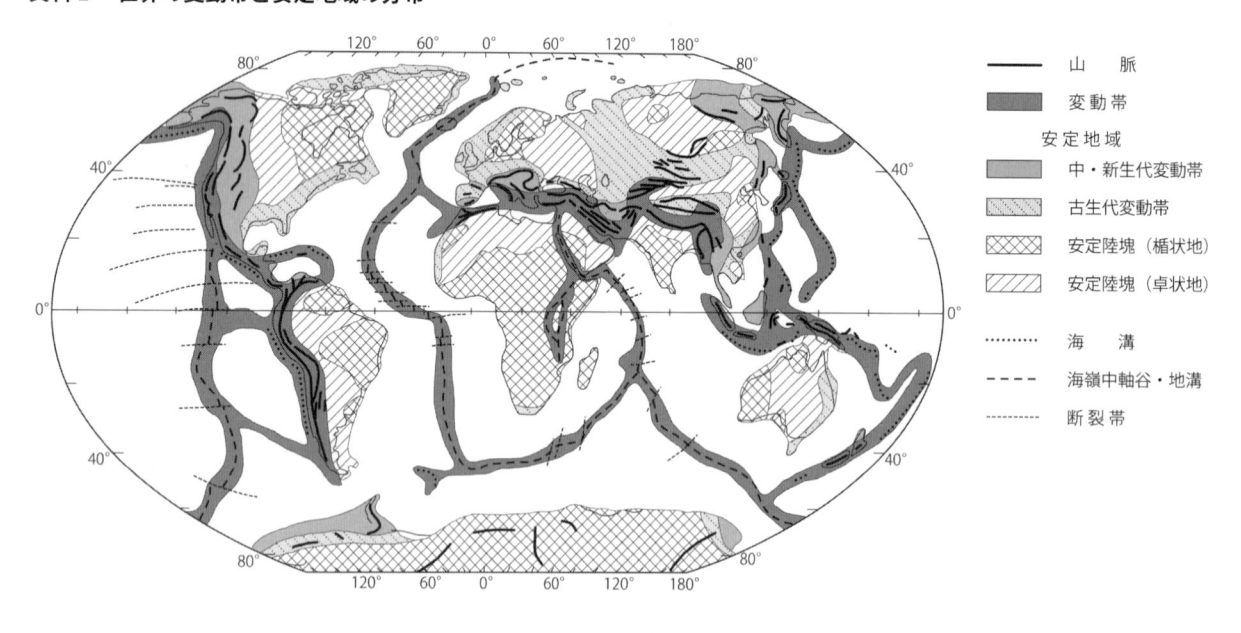

情　報

【出典】　資料1・2　岩田修二「高校地理教科書の『造山帯』を改定するための提案」E-journal GEO, 8
　　　　　（2013年）153〜164。資料1の原典は，貝塚爽平「世界の大地形」地理，16（9）（1971年）7-15.
【教材づくりに有用な情報源】
・米倉伸之・貝塚爽平・野上道男編『日本の地形1　総説』東京大学出版会（2001年）
・木村　学・大木勇人『図解プレートテクトニクス入門』講談社ブルーバックス（2013年）

解　説

【世界の地体構造＝大地形は誤り】　従来，多くの地理の教科書で採用されてきた「世界の地体構造」で大地形を説明する方法は誤っている。陸地は，新期造山帯・古期造山帯・安定陸塊に区分され，それぞれ大起伏山地・小起伏山地（および平原）・平原に対応すると説明されることが多い。しかし，地体構造区分はあくまでも地質学的特質にもとづく区分であり，大地形と完全に対応した区分，すなわち地形区分とは異なる。同時に，それに付随して利用される楯状地・卓状地にも注意が必要である。

　地体構造区分は，大陸地殻をつくり出す作用（造山運動：褶曲作用や断層作用をともない，広域にわたり深成岩・変成岩が生成される作用）が生じた時代にもとづいた区分であり，現在の地形とはまったく関係なく定義される。たとえば，崑崙山脈や天山山脈は古期造山帯に区分されるが，7000m級の壮年期山地となっている。同じく，スカンジナビア山脈やウラル山脈は，地形的にも老年期を示す古期造山帯の代表とされるが，一部に激しい氷食作用を受けた壮年期山地の地形景観のような地域も存在する。安定陸塊は楯状地と卓状地に区分され，楯状地は造山運動を受けた基盤岩が直接露出する地域，卓状地は楯状地が一度沈水して薄く地層が堆積したあとに離水した地質構造をもつ地域を示す用語である。これも地形条件は一切加味されずに定義される。

　これらは，プレートテクトニクス理論（以下，プレート論）が生まれる前に定義された地質学の概念であり，地形学者も大地形の分布を説明するために長らく利用してきた。しかし，プレート論の発展とともに状況は大きく変化した。

【世界の大地形】　それでは世界の大地形はどのように区分されるのか。ここでは，貝塚（1971）の大地形区分を紹介する（資料1）。

　世界の大地形は，陸上の地形と海底の地形とに2区分される。陸上の地形としては，山脈，標高2000m以上の高い山地・台地，標高500m〜2000mの低い山地・台地，標高500m以下の低地に区分され，低地には大陸棚も含まれる。一方，海底の地形は，海底の大山脈である海嶺と海嶺中軸谷・断裂帯，深海平原（大洋底），地中海・沿海からなる附属海盆，海溝に区分される。

【世界の変動帯】　プレート論が生まれた結果，プレートの狭まる境界（収束境界）で造山運動が生じることが明らかとなった。同時に，プレートの広がる境界（発散境界）・ずれる境界でも活発な地殻変動が生じていることも明確になった。新生代後期以降，現在でも活発な地殻変動の生じているプレート境界は変動帯とよばれ，それはおおむね地震帯・火山帯の分布に重なる（資料2）。

　プレートの狭まる境界は，海洋プレートが，①附属海盆をともなう大陸プレートあるいは別の海洋プレートの下に沈みこむ島弧海溝系，②大陸プレート下に沈みこむ陸弧海溝系の2つのタイプの沈みこみ型プレート境界と，③大陸プレート同士が衝突する衝突型プレート境界に区分される。①では日本列島や伊豆小笠原諸島・マリアナ諸島のような海溝と火山列島が，②では南米太平洋岸のような海溝と大山脈が，③ではヒマラヤ山脈のような大山脈が形成されている。

　海嶺では活発な火山活動が生じ，海洋プレートが形成される。海嶺から両側に拡大する海底は，やがて深海平原（大洋底）となり，厚さ・深度を増しつつ最後は海溝に沈みこむ。紅海およびアフリカ大地溝帯は，海嶺が大陸内に入りこんでいる場所であるが，地体構造区分では安定陸塊とされる。

【世界の安定地域】　変動帯以外の陸地を安定地域とよぶ。新期造山帯に区分されるアルプス山脈やロッキー山脈などは，現在ほとんど隆起が生じていない新生代変動帯に区分される。古期造山帯は古生代変動帯とよびかえられるが，安定陸塊を含め地質構造区分が踏襲される。大規模な侵食平野である準平原は楯状地に，構造平野はおもに卓状地や古生代変動帯に分布する。以上のように，世界の大地形の分布はプレート論と結びつけて考える必要がある。しかし，「地体構造区分＝大地形」という従来の構図は大学入試問題を作成する大学教員の中にも残っており，入試対策上，高校現場ではしばらく混乱が続くものと考えられる。実際にどう教えていくかは，現場ごとに対応が異なるであろうが，教える側はまず，造山運動・造山帯・楯状地・卓状地などは地質学用語であり，地形と対応したものではないことを明確に理解すべきである。

2 世界の気候

ねらい

（1） 地球スケール・大陸スケールでの気候成立メカニズムを理解する。

（2） その上で，地理教育におけるケッペンの気候区分図の有用性について考える。

資　料

資料1　理想的大陸と気候帯との関係（Köppen, 1918）

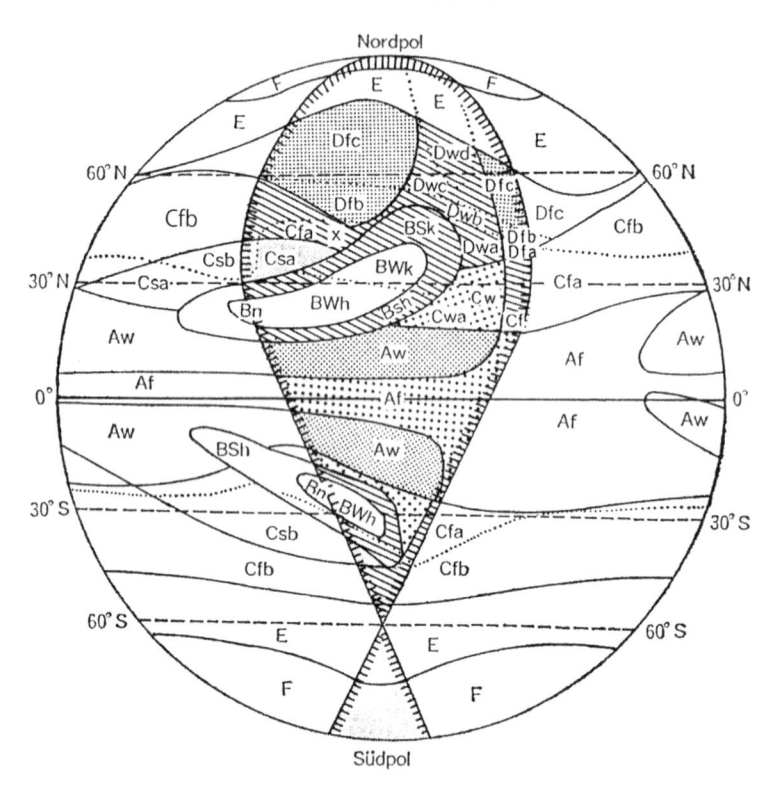

資料2　太陽回帰と連動した気圧帯の南北変動と気候地域の成立

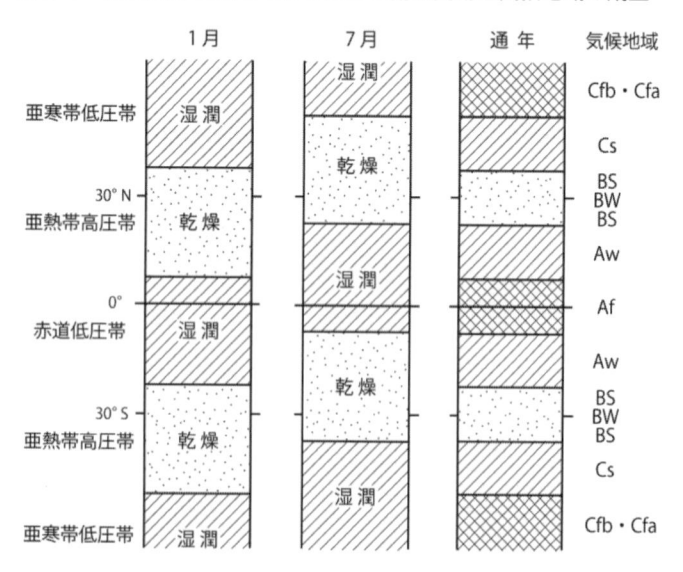

情　報

【出典】　資料1　矢澤大二『気候地域論考　その思潮と展開』古今書院（1989年）を筆者改変

資料2　筆者作図

解　説

【地球規模・大陸規模の気候メカニズム】　地球上での気温分布は，緯度・海抜高度・隔海度などの気候因子できまる。熱源である太陽光の入射角は緯度によって規定されるため，低緯度地域は高緯度地域にくらべ高温となる。同緯度であれば，海洋と陸地の比熱差のちがいで，沿岸域にくらべ内陸で日較差・年較差が大きくなる。中緯度地域であれば，後述する偏西風の影響で大陸西岸は同緯度の大陸東岸にくらべ，年較差が小さく海洋度の高い気候となる。

　降水は上昇気流にともなって生じ，上昇気流の生じる場所に向かって周囲から吹きこむ空気の流れが地上の風となる。地球規模でみると，上昇気流と降水は低圧帯・前線帯で生じ，高圧帯から低圧帯に向けて地球規模の風（恒常風・惑星風）が吹く。亜熱帯（中緯度）高圧帯から赤道低圧帯に吹きこむ風は（北東・南東）貿易風，亜寒帯（高緯度）低圧帯に吹きこむ風は偏西風とよばれる。赤道低圧帯・亜寒帯低圧帯に支配される地域は湿潤気候，亜熱帯高圧帯・極高圧帯に支配される地域は乾燥気候となる。

　この地球規模の気候現象を大陸規模で乱すように生じるのがモンスーン（季節風）である。モンスーン気候は，大陸内部と海洋上での夏季と冬季における気温差・気圧差の逆転の結果，大陸東岸で生じる。これらの基本事項を理解したうえで，世界の気候地域分布とその成り立ちを理解するために利用されてきたのがケッペンの気候区分である。

【気候地域論】　ケッペン（Wladimir Peter Köppen：1846～1940）は，50歳代なかばの1900年以降，90歳となる1936年まで，世界の気候区分図作成に取り組んだ。当時は地球規模で利用できる気候要素が気温と降水量のデータだけであったことから，すでに明らかにされていた世界の植生分布にもとづいて気候地域を設定，植生地域界に一致する気候値を探し出し，気候境界値とした。

　最も重要な気候境界は，樹林気候と無樹林気候※（寒帯：E，乾燥気候 B）との境界となる森林限界（最暖月平均気温10℃等温線）および乾燥限界である。寒帯は，ツンドラ気候（ET：Tundre）と氷雪気候（EF：Froste 氷点下・凍結）に，乾燥気候は，ステップ気候（BS：Steppe）と砂漠気候（BW：

Wüste）に分類される。

　樹林気候は，熱帯林・温帯林・冷帯林に対応する気候区（熱帯：A，温帯：C，冷帯：D）に区分され，それぞれの植生境界に一致する最寒月平均気温（18℃，－3℃）が気候境界値として採用された。熱帯気候は熱帯雨林分布域（熱帯雨林気候：Af）と熱帯疎林であるサバンナ（サバナ）分布域（サバナ気候：Aw）に二分され，温帯気候は針広混交林分布域（Cfa：温暖湿潤気候），落葉広葉樹林分布域（Cfb：西岸海洋性気候），常緑広葉樹林分布域（Cw：温暖冬季少雨気候），地中海性低木林分布域（Cs：地中海性気候）に，冷帯気候は常緑針葉樹林分布域（Df：冷帯湿潤気候）と落葉針葉樹林分布域（Dw：冷帯冬季少雨気候）とに細分される。細区分に利用される小文字は，f：feucht（湿潤），w：wintertrocken（冬季乾燥），s：sommertrocken（夏季乾燥）を意味し，a・b境界は最暖月平均気温22℃（暑い夏があるかないか）が採用された。のちにサバナ気候に区分された地域（際だった乾期の存在する地域）でありながら熱帯密林の分布する地域が見出され，その地域は熱帯中間型気候 Am（m：Mittelform，中間型）とされた。ケッペンの死後，この森林（熱帯雨緑林）の分布域が熱帯モンスーン地域に一致することから，熱帯モンスーン気候とよばれた。

【気候地域の成立メカニズム】　資料1を見ると，大陸西岸と東岸とで気候地域の配列がまったく異なることがよくわかる。大陸西岸では，低緯度地域から高緯度地域に向けて，Af → Aw → BS → BW → BS → Cs → Cfb・Cfa → Df → ET → EF という配列になる。これはのちに，太陽回帰にともなう気圧帯の南北変動に対応していることが明らかとなった（資料2）。そして大陸東岸では，乾燥気候が欠如するかわりに Am・Cw・Dw があらわれる。これは，気圧帯分布に規定された気候区配列が，モンスーン気候の成立で乱された結果であることを示している。

　このようにケッペンの気候区分は，気候地域の成立メカニズムを反映した区分図となっており，植生分布がベースになることから，世界の植生帯・土壌帯，農業地域区分との対応関係がよく，応用範囲も広いため，地理教科書や地図帳に採用されている。

※樹林＝森林＋疎林。森林は高木が連続的に分布する状況，疎林は草原内に高木が点在する状況をさす。

3 地球環境問題

ねらい

（1） 地球環境問題の状況について，地球温暖化問題を中心に理解する。

（2） 地球温暖化の原因および対策や解決の方法を脱炭素社会の視点から考える。

資　料

資料1　日本の二酸化炭素の部門別排出量（2016年度）

部門	各部門の直接排出	各部門の間接排出	直接排出シェア（％）	間接排出シェア（％）
エネルギー転換部門（発電所等）	511	98	42	8
産業部門（工場等）	297	418	25	35
運輸部門（自動車等）	207	216	17	18
業務その他部門（商業・サービス・事務所等）	58	213	5	18
家庭部門	56	189	5	16
工業プロセス（石灰石消費等）	46	46	4	4
廃棄物（廃プラスチック，廃油の焼却）	30	30	2	2
その他	3	3	0.3	0.3
合計	1,206	1,206	100	100

排出量の単位は百万t—二酸化炭素（CO_2）換算。直接排出量は，発電にともなう排出量をエネルギー転換部門からの排出と計算したもので，間接排出量は，電気事業者の発電にともなう排出量を電力消費量に応じて最終需要部門に配分した後の値。

資料2　世界の二酸化炭素排出割合

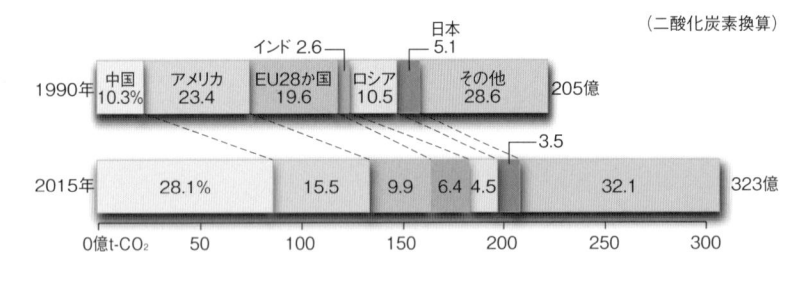

EU28か国（2015年のEU加盟国の割合は，ドイツ2.3%，イギリス1.2%，イタリア1.0%，フランス0.9%など）

資料3　日本の一次エネルギー供給の推移

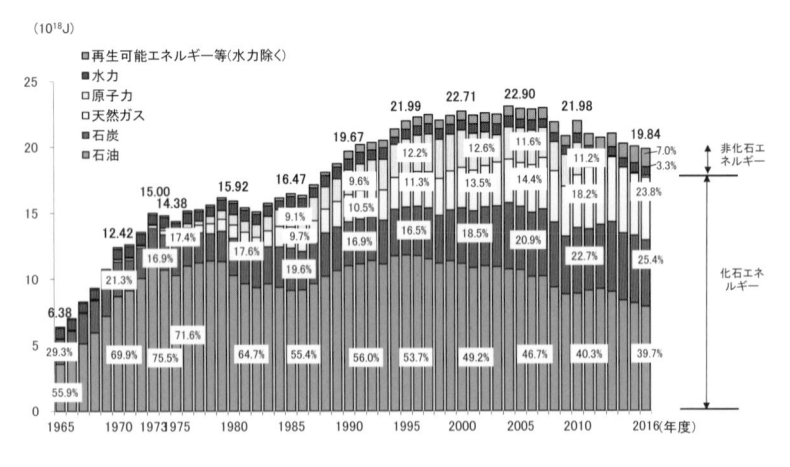

※帯グラフは，上から凡例の順にならんでいる。再生可能エネルギー等（水力をのぞく）とは，太陽光，風力，バイオマス，地熱などのこと。

情　報

【出典】 　資料1　温室効果ガスインベントリオフィス「日本の1990-2016年度の温室効果ガス排出量データ」（2018.4.25発表）

　　　　　　資料2　矢野恒太記念会『世界国勢図会2018／19年版』

　　　　　　資料3　経済産業省『平成29年度エネルギーに関する年次報告』p.134

　　　　　　（https://www.enecho.meti.go.jp/about/whitepaper/2018pdf/whitepaper2018pdf_2_1.pdf）

解　説

【日本の二酸化炭素の部門別排出量】　資料１は，地球温暖化の原因を示すため，部門別の二酸化炭素の排出量を示している。地球環境問題には，地球温暖化や酸性雨，オゾン層の破壊，海洋汚染，砂漠化，熱帯林の減少などがあるが，1980年代以降，地球温暖化がとりわけ重大な問題になってきている。

　地球温暖化の主要な原因物質である二酸化炭素の濃度は，産業革命以前は約280ppmであったが，資本主義経済が発展し，工業化が進み，大量生産が行われ，大量流通のための自動車交通が進展するなかで急激に増加しており，2017年には405.5ppmになっている。この結果，2018年の地球の平均表面温度は，産業革命前を約1.0℃上まわっており，それにともなう気候変動や，異常気象が各地で多発している。また，海水の酸性化が進行しており，国連の世界気象機関（WMO）の2018年報告書では，海水温が史上最高を記録し，気候変動がもたらす影響が危険なレベルに向かっているとしている。

　2013年の国連の気候変動に関する政府間パネル（IPCC）第５次報告では，21世紀末までに世界の平均気温が最大で4.8℃，平均海面水位が最大で81cm上昇するとし，地球温暖化の原因については95％以上の確率で人為的なものとした。人為的といっても，二酸化炭素の発生の主要な原因は，大量生産や大量流通を行う工業や運輸などの企業である。日本における2016年度の二酸化炭素の発生を部門別でみると，間接排出量シェアでは産業部門が35％をしめているのをはじめ，運輸部門などの割合が高い。

【おもな国の二酸化炭素排出量の割合】　地球温暖化に対しては1992年に「国連気候変動枠組み条約」が結ばれ，1997年の「京都議定書」によって，二酸化炭素の排出量の多い先進国に，排出削減を義務づけた。しかし，最大の排出国であったアメリカは途中で離脱し，日本は目標達成どころか，排出量を増加させている。そのため，EUが目標を超過達成したものの，京都議定書の目標は達成されていない。

　近年急速に発展してきている中国やインドの二酸化炭素発生量が多くなっている（資料２）。2015年の国連気候変動枠組み条約締約国会議（COP21）では，産業革命以降の気温上昇を２℃未満，できれば1.5℃未満に抑えることをめざす「パリ協定」が採択され，2016年に発効した。2017年にアメリカが離脱したものの，2020年以降にパリ協定が本格的に動き出すことになった。2018年10月のIPCCの「1.5℃特別報告書」では，1.5℃未満に抑えるには，2050年までに温室効果ガスの排出を実質ゼロにする必要があると指摘している。

　地球温暖化の問題を解決するためには，二酸化炭素の排出を大幅に削減すること，さらに脱炭素社会にすることである。そのためには，企業の利益優先の大量生産や大量流通などの社会システムを見直し，石炭や石油，天然ガスなどの化石エネルギーを大幅に削減する必要がある。さらに2016年度で日本の一次エネルギー供給の7.0％である太陽光や風力などの自然再生可能エネルギーを大幅に拡大していくことや省エネなどが必要である。石油の使用削減は，石油化学製品であるプラスチックごみによる海洋汚染の問題を解決していくことにもつながる。

　温暖化対策になると宣伝した原子力発電は，放射線汚染や放射性廃棄物処理などの重大な問題がある。東日本大震災による福島第一原子力発電所の事故では，福島県ではまだ放射線汚染による居住地制限があり（本書 p.94参照），漁業にも多大な影響が出ている。

地球温暖化の影響

　温暖化による水蒸気の増加は，豪雨を多発させており，2018年には，広島県や岡山県，愛媛県などで西日本豪雨災害が発生した。さらに猛暑日も急増しており，2018年７月23日に埼玉県熊谷市では41.1℃と日本の最高気温を記録した。また，海水温の上昇により，沖縄ではサンゴの白化現象が発生し，日本の漁業にも多大な影響を与えている。冬期を漁期とする養殖海苔業では，近年，漁期が１か月も短縮しており，クロマグロやブリなどの暖水種の魚の生息海域が北上している。北海道東部の白糠町では，冷水種のサケの定置網でクロマグロが漁獲されるようになった。

4 世界の民族と宗教

ねらい

（1）　世界の宗教人口数と分布を大観し，世界の三大宗教と民族宗教の多様性をおさえる。

（2）　イスラーム独自の生活様式を知り，宗教についての認識を深める。

資　料

資料1　世界の宗教人口数と割合（2008年）

宗教	人口（万人）	割合（%）	宗教	人口（万人）	割合（%）	宗教	人口（万人）	割合（%）
キリスト教	225,400	33.4	仏教	38,400	5.7	心霊主義	1,366	0.2
カトリック	113,040	16.7	大乗仏教	21,500	3.2	バハーイ教	736	0.1
プロテスタント	38,500	5.7	上座（部）仏教	14,600	2.2	儒教	641	0.1
イスラーム	150,000	22.2	チベット仏教	2,300	0.3	ジャイナ教	557	0.1
スンナ派	126,000	18.7	土着	27,030	4.0	道教	337	0.1
シーア派	21,000	3.1	無神論	14,830	2.2	神道	278	0.0
ヒンドゥー教	91,360	13.5	新宗教	10,700	1.6	ゾロアスター教	18	0.0
無宗教	76,900	11.4	シーク教	2,380	0.4	その他	134	0.0
中国の伝統的宗教	38,720	5.7	ユダヤ教	1,509	0.2	合計	674,960	

資料2　世界の宗教分布

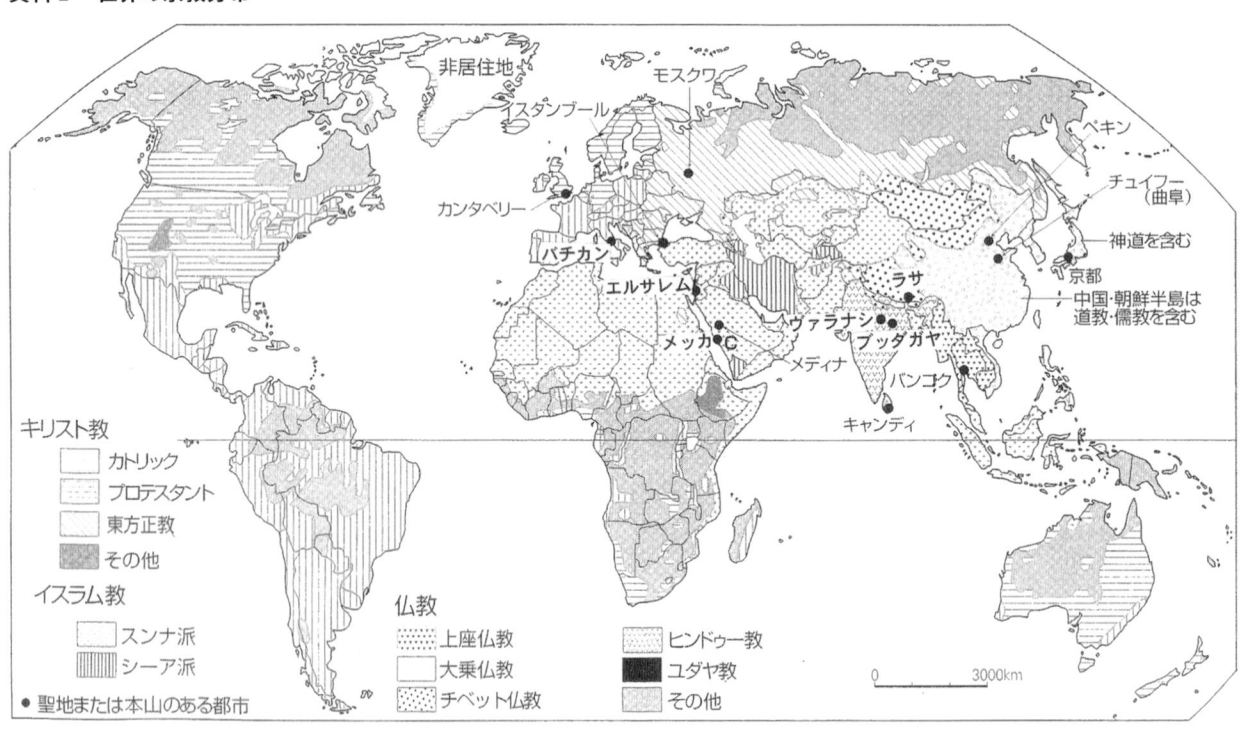

情　報

【出典】　資料1　『ブリタニカ国際年鑑』2009年版

　　　　　資料2　『基本白地図　新訂版』二宮書店 p.23

【教材づくりに有用な情報源】

・町田宗鳳『すぐわかる世界の宗教』東京美術（2005年）

解　説

【民族と宗教】　民族とは人類を文化的・社会的特徴の共通性（言語・宗教・伝統・慣習）により分類される。各々が同一民族集団の一員であるという自覚と連帯感をもち，同族意識で結ばれた集団である。

　世界の宗教は多様であり，宗教人口数は資料1で大観でき，宗教の広がりは資料2に示されている。世界の三大宗教はキリスト教，イスラーム，仏教で，民族をこえて広く信仰されている。一方，民族との関係が深い民族宗教も多くみられる。また自然や動物・霊魂などを崇拝する原始宗教もある。

　キリスト教は，ユダヤ教を母体にしながら，神の絶対愛による魂の救済を説いた。紀元前後にイエス＝キリストによって創始され，ヨーロッパ文化の精神的支柱となり，世界に広まった。聖典は聖書であり，カトリック（旧教），プロテスタント（新教），東方正教に大別される。カトリックはラテン民族を中心に，南欧・ラテンアメリカなどに多い。プロテスタントは16世紀の宗教改革により成立し，ゲルマン民族などを中心に，北・西欧，北米などに多い。東方正教は10世紀ごろローマ＝カトリック教会から分離し，スラブ民族のロシア，東欧に多く，ほかにギリシャがある。

　イスラームは7世紀メッカ生まれの預言者ムハンマドが創始した宗教である。イスラームとは唯一の神アッラーに服従することを意味し，信者はムスリムとよばれ，聖典はコーランである。イスラームの伝播は，サウジアラビアから西アジア，北アフリカ，中央アジア，南アジア（パキスタンなど），東南アジア（インドネシアなど）に広がった。スンナ（スンニ）派，シーア派などに分かれている。

　仏教は紀元前5世紀ごろ，インドの釈迦（ブッダ）の教えを展開した宗教である。人間の平等と魂の救済を説いた。無情と無我を説き，中道の実践よって，苦悩のない安住の地に到達（解脱）できると説いた。大乗仏教と上座部仏教（南方仏教）に大別され東アジア，東南アジアに伝わり信者が多い。

　民族宗教として，ユダヤ人のユダヤ教，インドのヒンドゥー教，チベット仏教（ラマ教），中国人の道教，日本人の神道などがある。

　古い伝統的信仰である原始宗教として，インディオのトーテミズム，アフリカのアニミズム，アジアのシャーマニズムなどがある。

【ムスリムの生活】　ムスリムは六信五行の教えを守っている。六信とはアッラー，天使，啓典，預言者，来世，定命を信じ，五行とは信仰の告白，礼拝，断食，喜捨，巡礼を行うのである。礼拝は1日5回，メッカに向いて祈る。聖典『コーラン』は，アラビア語で記されている。衣食住などをみてみよう。
〈衣〉　男性は白色のトーブを着て頭にシュマーグ（白地に赤模様の布）をかぶり，イガール（黒い縄のようなもの）をのせる。成人女性は黒色のチャドルを着て，頭部をヒジャーブで覆う。子どもは学校へは民族衣装で登校し，遊びの時は日本の子どもとかわらない格好で過ごす。**〈食〉**　断食月（ラマダーン）には，日の出から日没まで飲食をしない。豚肉の食用は厳禁されている。また，飲酒，賭け事も禁止されている。食事を口に運ぶ時は必ず右手を使う。**〈住〉**　礼拝堂のモスクや礼拝所（ムサッラー）がある。モスク内には偶像崇拝しないため彫刻や壁画はなく，メッカの方向がわかるミラーブというアーチ型の窪みが設けられている。**〈他〉**　イスラームではムハンマドの聖遷（622年）を元年とするヒジュラ暦を用いる。完全な太陰暦で，すべての行事・祭礼はヒジュラ暦によって行われる。学校は男女別制である。土曜日が週の初めで，金曜日が休日。これらの生活スタイルは，規定されている。

宗教の日本伝来

　仏教は百済より538年に，キリスト教はザビエルの来日した1549年に伝来したとされている。イスラームは1896年に有賀文八郎がインドでムスリムになったといわれている。なお，ヒンドゥーの神々は仏教にも取り入れられ，毘沙門天（ヴィシュヌ），帝釈天（インドラ），吉祥天（ラクシュミー），弁財天（サラスヴァティー）などとして日本では祭られている。キリスト教とイスラームは一神教であり，仏教とヒンドゥー教は多神教である。

5　世界の食料問題

ねらい
（1）「食料生産が増えれば食料不足や飢饉が解消」というほど単純ではない。背後に複雑な関わりあいがあることを理解する。
（2）遺伝子組み換え作物（GM）がなぜ，どれほど増えているかを考察する。

資　料

資料1　世界の1人あたりの穀物生産と耕地面積

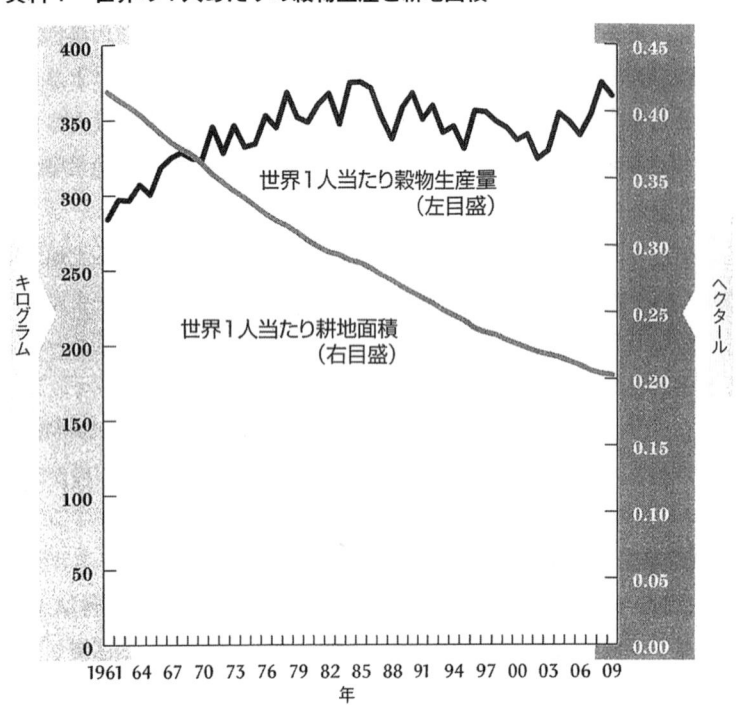

資料2　デジタル農業と遺伝子組み換え農業

> アメリカのイリノイ州中部ブルーミントンの農家経営者のウェンディーさんは，事務所に入ると，「これが最新のデジタル農業だ」と壁にかかる大型液晶画面をさした。人工衛星から送られてくる農地周辺の雨や風などのようすがカラーで映し出されている。キーボードをたたくと，図やグラフが出てきた。「これを見ればどの農地に水を補給すればよいかや，肥料の過不足がわかる」と自慢する。彼は息子と兄の3人で約2400ha の広大な農地で大豆とトウモロコシを栽培する。年間の売り上げは約3億5000万円。農地はあちこちに点在する。そこで気象情報を利用している。料金は年間40万円。「無駄な肥料や水，燃料を使わないですむ」と話す。また，遺伝子組み換え作物については「大豆もトウモロコシも100％組み換えだ。収量は確実に増えた」という。除草剤をまけば大豆は生き残り，雑草だけが枯れる。ところが，除草剤をまいても枯れない雑草があらわれたという。

情　報

【出典】　資料1　東京経済大学国際経済グループ『私たちの国際経済—見つめよう，考えよう，世界のこと（第3版）』有斐閣ブックス（2013年）p.115

　　　　　資料2　毎日新聞　2016年9月17日「くらしナビ　ライフスタイル」を要約

【教材づくりに有用な情報源】

・鈴木宣弘『食の戦争　米国の罠に落ちる日本』文春新書（2013年）

・小林富雄『食品ロスの経済学』農林統計出版（2015年）

解　説

【食料が不足することとは】　人類は農業を始めて以来，農業生産を上げるために耕地を広げてきた。だが，資料1を見ると，1人あたり耕地面積は減少している。耕地の減少は人類史上例外的なできごとである。1961年の世界の耕地面積は12.8億 ha で穀物生産は8.8億 t，そして2009年は13.8億 ha で25億 t と，耕地面積はやや増加したが，生産量は2.8倍余と大幅に増加した。1985年ごろから先進各国は農産物の生産過剰に悩み，日本は減反政策を行う。

　1人あたり耕地面積は上記の期間に，資料1のように半分ほどに減った。だが1人あたりの穀物生産は増加する。これは同じ面積から2倍以上の食料を得ることができたためである。増加や減少はあるが，1961年285kg から2009年370kg と48年間に30%増加している。1人あたり穀物生産が増加したのは，穀物や家畜の品種改良，化学肥料や農薬の発達によることが大きい。

　食料を生産すれば栄養不足問題は解決するかとなると単純ではない。食料不足は供給の減少でも，需要の増大で価格が上がることでもおこる。とくに貧しい人は食料価格の上昇によって，食べるものがあっても買うことができない。多くの中国人の所得が上がり「もっと肉や卵を食べたい」となると，トウモロコシなどの飼料用穀物が買われ値段が上がる。トウモロコシを食べてきた発展途上国の多くの人が価格上昇のため入手できない。トウモロコシやサトウキビのバイオエネルギー転用でもおこる。

【デジタル農業と遺伝子組み換え作物】　資料2は，アメリカの穀物農業は少人数の大規模農業であることを示している。それが可能なのは，情報技術を駆使した「デジタル農業」と，遺伝子組み換え（GM）作物の栽培である。GM 作物とは遺伝子工学を利用して品種改良された作物である。現在栽培されている GM 作物は，強力な除草剤でも枯れない「除草剤耐性」，害虫が食べると死ぬ「害虫抵抗性」のほか，乾燥・塩害に強いものなどがある。おもな GM 作物は大豆，トウモロコシ，ナタネ，綿（綿実）である。GM 作物は，アメリカ，カナダ，ブラジルなど世界28か国で栽培され，面積は約1億8000万 ha におよぶ（2016年，国際アグリバイオ事業団調べ）。2015年のアメリカでは大豆の94%，トウモロコシの92%，綿の93%が GM 作物である。一方，大豆栽培で最も多く使われるグリホサートという除草剤をまいても枯れない雑草があらわれたため，別の除草剤をまく必要があるという問題も生まれている。

　日本は稲などの GM 作物が研究機関で開発されているが，商品化はされていない。その理由は発がん性，アレルギーなどが疑われるからである。しかし，アメリカ，カナダなどからトウモロコシ，大豆，ナタネなど年間1000万 t 以上の GM 作物が輸入され，それらは遺伝子組み換えの表示義務がない食用油，液糖，家畜の飼料などに使われる。表示義務のある豆腐や納豆などの33品目についても原則的には使われていない。

　GM 種子の販売は，モンサント，ダウケミカル，デュポン（以上アメリカ），シンジェンダ（スイス），バイエル，BASF（以上ドイツ）が「ビック6」だが，モンサントが売り上げの3分の1をしめている。もともと化学・農薬メーカーであるこれらの企業は自社の種子・除草剤をセットで販売し，種子は1代限りのため，農家は毎年購入する必要がある。資料2のウェンディーさんが契約する気象情報会社はモンサントの子会社である。2017年，全米20州で10万以上の農場が気象情報会社と契約する。

飢餓と食品ロス

　2018年の国連報告書によると，世界人口76.3億人のうち栄養不足に苦しんでいる人は8億2100万人，9.3人に1人が飢餓状態にある。アフリカ，南・西アジアの地域が多く，原因は干ばつや洪水などの気候変動による災害，絶えることのない紛争や内戦，経済停滞による失業，家庭崩壊などの影響が大きい。一方，まだ食べられるのに廃棄される食品（食品ロス）も注目されている。世界で生産される食品40億 t のうち，約3分の1の13億 t が捨てられるといわれる。日本では年間646万 t （コメの生産量782.4万 t，2017年）で，世界の食料援助量（年間約320万 t，2014年）の約2倍に相当する。

6 鉱産資源をめぐる問題

ねらい

（1） 鉄鉱石の生産国は主要5か国に集中していることを知る。

（2） 貴金属と工業材料としての金の基礎知識を理解する。

（3） レアメタルが特定の国にかたよって存在していることを理解し，その影響を考える。

資料

資料1 鉄鉱石のおもな生産国（2015年）

鉄鉱石	万t	％
オーストラリア	48,600	34.7
ブラジル	25,700	18.4
中国	23,200	16.6
インド	9,600	6.9
ロシア	6,110	4.4
その他	26,790	19.0
合計	140,000	100.0

資料2 金鉱のおもな生産国（2015年）

金	t	％
中国	450	14.5
オーストラリア	277	9.0
ロシア	252	8.1
アメリカ	214	6.9
カナダ	152	4.9
その他	1,755	56.6
合計	3,100	100.0

資料3 おもなレアメタルの生産

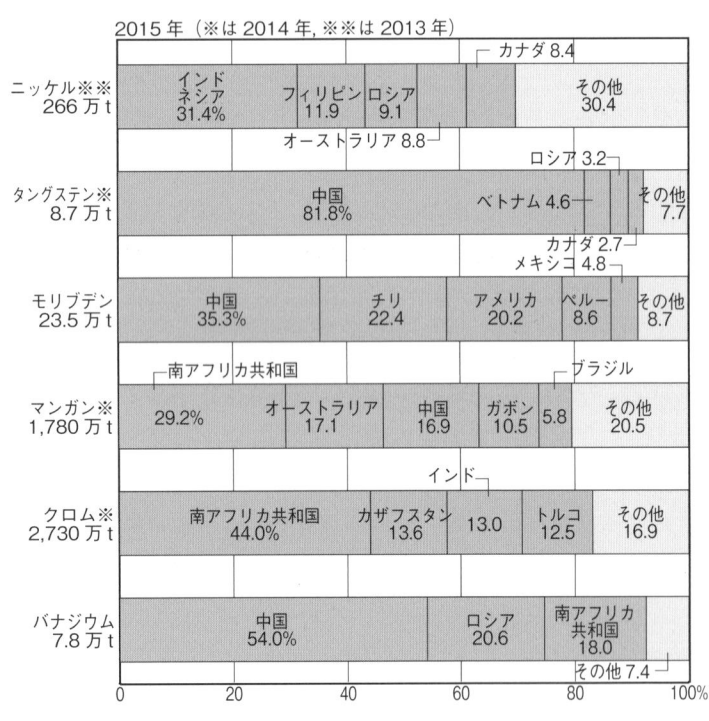

情報

【出典】 資料1・2　矢野恒太記念会『世界国勢図会2018／19』

資料3　竹内裕一ほか『高等学校現代地理　新訂版』清水書院（2018年）p.112（元資料は『世界国勢図会2017／18』）

【教材づくりに有用な情報源】

・西脇文男『レアメタル・レアアースがわかる』日経文庫（2011年）

　ハイテク製品に不可欠なレアメタル・レアアースがコンパクトな文庫本に簡潔にまとめられている。特定地域に遍在し，広がる用途，新興国での需要増加，価格の急騰など資源争奪戦で注目される危機の実相を，産業・技術面から外交・資源開発の動向まで多岐にわたり解説。

解　説

【鉄鉱石消費大国：中国】
鉄は長らく「産業のコメ」とよばれ，その原料である鉄鉱石は古くから重要視されてきた。鉄鉱石は世界各地で産出するものの，オーストラリア，ブラジル，中国，インド，ロシアの主要5か国で世界の産出量の80％をしめている（資料1）。

1960年代までは，おもな先進国の製鉄業は国内資源立地型であった。アメリカは五大湖周辺のメサビ鉄山などに依存してきた。しかし，1970年代以降は，日本などの海外の鉄鉱石に依存した臨海製鉄所が急成長した。

2010年代には世界の鉄鉱石消費は中国だけで約半分をしめる。中国は世界3位の鉄鉱石生産国であるが，輸入量は世界一である。中国は鉄鉱石の上位産出国のオーストラリア，ブラジル，南アフリカなどから大量に輸入している。

【金の含有率】
富の象徴ともいえる金は，その希少性と不変性が貨幣として最適である。金は，おもに宝飾用品として利用されてきたが，現在では工業用品としても重要である。コンピュータ，通信機器，宇宙船，ジェットエンジンなどに利用されている。

世界一の金含有量を誇る，鹿児島県菱刈金山では1tあたり約40g含まれている。しかし，世界の金鉱石の平均含有率は1tに対して3〜5gに過ぎない。

資料2は金の産出国である。1990年代まで世界一の金産出国は南アフリカ共和国であった。しかし，90年代半ばのアパルトヘイト廃止により，金鉱山の低廉な労働力が減少し，金の産出量を減らした。また，地下3900mにもおよぶ採掘条件の悪化も要因の一つである。近年は中国が世界最大の金産出国である。

【レアメタル】
レアメタルとは，「地球上の存在量がまれであるか，技術的・経済的な理由で抽出困難な金属」の総称であり，一般に31鉱種・47元素をさす。これらは自動車，携帯電話などの製品には欠かせない素材であり，これがなければハイテク製品の製造は成り立たない。

レアメタルの用途は三つに分類され，ベースメタルの添加物，電子・磁性材料，機能性材料となる。鉄・銅・アルミニウムに添加して合金をつくる。鉄にニッケル，クロム，マンガン，モリブデン，タングステン，コバルトなどを加えて，ステンレスなどの特殊鋼となる。ハイテンともよばれる高張力鋼は自動車用鋼板として，軽量化に貢献している。電子・磁性材料としてインジウムが液晶パネル，ガリウムが半導体やLED，リチウムイオンは電池の電解質に使われる。レアアースのネオジムは強力な永久磁石をつくり，これがなければハイブリッド自動車も携帯音楽プレーヤーも開発が困難であった。機能性材料としてランタンやニオブが光学ガラス，チタンとジルコニウムがニューセラミックス，イットリウムが蛍光体などに欠かせない材料である。

レアメタルは中国，南アフリカなどの特定の国に偏って存在している。

ゴミの山を宝の山にかえる──小坂製錬所の技術

秋田県小坂町にある小坂鉱山でとれる「黒鉱」は，亜鉛など不純物をたくさん含み，精錬が難しく，長い間金属資源としての価値がなかった。それを貴重な金属資源にかえたのが小坂鉱山で，1900年に開発された精錬技術である。これにより小坂鉱山は急激に発展をとげた。しかし，1980年代に安い銅鉱石が輸入されるようになり，1994年に閉山した。ところが，1990年代に入ると，都市で捨てられた家電製品のなかにある金属が注目されるようになった。家電製品の部品には，金や銀など，さまざまな金属がふくまれている。だから，不用となった家電が集まっている都市は，「都市鉱山」ともいえる。そこで，家電製品から金属を取りだすのに，小坂鉱山の精錬技術が活かされることになった。現在，小坂製錬所は「都市鉱山のリサイクルセンター」として，世界の注目を集めている。東京オリンピック・パラリンピック競技大会組織委員会では，小型家電などの回収を行い，集まったものから抽出された金属でメダル製作を行う「都市鉱山からつくる！みんなのメダルプロジェクト」を実施している。

7 資源利用の新しい動き

ねらい

（1） リサイクル，リデュース，リユースのことばの中身を具体的に理解する。

（2） 天然資源の消費を抑制し，水資源を例に環境への負荷を低減する循環型社会の姿を考える。

資　料

資料1　循環型社会の姿

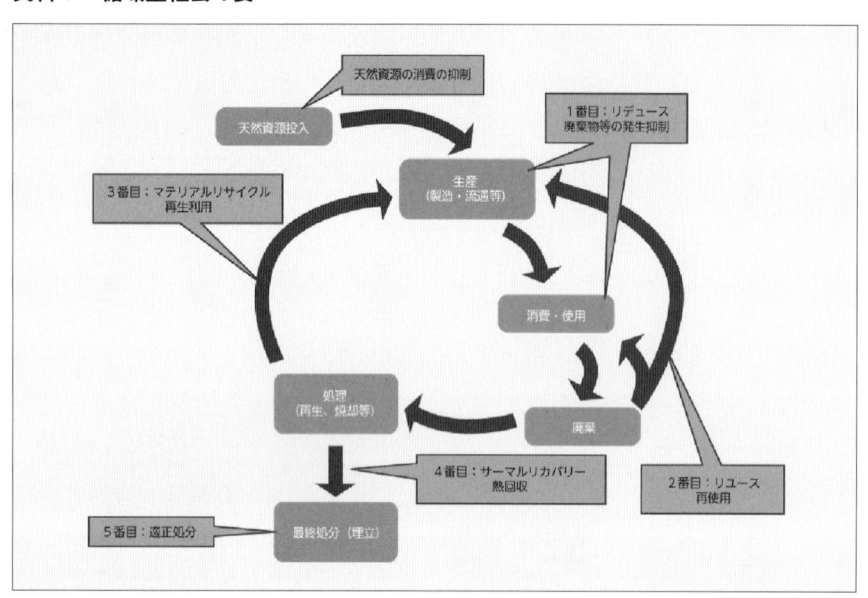

資料2　地球上の水の量と構成比

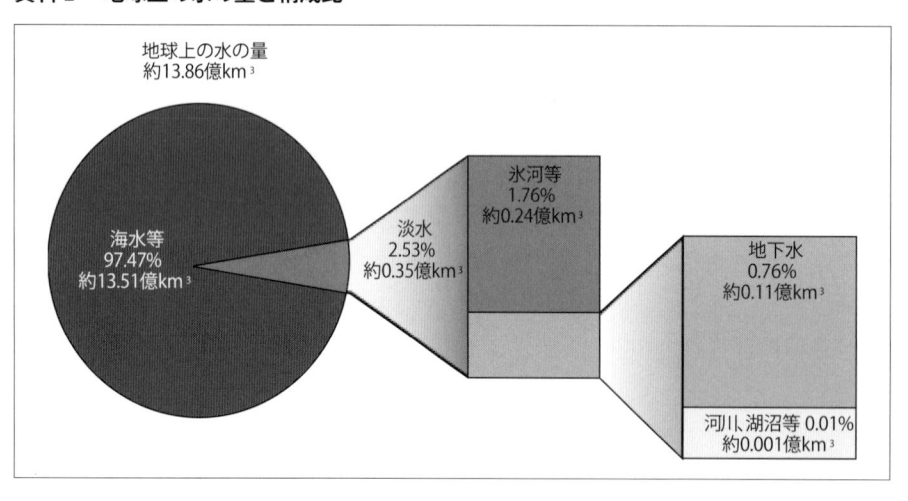

情　報

【出典】　資料1　環境省『環境白書2013年度版』p.198

　　　　　資料2　国土交通省『日本の水資源の現況2018年度版』p.1

解　説

【リサイクルより，リデュースへ】　循環型社会においては，リデュース（縮小），リユース（再利用），リサイクル（再資源化）の「3R」が，この順番通りに重要とされている。

　リデュースとは廃棄物の発生を抑えることで，リユース，リサイクルより優先される。生産過程で原材料の効率的利用，使い捨て製品の製造・販売の自粛，製品の耐用年数の長期化など，企画から販売まですべての段階で取り組みが求められている。

　リユースとは，使用された製品や部品，容器の再利用である。使用済みの機器などを，そのまま，もしくは修理して別のユーザーが利用する「製品リユース」は，自動車，家電製品など。製品を提供するための容器などを繰り返し使用する「リターナブル」は，牛乳瓶，ビール瓶など。再生可能な部品を選別して，そのまま，もしくは修理して再度利用する「部品リユース」などがある。

　リサイクルは，原材料として再び利用すること。サーマルリカバリー（熱回収）とは，廃棄物などから熱エネルギーを回収すること。廃棄物の焼却にともない発生する熱を回収し，廃棄物発電をはじめ，施設内の暖房・給湯，温水プール，地域暖房などに利用している。最終処分場，廃棄物は資源化または再利用される場合以外は，最終的には埋立処分か，海洋投棄処分される。最終処分は埋立てが原則とされている。最終処分量は1990年当時の1億t超から2015年度には1400万tまで減少し，2020年度目標の1700万tをすでに下回っている。たとえば，日本では自動車のリサイクル率は99％（2016年度）まで向上している。

　一方，東日本大震災により，約196万tの災害廃棄物と，約1015万tの津波堆積物が発生している。さらに，放射性廃棄物の処理には，汚染水の処理など数十年を要すると予測される。

【利用可能な淡水は0.01％】　地球には約14億km^{3}の水が存在している。しかし，その約97.5％が海水で，淡水は約2.5％しかない。さらに淡水のほとんどが南極や北極の氷や地下水として存在しており，川や湖沼などの，人間生活に利用可能な淡水は，わずか0.01％にすぎない。現在，人口増加にともない水の使用量が世界的に増大している。利用可能な淡水は地球上で偏在しており，水の需要増は水不足を引き起こす。現在，世界には水不足一歩手前の状況「水ストレス」にあるのは7億人と推計されている。2050年には世界人口の約40％が水不足に陥ると予測されている。

　地球温暖化で世界規模の水の受給に深刻な影響がおよぶ恐れがあり，干ばつが生じる地域と，局所的な豪雨が頻発することが心配されている。アフリカのサハラ砂漠南部のチャド湖は，干ばつや取水のため水量が激減し，現在では，1960年代前半の約2億5000km^{2}から，18分の1まで縮小している。

　一方，豪雨では，2011年のタイのチャオプラヤ川流域のあいつぐ台風による大洪水で，首都バンコクなどに甚大な被害がおよび，日本の自動車生産が停滞することもあった。日本でも九州北部や中国地方などで集中豪雨の被害が毎年のように発生している。2018年7月に西日本を中心に発生した豪雨災害（平成30年7月豪雨）は，死者・行方不明者数が237人で「平成最悪の水害」となった。

ペットボトルはどこへ行く

　容器包装リサイクル法の制定により，ペットボトルの回収率は上がった。日本のプラスチック類のリサイクル市場で数量の4分の1をしめるのがペットボトルである。2016年度のペットボトルの回収量は65万2000t で，そのうち輸出推計量は，29万8000t と推定され，約半数におよんだ。品質が高い日本の廃ペットボトルを中国が高い値で買うことが背景にあった。しかし，2018年，中国はこれまで世界中から受け入れていた資源ゴミ，ペットボトルの輸入を禁止した。日本は輸出する廃ペットボトルの7割以上を中国に送っていたため，待ったなしの取り組みが求められている。

　一方，中国・東南アジア向けの新聞古紙等の上質古紙の輸出が伸びている。この背景には中国・東南アジアの工業生産の拡大や，所得の上昇にともなう紙需要の増加などがある。

8　内戦と地域紛争

ねらい

（1）　世界の地域紛争の現況を各地域ごとに課題を設定して調べて把握する。

（2）　地域紛争にともなって難民が発生していることを理解し，日本の対応について考える。

資料1　世界のおもな紛争地域（2018年）

❶中華人民共和国と周辺国
②アフガニスタン
③シリア
④イラク
⑤イエメン
❻パレスチナとイスラエル
⑦リビア
⑧マリ
⑨ナイジェリア
⑩ソマリア
⑪南スーダン
⑫中央アフリカ
⑬コンゴ民主共和国
❹ウクライナとロシア

※白抜きの数字は国家間の主権をめぐる紛争，他は国内の内戦

資料2　難民・国内避難民の発生国の推移

年	2010年末		2012年末		2015年末		2017年末	
順位	国名	難民数（万人）	国名	難民数（万人）	国名	難民数（万人）	国名	難民数（万人）
1	アフガニスタン	440	コロンビア	435	シリア	1,169	シリア	1,328
2	コロンビア	412	アフガニスタン	412	コロンビア	728	コロンビア	790
3	イラク	338	コンゴ民主共和国	361	イラク	491	コンゴ民主共和国	537
4	コンゴ民主共和国	271	シリア	284	アフガニスタン	443	アフガニスタン	533
5	ソマリア	225	スーダン	257	スーダン	408	イラク	481
6	パキスタン	219	ソマリア	231	コンゴ民主共和国	292	南スーダン	436
7	スーダン	218	イラク	220	南スーダン	257	ソマリア	320
8	アゼルバイジャン	61	パキスタン	88	イエメン	255	スーダン	314
9	スリランカ	58	ミャンマー	87	ナイジェリア	239	ナイジェリア	270
10	コートジボワール	58	アゼルバイジャン	61	ソマリア	235	イエメン	218
計	世界計	3,392	世界計	3,588	世界計	6,391	世界計	7,144

【出典】　資料1　外務省「海外安全ホームページ」（https://www.anzen.mofa.go.jp/），『2019データブック・オブ・ザ・ワールド』二宮書店より著者作成

　　　　　資料2　矢野恒太記念会『世界国勢図会』各年版

【情報の入手先】　地域紛争に関しては類書が多くあり，ネットからも探せるが，発行年により相当数値が違う。直近の情報は外務省の海外安全ホームページが有効であるが，記述がやや平板である。『2019データブック・オブ・ザ・ワールド』（二宮書店）は歴史的に背景が記述されている。国連難民高等弁務官事務所は毎年「UNHCR Global Trend」を発行しており，ホームページからダウンロードできる。

解　説

【国家間の紛争と国内の内戦】　資料1では地域紛争を「国家間の紛争」と「国内の内戦」に整理した。

①中華人民共和国と周辺国－中国は南シナ海の大部分を自国の領海とする「九段線(きゅうだんせん)」を設定した。周辺国のフィリピン，ベトナムなどはオランダの仲裁裁判所に提訴した。判決では中国の主張に「法的根拠はない」としたが，中国は無視して，岩礁に人工島を造成し軍事施設も設置している。周辺国は中国の主権を否定し，自国の権益を主張している。

②アフガニスタン－1979年，東西冷戦下で内戦がはじまり，タリバン政権が国土の9割を制圧した。2001年，アメリカで同時時多発テロが発生し，首謀者の引き渡しをタリバンは拒否，米英軍の空爆でタリバンは崩壊した。その後，米軍が中心となった軍隊が駐留していたが，2014年に撤退すると，タリバンの残存勢力による攻撃が激化し，治安が悪化。

③シリア－2011年の「アラブの春」の影響で反政府デモがおき国内各地で拡大した。アサド政権は弾圧に転じ，反政府側は武装闘争を開始した。この状況下でイスラーム過激派が介入，米，ロシア，トルコなども介入し，情勢は複雑に推移している。

④イラク－2003年のイラク戦争後，暫定政権が成立したものの国内はイスラーム教のシーア派とスンナ派の対立が続き内戦状態になる。さらにクルド人独立問題による武装闘争がある。また，IS（現在は勢力が衰える）が台頭し混乱が深まった。

⑤イエメン－「アラブの春」の影響で反政府デモがおき大統領が退陣。成立した暫定政権とイスラーム教シーア派武装組織の戦闘が悪化し内戦状態になる。

⑥パレスチナとイスラエル－2000年の歴史を引きずる対立である。1948年建国のイスラエル国内に1994年成立のパレスチナ自治政府がある。ユダヤ系のイスラエルとアラブ系のパレスチナの対立は過去4度

の中東戦争を引きおこし現在も対立は続いている。

⑦リビア－2011年，反政府デモがおきカダフィ政権は崩壊。国内に制憲議会と代表議会の二つの政治勢力が対立し，統一政府を求める勢力もあり混乱状態。

⑧マリ－2012年に北部地域をイスラーム過激派が制圧。マリ政府の要請でフランス軍が北部地域の主要都市を制圧。2015年にイスラーム過激派と和解するも，分派によるテロが起き，内戦状態は継続。

⑨ナイジェリア－多民族国家で主要3民族の対立に加えて，イスラーム教徒とキリスト教徒の対立もある。北部でイスラーム過激派が勢力を伸長する。

⑩ソマリア－2012年に21年ぶりに統一政権が成立したものの，中南部と北部にイスラーム過激派の活動拠点がある。アデン湾沿岸には海賊の拠点がある。

⑪南スーダン－内戦を経て2011年に南スーダンとして独立。2013年以降，大統領派と前大統領派が対立し，和平協議もあるが実らず，内戦状態が継続。

⑫中央アフリカ－1965年からクーデターを複数回経験し，2016年に直接選挙で政権が成立。イスラーム過激派の分派が各地で活動し不安定な情勢。

⑬コンゴ民主共和国－1994年以来続いた内戦が2003年に終結したが，民族対立や資源をめぐる対立で内戦状態が続いている。

⑭ウクライナとロシア－ウクライナはEU加盟をめざし，ロシア系住民が多い東部地域と対立し内戦に発展した。また，ウクライナの親ロシア政権が崩壊すると，ロシアはロシア系住民が多いクリミア半島に軍を展開し，2014年，併合にふみきった。

【難民・国内避難民の発生】　難民の多くは紛争国で発生する。資料2では2010年以降の変化を示したが，年により変動が大きい。とくに2015年以降，難民が急増している。難民数の変動傾向から「なぜシリアの難民は増えているのか」「スーダンの難民の数が減っているのはなぜか」といった問いをたて，調べ学習を展開することができる。

問題の多い日本の難民受け入れ

　日本は1981年に難民条約に加入したが，2016年の申請者数は19,628人に対して認定者は20人に過ぎない。認定率は0.3％であり，この数字は先進国のなかで極端に少ない（認定率，カナダ67％，アメリカ62％，ドイツ41％，イギリス33％，フランス20％）。入国管理手続きの一環として行っている日本の難民認定に問題があり，難民認定に数年かかる場合もある。その間，難民としての権利もない。

9　石油にかわるエネルギーの開発

ねらい

（1）　化石燃料にかわるエネルギーには，再生可能エネルギーと原子力がある。東日本大震災以後，日本の発電量にしめる両者の比率がどのように変わったかを知り，課題としてとらえる。

（2）　再生可能エネルギーによる発電量のなかでも，太陽光発電が増えていることを理解する。

資　料

資料1　発電電力量の推移

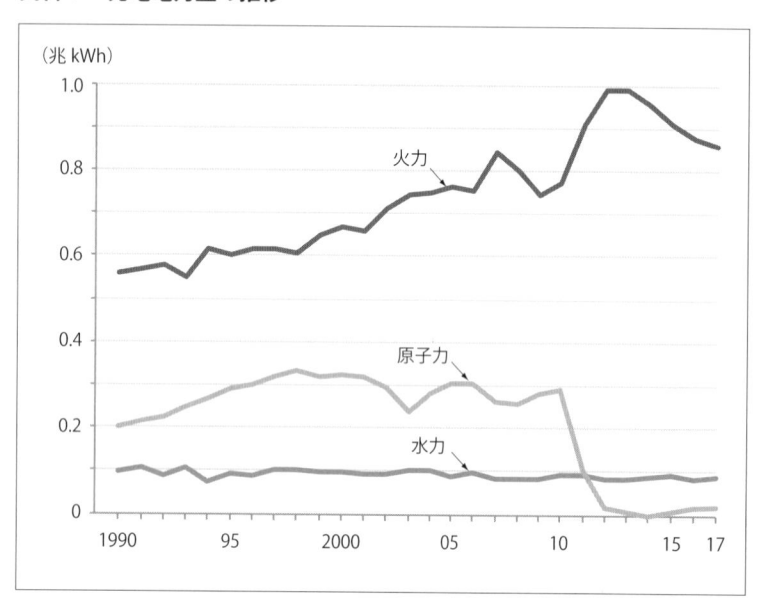

資料3　日本の再生可能エネルギー推計発電量（2016年）

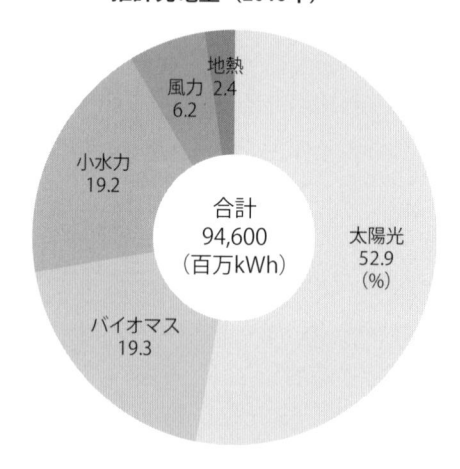

資料2　年度別発電電力量（百万 kWh）

	1990	1995	2000	2005	2010	2011
水力	95,835	91,216	96,817	86,350	90,681	91,709
火力	557,423	604,206	669,177	761,541	771,306	906,946
原子力	202,272	291,254	322,050	304,755	288,230	101,761
風力	—	1	109	1,751	4,016	4,676
太陽光	1	—	—	1	22	60
地熱	1,741	3,173	3,348	3,226	2,632	2,676
合計	857,272	989,880	1,091,500	1,157,926	1,156,888	1,107,829
	2012	2013	2014	2015	2016	2017
水力	83,645	84,885	86,942	91,383	84,540	90,128
火力	986,758	987,345	955,352	908,779	877,203	861,518
原子力	15,939	9,303	—	9,437	17,300	31,278
風力	4,838	5,201	5,038	5,161	5,457	6,140
太陽光	160	1,152	3,808	6,837	11,074	15,940
地熱	2,609	2,596	2,577	2,582	2,212	2,145
合計	1,093,950	1,090,482	1,053,717	1,024,179	997,786	1,007,423

情　報

【出典】　資料1・2　経済産業省資源エネルギー庁編『電気事業便覧』2018年度版

　　　　　　　　　　矢野恒太記念会『数字でみる日本の100年』第6版

　　　　　資料3　環境エネルギー政策研究所『自然エネルギー白書』2017

【教材づくりに有用な情報源】　エネルギー問題全般については，『エネルギー白書』（経済産業省資源エネルギー庁）が有力な情報源になる。所管官庁のホームページからアクセスすることができる。自然エネルギーの統計資料については，『日本の自然エネルギー・データ集』（環境エネルギー政策研究所）が有力な情報源になる。経年変化の統計が充実している。環境エネルギー政策研究所のホームページからアクセスできる。

解　説

【再生可能エネルギーと原子力発電】 資源になるエネルギーには，「再生不能エネルギー」と「再生可能エネルギー」がある。再生不能エネルギーとは，石炭や石油などの化石エネルギーと原子力エネルギーである。化石エネルギーは，再生不能なエネルギーであるだけでなく，燃焼にともなって二酸化炭素を排出する。二酸化炭素は地球温暖化の主因になっている。

　2015年に採択されたパリ協定を機に，世界的に二酸化炭素の排出量を削減する動きが活発化しており，全世界は「化石燃料にかわるエネルギー」への転換をめざすことになった。化石燃料にかわるエネルギーには，再生可能エネルギーと原子力がある。そのどちらを主役にするか。日本は重大な岐路にさしかかっているといえる。

　資料1・2を見ると，原子力発電量は2011年以降，大きく落ちこんでいる。これは東北地方太平洋沖地震を契機とした福島第一原子力発電所の事故が背景になっている。日本はこれまで「原発は安定した電源である」と考え，原子力発電推進の政策をとってきた。しかし，福島の原発事故は「安全神話」を根底から揺るがすことになった。日本では事故後，原子力にかわって火力発電量が増加していることや，諸外国にくらべて再生可能エネルギーの導入が遅れていることなどで，発電量あたり二酸化炭素排出量が欧米や世界平均よりも高い。

　日本政府は，2018年，新しい「エネルギー基本計画」を閣議決定した。そこには「脱炭素化への挑戦」「再生可能エネルギーの主力電源化」などのスローガンが掲げられている。しかし一方で，原子力発電については「依存度を可能な限り低減」としながらも，依然として「重要なベースロード電源とする」との位置づけは変えておらず，原子力の発電比率は2030年度で20〜22％を目標にしている。このようなエネルギー基本計画は，2030年，2050年を見通して策定されている。その時代を背負うことになる生徒たちは「脱炭素化」の主役になるはずである。日本の「脱炭素化」をどのように進めるのか。資料1・2を一つの手がかりに「自分の課題」として考えさせたい。

【再生可能エネルギーによる発電の推移】 再生可能エネルギーには，水力，風力，太陽光，地熱，バイオマスなどがある。水力発電は大規模水力発電と小水力発電に分類することができる。大規模水力発電は「脱ダムの世論」を一つの背景に低下傾向にある。一方，出力1万kW以下の小水力発電は，大型ダムによらない発電方式で資源化されることから「持続可能なエネルギーの一つ」として注目されている。

　大規模水力発電をのぞく再生可能エネルギーの総発電量にしめる比率は，21世紀に入って少しずつ伸びはじめ，2011年以降は急増している。なかでも成長の著しいのが太陽光発電である（資料2・3）。このような大躍進を可能にしたのは，固定価格買い取り制度と各種の助成政策の策定と発電コストの驚異的な低下であった。

　世界の太陽光発電のコストは，2010年の段階では35円/kWhであった。それが2017年には10円/kWhまで低下した。しかし，日本の太陽光発電のコストはヨーロッパの2倍程度と高く，コストの削減が課題となっている。資源エネルギー庁の資料によると，太陽光発電のコストは，2040年には3.7円/kWhまで低下すると予測されている。しかし，そのためには，さまざまな難関を突破しなくてはならない。どのような難関が待ち受けているのか。そのことを「自分たちの課題」として考えさせたい。

自然エネルギーと再生可能エネルギーの違いは？

　自然エネルギーと再生可能エネルギーは，同義語として使われることがある。しかし，再生不能エネルギーである石炭，石油，天然ガスも，自然エネルギーであることにはかわりはない。だから，自然エネルギーを二分するとしたら「再生できるかどうか」を目印にしなくてはならない。「エネルギー保存の法則」によると「孤立系のエネルギーの総量は変化しない」ことになっている。再生可能エネルギーという語句は「人間の力で再生できるエネルギー資源」をさすのである。

10 都市問題

ねらい

（1） 発展途上国の都市問題の事例として，インドのスラム人口とその対策についてを学習する。

（2） 先進国の都市問題はロサンゼルスの住み分け現象から，インナーシティ問題を考察する。

資 料

資料1 地域別の都市人口と人口予測

	都市人口（万人）			都市化率（%）		
	2000（年）	2018	2030	2000	2018	2030
アジア	139,972.2	226,613.1	280,226.2	37.5	49.9	56.7
アフリカ	28,599.8	54,760.2	82,401.4	35.0	42.5	48.4
ヨーロッパ	51,672.5	55,291.1	57,289.0	71.1	74.5	77.5
北アメリカ	24,747.1	29,898.7	33,478.0	79.1	82.2	84.7
中南アメリカ*	11,890.0	16,570.4	19,622.2	67.4	74.1	78.1
南アメリカ	27,816.2	36,035.3	40,425.8	79.6	84.1	86.5
オセアニア	2,132.9	2,812.9	3,283.1	68.3	68.2	68.9
先進国	88,388.0	99,383.7	104,969.9	74.2	78.7	81.4
発展途上国	198,442.8	322,598.0	411,755.8	40.1	50.6	56.7
世界計	286,830.8	421,981.7	516,725.8	46.7	55.3	60.4

＊カリブ海諸国と中央アメリカ

資料2 発展途上地域のスラム人口（2005年）と スラム人口の割合（左2005年，右2012年）

地域	スラム人口（万人）	都市人口にしめる スラム人口の割合（%）	
北アフリカ	2,122	25.4	13.3
サハラ以南アフリカ	19,923	71.8	61.7
中南米	13,426	30.0	23.5
東アジア	21,237	37.4	28.2
南アジア	27,643	57.4	35.0
東南アジア	5,991	25.3	31.0
西アジア	3,306	25.5	24.6
オセアニア	57	24.0	24.1
発展途上地域計	95,375	41.4	32.7

資料3 ロサンゼルスの人種・民族による居住分離（2000年）

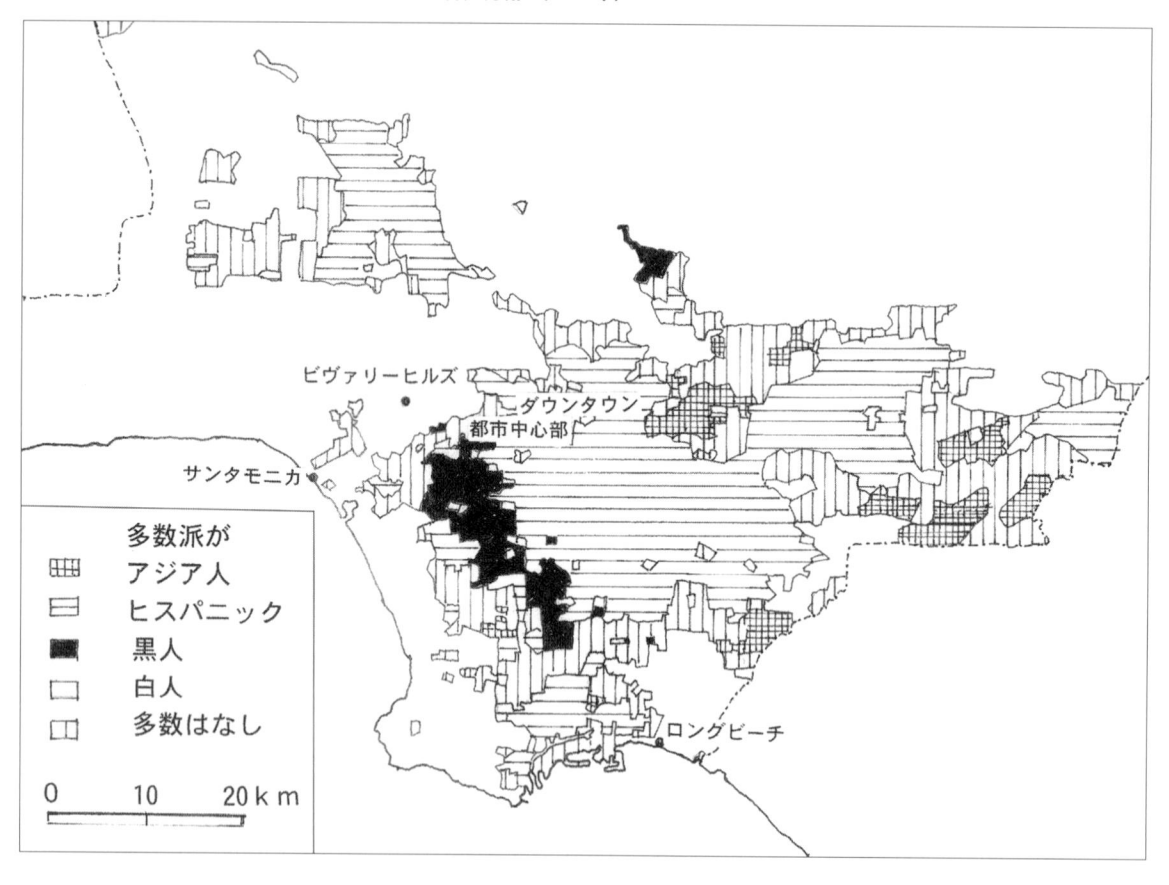

多数派が
- ⊞ アジア人
- ⊟ ヒスパニック
- ■ 黒人
- □ 白人
- ⊡ 多数はなし

0　10　20km

ビヴァリーヒルズ　ダウンタウン　都市中心部　サンタモニカ　ロングビーチ

情 報

【出典】　資料1　『世界国勢図会2018／19』矢野恒太記念会

　　　　　資料2　UNHABITAT「State of the Worlds Cities」2006／07，2013／14

　　　　　資料3　UCLA Lewis Center 資料により筆者作成

解　説

【発展途上国の都市問題】　人口が都市部に集中することを都市化という。世界では都市化が急速に進んでいる。国連によれば2018年の都市人口は42.2億人で，都市化率は55.3％となり，世界の半数以上の人々が都市に住んでいることになる（資料１）。発展途上国では，人口爆発と貧しい農村から押し出された農村人口の都市への流入が進む。その結果，都市のスラム人口は急増した。とくに東アジアの中国，南アジア，サハラ以南アフリカ，中南米に多い（資料２）。

大都市に流入した人々は，雇用の機会を求めるが，雇用されずに失業者が急増している。職のない流入者たちは，河川や鉄道沿いなどの不法占拠地区に居住し，安全な水やトイレもない不良住宅地であるスラムが拡大している。また，ホームレスやストリートチルドレンも多くみられ，ゴミ問題などの環境や治安の悪化などの都市問題が深刻である。

【インドのスラム人口】　2001年のインドの国勢調査によると，人口100万人以上の27都市の総人口7335万人のうち，スラム人口が1770万人いた（スラム人口比率24.1％）。なかでもスラム人口の多い都市は，ムンバイ大都市圏（648万人），デリー（185万人），コルカタ（149万人），チェンナイ（82万人）である。とくにムンバイは，都市人口の約54％がスラムに居住しており，100万人の巨大スラムもある。不法集落には電気や水道などの社会的インフラが未整備のところが多く，不衛生な状態が恒常化している。多くの州ではスラムクリアランス関連の機関を設置し，住宅改良事業などのスラム対策をとっている。しかし，多くの州や自治体において，スラム対策事業の遅れがみられ，大きな課題となっている。

そのなかで，チェンナイでは州政府がスラムの住民にコンクリート製の住居を提供し，電気・水道を無料にし，20年間家賃を払い続ければ私有にさせる政策を打ち出した。一方的に立ち退きをさせる政策をとる他州とは違っている。

【先進国の都市問題】　先進国の大都市では，中枢管理機能や第２次・第３次産業の集積により都市の発展と過密を招いた。そして，大気汚染やゴミ問題などの環境悪化による都市公害，交通渋滞，犯罪増加などが発生した。都心部の人口流出による人口減少と近郊地域の人口増加といったドーナツ化現象の広域化が進行した。

日本の近郊地域では道路・上下水道・公園・ゴミ処理・厚生施設といった公共施設などの社会資本（インフラ）の不備な地域での市街地化が進んだ。その結果，農地や森林が無秩序（虫食い状）に乱開発されるというスプロール現象がみられた。住宅や工場などの立地による都市問題が発生し，旧住民と新住民の対立といった問題も生じている。

【インナーシティ問題の深刻化】　インナーシティとは都心部で最も古く市街地となった旧市街地をいうが，ここでインナーシティ問題が発生している。物的側面として，建物・施設の密集化と老朽化があげられ，スラム化する地域もある。社会的側面として人口の減少や，環境や治安の悪化があげられ，経済的側面として企業や施設と人口の流出による税収減で財政の窮乏化が生じている。福祉・行政の側面では高齢者・低所得層が取り残され，行政サービスの低下の問題があげられる。福祉・介護サービスの低下，医療サービス，学校の統廃合，派出所や消防署の減少による公共サービスの低下などである。

収入の多い恵まれた人々は，よい環境を求めて郊外に移転できるが，都心部には貧しい人々が取り残される。ニューヨークやロサンゼルスなどでは人種・民族や移民の階層別の住み分けがみられる。

【ロサンゼルスの住み分け】　資料３はロサンゼルスの住み分けのようすを示している。都心付近は現在，ヒスパニック層が中心で，都心の南西部に黒人地区，東部にアジア系地区，北部から北西部を中心とした郊外に白人地区がみられる。貧困層が多い都心部の地区では失業または劣悪な雇用条件，不足する住宅，不十分な教育，人種差別，犯罪の多発などの問題が深刻である。都心から富裕層が郊外に流出し，郊外に富裕地区がみられる。こうして貧困層と富裕層の地域格差は広がっている。

11 さまざまな世界地図

ねらい

（1） 世界地図の場合の縮尺の意味を理解する。

（2） 一般的に目にすることの多い円筒図法について，展開のしかたによる性質の違いを理解する。

（3） 通常，各図法で示されるのは正軸法である。それ以外の展開のしかた（斜軸法）があることに興味を
もつ。

資　料

資料1　縮尺と地図の大きさ

①地球儀　　③正積方位図法　　④正距方位図法

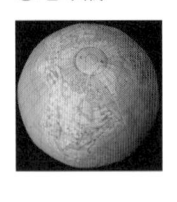

②正射図法

情　報

【出典】　資料1〜3　地図ソフトジオスタジオで著者作成

資料2　いろいろな円筒図法

①メルカトル図法　　　　　　　②ミラー図法　　　　　　　③ペータース図法

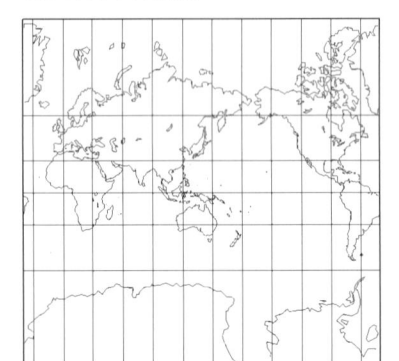 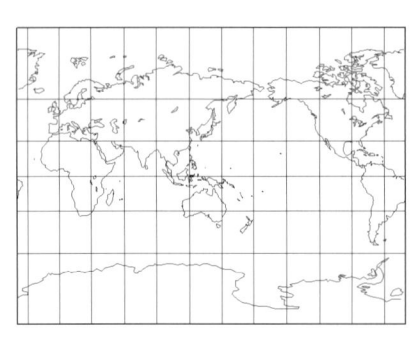 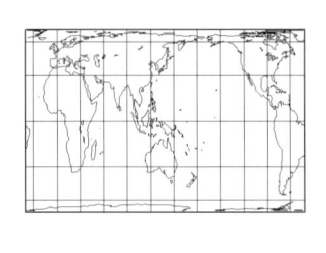

資料3　正軸法以外の投影のしかた（斜軸）にも注意

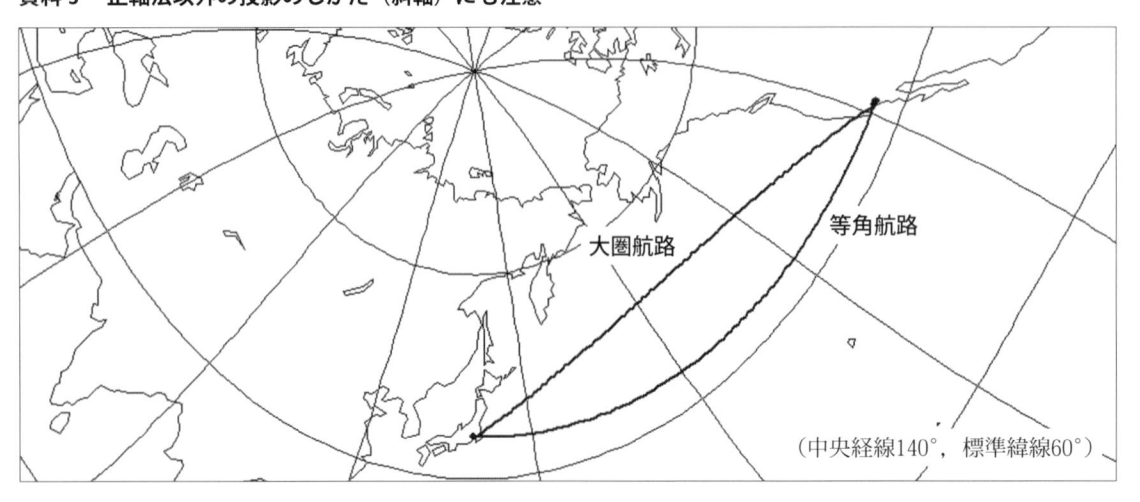

（中央経線140°，標準緯線60°）

【縮尺と地図の大きさ】　縮尺は地図の基本概念の一つである（大小を間違えないように）。世界地図を扱う時は，単に地図上の長さと実際の長さの比率と考えるのでは不十分である。地図を作るもとになった（と考える）地球儀と，地球の大きさの比率が，本来の縮尺なのである。同じ縮尺でも図法により仕上がりの地図の大きさが異なるのである。資料1はそのことを示している。①は直径2cmの地球儀である（1円玉で作った地球儀と考えるとよい）。②は正射図法（地球儀を見た図法と考えればよい）。③は正積方位図法，④は正距方位図法の世界地図である。②〜④の縮尺は同じだが，仕上がりは異なる。①をもとにして作成したが，図法により異なるのである。

計算が好きな生徒には，③と④の違いを求めさせるとよい。③は地球儀の表面積が地図（円）の面積と等しくなるように直径を決めている。④は地球儀の一周の長さが直径に等しくなるように地図（円）の大きさを決めている。1.57倍の違いになっている。

【いろいろな円筒図法】　資料1は，作成の原理からは平面図法（方位図法の性質をもつ）といわれる。資料2は円筒図法を3つ並べた。①は正角円筒図法ともよばれるメルカトル図法，②はそれを修正したミラー図法，③は正積円筒図法のペータース図法だ。

混同するのが①と②である。赤道から緯度60度程度までは見た目の変化は少なく，両者の区別は困難である。グリーンランドまで描かれてあれば違いは明瞭である。部分図の場合注意しよう。次項で説明するが，①は厳密には「世界全図」は描けない。それに対して，②は文字通り「世界全図」が描ける。

また，①が高緯度につれ面積が拡大することを抑えるために経線方向の伸び率を抑えたのが②の特徴である。そのために正性質（正積，正角，正距，正方位）はもたない便宜図法である（正性質をもたないから地図としての価値が下がるわけではない）。

③はペータース図法である（発表者はドイツ人なので，英語式にピーターズとするよりはペータースの方がよい）。メルカトル図法にくらべると，アフリカなどが大きく細長くなり，ヨーロッパなどが小さくなった印象をもつ。しかし，正積図法による表現なので，大きさにおいてはこれが本当の姿なのである。このことから，これこそが「正しい地図」であるとして，とくに「南北問題」を扱う際に取り上げる動きもある。これをアイロニカルに扱ったアメリカのテレビ番組が政治ドラマ「ザ・ホワイトハウス」である。「さわり」の部分は，「West Wing-Why are we changing maps」で検索するとインターネットで見ることができる。内容の当否はともかく，このような図法に関わるテーマがテレビ番組に登場するのは日本では考えられないことである。

【正軸法以外の投影のしかたにも注意】　資料3は，大圏航路が直線のように見えるので，東京中心の正距方位図法に，大圏航路と等角航路を描いた地図のように思える。しかし，これは斜軸メルカトル図法なのである。投影法を，投影面と地軸との関係で，正軸，横軸，斜軸に分けることができる。

デフォルトは正軸だが，各図法に斜軸があるのである。かつては計算が大変だったが，今ではパソコンソフトを使って容易に描くことができる。資料3も大圏航路が直線になるように試行錯誤しながら設定をかえたものである。2点を結ぶ線が円筒に接するように地球儀をおき，計算により展開したと考えれば直線になるのはおかしくはない。

メルカトル図法は経緯線が直線になり…というのはあくまでも正軸が前提である。他の図法も同様である。断りのない限りは正軸であるが，それだけではないということは頭に入れておこう。

用語をめぐる問題

「地図投影法」は，経緯線だけでできた地球儀の中心に光源をおき，周囲の円筒や平面に影を写せば経緯線網が写るので，図解的説明には便利なことばだが，実際にそうした作業でできる図法はごくわずかである。実際は計算によって経緯線をきめていることを忘れないように。正〜という性質にも注意が必要だ。地図上の全部で成り立つのは，正積と正角のみ（両者は両立しない）。正距，正方位は，特定の方向，特定の場所のみである。

12 宇宙から見た地球

ねらい

（1） 地図の基本を考える前提として「地球儀」の特徴を理解する。

（2） 地球上の座標にあたる経緯線の意義を考える。

資料

資料1　グーグルアース

資料2　地理院地図 Globe

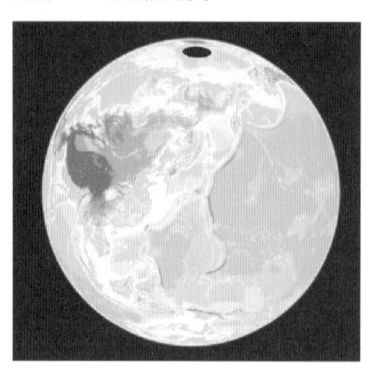

資料3　風船式地球儀

資料4　マルチンベハイムの地球儀

資料5　旧グリニッジ天文台　本初子午線

情報

【出典】　資料1　グーグルアース

　　　　　資料2　地理院地図 Globe

　　　　　資料3　風船式地球儀（三恵という会社が作成していたもの。写真のものは残念ながら今は販売されていない）

　　　　　資料4　著作権者　Alexander Franke（ウィキペディア http://p.tl/qb9oより）

　　　　　資料5　池田昌子さん撮影

【教材づくりに有用な情報源】　経緯度についての基本概念を理解するには，地図の概説書が必要だ（田代博『知って楽しい地図の話』新日本出版社（2005年）など）。一方，地図の歴史に関する内容なので，今や古典といってもよい織田武雄『地図の歴史』講談社（初版1973年）は必読だ。翻訳ではジョン・ノーブル　ウィルフォード『地図を作った人びと―古代から観測衛星最前線にいたる地図製作の歴史』河出書房新社（改訂増補2001年）がエピソードも多くお奨めだ。旧グリニッジはインターネットで訪問記を見るのもよい。

【グーグルアースと地理院地図 Globe】　ディスプレイ上で地球の姿を容易に眺めることができるようになった。その代表格がグーグルアースである。自由に回転させることができるので，地球儀の特徴を学ぶ際の導入としても使える（地形や農業，集落，そのほか使い道は他の分野でもある）。

　一方，国土地理院も，2016年から「地理院地図 Globe」という３D地球儀を提供している。解説のページでは，「『誰でも・簡単に・どこでも』地理院地図を地球儀のように，シームレスに３次元でみることができます」と紹介している。各種情報を重ね合わせることができるのが地理院地図の特徴で，それを３Dにできるので，教育効果は大きいだろう。海外の地形の３D表示も可能なので，もっと活用されてよいサイトである。

【風船式地球儀】　空気を入れて膨らませる風船式地球儀は大変便利である。インターネットでも2000円台で購入できるので，複数用意しておきたい。ぐるぐる回転させれば「発見」もあるだろう。北極海が「地中海」（大陸に囲まれた海）ということが実感できるのも地球儀ならではである。

　定番の，方位に関する考察もできる。十字に交差した紙片を東京におく。経線にあわせた紙片のもう一方を地球儀の表面に這わせていく。右側が東の方向である。北米でなく，南米のチリ，アルゼンチンになることがわかる。

　二つの地球儀をならべて，グリーンランドとコンゴ（民主共和国）をくらべてみよう。ほとんど同じ大きさに見えるはずだ（コンゴがやや大きい）。しかし，地図帳でくらべると，ミラー図法でも何倍も大きく見える（この時には正積図法を使わないこと）。

　なお，地図は世界全体の一覧性においてはすぐれている。地球儀はどんなにがんばっても半分しか見ることができない。地図と地球儀の使い分けが必要であることも確認しよう（携帯性は地図がよいのはいうまでもない）。

【マルチンベハイムの地球儀】　現存する最古の地球儀である（ドイツ，ニュルンベルクのゲルマン国立博物館蔵）。

　1492年，コロンブスが「新大陸」に到達した年に作成されたものであり，アメリカの情報はない。新たな情報はつけ加えられているが，基本的な内容は２世紀のプトレマイオスの世界観が踏襲されているといってよい（コロンブスが，西に向かえばアジアに到達できると考えたことを理解できる）。

　地軸を25度程度傾けてある科学性も特徴だ。レプリカが国土地理院・地図と測量の科学館にある。

【旧グリニッジ天文台　本初子午線】　右側の女性がまたいでいるのが本初子午線（基準になる子午線）である。緯線の場合と違って，経線はどれも同じ長さなので，自然科学的には，どれを基準にしても構わない。フランスでは，パリを通る経線を本初子午線としており，伊能忠敬の地図は京都の御所を基準にしていた（後者は，関連する内容がセンター試験にも出題されたことがある）。

　世界の交流が進む時代になり，各国がバラバラでは具合が悪いため，1884年アメリカ合衆国政府の提案で，ワシントンで国際子午線会議が開かれ25か国の代表が参加した。そこで当時世界一の大国だったイギリスのグリニッジを通る経線を，本初子午線とすることが決まったのである。

　時間や空間の決め方が「恣意的」なものである一つの例である。生きた人間を基準にする時間の決め方である「元号」の問題点にふれることもできよう。

緯度経度は地球（儀）の断面図で理解

　時差の計算や対蹠点を求める上でも，経緯度のしくみについて理解させることが必要だ。右図のような断面図で考えるとわかりやすい。経度は本初子午線から左右にそれぞれ180度分。緯度は赤道を基準にした「中心角」である。北極点，南極点が90度ということもこの図なら理解できよう。低緯度，中緯度，高緯度という表現も納得できる。１度＝60分，１分＝60秒という角度の単位も理解させよう（10進法ではないということ）。

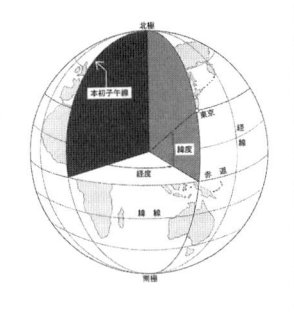

13 　地図の発展と冒険家

ねらい

（1）　大航海時代に海図として大きな役割を果たしたメルカトル図法について理解する。

（2）　インターネットの時代によみがえったメルカトル図法について検討する。

（3）　日本の地図史に特筆される伊能図の特徴を考察する。

資　料

資料1　メルカトルの世界地図（1569年発行）

資料2　グーグルマップの世界地図

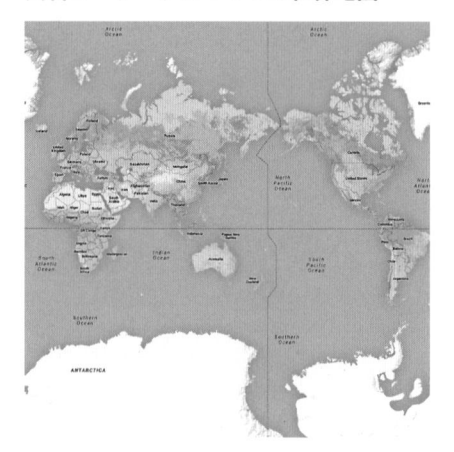

資料3　伊能図　（伊能中図　関東　部分）

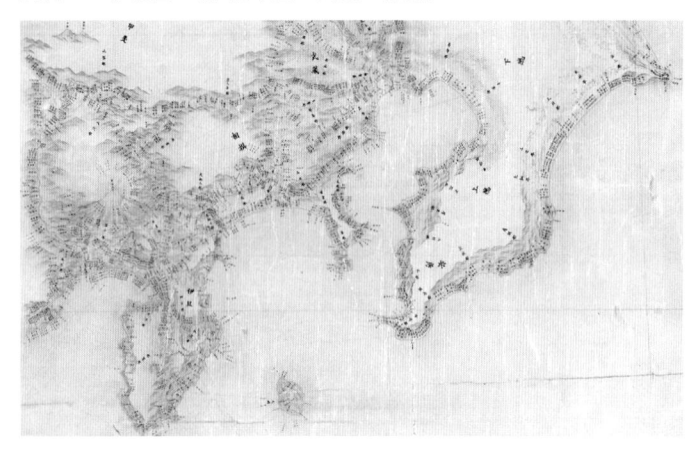

情　報

【出典】　資料1　1569年に発表された世界地図の複製。インターネットで購入（現在は発売中止）

　　　　　資料2　グーグルマップの画像を合成

　　　　　資料3　国土地理院所蔵　伊能中図 関東

【教材づくりに有用な情報源】　資料1のメルカトルの世界地図については，小サイト「1569年のメルカトルの世界地図について」（http://yamao.lolipop.jp/map/mer/index.htm）で詳しく紹介している。メルカトルがオランダ人でないということについては，同じく「メルカトルはどこの人か」（http://yamao.lolipop.jp/map/map055.htm）で文献に触れながら紹介している。グーグルマップの投影法については，解説で記した小著で簡潔に説明している。伊能図については，2018年が伊能忠敬没後200年ということで話題になることが多かった。伊能忠敬が戦後再評価されるきっかけになったのは井上ひさし『四千万歩の男』講談社（1986年）といわれる。千葉県の伊能忠敬記念館（http://www.city.katori.lg.jp/sightseeing/museum/index.html）にも足を運んでみたい。同館のホームページから地図や測量に使った器具の画像をダウンロードできるようになっているので，授業で活用したい。

【メルカトルの世界地図】　1569年に発表されたもので，メルカトルの世界地図というとこれをさす。132×198cmの大きなものである（複製は95×138cm）。

メルカトル図法に関しては，いろいろ誤解があるのでまちがえないようにしたい。

メルカトルをオランダ人と記す例を見かけるが今の国でいえばベルギーである。ネーデルラント出身と書かれることもあるので，ネーデルラント＝オランダと思い，オランダ出身としたのであろう。ネーデルラントはもっと広い地域をさす概念であり，フランドルのペルモンド出身の彼はけっしてオランダ人とはいえない。「フランドル（現在のベルギー）出身の地図学者」とするのが妥当だろう。

メルカトル図法による「世界全図」は原理的にあり得ない（地図には，世界全体を表せるものとそうでないものがある）。円筒図法であり，正角性をもつことからその理由は説明できる。

正角であるためには，緯線方向と経線方向の拡大率を一致させなければならない。

投影は円筒面に行うので，すべての緯線は赤道と同じ長さになる。高緯度に向かうほど緯線の拡大率は大きくなる。緯度60度では実際より２倍に拡大される（直角三角形を考えるとよい）。それに応じて経線方向ものばすわけだ。極に近いグリーンランドが実際より17倍も拡大される理由がここにある。

もし，極を描くとしたら緯線は赤道と同じ長さだが，長さのない点（極）に対して無限大に拡大されたことになる。同様のことを経線方向にも行わなければならない。それは実際にはできないことなので，世界全図は描けないのである。

メルカトルの「世界地図」というのは許容の範囲だが，世界全図はまずい。些細なことのようだが，原理に関わることなので十分気をつけよう。

さて，大航海時代に重宝されたのは等角航路（航程線）が直線を引くだけで求められるからであり，それが海図の図法として用いられる要因であった。これが可能なのは，正角図法であることはもちろんだが，経線が平行直線だからである（当時は正軸図法しかなかった）。したがって，一度決めた舵の向きを変えないですむ等角航路による航法が，大航海

時代に歓迎されたのはもっともといえる。

【グーグルマップの世界地図】　近代国家の成立や科学技術の発達は地図の世界にも大きな影響を与えた。大縮尺の精密な国土地図がつくられるようになる一方，さまざまな世界地図も考案されるようになった。航空機時代を象徴するものが正距方位図法だろう（いわゆる航空図は，この図法ではない）。

正角性ゆえに方位や面積が犠牲になり，そのため，「メルカトル図法はウソだらけ!?」（『“世界地図”から見たふしぎな「日本地図」』（三笠書房）などという不当ないいがかりまでつけられたメルカトル図法は，長年の役割を終えて世界地図の舞台から引退かと思いきや，インターネットの地図が普及する21世紀になり，また復活した感がある。

グーグルマップに代表されるウェブ地図はメルカトル図法を使用している（国土地理院の地理院地図も同様だ）。メルカトル図法は経緯線が直交しており，狭い範囲なら地表の形状が正しく表現されているので，利用者の要請に応じて様々な画像を作成し送信する上で技術的な制約が少ないからである（小著『地図がわかれば社会がわかる』）。なお，2018年から小縮尺では正射図法も選択できるようになった。

緯度により縮尺は変化するし，ネットで散見する，この地図をベースにした主題図は地図の使い方の不適切な見本である。しかし，インターネットの時代にメルカトルが復活したということは，時代により図法の再評価がされた興味深い事例といえるだろう。

【伊能図（伊能中図　関東　部分）】　かつて地理Aの教科書検定の際に，伊能忠敬を削除せよといわれたことがある。歴史になってしまうからとのこと。暴論であり記述は，工夫して残した。

科学的な地図を，綿密な測量により組織的につくり上げた伊能忠敬の行動から学ぶことは多い（道徳的，精神主義的にではなく）。エピソードも豊富だ。

大日本沿海輿地全図の名称からわかるように，海岸線の形を明らかにすることが主目的であったが，内陸部も街道沿いにくわしく描かれている。描画は繊細で見飽きることがない。

縮尺により大，中，小の三種類ある。大図（大縮尺，３万6000分の１）を床一杯に貼りあわせた「フロア展」が各地で開催されてきた。当時の日本が実感でき，先人の遺業に驚嘆の声があがる試みだった。

14 国名から知る世界の国々

ねらい
（1） 大航海時代以降に成立した新大陸の国名は，歴史上の人名がつけられたものが多く，ユーラシアと北アフリカでは，独立する際，歴史的伝統的な地名を選んでいることを知る。
（2） 国名の由来から，その国の歴史や文化が見えてくることを学び，興味を広げる。

解 説

【新大陸の国名】 新大陸の50の国名は15世紀末以降の命名であるから，その意味はとても明瞭である。新大陸には歴史上の人名がつけられた所がいくつもあり，その代表例がアメリカである。コロンブスがアジアの一部と考えた進入地を，イタリア人アメリゴは自身の3回にわたる探検までに，北緯40度から南緯50度まで航海し，先住民の暮らしなどを見て，1503年に新大陸であることを発表した。それを知った地図学者が新世界をアメリカと命名したのであった。発見者コロンブスの名は，南米のコロンビアやアメリカ合衆国の首都ワシントン・コロンビア特別区に残った。

人名がつけられたおもな国名は，ボリビア（スペイン領からの独立を指導した軍人ボリーバルの国），マーシャル諸島（オーストラリアに囚人を護送したマーシャル船長），キリバス（同じく囚人を護送をしたギルバート船長），ソロモン諸島（黄金を手に入れたソロモン王の故事から），クック諸島（キャプテン・クックの名）などである。

スペインがキリストの12使徒の一人ヤコブを守護聖者とし，サンティアゴ（聖ヤコブ）という地名をつけ，戦争開始の雄叫びに使ったように，守護聖者の役割も大きかった。その例はエルサルバドル（救世主の国），セントルシア（農業の守護聖女，サンタルチアの英語名），ドミニカ共和国（托鉢修道会創始者，聖ドミンゴの国）などである。

探検家はその土地の第一印象で地名をつけることも多かった。1499年にマラカイボ湖を探検したホヘーダが，先住民の水上家屋での生活を見てベネズ（ベネツィア）エラ（小さな）と名づけた例がある。そのような国名は，エクアドル（赤道国），ブラジル（染料のとれる赤い木），コスタリカ（豊かな海岸），ミクロネシア（小さな諸島）など。

新大陸で先住民の地名などが残った例として，メキシコ（アステカ帝国の太陽と戦いの神，メヒコ），ペルー（ビルー首長国）がある。後者は12世紀からのインカ帝国の支配下にあったビルー酋長のおさめた国が，ペルーとなまったものである。また，先住民の地名が国名に転化したものとして，カナダ（村落），パラグアイ（大河川），フィジー（王の名），サモア（聖なるモア鳥）などがある。

【旧大陸の国名】 旧大陸の146か国のなかには，文字を使用しなかったケルト人社会や中南アフリカがあったので，いまだにわかりにくい国名がある。ユーラシアと北アフリカでは，欧米列強やオスマントルコの植民地支配から脱却する際，独立国家の名として，歴史的伝統的な地名を選んでいる。中南アフリカでは，自然地名と王名民族名が半分ずつである。ヨーロッパでは民族名を語源とした国名がめだつ。

すべての国ではないが，国名には自称と他称があり，一般に他称の方が世界に通用したようである。

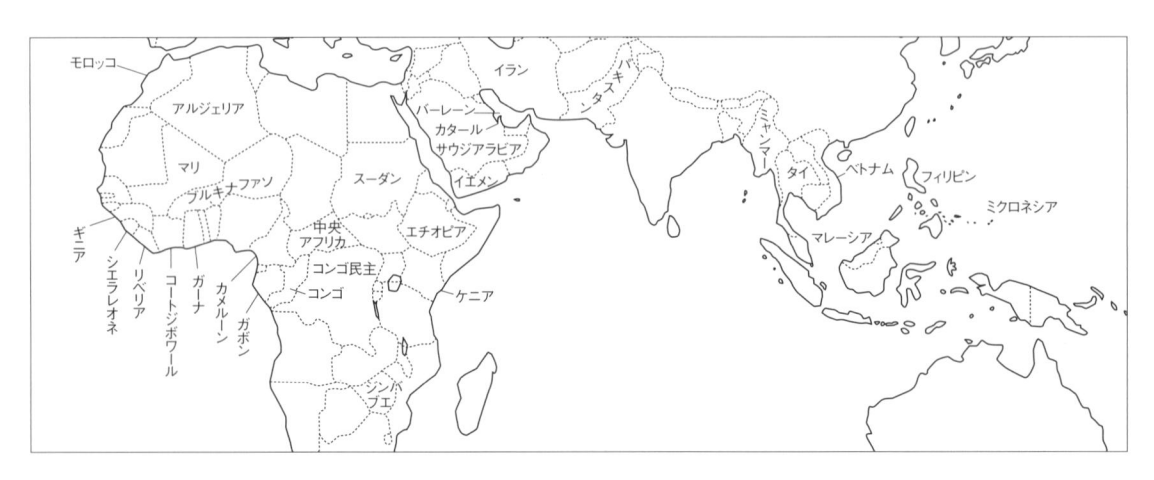

ほかならぬ日本は，朝鮮・中国から見て日の出の国であったから日本となった。ギリシャの場合はイタリア人の命名，エジプトの場合はギリシャ人の呼び方であった。自称が通じるようになったのは，通信・運輸革命で，たとえばブルキナファソ（賄賂のない高潔な国）と名乗ると，ただちに世界が認知してくれる時代になったからである。

旧大陸には，一群の固有名詞のついた国名がある。前4世紀の中国に，呉越同舟の故事でおなじみの越があったとき，その南に南越があった。歴史が流れ，19世紀の清は南の国に越南（ベトナム）という国名を提案し，正式名とした。固有名詞を国名とする国は，フィリピン（スペインの，フェリペ王の地），マリ（13世紀のマリンケ族マリのライオンと称する王の名），ガーナ（王の称号），ギニア（ベルベル語で，黒人），アイルランド（自称エール，エレン族の地）など。

風土や景観にもとづく国名として韓国（偉大な国）がある。3世紀のはじめは農村共同体に過ぎなかった韓族の地は，同世紀末には国家を形成し，馬韓などをつくった。韓の名は，1897年に大韓帝国の名で復活し，今日の大韓民国につながった。同様な国に，マレーシア（山国），コンゴ（山々），ケニア（白い山），ジンバブエ（石の家々）などがある。

民族にもとづく例として，台湾がある。島の先住民であったマレー系シラヤ族は，大陸から移住して来る漢人（中国人）を世話する役所を，外来人を意味するタイヤンとかタイインとよんだため，その当て字である台湾が島の名となった。

イギリスの場合は，ユトランド半島のつけ根にいたアングロ（角）族がローマ軍撤退あとのブリテン島に移住し，王国を樹立したことによっている。アングロはポルトガル語読みをするとイングレスとなり，そこからイギリスとなまった。このような国は，ミャンマー（民族名の文語表現），イラン（アーリア＝誇りある），エチオピア（日焼けした顔の人の土地），サウジアラビア（サウド家の荒地）など。

イスラームを誕生させたアラブ民族は，7世紀にアフリカ北西端に達して，アル・マグリブ（西）・アル・アクサ（遠い）を建設した。この名がポルトガル人によってアルという冠詞がはぶかれてマラケシュと短縮し，さらに英語名モロッコ（遠い西）となった。アラビア語地名は，スーダン（黒人），アルジェリア（島々），バーレーン（地上の海と地下水の2つの海），カタール（国家），イエメン（メッカのカーバ神殿に向かうと，右側）など。

欧米のアフリカ進出の先頭をきったのは航海王子エンリケを擁したポルトガルであった。1462年に突き出した半島にぶつかり，そこにそびえる山地に鳴り響く雷鳴を聞いたのでつけられた地名が，シエラレオネ（ライオン山脈）であった。カメルーン（小エビ川）とガボン（入江の形が，水夫のマント）もポルトガル語である。同様な国が，フランスのコートジボワール（象牙海岸），アメリカのリベリア（自由の国）などであった。

最近の国名として，タイ（自由）がある。東南アジアの植民地時代に，仏領インドシナと英領ビルマの間にあって，仏・英の直接衝突を防ぐためにもうけられた緩衝国だったとしても，よく独立を堅持したので，それまでのシャム（守護神名）という国名から，「自由」という国名に変えたのであった。

新しい国名として，インドから分かれたパキスタン（ムスリムだけの，清らかな国家），セルビアから分かれたアルバニア人の国コソボ（ツグミ）がある。

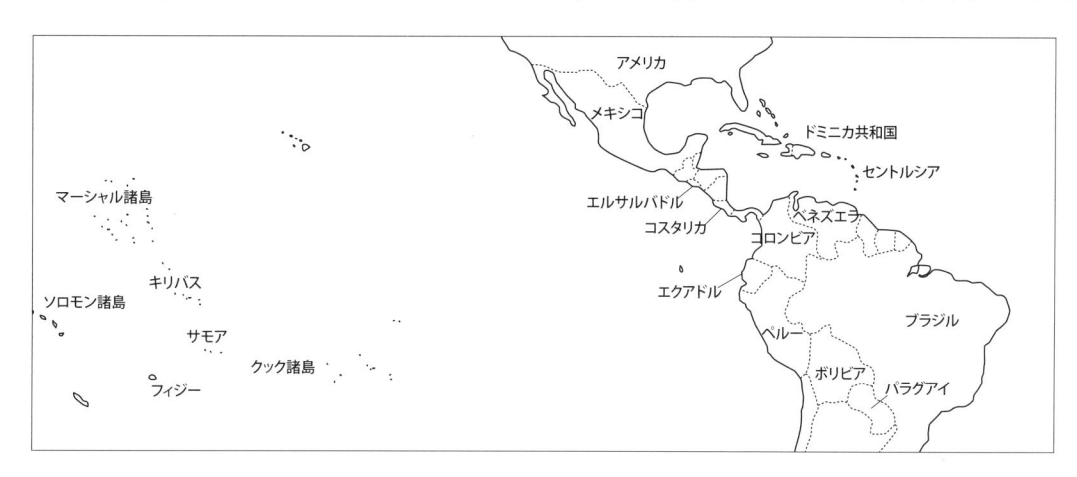

15　移民の歴史とそれにともなう課題

ねらい

（1）　国際的な人口移動の要因は経済的な内容と政治的・宗教的な内容が含まれることを理解する。

（2）　多国籍化する日本，アジアからの労働者に依存する日本の実情を考察する。

資 料

資料 1　16世紀以降，第二次世界大戦までのおもな人口移動

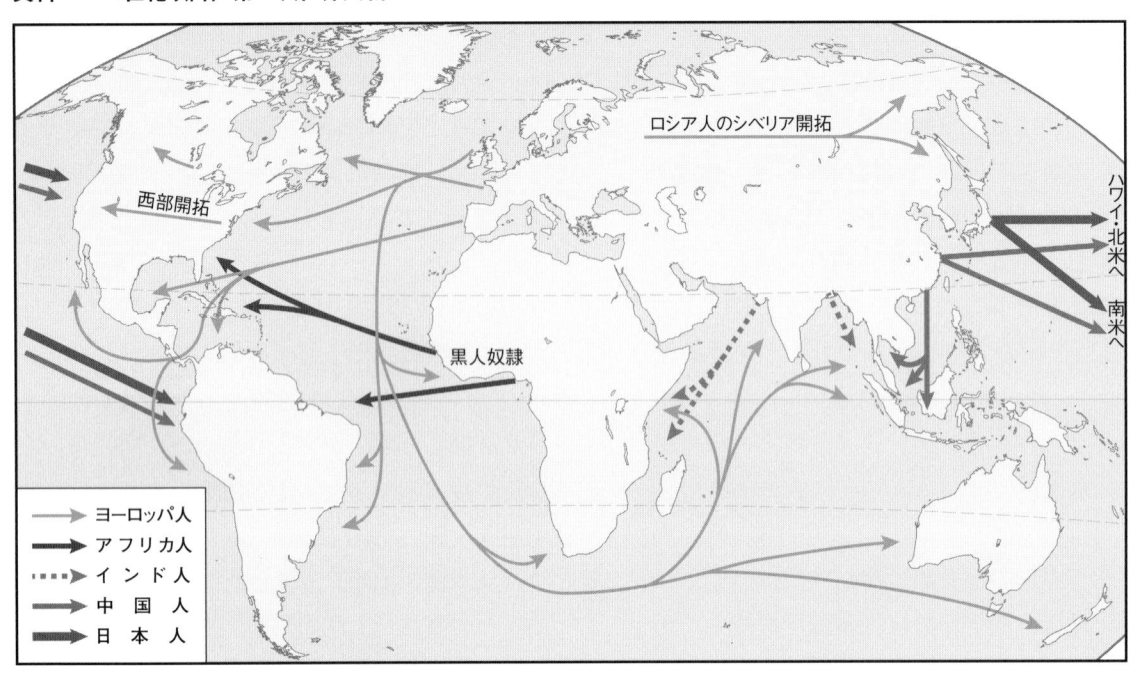

資料 2　日本の外国人登録数（国籍別）の推移（単位，人）

年	1980	1985	1990	1995	2000	2005	2010	2014	2015	2016	2017
総　　数	782,910	850,612	1,075,317	1,362,371	1,686,444	2,011,555	2,134,151	2,121,831	2,232,189	2,382,822	2,561,848
外国人比率	0.7%	0.7%	0.9%	1.1%	1.3%	1.6%	1.7%	1.7%	1.8%	1.9%	2.0%
中国	52,896	74,924	150,339	222,991	335,575	519,561	687,156	654,777	665,847	695,522	730,890
構成比	6.8%	8.8%	14.0%	16.4%	19.9%	25.8%	32.2%	30.9%	29.8%	29.2%	28.5%
韓国・朝鮮	664,536	683,313	687,940	666,376	635,269	598,687	565,989	501,230	491,711	485,557	481,522
構成比	84.9%	80.3%	64.0%	48.9%	37.7%	29.8%	26.5%	23.6%	22.0%	20.4%	18.8%
ベトナム	2,742	—	6,316	—	16,908	27,990	41,354	99,865	146,956	199,990	262,405
構成比	0.4%	—	0.6%	—	1.0%	1.4%	1.9%	4.7%	6.6%	8.4%	10.2%
フィリピン	5,547	12,261	49,092	74,297	144,871	187,261	210,181	217,585	229,595	243,662	260,553
構成比	0.7%	1.4%	4.6%	5.5%	8.6%	9.3%	9.8%	10.3%	10.3%	10.2%	10.2%
ブラジル	1,492	1,955	56,429	176,440	254,394	302,080	230,552	175,410	173,437	180,923	191,362
構成比	0.2%	0.2%	5.2%	13.0%	15.1%	15.0%	10.8%	8.3%	7.8%	7.6%	7.5%
ネパール	—	—	—	—	—	—	17,525	42,346	54,775	67,470	80,038
アメリカ	22,401	29,044	38,364	37,099	44,856	49,390	50,667	51,256	52,271	53,705	55,713
ペルー	348	480	10,279	36,269	46,171	57,725	54,636	47,978	47,721	47,740	47,972
その他	32,948	49,115	76,558	185,168	208,400	268,861	293,616	373,730	424,651	475,723	531,431
構成比	4.2%	5.8%	7.1%	13.6%	12.4%	13.4%	13.8%	17.6%	19.0%	20.0%	20.7%

＊－は数値が不明

情 報

【出典】　資料 1　竹内裕一ほか『高等学校現代地理 A』清水書院　p.120

　　　　　資料 2　法務省『在留外国人統計』から作成。在留外国人統計は，法務省のホームページからダウンロードできる。

【教材づくりに有用な情報源】

・田中宏『在日外国人　第三版』岩波新書（2013年）

・芹澤健介『コンビニ外国人』新潮新書（2018年）

解　説

【16世紀以降，第二次世界大戦までのおもな人口移動】　国際化にともなって，人の交流もさかんになった。人の交流は異なった地域で生まれた文化，情報，技術などの伝播をもたらす。歴史的にも人の移動にともなった文化的な交流が，社会の活性化や新しい文化の出現につながった。一方で，人の移動によって社会問題が発生しているのも事実である。人はなぜ世界中を移動してきたのであろうか。移動の原因には，①自然的原因，②経済的原因，③政治的原因，④宗教的原因，⑤強制的原因などがあげられる。

大陸内の人口移動は先史時代からあり，たとえばゲルマン民族の大移動などとよばれている。さらに大航海時代には大陸間の移動が活発になった。とくにヨーロッパ地域の人口増加，宗教的な迫害，植民地経営などによって「新大陸」への進出が進んだ。移動する人びとの数は数千万人に達した場合もあり，民族問題や難民問題などを生じさせる背景や要因となっている。おもな人口移動の例をみる。

①南ヨーロッパ各地からラテンアメリカへの移動
移民の多くはスペイン人やポルトガル人などラテン系の南ヨーロッパ出身の人びとであり，侵略やキリスト教の布教，金銀の貴金属を求めての移動であった。ブラジルにはポルトガル人が，その他の地域にはスペイン人がおもに移動した。先住民のインディオとの混血が進んでいる。

②ヨーロッパ各地からアングロアメリカへの移動
19世紀末までは，イギリス人，アイルランド人，ドイツ人などの北・西ヨーロッパ出身の人びとがめだち，宗教的な迫害から逃れるためや農業開拓移民として移動した。それ以後は，イタリア人，ポーランド人，ロシア人などの東・南ヨーロッパの出身者がめだつようになった。産業革命以後，この地域はヨーロッパの食料供給地としての役割をはたしていた。また先住民との間で深刻な土地争いが起きた。

③イギリス人などの南アフリカ，オーストラリアへの移動　当初はキリスト教の布教や植民地経営のための移動であったが，のちに農業開拓移民が大量に移動した。南アフリカへの最初の移民はオランダ人であったが，19世紀後半，ダイヤモンドや金の発見後，イギリスからの移民が増加した。また，オーストラリアへは当初，イギリスの流刑地としての移動がはじまり，ヨーロッパ式の農牧業がもちこまれた。

④アフリカ，ギニア湾岸から南北アメリカへの移動
16世紀中ごろから奴隷解放（1864年）までの間に，約1500万人以上（一説には，5000万人以上の人びとが犠牲になったといわれている）の黒人が奴隷としてアメリカ大陸へ強制的に移動させられ，重労働のなかで多くの黒人が犠牲になった。

⑤インド人の東南アジア，アフリカ東部への移動
熱帯・亜熱帯にあるイギリスの植民地に労働者や商人として移動した。

⑥中国人の東南アジアへの移動　おもに華南の中国人の鉱山・農園労働者，商人としての移動である。人口増加による経済的な理由により移動し，現在では多くの国ぐにの商業分野などで重要な役割を担い，華人とよばれる。

⑦ロシア人によるシベリア，極東などへの移動　シベリア開拓による東方移動である。

⑧アメリカ人による西方移動　アメリカに移住した人びとはさらに西部開拓のためにミシシッピ川，ロッキー山脈をこえて，太平洋岸に達した。

【1980〜2017年の日本の外国人登録数の推移】　20世紀初頭からの日本の朝鮮半島支配・植民地化の結果として，1980年ごろまでの在日外国人は80％以上が韓国・朝鮮籍の人々であった。1990年ごろから中国籍の人々が年々増加し，2007年以降は韓国・朝鮮籍の人数をぬき1位となった。1989年には出入国管理法が改正され，日系外国人の就労・在留が認められたため，2000年代なかばまでは日系ブラジル人やペルー人の入国が急増した。2009年以降，リーマンショック後の不況や東日本大震災の影響で在日外国人数は減少したが，2013年から再び増加し，2017年には約256万人と過去最高を更新して総人口の約2％になった。最近では，留学生や外国人技能実習制度を利用して，日本で働く外国人が増加し，ベトナムやネパールの出身者が増えている。技能実習制度は，農業，建設，食品製造，介護などの職種で技能を身につけ，習得した技術を母国の発展に役立ててもらうことが目的であった。しかし，実際は非熟練労働に従事している実習生も少なくなく，低賃金で働いていたり，違法な時間外労働を強いられたりするなど，人権侵害の問題が指摘されている。

16　日本の自然環境

ねらい

（1）　世界から見ると，日本列島はどのような場所に位置し，地形的な特色があるのか理解する。

（2）　風水害や土砂災害などと関わりが深い日本の気候の特色を理解する。

資　料

資料1　世界の震源分布

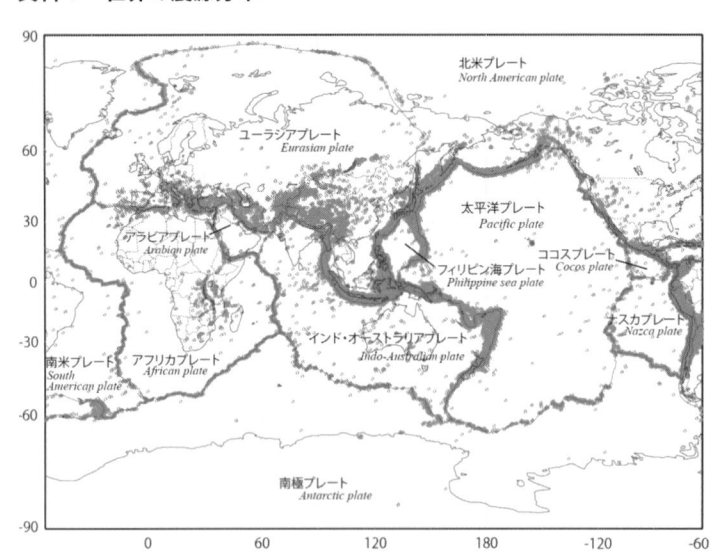

資料2　日本周辺のプレートの分布

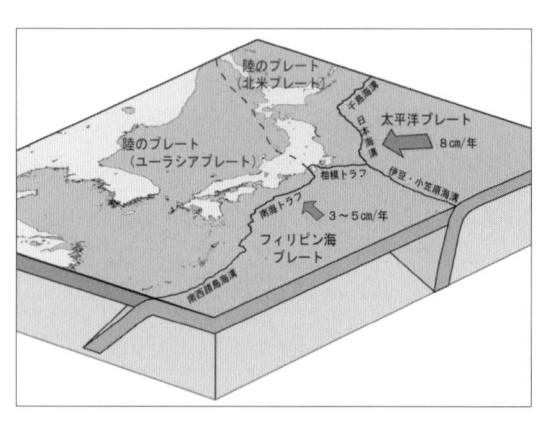

資料3　日降水量100mm 以上の年平均日数（1971～2000年）

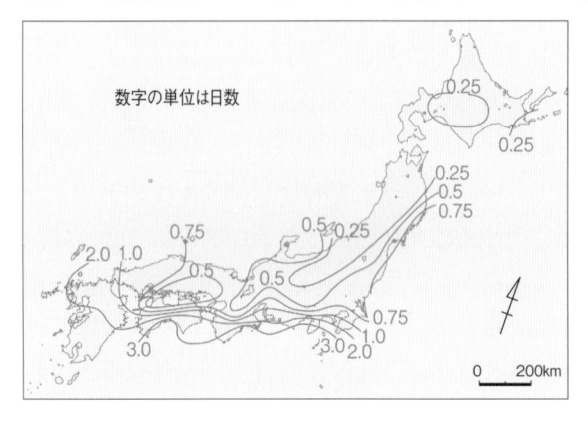

資料4　今後30年間に予想される1日あたりの最大降水量

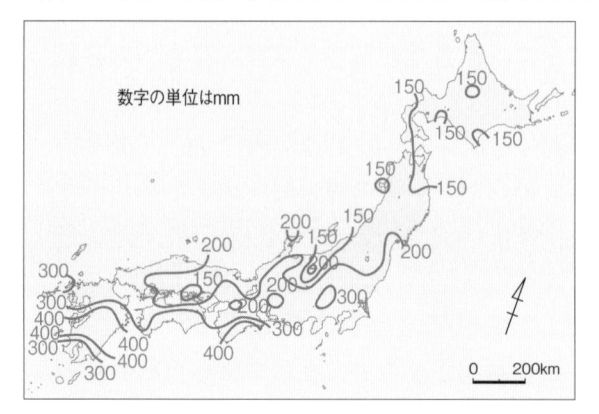

情　報

【出典】　資料1・2　気象庁ホームページ「地震発生のしくみ」

　　　　　　　　　（https://www.data.jma.go.jp/svd/eqev/data/jishin/about_eq.html）

　　　　　資料3・4　防災科学研究所「防災基礎講座　自然災害について学ぼう」

　　　　　　　　　（http://dil.bosai.go.jp/workshop/01kouza_kiso/ohame/rain.htm）

【教材づくりに有用な情報源】

・米倉伸之・貝塚爽平・野上道男編『日本の地形1　総説』東京大学出版会（2001年）

・太田陽子ほか『日本列島の地形学』東京大学出版会（2010年）

・中村和郎・木村竜治・内嶋善兵衛『新版 日本の自然5　日本の気候』岩波書店（1996年）

解 説

【変動帯に位置する日本】

日本は世界有数の地震・火山国であり，これまでもくり返し災害が発生してきた。これは日本列島が，地球上でも最も激しい変動帯に位置しているからである。資料１を見ると，地震は世界中どこでも同じようにおきているわけではなく，細長い帯状の地域，すなわち変動帯に偏っておきている。一方，大陸の内部や海洋部など安定している地域ではほとんど地震はおきていない。

変動帯としての日本列島の特徴は，海水を取り除いた大地形によくあらわれている。日本の島々は，太平洋側に弓状に張り出した島弧とよばれる大きな地形的な高まりを構成しており，島弧の前面には溝状に凹んだ海溝とよばれる巨大な海底地形が存在する。海溝底と島弧との高低差は，日本海溝では約１万mあり，太平洋底から見上げると，日本列島の高さはインド半島に対するヒマラヤ山脈に匹敵する。日本を含めた太平洋を取りまく地震発生域の分布は，海溝の存在と対応しており，地震と海溝に何らかの因果関係があることを示している。

【日本列島とプレートテクトニクス】

日本列島周辺の大地形（島弧と海溝）と地盤の動きは，プレートテクトニクスによって説明されている。地球の全表面には，プレートとよばれる厚さ数十kmほどの堅い岩盤が10数枚ほど隙間なく敷きつめられている。プレートの下には流動性のある岩石層が広がり，各プレートはその上に浮いた状態にある。また，プレート同士はそれぞれが別の方向に年間数cm程度の速さで相対的に移動しており，それぞれの異なるプレート間の境界では，プレートが離れあったり，近づきあったり，すれちがったりしている。このプレート境界の位置は，資料１の地震分布で示される変動帯の位置と一致している。

日本列島とその周辺では，資料２のように，太平洋プレートとフィリピン海プレートが日本列島を乗せる陸側プレートの下へ沈みこんでおり，沈みこむ境界は海溝となっている。陸側のプレートが受ける地盤の変形は，陸側と海側のプレートが近づく相対運動の結果で，日本列島でおきる地震や火山の噴火も，プレートの沈みこみで生じる力とプレートが地下に持ちこむ物質に原因があると考えられている。

【日本の気候の特徴】

日本の気候は，四季が明瞭にあらわれることが大きな特徴で，夏には日本付近は太平洋高気圧におおわれ，全国的に最高気温が30度をこえる晴天となる。一方，冬には大陸上に優勢な高気圧，日本の東海上には発達した低気圧が位置する西高東低の冬型の気圧配置が特徴的にあらわれる。このとき，大陸から吹き出す冷たく乾燥した空気は，日本海上空で水蒸気の補給を受け，日本海側の地域に降雪をもたらす。春から夏への季節の変わり目には，梅雨とよばれる特徴的な時期がある。この期間には，日本付近に梅雨前線とよばれる前線が停滞し，西日本の多雨ばかりでなく，東日本での低温・日照不足などが顕著にあらわれる。同様な前線は初秋にもあらわれ，秋雨前線とよばれる。このほか，夏から秋にかけては，南海上から北上してくる台風により日本付近の天気が大きく影響を受ける。

大雨は，梅雨前線などの前線が停滞する場合や，温帯低気圧や台風などが日本列島に接近する場合に発生する。災害となる大雨のおおまかな目安は，一度に降る雨の量が１年に降る雨の10%程度に達するかで，これをこえると災害が発生しはじめる。１日の降水量が100mmをこえる大雨は，太平洋南岸域で多く，年に２～３日以上，瀬戸内を含む内陸域や東北・北海道で少なく２～４年に１日程度である（資料３）。今後30年間に予想される１日あたりの最大降水量は，紀伊半島・四国の太平洋岸および九州で300～400mm，東北・北海道で150～200mmと，地域により２倍ほどの差がある（資料４）。

【台風】

日本に来襲する台風のほとんどは，太平洋西部海域（おもにフィリピン東方海域）で発生する。その後，夏の太平洋高気圧の西の縁を回りこむようにして北西に向かい，北緯25度付近（ほぼ沖縄の緯度）をこえると，上空の偏西風に流され速度を増して北東に向かうというのが典型的なコースである。台風は年平均で27個発生し，本土への上陸数は年平均2.7個である。日本では，大雨や台風などの風水害や土砂災害を防止・軽減するために，気象庁が警報や注意報，気象情報などの防災気象情報を発表し，注意や警戒をよびかけている。2013年からは警報の発表基準をはるかにこえる数十年に一度の大災害がおこると予想される場合には特別警報が発表されるようになった。

17　南海トラフ巨大地震・津波と被害想定

ねらい

（1）　政府の地震調査研究推進本部の長期評価は，南海トラフ巨大地震の発生が近づいていると警告している。その想定震源域のひろがりを自然地理学的な観点から科学的に理解する。

（2）　中央防災会議は南海トラフ巨大地震の被害想定を発表している。東日本大震災をふまえて対策を考える。

資　料

資料1　南海トラフ巨大地震の想定震源域

斜線内の区域が従来の東海・東南海・南海地震の震源域，太線内の区域が新たな南海トラフ地震の震源域。

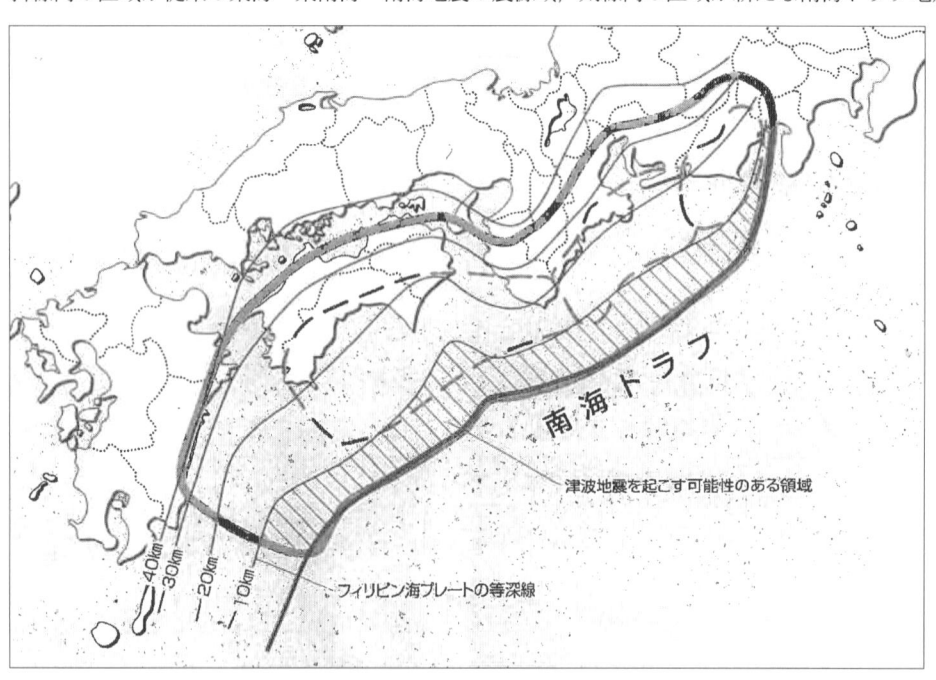

資料2　南海トラフ巨大地震による想定死者数・負傷者数（死者数上位10府県）

都道府県	死者数			負傷者数		
	合計	うち津波	人口1万人あたり（人）	合計	うち津波	人口1万人あたり（人）
静岡	109,000	95,000	291.7	92,000	12,000	246.2
和歌山	80,000	72,000	810.1	39,000	2,700	394.9
高知	49,000	37,000	651.6	47,000	1,200	625.0
三重	43,000	32,000	233.9	66,000	1,400	359.0
宮崎	42,000	39,000	373.0	23,000	3,000	204.2
徳島	31,000	25,000	399.6	34,000	2,500	438.2
愛知	23,000	6,400	31.0	100,000	1,000	134.7
大分	17,000	17,000	143.4	5,100	1,200	43.0
愛媛	12,000	4,400	84.8	48,000	800	339.2
大阪	7,700	2,400	8.7	65,000	1,400	73.3
合計	323,000	230,000	25.3	623,000	24,000	48.9

　　内閣総理大臣を会長とする中央防災会議は，2012年8月29日『南海トラフ巨大地震の被害想定について（第一次報告）』を発表した。その数値を都道府県別に整理したのが資料2である。原資料はネットで検索できる。

情　報

【出典】　資料1　地震調査研究推進本部『南海トラフで発生する地震』

　　　　　　資料2　中央防災会議『南海トラフ巨大地震の被害想定（第一次報告）』

【教材づくりに有用な情報源】　文部科学省におかれている地震調査研究推進本部は，地震に関する調査・研究の成果をふまえて，毎年，地震ごとの危険度評価を発表している。地震調査研究推進本部のホームページを開いて「南海トラフで発生する地震」を検索すると，資料1の原図を入手することができる。

解　説

【南海トラフ巨大地震の想定震源域】　文部科学省に設置されている地震調査研究推進本部は，2018年2月9日，南海トラフ巨大地震の30年以内の発生確率を「70％程度」から「70〜80％」に引き上げた。同委員会の平田直委員長は「刻一刻と次の巨大地震が迫っているあらわれでもある。いつ起きてもいいように備えてほしい」と要請した。まず，その南海トラフ巨大地震の想定震源域を，資料1で読み取らせることにしよう。

南海トラフは，静岡県の駿河湾から宮崎県の日向灘まで続く深さ4000m級の凹地であり，フィリピン海プレートの沈みこみによって形成された海底地形である。フィリピン海プレートの沈みこみにより，その上のユーラシアプレートとの境界部分にゆがみが蓄積し「耐えられる限度」をこえると巨大地震が発生する。地震調査研究推進本部は，その限度が刻々と近づいていると予測しているのである。南海トラフは大規模な活断層であり，これまでマグニチュード8クラスの大地震が100〜200年間隔で発生してきた。しかし，総延長が約770kmにおよぶ南海トラフの全域が震源域になると，マグニチュード9クラスの超巨大地震になる可能性もあると予測されている。東北地方太平洋沖地震の震源域の総延長は約500kmであり，震源域の総面積は約10万 km^2 であった。それに対して，南海トラフ巨大地震の震源域の総面積は約14万 km^2 となり，そのマグニチュードは9.1になる可能性があると予測されている。

そのような超巨大地震は，超巨大な津波を発生させる。南海トラフ巨大地震にともなう津波高（標高）は，中央防災会議によると13都県，124市町村で5m以上となり，5都県，21市町村で10m以上に

なるという。最大津波高は，6市町村で25mをこえ，高知県黒潮町では34m，静岡県下田市では33mに達すると想定されている。しかも津波の波源域が陸地に近いため，津波の到達時間がはやく，津波高5mの津波が，地震発生の数分後には押しよせてくると想定されている。南海トラフ沿岸地域を襲う津波は，東北地方太平洋沖地震とくらべると，津波高がさらに高くなり，津波の到達時間もさらにはやくなると想定されている。

【南海トラフ巨大地震による想定死者数】　資料2は中央防災会議が想定した南海トラフ巨大地震にともなう都道府県別の想定死者数である。合計欄を見ると，震災全体の死者数は最悪の場合，約32.2万人に達すると想定されている。津波による死者数だけでも，約23万人に達する。津波による想定死者数が最も多いのは静岡県であり，9.5万人という恐るべき数値が読み取れる。東日本大震災の死者数の約5倍である。しかし，人口1万人あたりの津波による想定死者数を見ると，和歌山県が最も多く，高知県がこれに続いている。

中央防災会議の「被害想定」は，地震発生後，迅速に避難できれば，津波による死者数を約8.5万人まで減らすことができると想定している。しかしそれでも，この数値は，東日本大震災の総死者数の約4倍に相当する。和歌山県南部は，地震発生の2〜3分後には，津波高1mの津波が押しよせてくると想定されている。和歌山県は避難開始時間を「地震発生の5分後」と見積もっている。そうだとすると，避難開始前に避難不能な津波が押しよせてくることになる。そこで，和歌山県は，そのような地域を「避難困難地域」に指定し，「緊急避難を不要とする居住地づくり」を模索し始めた。どうしようとしているのか。生徒に考えさせたい。

海溝とトラフの違いは？

巨大地震は海洋プレートが大陸プレートの下に沈みこむ場所で発生する。その「沈みこみ帯」には舟状の海底地形と深い溝状の海底地形が形成される。前者の水深は6000mより浅く，トラフとよばれている。後者の水深は6000mより深く，海溝とよばれている。東北地方太平洋沖地震は，太平洋プレートが北米プレートの下に沈みこむ日本海溝付近で発生した。南海トラフ巨大地震はフィリピン海プレートがユーラシアプレートの下に沈みこむ南海トラフ付近で発生する。

18　火山・洪水災害と防災

ねらい
（1）　日本は世界有数の火山国であり，その危険性を知るとともに恩恵も受けていることを理解する。
（2）　河川洪水と地形の関係について知り，防災への取り組みについて考える。

資　料

資料1　おもな活火山の分布

資料2　富士山の降灰可能性マップ

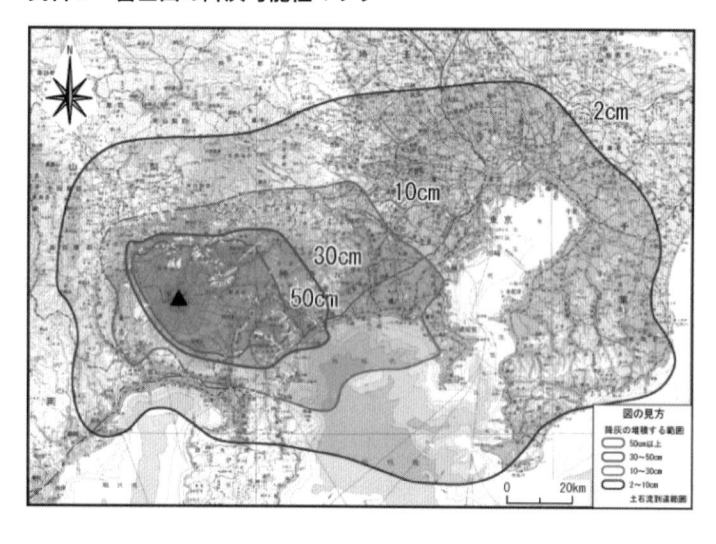

資料3　1947年，カスリーン台風時の利根川・荒川の洪水の経路

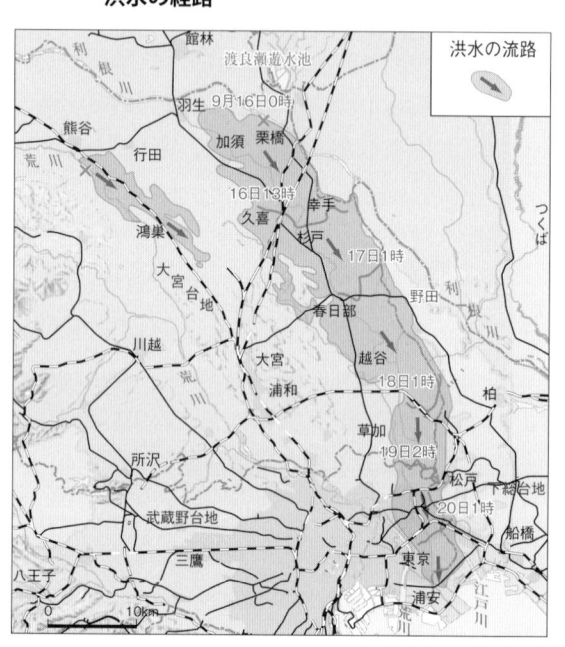

情　報

【出典】　資料1　気象庁ホームページ「活火山とは」（https://www.data.jma.go.jp/svd/vois/data/tokyo/STOCK/kaisetsu/katsukazan_toha/katsukazan_toha.html）

　　　　　資料2　富士山火山防災協議会「富士山火山防災マップ」
　　　　　　　　（http://www.bousai.go.jp/kazan/fujisan-kyougikai/fuji_map/）

　　　　　資料3　防災科学技術研究所「防災基礎講座　災害はどこでどのように起きているか」
　　　　　　　　（http://dil.bosai.go.jp/workshop/02kouza_jirei/s01kanto/tonekouzui.htm）

【教材づくりに有用な情報源】
・国土交通省ハザードマップポータルサイト（https://disaportal.gsi.go.jp）
・防災科学技術研究所「火山ハザードマップデータベース」（http://vivaweb2.bosai.go.jp/v-hazard/）
・国土地理院「火山土地条件図」（http://www.gsi.go.jp/bousaichiri/volcano-maps-vlcm.html）
・地点別浸水シミュレーション検索システム（浸水ナビ）（http://suiboumap.gsi.go.jp/）

解 説

【火山災害と火山の分布】 火山の噴火は，地下で生じたマグマ（溶融状態の岩石）が地表に噴出する現象で，噴火の発生した場所が火山である。地表に噴出するマグマの温度は1000℃前後ときわめて高温であること，マグマにふくまれる高圧のガス成分が地表付近で爆発をおこすこと，火山からの噴出物が広く地表を覆うこと，噴出したガス成分自体も有毒成分を含むことなどから，火山が噴火すると周辺地域でさまざまな災害が発生する。しかし，火山が噴火するのは，まれな現象である。日本の火山の多くが国立公園や国定公園にあるように，火山は風光明媚な自然環境をつくり，マグマの熱は温泉を生み，火山噴出物はカリウムやリンに富む肥沃な土壌をつくるなど，人間生活に恵みをもたらす存在でもある。

日本では，過去1万年以内に噴火した火山や，活発な噴気活動のある火山を活火山とよんでいる。国内には111の活火山が存在しているが，活発に活動している火山から，噴火の可能性はあるものの長期にわたり静穏な火山までさまざまある。活火山の分布は，北海道から東北，中部・関東地方を経て伊豆小笠原諸島へと続く東日本火山帯と，九州から琉球諸島へと続く西日本火山帯に分けられる（資料1）。

【富士山の降灰可能性マップ】 富士山の噴火は，江戸時代の宝永噴火（1707年）以来おきていないものの，いずれ噴火するのは確実と考えられている。宝永噴火の際には，約2週間噴火が続き，富士山から噴出した火山灰が江戸を覆ったと記録されている。資料2は，このタイプを想定した「降灰ハザードマップ」である。降灰が1cmをこえると自動車の運転は困難になるので事故が多発する。また，空中に浮遊した火山灰が航空機に吸いこまれるとジェットエンジンが停止してしまうので，降灰予想域にある羽田や成田空港は閉鎖せざるをえない。湾岸部にある火力発電所群も大半がガスタービン方式であるため，火山灰に弱く，首都圏への電源供給が停止してしまい，現代の都市機能は麻痺してしまう。もし，富士山が噴火すれば，江戸時代にくらべ文明の進んだ現代社会の方が甚大な被害を受けるのである。

【河川洪水と内水氾濫】 河川洪水とは，大雨が降り，水かさを増した河川の水が，堤防を乗りこえたり，堤防を破壊したりして，河川から外の平野部にあふれ出すことである。平野内には，自然堤防とよばれる微高地があり，過去にたびたび洪水が発生した場所では，自然堤防沿いに集落が発達してきた。しかし近年は，河川改修などで堤防が補強され，洪水がおきにくくなったため，本来は居住に適さない低地帯にも住宅が建築されるようになった。しかし，一度河川があふれると，洪水は同じ低地帯に氾濫するので，その災害をさけるためには，新旧地形図の比較や洪水ハザードマップなどで，過去の地形や土地利用のしかたを知っておく必要がある。

平坦地に大雨が降ると，雨水がはけきらずに地面にたまってしまう。低いところでは周囲から水が流れこみ浸水水深が大きくなり，内水氾濫とよばれる水害が発生する。とくに最近では，都市やその周辺の新興市街化地域でこの水害が問題となる。舗装などで雨水が地面にしみこまない都市の構造が内水氾濫の被害を大きくし，さらに地下街の浸水など，あらたな災害を生み出している。

関東平野の洪水災害

関東平野は，地殻変動により中央が窪むという盆状の沈降がおきている。その中心は埼玉県の幸手・栗橋付近にあり，この周辺では河川の流れが停滞して氾濫が生じやすい地形条件にある。さらに江戸時代初期に，本来はいまの江戸川に流れ下っていた利根川を栗橋付近で鬼怒川水系に付けかえる「東遷事業」が行われ，より河川洪水がおきやすい環境がもたらされた。

江戸の三大洪水とよばれる1742年，1786年，1846年の洪水，明治の1910年の洪水は，利根川水系で発生したとくに大規模なもので，付けかえられる前の元の利根川の流路沿いである東京東部の低地まで広く氾濫がおよんだ。資料3は，1947年のカスリーン台風時の洪水のようすである。栗橋付近で利根川の堤防が破壊され，洪水は4日をかけて東京湾に到達し，甚大な被害が発生した。

19 新旧地形図の比較から土地の改変を探る

ねらい

（1）都市の地形は，人工的につくられ，もともとの地形を改変したものが多いことを理解する。

（2）地震により，改変された地形が受ける影響を考える。

（3）実際に新旧地形図を比較することで，リスク回避に生かす知識を身につける。

資料1　2万5千分1地形図「上郷」1969年

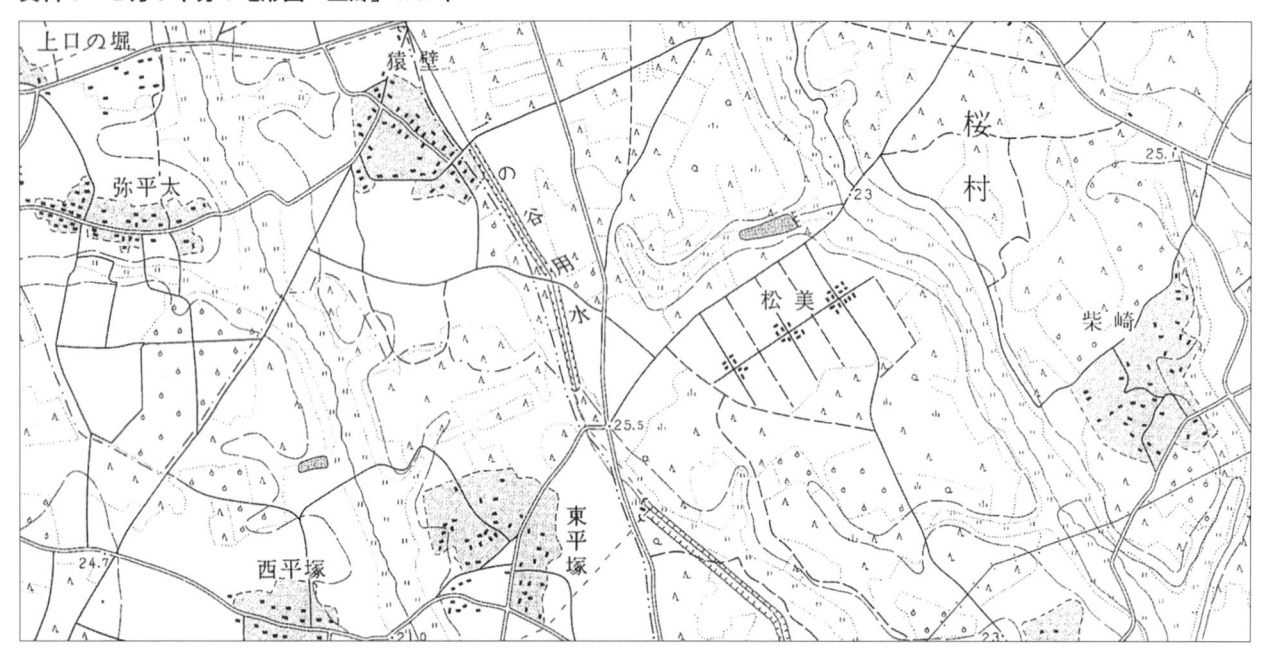

資料2　2万5千分1地形図「上郷」2007年

情　報

【出典】　国土地理院2万5千分1地形図「上郷」1969年，2007年（紙の地形図の最新版は2016年なので，それをそろえれば，2007年からさらに約10年間の都市の変遷を読図できる）

【教材づくりに有用な情報源】　国土地理院のホームページの「地図・空中写真閲覧サービス」で，過去の地形図や空中写真をネット上で見ることができる。

解　説

【1969年と2007年の地形図の比較】　近年，都市化が進んだ地域では，住宅地などを造成する際，もともとあった谷や沼地などを人工的に埋め立てて，平坦にした場所が多い。このような場所では，地震などによって盛り土の崩壊や液状化現象などがおきやすく，建築物に重大な被害をもたらす。改変前の地形がどうなっていたかを知るには，新旧の地形図を比較すると，過去の地形や土地利用の変遷を知ることができ，防災にも役立たせることができる。

　資料は，2万5千分1地形図「上郷」で，現在の茨城県南部，つくば市を中心とした図幅である。ここでは筑波研究学園都市北部を資料として取り上げた。筑波研究学園都市は，首都への過度の人口集中の防ぐために，官公庁の研究機関や国立の教育機関が集団で移転してできた人工都市である。都市の建設は，1968年から始まり，1980年に機関の移転が終了した。都市の造成は，1969年の地形図にある集落や田畑をできるだけ避け，台地の赤松林を中心に行われたため，南北に細長い都市となっている。

　筑波研究学園都市のある台地は，稲敷台地とよばれ，最終間氷期に広がった古東京湾に形成された古鬼怒川の鳥趾状三角州が10〜9万年前に離水してできたものである。台地面は平坦で標高は25〜30mほどである。台地には，北北西から南南東にのびる浅い谷が刻まれ，谷底は水田に利用されている。もともと稲敷台地は水が乏しいため，霞ヶ浦から台地の中央を流れる一の谷用水（資料1）を通じて水が供給され，稲作が可能となった。

【筑波研究学園都市の造成】　筑波研究学園都市の造成では，台地を削る谷に盛り土（埋め立て）が行われ，人工的に平坦地がつくられた。新旧の地形図を比較すると，そのことを読み取ることができる。資料2の2007年の地形図では，都市域内に多くの池が見られるが，そのほとんどは埋め残された古い谷だった場所であり，整然と枡形に仕切られた平らな宅地の下には，盛り土で埋められた谷が隠れていることに注意する必要がある。

　このような造成地の盛り土は，元の地盤よりも緩い地盤となっているため，地震の揺れや豪雨などによって盛り土が崩れたり，沈下したりすることがある。2011年の東北地方太平洋沖地震（東日本大震災）では，宮城県から福島県，茨城県にかけての広範囲で宅地の盛り土の崩落，滑り，変形，地割れなどが発生し，家屋だけでなく，埋設された上下水道やガス管にも甚大な被害がおよんだ。

　地震による盛り土の崩壊を防ぐためには，鋼管杭を打ち，盛り土の強度を増すための工事が必要となる。また，盛り土のすべりを防ぐためには，地下水位を下げるための水抜き工事も重要である。谷部にはもともと周辺から地下水が入りこむので，盛り土の内部には地下水がたまりやすい。これらの対策工事を行うためにも，造成された宅地のどこに盛り土部分があるのかを把握しておくことが大切である。新旧地形図の比較は，もとの土地利用を知るための最もかんたんな手段なので，ぜひ自宅や学校周辺などの身近な地域で実践したい。

液状化予測図

　東日本大震災では，津波の被害だけではなく，東北地方から関東地方沿岸部にかけて広範囲で液状化現象が発生した。とくに震源から離れた関東では，地震の揺れがそう強くない東京・千葉の沿岸部，茨城・埼玉の内陸部でも液状化現象が発生し大きな被害が出た。液状化現象の発生しやすい場所は，地下水位の高いゆるく堆積した砂地盤などで，埋立地，干拓地，昔の河道を埋めた土地，砂丘や砂州の間の低地などである。2018年の北海道胆振東部地震でも札幌市では地盤によって被害が集中した地域があった。自分の住む過去の土地利用や土地条件を知り，地盤の改良や建築物基礎の補強など対策をたてる必要性を再認識させられた。最近では，液状化の起こりやすさを予測した地図を公開している地方公共団体が増えている。たとえば，東京都の「東京都土地履歴マップ」では，古い地形図と現在の地形図や土地条件図と合わせたもので，土地の変遷から液状化しやすい土地かどうかを知ることができる。

20　新旧の地形図から街の変化を調べる

ねらい

（1）　地形図を読むことは，身近な地域を知るための有効な方法であることを理解する。

（2）　新旧の地形図を比較することにより，土地利用などの地域変容について深く理解する。

資　料

資料1　2万5千分1地形図「流山」（上1976年，下2005年）

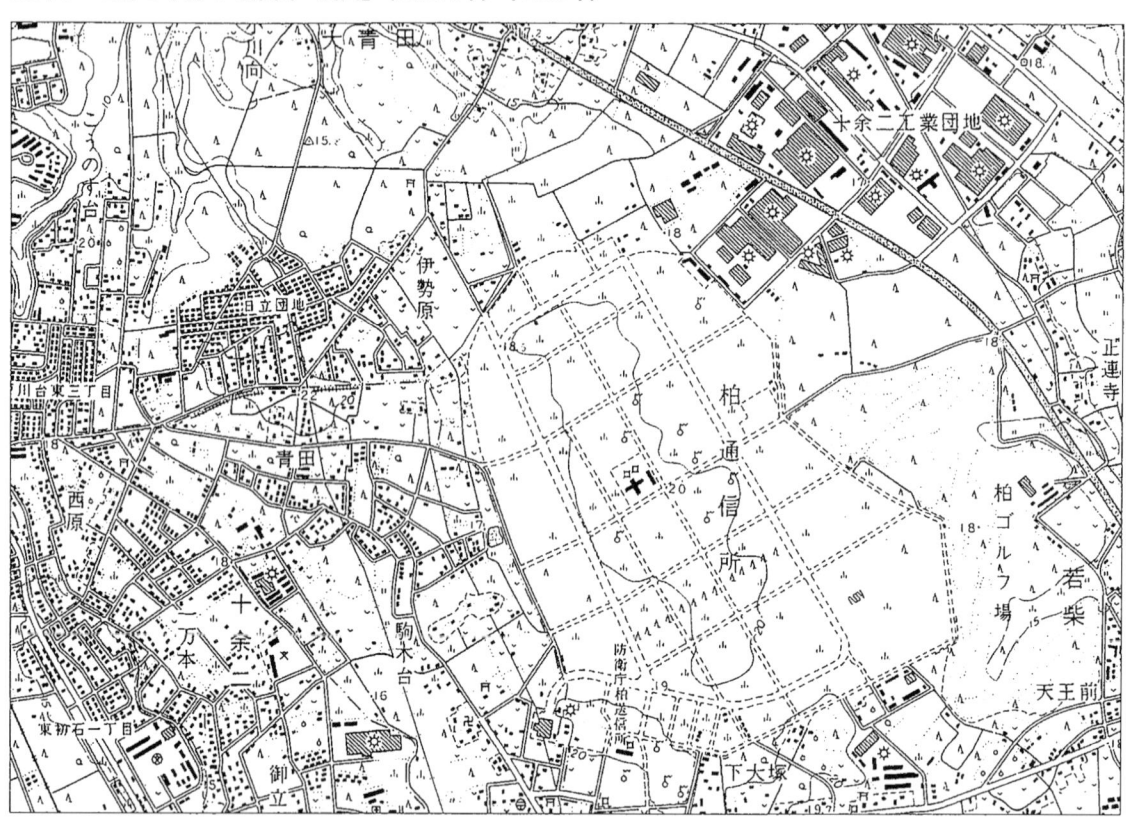

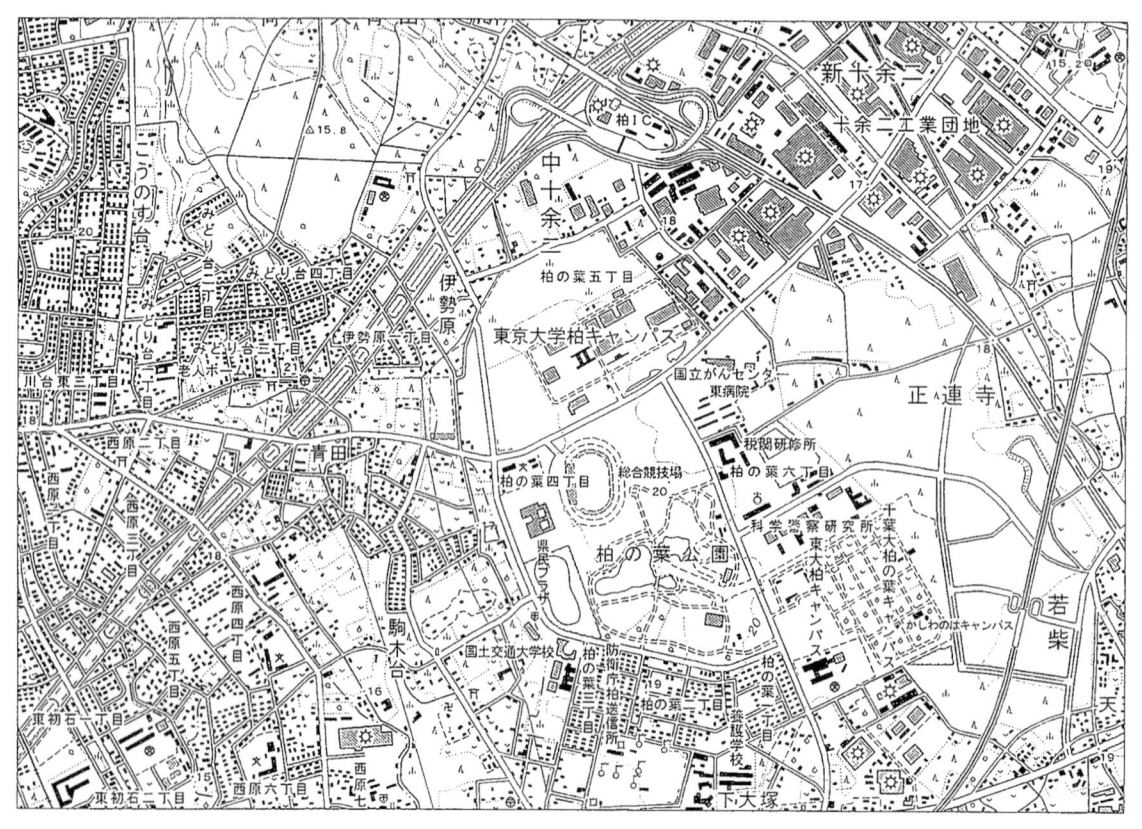

解 説

【1976年の地形図から地域の歴史を調べる】 地形図は2万5千分の1「流山」である。行政区分は西が流山市，東が柏市である。この地区は，下総台地の上にあり，江戸時代は小金牧として，野馬の放牧（仔馬が成長するまで放牧）が行われていた。小金牧は佐倉牧とともに下総台地に連なる牧の総称である。海抜20mの等高線が見られる。十余二と読む珍しい地名がある。明治維新後，窮民対策の名の下に，十余二の開墾が行われた。『柏市史 近代編』によると，十余二は1871年2月，東京から8戸が入植したが，現在はその子孫はいない（コラム参照）。

柏通信所とアンテナの記号がある。ここは，第二次世界大戦の敗戦まで陸軍の柏飛行場であった。1938年に1500m滑走路をもつ柏飛行場が建設され，飛行第5連隊が立川から移転してきた。1976年の地形図の中央に点線の道跡が4本あるが旧滑走路は最右（東）である。2005年の地形図ではバス道路になり，その東側に南から工場，高校，科学警察研究所などがならび，T字路で東京大学に突きあたっている。1945年の敗戦とともに，十余二の柏飛行場は，食料増産のための緊急開墾地となった。1946年2月，引揚者や旧軍人など124人が入植した。作物は，陸稲，小麦，さつまいも，じゃがいも，落花生であった。陸稲は地下水が豊富で収穫が安定していた。

1950年，朝鮮戦争が勃発すると開拓地は米軍の通信所用地として使用された。1954年に柏通信所（キャンプ・トムリンソン）のアンテナが畑の中に建設された。そのわずか10年後，米軍基地の整理統合計画が持ち上がり，柏をはじめ，地元の熱心な返還運動の結果，1979年8月14日に全面返還された。

十余二工業団地は首都圏整備計画にもとづいて，1960年代に建設された内陸工業団地である。柏ゴルフ場は1961年，柏ゴルフ倶楽部としてオープンしたが，2001年に閉鎖された。

【2005年の地形図から地域の変化を見る】
①新たな交通機関：常磐自動車道と柏インター。つくばエクスプレスと柏の葉キャンパス駅。
②柏通信所跡地の利用：1976年に県知事を会長とする「米空軍柏通信所跡地利用促進協議会」が発足した。1984〜1990年にかけて，柏市大字中十余二字元山の全域と大字十余二字南前山の一部において「柏通信所跡土地区画整理事業」が行われ，柏の葉一丁目〜六丁目に町名変更が行われた。東京大学柏キャンパス，柏の葉公園，国立がん研究センター東病院，千葉大学柏の葉キャンパス，税関研修所，科学警察研究所などができた。

つくばエクスプレスが隣接する若柴を通過することとなり，2005年8月24日つくばエクスプレス「柏の葉キャンパス駅」がゴルフ場跡に開業する。
③柏の葉キャンパス駅：ららぽーと柏の葉などの商業施設，大規模マンションが新たに建設された。ゴルフ場をもっていた三井不動産が主導している。
④こんぶくろ池自然博物公園：国立がんセンターの東，針葉樹の中にこんぶくろ池がある。平地から湧き出る珍しいタイプの遊水池である。こんぶくろ池およびその南の弁天池の湧き水は手賀沼の源流であり，二つの池の湧き水は，地金堀から大堀川を経て手賀沼に流れ込んでいる。

小金牧

江戸時代，現在の柏市の約5分の1は農地にくらべ粗放的土地利用の小金牧であった。小金牧とは徳川幕府直接管理の野馬の放牧場のことである。良馬は幕府の軍馬に，普通以下の馬は農馬・駄馬として農民に売却された。豊四季は小金牧の一つである上野牧（かみのまき）で，十余二は高田台牧である。牧は明治になって廃止された。県北部に広がる台地は下総台地と呼ばれ，大きく分けて印旛沼から西は小金牧，東は佐倉牧と呼ばれた。政府は東京富民148人の出資をえて1869年5月19日に三井が頭取となって開墾会社をつくった。会社は十三の開墾場ごとに出張所をおき，37人の社員を配置した。十三の開墾場は次の通りである。初富（鎌ヶ谷市），二和（船橋市），三咲（船橋市），豊四季（柏市），五香（松戸市），六実（松戸市），七栄（富里市），八街（八街市），九美上（香取市），十倉（富里市），十余一（白井市），十余二（柏市），十余三（成田市）。

（相原正義『柏その歴史・地理』崙書房，2005年）

21 地域ごとに異なる日本の人口問題

ねらい

（1） 都道府県別の人口増減のパターンから，人口を吸収している「中心」と人口を流出している「周辺」がどのように形成されていったのかを理解する。

（2） 過疎・過密の問題が戦後の日本社会全体のしくみの変化と深く結びつきながら生み出されていったことを理解する。

資　料

資料1　都道府県別の戦後の人口推移

パターン	推移パターン '50 '60 '70 '80	北海道・東北	関東	中部	近畿	中国	四国	九州
I	↑ ↑ ↑ ↑	宮城	東京＊ 埼玉 千葉 神奈川	岐阜 静岡 愛知	京都 大阪 兵庫 奈良	広島		沖縄
II	↑ ↓ ↑ ↑	福島	茨城 栃木 群馬	三重 山梨 長野 石川 福井	滋賀	岡山	香川	福岡 熊本
III－1	↑ ↓ ↑ ↓ 1960年ごろがピーク	岩手 秋田 山形				鳥取 島根 山口	徳島 愛媛 高知	佐賀 長崎 大分 鹿児島
III－2	↑ ↓ ↑ ↓ 1980年ごろがピーク	青森		新潟 富山	和歌山			宮崎
IV	↑ ↑ ↑ ↓	北海道						

・推移パターンの↑は人口増，↓は人口減を示している。

・パターンIは，右肩上がりに人口が増加した地域を示している。＊の東京は，1980年代以降人口減少・増加を繰り返しているが，パターンIに分類している。東京では，1990年代以降，都心部で社会増がみられ，「人口の都心回帰」現象が起きている。

・パターンIIは，1960年代に人口が減少したもののその後人口が増加した地域を示している。

・パターンIIIは，1950年代に人口のピークを迎えたもののその後人口が減少し，第二次ベビーブームでやや持ち直したものの，1980年代には再び人口が減少し始めている地域である。

・なお，北海道は鉱業・林業などの道内の原料生産に依存した基幹産業の衰退による社会減が大きく影響し，1980年代以降人口が減少しており，パターンIVとして分類した。

情　報

【出典】　資料1　山下祐介『限界集落の真実─過疎の村は消えるか？』ちくま新書（2012年）　p.112・表2を改編

解　説

【人口吸収地帯と人口流出地帯】　資料1は，1950年代から80年代にかけての都道府県別の人口推移を『日本国勢図会』のデータを参照し，山下祐介が作成した表に一部手を加えたものである。パターンⅠにみられる都府県は，戦後人口吸収を続けてきた地域であり，宮城，沖縄を除き，「太平洋ベルト」地域に位置する都府県である。パターンⅡにみられる県は，1960年代に過疎化を経験しながらも，工業化・産業化の進行で人口が増加している地域であり，北関東や中部地方の一部がこれにあてはまる。パターンⅢにみられる県は多くの過疎地をかかえる地域であり，1990年代以降は自然減社会へと移行した。

　この図により，人口吸収地帯（パターンⅠ・Ⅱ）と人口流出地帯（パターンⅢ）のコントラストが明らかになり，国内における「中心」と「周辺」の社会構造がうかびあがる。

　1950年代後半からはじまる高度経済成長期には，第一次ベビーブーム世代がいわゆる「金の卵」として大都市に向かったため，地方は人口流出地帯になった。一方で，「太平洋ベルト」地域では，豊富な労働力が流入する人口吸収地帯になった。この時期に人口は大都市に集中し，社会減によって農村部における「過疎」が生じることになった。

　その後，1970年代後半から1980年代前半にかけては，人口が減少した都道府県は少なくなっていく。その背景として，団塊の世代のUターンや，第二次ベビーブームの影響をあげることができる。高度成長期に都市部に流入した世代がその後，郊外にマイホームを購入し，彼らの子にあたる第二次ベビー

ブーム世代が生まれたことで，大都市の周辺部にあたる県での自然増加，社会増加は大きくなった。

　1990年代以降は，社会減のみならず，自然減が重なり地方では「新過疎」とよばれる現象がみられるようになった。若者が流出したあとに残された人口が高齢化し，出生数に死亡数が追いつくことで新しい世代が生み出されにくくなったためである。

【人口増加率高い都県と低い県】　下の表は，1995〜2000年，2000〜05年，2005〜2010年の人口増加率の上位・下位の5都県を示したものである。

上位5都県

（単位　％）

順位	1995〜2000年	2000〜05年	2005〜10年
1位	滋賀　0.85	東京　0.84	東京　0.91
2位	沖縄　0.69	神奈川　0.70	神奈川　0.58
3位	神奈川　0.59	沖縄　0.65	千葉　0.52
4位	兵庫　0.54	愛知　0.59	沖縄　0.45
5位	埼玉　0.52	滋賀　0.55	滋賀　0.44

下位5県

（単位　％）

順位	1995〜2000年	2000〜05年	2005〜10年
1位	秋田　-0.41	秋田　-0.75	秋田　-1.06
2位	長崎　-0.37	和歌山　-0.64	青森　-0.90
3位	山口　-0.36	青森　-0.54	岩手　-0.81
4位	島根　-0.26	島根　-0.51	高知　-0.81
5位	山形　-0.20 和歌山　-0.20	長崎　-0.50	山形　-0.79

（『人口統計資料集』2013年版）

　近年の動向をみると，人口が増加している地域は，沖縄を除けば，首都圏に代表される大都市圏となっており，東北などの地方を中心に人口の減少傾向がみられる。大都市圏における合計特殊出生率は低い数値になっている。人口が増えている大都市圏では人口流入による増加が中心であり，人口再生能力が低い地域であることを指摘しておきたい。

限界集落の真実

　2007年ごろからマスコミでセンセーショナルに喧伝されはじめた限界集落の危機は実態にそくしているか。「65歳以上の高齢者が集落人口の半分をこえ，独居老人世帯が増加し，このため，集落の共同活動の機能が低下し，社会的共同生活の維持が困難な状態におかれている集落」が限界集落の定義（大野晃）である。大野の問題提起は，高齢化率が高い地域に対して早めの対応の必要性を説くことにあり，「高齢化率の上昇→集落の限界→消滅」という図式は検証された法則ではない。しかし，メディアを通じてこれが法則のように広くとらえられてしまった。資料1を作成した山下祐介は，限界集落問題はその予兆があらわれているもののまだ現実化している問題ではなく，まだ回避できる可能性があることを説いている。一面的な印象のみで限界集落の話題を授業に持ちこむのは避けなければならない。

22 環境を守る循環型農業—シラス台地

ねらい

（1） シラス台地は畑作中心の農業であることを知る。

（2） 耕種部門とくらべて畜産部門の比重が高いことを理解する。

（3） 家畜排泄物を堆肥化する取り組みから循環型農業の課題を考察する。

資　料

資料1　鹿児島県の部門別農業産出額（2016年）

		産出額（億円）	構成比（%）
耕種		1,676	35.4
	米	205	4.3
	麦類	0	0.0
	雑穀・豆類	2	0.0
	いも類	266	5.6
	野菜	616	13.0
	果実	94	2.0
	花き	130	2.7
	工芸農作物	336	7.1
	その他	27	0.6
畜産		2,958	62.5
	肉用牛	1,245	26.3
	乳用牛	109	2.3
	豚	723	15.3
	鶏	875	18.5
	その他	6	0.1
加工農産物		101	2.1
合計		4,736	100.0

資料：「生産農業所得統計」より作成

資料2　鹿児島県の家畜排せつ物量（2014年）

畜種	戸数	飼養頭羽数	排せつ物量（千t）	割合（%）
乳用牛	221	16,400	225	4.0
肉用牛	9,690	333,200	2,237	39.3
豚	637	1,332,000	2,710	47.7
採卵鶏	147	9,945,000	280	4.9
ブロイラー	364	26,340,000	228	4.0
馬	89	841	5	0.1
合計	11,148	37,967,441	5,685	100.0

注：馬の戸数及び頭羽数は2011年のデータによる

資料：「2014年度県畜産有機物有効利用推進調査」から筆者作成

資料3　家畜排泄物の利用状況（2014年）（単位　千t, %）

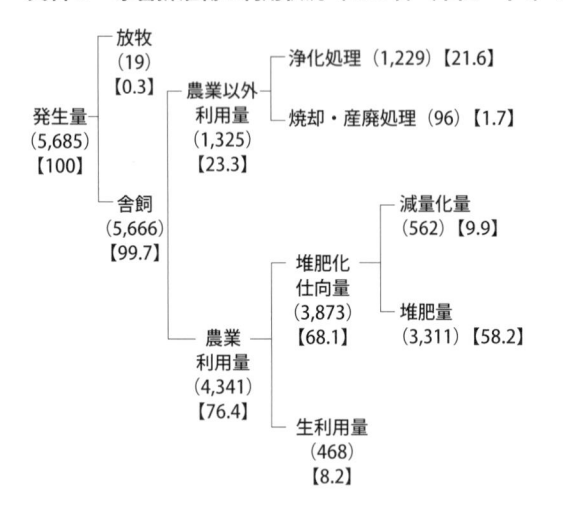

【　】は，利用状況の割合

資料：「2014年度畜産有機物利用推進調査」より筆者作成

資料4　品目別農業産出額の上位品目（2016年）

順位	品目	産出額（億円）	構成比（%）
1	肉用牛	1,245	26.3
2	豚	723	15.3
3	ブロイラー	584	12.3
4	鶏卵	272	5.7
5	米	205	4.3
6	かんしょ	178	3.8
7	茶（生葉）	166	3.5
8	さとうきび	142	3.0
9	荒茶	99	2.1
10	生乳	96	2.0
11	ばれいしょ	89	1.9
12	キャベツ	57	1.2
13	だいこん	56	1.2
14	ピーマン	54	1.1
15	きく	46	1.0
	産出額	4,736	100.0

資料：「生産農業所得統計」より作成

情　報

【出典】　資料1～4　鹿児島県のホームページから入手

【教材づくりに有用な情報源】

・（株）アグリワールド（http://www.agri-world.jp/）　環境型農業への取り組みなど。

解説

【鹿児島の循環型農業のようす】 南九州に広く分布する火山灰性の土壌は，白っぽい透水性の土壌でシラスとよばれている。低地には水田もあるが，シラス台地上の農地は，ほとんどが畑地でイモ類，野菜，茶などがつくられている。

かつては鹿児島県の農業は畑作物が主であったが，しだいに畜産がさかんになり，現在は農業産出額の6割以上を畜産がしめるようになってきている（資料1）。

ところで家畜は排泄物を出すのでその処分が問題となり，これを堆肥化して農地に還元し有効活用する方向が追求されてきた。

資料2は，鹿児島県の家畜排泄物の量を示したもので，その総量は約570万tであり，この9割以上が牛と豚であることがわかる。

また，資料3はこれら排泄物の利用状況を示している。すなわち約4分の1は浄化して処分しているが，約4分の3が農業に利用されており，このうちの約76％が堆肥化され，残りのほとんども肥料として利用されている。このように排泄物の循環は，ある程度成果をあげているといえよう。

【循環型農業の課題】 しかしながら，鹿児島県内でも畜産のさかんな地域では，家畜排泄量が多すぎて地域内では処理できないという問題も生まれており，運搬に便利なペレット堆肥化の方向なども研究，模索されているが，コストの問題もあり，必ずしも広く普及してはいない。

また，家畜の飼料についても外国から購入するのではなく，その土地でつくられたものを利用することが本来の循環型（地域内循環）の姿である。従来からの牧草やデントコーン（飼料用トウモロコシ）の生産とならんで，家畜排泄物の堆肥を利用した飼料用米の生産の試みも行われているが，鹿児島県の飼料自給率は3割程度であり，それも年々低下傾向にあることが現実で，循環型農業の方向は，飼料に関しては先が見えているとはいえないであろう。

さらに，私たちが食べた食品残渣の堆肥化や焼酎粕の飼料化などもこの循環の一部として考えられるものであり，こうした取り組みもなされてきているが，さらなる推進が望まれよう。

【品目別農業産出額】 資料4で鹿児島県の生産額の多い作物をみると，畜産物が最上位（1～4位）をしめ，ついでイモ類，茶，野菜類などであることがわかり，畜産と畑作中心の特徴が示されている。これらの間に，低地での米（5位）と薩南諸島でのさとうきび（8位）が入っている。

また，畜産物の全国にしめる割合（頭羽数）とその地位をみると，肉用牛は32万9400頭，13.1％で2位，豚は127.2万頭，13.8％で1位，ブロイラーは2674.3万羽，19.3％で2位，採卵鶏は1071万羽，5.9％で3位といずれも上位を占めている（2018年）。

鹿児島の黒豚ってどんな豚？

鹿児島黒豚は，全身真っ黒なのに4本の足先それに鼻としっぽの6か所が白いので「六白黒豚（ろっぱくくろぶた）」ともよばれ，他の黒豚とは完全に区別される。鹿児島黒豚の定義は，純粋バークシャー種であること，サツマイモが10～20％入っている餌を60日以上与えていること，鹿児島で育てられていることである。

日本経済の高度成長期の1965～75年ごろに生産性の高い白豚に押され，一時は絶滅の危機に瀕したが，病気の弱さに対する品種の改良や，消費者の「美味しいもの嗜好」の高まりなどにより回復し，今では人気の特産品になった。

おいしさの秘密は次の4つだといわれている。第1は肉の筋繊維が細いので食べた時に歯切れがよく，やわらかいこと。第2は保水性が高く肉質が締まり，脂肪組織の水分含有量が少ないため水っぽさがないこと。第3は中性糖やアミノ酸などに旨味の成分含有量が多いこと。第4にランドレース種（現在もっとも広く飼育されている白色大型種）と比較しても，脂肪のとける温度が高いため，脂がべとつかず，さっぱりしており，また，脂肪部分にも十分な旨味があり，食感も肉と同じ感じがすることである。

23 水俣病と水銀汚染

ねらい

（1） 四大公害の一つである水俣病について，発生の状況とその後の経緯を理解する。

（2） チッソ（現 JNC）や水俣病患者・家族の現状について理解する。

（3） 水銀汚染が世界に拡大しており，汚染防止の取り組みについて考察する。

資 料

資料1　水俣病認定患者の発生分布（2018年12月31日現在）

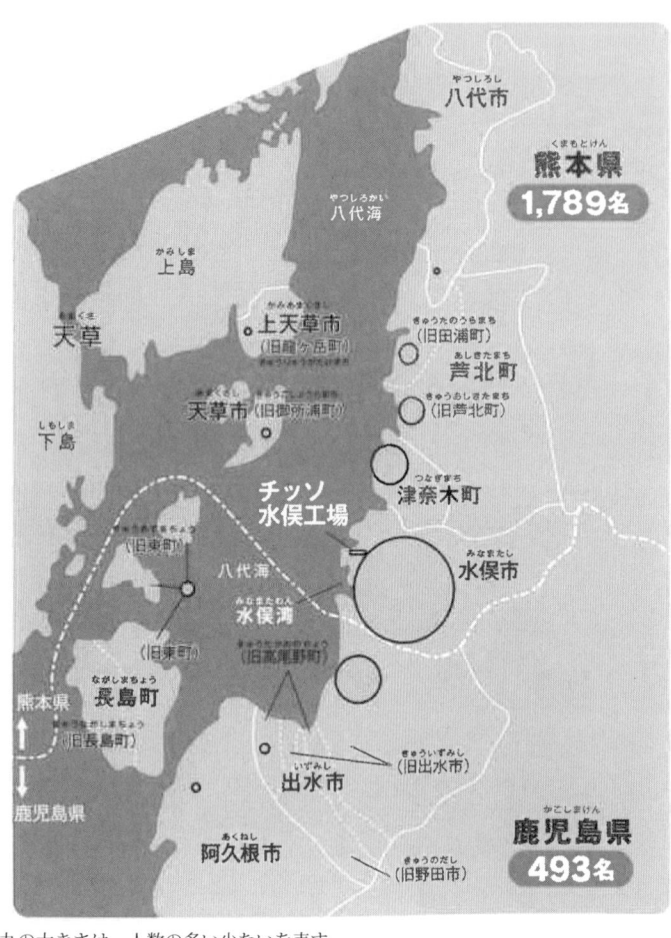

丸の大きさは，人数の多い少ないを表す。

資料2　おもな世界の水銀汚染

　金採掘の現場では，砂金を含んだ泥に水銀を混ぜてつくった合金（アマルガム）を熱し，水銀だけを蒸発させて金を精製する。労働者が水銀の蒸気を吸って中毒になる被害が出ている。小規模金採掘に従事する人は，少なくとも50か国で1000万〜1500万人いるとされ，下記の3地域の水銀被害がとくに心配されている。

○西アフリカ

　ガーナを中心に小規模な金採掘による。タンザニアなど，サハラ砂漠以南での水銀汚染は，おもに金採掘が原因といわれている。

○東・東南アジア

　インドネシアやフィリピンなどで金採掘がさかん。中国では，水銀を含んだ石炭を使った火力発電所からの水銀汚染も深刻。

○アマゾン川流域

　ブラジルでは50万人以上が金採掘に従事。水銀が流れこんだアマゾン川の魚を食べた住民に水銀中毒の症状があらわれている。

情 報

【出典】　資料1　熊本県『はじめて学ぶ水俣病』（2018年）p.4

　　　　　　（https://www.pref.kumamoto.jp/common/UploadFileOutput.ashx?c_id=3&id=4512&sub_id=5&flid=186985）

　　　　　資料2　朝日新聞　2013年10月10日朝刊参照

【授業づくりに有用な情報源】　水俣を知る手がかりとして，インターネットで読めるものとしては，熊本県が作成している『はじめて学ぶ水俣病』，水俣病センター相思社が作成している『水俣病について』，水俣市立水俣病資料館が作成している学習資料などがある。図書資料は膨大な数のものが出版されているが，中高生向けのものは多くはない。高峰武『水俣病を知ってますか』岩波ブックレット（2016年）や，小川輝光『3.11後の水俣／MINAMATA』清水書院（2019年）はおすすめである。また，熊本学園大学が出版している水俣学ブックレットのシリーズ（熊本日日新聞社発行）は比較的読みやすい。また「新版水俣病・授業実践のために」学習材・資料編〈2007改訂版〉水俣芦北公害研究サークル編集は貴重な教材集である。

解　説

【内海に分布する水俣病患者】　1956年5月1日に公式確認された水俣病は，水俣市にあるチッソ水俣工場の排水に含まれる有機水銀によって引き起こされた公害病である。以来，60年以上の歳月がたったが，いまだに全面解決にはいたっていない状況である。

　一方で，水俣病に関わった人々は高齢化が進み，水俣病の記憶も風化が進んでいる。ところが，2011.3.11東日本大震災による原発事故によって陸地や海洋の放射能による大規模な汚染が深刻化した。住民の健康被害への対策や補償，除染に水俣の教訓は活かされているのか。そのためにも，再び水俣の学習を行うことが求められている。

　資料1は，水俣市を中心とした水俣病患者の発生分布図である。まず水俣市が八代海（不知火海）という内海に面していることに着目する。チッソからの排水は当初水俣湾に排出されていたが，その後，八代海に直接注がれるようになった。そのため汚染の範囲が拡大した。図から，汚染の範囲が広域におよんでいることがわかる。隣県である鹿児島県や八代海対岸の天草にも患者がみられる。水俣市周辺では患者の発生が顕著だったため，把握が比較的進んだが，対岸の御所浦などでは患者の発見が遅れた。当時は情報媒体が現在にくらべて貧弱だったため，水俣病の存在そのものが伝わりにくく，さらに企業城下町，偏見や差別，魚が売れなくなるなどの理由から水俣病の認定をもとめる動きも鈍かった。そのため，多くの人々が水俣病に苦しむこととなった。この図から水俣病の広がりを確認することができる。

【国の認定基準が問われている】　水俣病患者に対する補償は，1959年の見舞金契約に始まった。チッソが提示した低額の見舞金や今後どのような状況になっても責任を負わないという契約は，のちに公序良俗に反するということで無効とされた。その後，政府が水俣病を公害病とすることで起こされた裁判の結果，患者側とチッソとの間で補償協定がまとまった。しかし，逆に水俣病の認定をめぐる問題が長年にわたって続くことになった。

　現在では，水俣病患者は数種類に分類することができる。まず，行政による認定患者は約3000人いるとされる。慰謝料1600万〜1800万円，療養手当や医療費を受け取ることができる。しかし，認定基準は1977年に手足の先の感覚障害や歩行障害の2つ以上の症状の組み合わせとなり，多くの申請が先送りされる原因となった。2つ以上の症状の組み合わせはその後，大阪地裁判決で否定されるが，環境省は見直そうとしていない。

　一方，第三次訴訟・福岡訴訟・京都訴訟で出された和解勧告を受ける形で1995年に出された政治決着（一時金260万円，療養手当・医療費）を受け入れた患者が約1万1000人いるとされる。さらに2004年の関西訴訟最高裁判決によって賠償金450万〜850万円を得た患者が37人いる。そして2010年から始まった水俣病被害者救済策（一時金210万円，療養手当・医療費）の申請者が6万5000人おり，対象者は3万人以上となっている。このように，水俣病の患者補償は複雑で，国の認定のあり方とともに大きな問題となっている。

【世界の水銀汚染】　2013年，世界的な水銀の使用や取引の規制をめざす「水銀に関する水俣条約」が採択された。これによって，水銀鉱山の開発を禁じ，現在ある鉱山も閉山する。世界的な水銀の取引を規制し，適切な保管と廃棄処分をきめることなどが期待される。この条約の名称に水俣とつけることを日本政府が提案した。現在も世界では，水銀の汚染がさまざまな場所でみられる（資料2）。その後，水俣条約は2017年8月に発効された。

　水俣病の研究で知られる故原田正純氏も水俣以外の世界のさまざまな地域で検診を行ってきた。カナダの先住民やブラジル，アフリカなどで水銀汚染の被害者がみられた。工場からの排水による汚染のほかに，発展途上国では，砂金採掘の現場で用いられるアマルガムを熱して発生する水銀ガスを吸いこむことによって水銀中毒が起こっている。

　日本では水俣病以降，水銀の使用はきわめて少なくなった。しかし，回収された水銀のうち海外へ輸出されているものがかなりある。水銀条約によって輸出は制限されるものの，禁止されない用途での輸出は続けられる。

　現在，水俣市は環境都市として広く全国に知られる存在となった。水俣病と向きあい，分断された関係を修復しようとする「もやい直し」の活動や，ごみの分別など，さまざまな取り組みが行われている。

24 大陸に近い九州北部

ねらい

（1） 1960年代のエネルギー転換期まで，筑豊地域産出の石炭は日本の産業を支えていたことを理解する。

（2） 博多港は，なぜ外国人乗降客数が日本一になったのか，その背景を考える。

資 料

資料1 筑豊地域の鉄道網

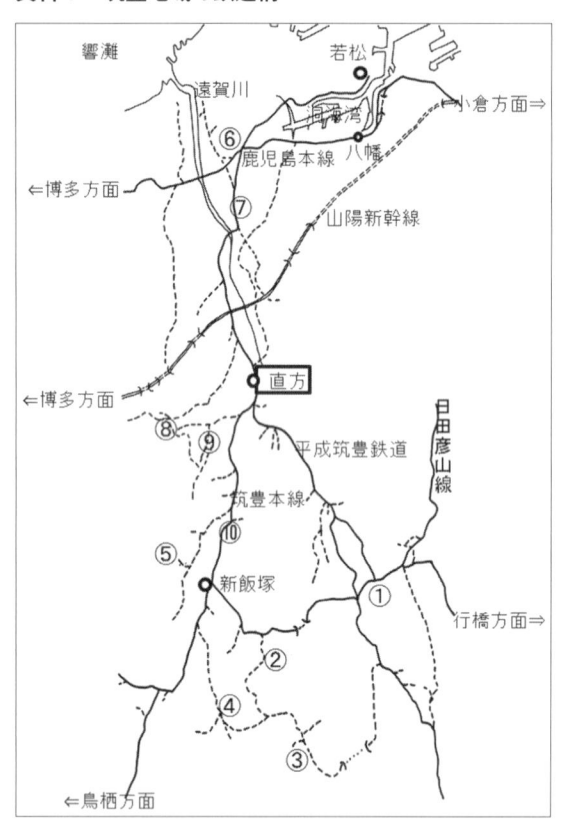

凡例
実線は現在運行の鉄道
破線は廃線
①～⑩は石炭の年間発送量
上位10駅（昭和32年）
① 田川伊田
② 鴨生
③ 上山田
④ 臼井
⑤ 伊岐須
⑥ 折尾
⑦ 中間
⑧ 筑前宮田
⑨ 新菅牟田
⑩ 鯰田

資料2 博多港の外国航路船舶乗降人員数の推移（韓国航路と不定期航路）

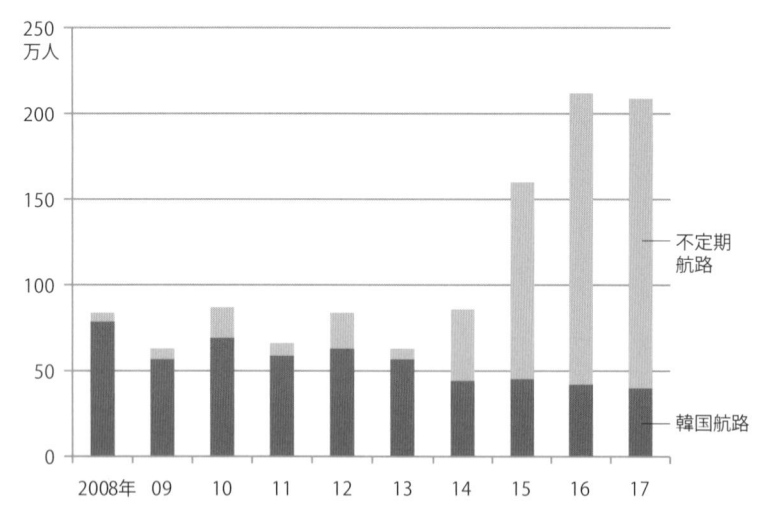

資料3 外国航路船舶乗降員数国内上位5港

2012年		2016年	
港湾名	人数（人）	港湾名	人数（人）
博多	845,580	博多	2,120,035
下関	187,703	長崎	1,044,154
長崎	169,898	那覇	761,298
比田勝	163,890	比田勝	362,026
厳原	144,597	鹿児島	344,469

情 報

【出典】　資料1　『日本鉄道旅行地図帳』12号　九州沖縄2008年（新潮社）

　　　　　資料2　福岡市港湾航空局『博多港統計年報』2017年

　　　　　資料3　福岡市港湾航空局『博多港・福岡空港の概要』2018年

【日本の産業を支えた筑豊の石炭】 日清・日露両戦争を契機に，日本は産業革命期に入る。その動力源は九州北部などの石炭であった。北九州工業地帯は第二次世界大戦前には，日本の鉄鋼の半分以上を生産していた。

筑豊地区の戦後の出炭量のピークは，1957年である。同年の地域別生産高は，筑豊28.7％，石狩23.8％でこの2炭田で全国の半分に達した。同年，筑豊には176の炭鉱があった（福岡通商産業局編『九州炭鉱名簿昭和32年版』）。そのなかを縫うように国鉄が走り，さらに炭鉱への専用線が延びていた（資料1）。石炭輸送の一例をあげると，直方駅では石炭車の中継作業を行っていた。若松方面行きが1日2100輌にのぼり，毎日50本近くの石炭列車が出発した。およそ70％が北九州工業地帯であり，筑豊本線の若松へ，また折尾から鹿児島本線経由で戸畑方面に運んだ。三井田川の石炭は，日豊本線で行橋へ向かい瀬戸内海に面する苅田港へ搬送，阪神の動力となった。石炭の消費先は八幡製鉄所が多いと思われがちだが，明治20年代までは製塩業が消費の50％をしめた。その後はセメント，ゴムなどであり，久留米のブリジストン（1930年創業）との関連もふれたい。

【閉山による炭鉱の町の変化】 山田市（現・嘉麻市）には日本炭鉱，三菱鉱山，共同石炭，古河・上山田炭鉱など，中央資本や地方資本大手のほか小炭鉱が多数あった（路線図の③）。同市の1954年の人口は，37,439人だが。20年後には60％減少した。石炭の安定供給に終止符を打った第4次石炭政策（1969〜72年度）のもとで，資本家は配置転換や人員整理などの合理化を進めた。いわゆるスクラップアンドビルドを貫き，利益を確保した。一方，廃業後に進出した機械工業などに就業できたのは，女子を中心とした若年労働者で，炭鉱労働者はわずかであった。

【外国人乗降客数日本一の博多港】 博多港の内国航路と外国航路の合計である船舶乗降員数（乗込人員＋上陸人員で，最初の入港地で算入する）は，2007〜2014年までは，約175〜210万人の間で推移した。ところが2015年には274万人，2016年は325万人に急増し，2017年も同数である。なぜこれほど急増したのだろうか。資料2は，乗降人員数を，韓国航路と不定期航路に分けて示した。10年間で韓国航路の乗降人員数が半減した。要因に，格安航空会社（LCC）への旅客流出，日本人利用者の減少などがある。

一方，2015年以降の不定期航路乗降人員数の4倍増が目につく。これは，大型クルーズ船の寄港に起因し，2016年の博多港への寄港回数は314回あり，2年連続日本一になった。入港実績で見ると，その約9割は中国発着の外航船である。資料3を見ると博多以外にも，中国や韓国に近い九州の各港がならんでいる。中国発着のクルーズ船は「カジュアルクラス」とよばれる手ごろな価格帯が多い。そのため価格競争が激しく，訪日外国人数も安定しないという不安要素がある。

アジアの玄関口・福岡市は，その出発から港町であった

史料では7世紀以前に那ノ津の名で出てくる。外国使節接待の機関である鴻臚館，その跡地は福岡城址（標高6m）にあたり，西鉄ライオンズの本拠地であった旧平和台球場南側外野スタンド付近になる。市営地下鉄空港線の大濠公園が最寄り駅。元寇の後に，中国との貿易商人の「大唐街」（博多津唐房）が東の箱崎，西の今津（同線唐人駅近く）に形成する。16世紀は博多商人の全盛期であり，櫛田神社や聖福寺，承天寺（ともに禅寺）の門前に博多浜が開けた（同線の祇園駅，呉服町駅周辺）。那珂川（博多川を含む）の東側が商人の街・博多，西側の大濠公園周辺は城下町・福岡。この2つの「核」が融合して今日の福岡市が形成されてきた。なお，市営地下鉄の空港線と箱崎線は博多湾に沿って東西を結ぶように走っており，明治時代の海岸線とかなりの部分で重なる。同線と元寇の防塁跡を重ね，つなげていく学習作業も新しい発見がある。

25　沖縄の産業

ねらい

（1）　沖縄の農業は，市場から遠距離であるという不利な条件があるが，花卉，果実栽培などで健闘しているようすを理解する。

（2）　沖縄県は，観光業が基幹産業となっている。沖縄がかかえる現状から観光業の課題を考える。

資　料

資料1　沖縄県農業産出額の品目別比率（2015年）

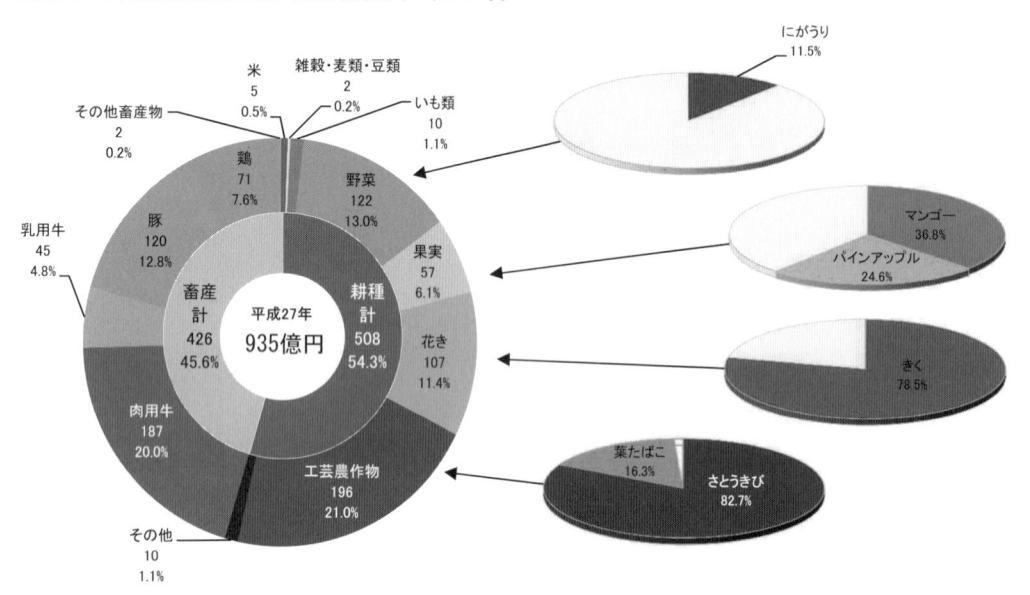

資料2　沖縄県観光客数と観光収入の推移

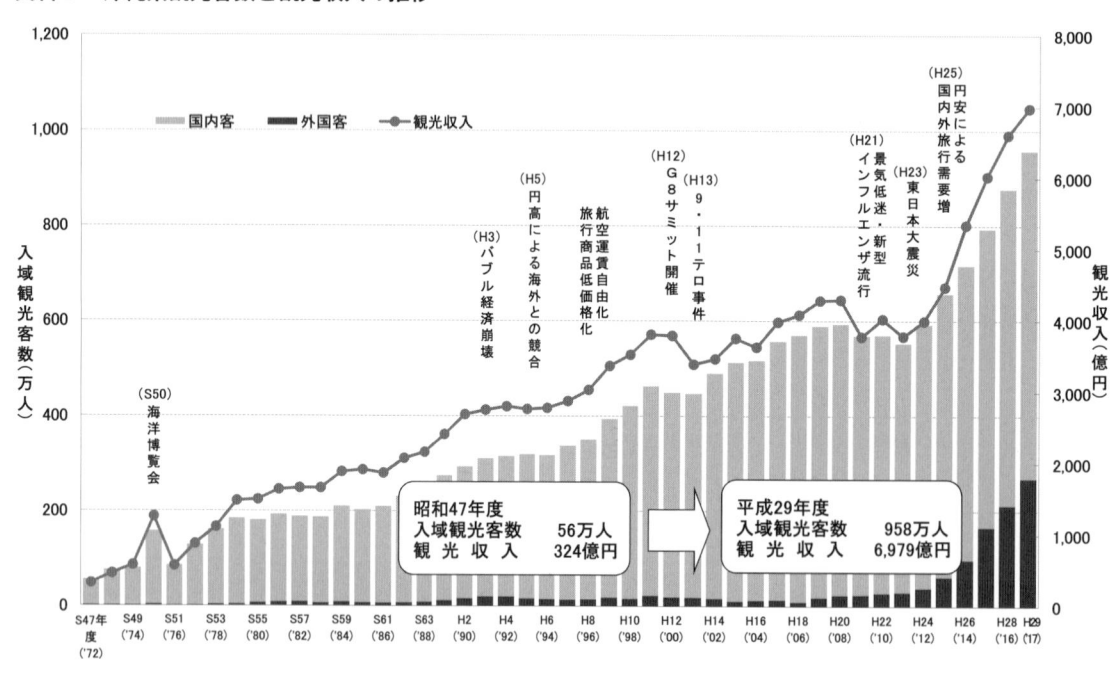

情　報

【出典】　資料1　『沖縄県勢要覧』2018年版 p.5

　　　　　　　　沖縄県のホームページからダウンロードできる。

　　　　　資料2　沖縄県ホームページ「沖縄観光の推移」「入域観光客数と観光収入の推移」

　　　　　　　　（http://www.pref.okinawa.jp/）

解　説

【沖縄農業の現状】　資料1を見ると，沖縄県の県内農業産出高は，2015年は935億円である。そのうち10％をこえている農産物は，多い順に工芸農作物（サトウキビも含む），肉用牛，野菜，豚，花卉である。

　肉用牛は，沖縄本島，離島で肥育された子牛が本土のブランドに引き取られる事例が多く，ブランド化が急がれる。豚は，琉球在来豚「アグー」がブランド化されている。食用豚肉として平仮名で表記される「あぐー」は，沖縄県農業協同組合の登録商標で，琉球在来豚「アグー」の血（オス方）を50％以上有する豚肉と定められている。畜産のその他の項目には，県内消費のヤギが年間約2700頭いる。

　花卉はJA沖縄以外に花卉農協が独立しており，年末から春の彼岸までの小ギクの出荷量は沖縄の独壇場（3月の出荷量は95％）となっている。大ギクの出荷量は，愛知県渥美半島や福岡県八女産に次ぎ第3位である（3月の彼岸の時期の出荷量は55％）。

　2015年の果実の生産は，パイナップルが全国1位で出荷量は7660tで全国比（以下同様）100％。シークワーサーは1位，2799tで99.8％，マンゴーも1位，1391tで50.8％である。ドラゴンフルーツ，バナナ，アセロラなども1位ではあるが，絶対量は少なく特産地とはいいがたい。野菜では，生産単価が高いものに島らっきょう，サヤインゲンがある。沖縄を代表する野菜のゴーヤー（にがうり）は，全国の生産量の約40％をしめるが，宮崎（16％）や鹿児島（12％）でも生産がさかんで，首都圏には，宮崎産や鹿児島産，茨城産などのゴーヤーがならぶ。沖縄の農業は，市場に一定数を定期的に出荷するという体制が未整備で，流通機構に課題がある。

【「観光立県」の課題】　沖縄では，27年間の米軍統治時代および復帰後の約50年間ともに製造業の基盤はつくられなかった。第二次産業人口比率の低さ（15.1％，2015年）にも表れている。

　沖縄県で成長産業になりうるのは，観光を中心としたサービス産業である。資料2は1972年以降の入域観光客数と観光収入の推移である。年により多少の増減はあるものの右肩上がりで，とくに2013年以降急増し，2017年の入域観光客数の958万人は，沖縄県の人口（144万人）の約6.7倍にあたり，観光収入（6979億円）は県歳入の7553億円（2017年度）に近づいている。観光客が急増しているのは，①行政と民間が一体となったプロモーション活動で，沖縄の認知度を向上させたこと，②離島直行便などの国内航空路線が拡充され，国内客が増加したこと，③バンコクやシンガポールなどの東南アジア方面の海外航空路線が拡充されたり，クルーズ船の寄港回数が増えたりして，外国客が増加したことなどによる。沖縄を訪れる外国人観光客は，台湾30.6％，中国21.8％，韓国19.1％，香港8.3％で，この4か国・地域で80％をしめる（2018年）。

　しかし，課題もある。もともと開発と観光は両立しがたいが，加えて米軍基地の存在が大きい。本島北部のヤンバルを世界遺産に推す動きがあるが，一方で，東村高江地区では森林を伐採してオスプレイ訓練用のヘリパット建設を続けている。慶良間諸島の国立公園化の一方で，東海岸では泡瀬干潟を埋め立ててリゾート化を推進している。そうした開発と観光の矛盾を観光客は見逃さないであろう。県観光課のアンケート調査ではショッピングの1位は那覇の国際通りであるが，本土資本によるコピーサービス業がならんでおり，ホテルは外国資本の手に渡っているものも多い。観光行政には，地元資本の観光業者に目を向けた施策が求められる。

「遅れた」沖縄経済像

　沖縄経済は3K（基地・公共事業・観光）経済といわれていた。日本全体でも沖縄が基地依存経済であることを無条件に受け入れていた。2015年度の基地収入は5.3％，観光は13.8％，県外からの財政移転57.2％である。公共事業を中心とする国庫支出が多い。米軍統治下で産業基盤の育成が遅れた。今後は基地を撤去し続けながら，観光産業の進展に期待することが現実的な対応であろう。

　2015年度の沖縄の1人当たり県民所得は216万6000円であり，全国平均305万9000円の71％である。例年，沖縄県の所得は全国の70〜75％である。

ねらい

（1）　米軍が沖縄でどのように基地を使用しているか，米軍普天間基地を例に学習する。また，国内の米軍基地が沖縄県にまとめられている経緯を理解する。

（2）　米軍基地地代の実態を知り，県民生活と経済におよぼす問題点を考える。

資　料

資料1　沖縄の米軍基地の分布

原図はカラーで，米軍基地を陸軍・海軍・海兵隊・空軍が色分けされている。海上の網は提供水域。沖縄本島に記されている細い線は国道58号。

（https://www.pref.okinawa.jp/site/chijiko/kichitai/documents/ 0 mokuji.pdf）

資料2　米軍基地関係収入と観光収入の推移

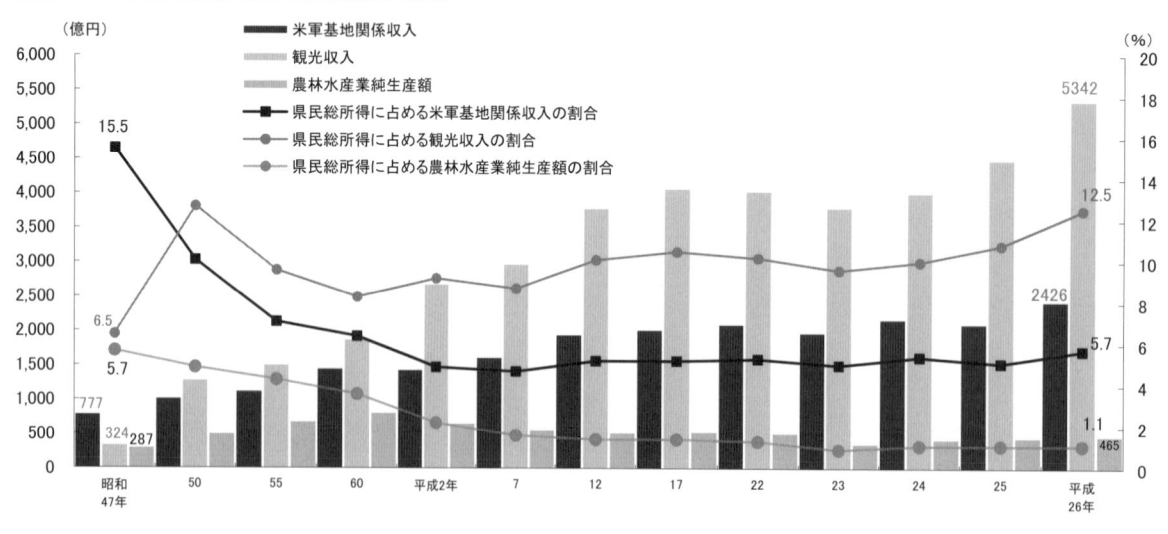

情　報

【出典】　資料1　沖縄県知事公室基地対策課『沖縄の米軍基地』（2018年）p.3

　　　　　資料2　『沖縄県勢要覧』2018年度版（財政・基地）　いずれも沖縄県のホームページから閲覧できる。

【授業づくりに有用な情報源】　2万5千分1地形図「大謝名」で普天間基地周辺を読図すると，住宅の密集具合がわかる。

解　説

【県民が米軍の脇に住まわせてもらっている】

○普天間基地

　海兵隊の普天間飛行場を撤去することが1995年の少女暴行事件以来の沖縄県民の要求であった。それが日米交渉のなかで，老朽化した普天間基地の名護市辺野古海岸への移転にすりかわっていった。

　2013年，自民・公明の連立政権は沖縄県に対し，2021年まで毎年3000億円規模の沖縄振興予算を確保することなどを提示した。県側はこれを受け入れ辺野古沿岸部の埋め立てを許可した。こうした決定に県民の反発は強く，翌2014年，さらに2018年の県知事選では辺野古移設反対を掲げる候補が当選し，沖縄の意思を政権および国民に示した。2019年の県民投票では，辺野古への移設に有効票の7割超が「反対」した。しかし政府は，普天間飛行場の危険性の除去を理由に辺野古沿岸部の埋め立て工事を継続している。

○「日米安保条約＝日米同盟」とは

　米軍は世界の軍隊のなかでは例外的に「陸海空軍＋海兵隊」の4軍体制をとっている。沖縄にはアメリカ国外唯一の「第3海兵遠征軍」が駐在している。海兵隊は第二次世界大戦の硫黄島のたたかい，朝鮮戦争などで知られている戦端を開く部隊である。「殴りこみ部隊」ともよばれており，若い兵士が多いのが特徴である。

　1989年のマルタ会談の結果，米ソの冷戦が終結した。その段階で日本政府が「日米安保体制＝日米同盟」を問い直した形跡はない。かつてソ連が仮想敵国であり，自衛隊は北海道に主力部隊をおいていた。2019年現在，日本にとっての「軍事的脅威＝仮想敵国」があると想定されているのだろうか。南西諸島への急速な自衛隊増強は中国に的を絞っていると考えられよう。それは，中国・台湾と貿易，観光で円滑な交流を続けている沖縄県民の政治経済行為を妨げることにつながる。

○沖縄の将来

　在日米軍基地の約70％が集中しているといわれる沖縄の米軍基地は，陸地だけにあるのではない。演習場としての海域や「嘉手納ラプコン」とよばれる航空管制の規制がある（東京は羽田ラプコン）。那覇空港に近づくと，長い時間低空飛行を続ける。これは観光客へのサービスではなく，安全な高度は米軍機のために使われており，民間機は低空を飛行する。普天間基地の移転・撤去が近年の基地問題の焦点だが，名護市辺野古での新基地建設は，1950年代から，米軍にはキャンプ・シュワブ脇の大浦湾を使用する計画があり，その再燃である。提供水域の広さも漁業に多大な影響を与えていることがわかる（資料1）。沖縄県民が米軍の脇に住まわせてもらっているとしか思えない配置である。

　そもそも戦後の本土での東京・砂川に代表される全国の反基地闘争の結果，本土の米軍基地が沖縄に移転したものが多い。象徴的なのが海兵隊であり，山梨・岐阜といった内陸県におかれていた。他県で受け入れられない軍事施設を「地政学」や「抑止力」といった合理性のない理由をつけられ，受け入れさせられているのが現状である。

　世界自然遺産への認定を求めているヤンバルの東村高江。地元の反対にもかかわらず，東村や沖縄県はヘリパット建設を承認している。琉球朝日放送制作『標的の村』という，高江の住民運動を数年にわたって追った佳作番組がある。日常の生活を守ろうとする座りこみ運動が「スラップ訴訟」とよばれる裁判を国からしかけられ，住民代表が有罪とされている。ヤンバルでは，密生する"いたじい"の樹林を林業振興の名目で県が伐採し続けている。首都から1500kmの遠方にある離島県での自然海岸の消滅傾向は，近い将来，取り返しのつかない負債をかかえることになるだろう。

【「米軍基地関連収入」がかかえる課題】　大きな課題に米軍基地の軍用地に支払われる地代をどう考えるかがある。資料2の2014（平成26）年では米軍基地関係収入が県民所得にしめる割合は5.7％でしかない。12.5％の観光収入の半分以下である。戦後，住民が捕虜収容所にいる時期に，米軍が集落を不法占拠してできた嘉手納基地や普天間基地には土地所有の地主がいる。しかし，たまたまそこに土地があることで半世紀以上，高額地代が支払われ続けている。軍用地主が地代を受けていることについて考えていきたい。

27　地域おこしの知恵—四国山地

ねらい

（1）　過疎地域の分布，過疎地域の特徴を資料から読み取る。

（2）　高知県安芸郡馬路村の村おこしを知り，過疎地域の地域振興の課題を考察する。

資　料

資料1　日本の地方別人口増減率（2015年／2010年）

	(%)
北海道	-0.8
東北	-3.7
関東	0.9
中部	-1.1
近畿	-0.9
中・四国	-2.2
九州	-1.0
全国	-0.7

資料2　中・四国地方の県別人口増減率（2015年／2010年）

	(%)
鳥取県	-2.6
島根県	-3.2
岡山県	-1.2
広島県	-0.6
山口県	-3.2
徳島県	-3.8
香川県	-2.0
愛媛県	-3.2
高知県	-4.7

資料4　馬路村のゆず製品

資料3　馬路村の人口推移

年	人口数（人）	増減率（%）
1960	3,425	5.6
1965	2,774	-19.0
1970	2,134	-23.0
1975	1,907	-10.6
1980	1,740	-8.7
1985	1,501	-13.7
1990	1,313	-12.5
1995	1,242	-5.4
2000	1,195	-3.7
2005	1,170	-2.0
2010	1,014	-13.3
2015	823	-18.7

資料5　「ごっくん馬路村」の誕生

　東谷望史さんには二人の子どもがいた。試作品を作って自分の子どもたちに飲ませてみることにした。柚子とハチミツだけで作ったドリンクに一口飲んだだけで顔をしかめる。悶々とした日が続く。ある晩ハタとひらめいた。「限りなく水に近づけたらいい。」水に1％ずつ柚子とハチミツを入れ，糖度計と自分の舌で確認する作業が毎日続いた。「これやが！」と分岐点を見つけたとき声を上げた。もういっぺん飲んでみる。「味のキレがない」，結局「味のキレ」を発見するまでに3か月もかかった。試作品を持って農協婦人部の総会で試飲「反応がすこぶるいい。『もっと旨いものにするき』と宣言した。」子どもたちに試飲させる日々が続いた。ある日「これおいしい」口をそろえていう。

情　報

【出典】　資料1〜3　国勢調査報告から筆者作成

　　　　　資料4　筆者撮影

　　　　　資料5　大歳昌彦『「ごっくん馬路村」の村おこし』日本経済新聞社（1998年）p.18〜19

【教材づくりに有用な情報源】

　国勢調査に関しては，総務省や各都道府県のホームページから検索できる。馬路村に関しては村のホームページの行政編に統計資料がある。馬路農協のホームページにはゆず製品の開発過程やゆず農家の紹介，ネット販売のページには製品の紹介がある。最近の村のようすは，馬路農協のブログ「日々馬路村」や馬路村ふるさとセンター「まかいちょって家」がはじめたfacebookなどでわかる。

解　説

【過疎化の進行と馬路村】　資料1は，2010年と2015年を比較した地方別の人口増減率であるが，中・四国地方は東北地方についで人口減少率が高い。さらに資料2から，中・四国地方の県別人口増減率をみると，高知県の人口が最も減少していることがわかる。高知県内には34の自治体があるが，最も人口減少率の高いのが馬路村である（−18.8％）。しかし馬路村は，14歳以下の年少人口の割合が比較的高く（県内9位），65歳以上の高齢人口の割合は低いので（同21位），高齢化の進行は緩慢である。また，夜間人口を100とした場合の昼間人口の比率（昼夜間人口比率）でみると，馬路村は109.1％を示しており（同2位），これは村内に働く場所があることを示している。その結果，従業員1人あたりの製造品出荷額は高い（県内1位，3203万円）。一般的に過疎化の進行は，人口減少と高齢化をともなうが，馬路村では少し異なった面がみえる。

　資料3では馬路村の人口の変化を5年ごとに示した。人口変化の傾向は，かつては多くの過疎地と大差はない。しかし，第二の過疎といわれる1990年代以降は減少率がゆるやかになっており，村おこしの効果が認められる。1960年の人口のピークと比較すると，2015年の人口は4分の1になっており，2005年以降，再び人口の減少が著しい。

【馬路村のゆず製品】　資料4は馬路村の村おこしの象徴となるゆず飲料「ごっくん馬路村」の写真である。背景の「ぼくの村には…」はキャッチコピーの1つである。これを切り口に馬路村とはどんな村かを考えさせたい。注目するのは，製品名とそのデザインのユニークさである。製造元の農協とデザイナーの出会いによって生まれたものである。村を丸ごと売り出すというコンセプトで取り組んだ結果，

「ぼくの村には…」が生まれた。農協や村のポスター，テレビCMには村人が登場する。とくに子どもが多く起用され，「ごっくん馬路村」の初テレビCMは村の子どもの「みんなごっくんやりゆうかえ」が大うけし，商品のヒットのきっかけとなった。

【「ごっくん馬路村」の誕生とその後】　資料5は，馬路村の第6次産業化の旗頭となった「ごっくん馬路村」開発の苦労話である。村内のユズを集荷するのは農協であり，当時の販売課長（現組合長）であった東谷望史（とうたにもちふみ）さんの功績は大きいが，それを支えた農協婦人部の存在も大きい。1988年，ポン酢醤油「ユズの村」が「ごっくん馬路村」に先んじて開発された。当時，ゆず味のポン酢醤油は市場に少なく，ゆずを食べる食文化の認知度は低かった。農協では10年近くデパートの催事に出店し，ゆずを売りこむとともに，顧客を獲得していった。「ごっくん馬路村」を開発した翌年のテレビCMで認知度が上がり，これを契機に農協のゆずによる第6次産業化は成功する。

　気温の寒暖差がゆず栽培に好条件となっているが，馬路村のゆずは無農薬栽培である。そしてゆずをあますことなく利用する。ゆずの果肉はゆず製品になるが，そのしぼりかすから堆肥をつくり，ゆず畑に還元される。さらに農協はゆずの種子から化粧品を開発し，ゆずを利用しつくすことに成功した。無農薬でおいしいゆず製品は多くの顧客を獲得し，いまやダイレクトメールは35万通をこえ，農協のゆず製品販売額は30億円をこえた。馬路村で高校に進学する中学生は村を出ざるを得ない。しかし，成人してから村にUターンする人もいるし，馬路農協で働きたいためにIターンする人もいる。その人たちのために農協はアパートを建設し，村も宅地を整備して売り出し（5区画が完売）アパートも建設した。農協の従業員は100人に近い。その人たちの力でこれだけの売り上げを記録している。

馬路村の自然とゆず

　馬路村は，四国山脈のふもとに位置し，急峻な山々に囲まれている。そして豊富な降水量による良質な水，村の面積の96％をしめる森林の豊かな自然に恵まれている。一方，平地が少なく，昼夜の寒暖差が大きいことから農産物を生産するには好条件とはいえない地域であった。しかし，その厳しい条件がゆずにとっては好条件となり，すっきりとした酸味の風味豊かなゆずが育ち，地元の人々の料理の調味料などとして親しまれてきた。

28　鳥取の農業

ねらい

（1）　鳥取県では農業の特産地化に向けて地下水灌漑施設整備などに取り組んでいることを知る。

（2）　鳥取県の農業は，果樹栽培の生産額比率が高いことを梨栽培を例に考察する。

資　料

資料1　北条砂丘地区土地改良事業概要図（2009年）

資料2　梨園の仕事

　　梨づくりは，日当たり，風通し，水はけがよい山の斜面を利用して行う。二十世紀梨づくりの1年は，次のような仕事を行う。

・土壌改良（9～11月）　穴を掘り，肥料などを入れて元気な根をつくる。

・せん定（12～3月）　混み合った枝を切り，日当たりをよくする。

・人工授粉（4月）　ほかの種類の梨の花粉をつける。

・摘果（5～6月）　大きくて形のよい梨をつくるために，小さな実を取る。

・袋かけ（5～6月）　病気や害虫から梨を守り，きれいな梨をつくる。

・収穫（8～9月）　梨をもぎ取る。

　　このほかにも害虫を退治したり，病気を防ぐために消毒（4～10月）を行う。

情　報

【出典】　資料1　鳥取県中部総合事務所農林局『砂丘を拓く』－鳥取県北条砂丘地区土地改良事業50年の歩み－

　　　　　資料2　倉吉市教育委員会『私たちの倉吉～小学校社会科副読本～』p.36，37

解　説

【鳥取県の農業の概要】　鳥取県の農業粗生産額は，ほぼ毎年全国の1％程度を占めるに過ぎないが，梨，スイカ，らっきょう，長芋，ネギなどは，近年，特産地化・主産地化が進んでいる。農業所得は農家1戸あたり平均80万円程度といわれているが，中国地方では最も高くなっている。

県東部の鳥取市，中央部の倉吉市，西部の米子市周辺は大きな河川の河口部の平野で水田地帯となっている。大山山麓の黒ぼく土の畑地や砂丘地では野菜が，大山山麓地帯では酪農，山間地域では肉用牛など，多様な生産が行われている。他の都道府県と比較すると，果樹栽培の生産額の割合が高いことが特徴である。

【土地改良事業概要図から学ぶ】　鳥取県は，海岸沿いに砂丘地が広がる。中国山地の風化花崗岩が河川を流下して日本海の漂砂となり，風力・潮流・波浪などの複合作用で形成されている。大山の噴火にともなう火山灰の堆積もみられる。

しかし，砂丘地は長らく耕作不能地であった。江戸時代に鳥取藩は食料増産のために開畑に取り組んだが，ことごとく失敗した。理由としては「飛砂」と「用水不足」，「土壌養分不足」などがあげられる。

戦中・戦後の食料増産時期には，北条砂丘（現，北栄町）ではサツマイモが栽培されるようになった。これは砂丘地に植林して飛砂を防ぎ，「浜井戸」とよばれる小規模な池を560か所掘り，人力で水を運ぶことで行われてきた。とくに水運びは「嫁殺し」ともいわれるきわめて過酷な労働であり，農業経営も集落周辺に限られたごく小規模なものにならざるを得なかった。

1952〜1965年にかけて，地表の灌漑施設が整備され，ホースで畑へ給水された。1967〜1982年にかけては，地下灌漑施設が整備され，スプリンクラーによる給水が行われるようになった。現在は砂丘地での栽培に適したらっきょう，長芋，スイカ，ブドウなどの栽培が行われている。

なかでも，らっきょう栽培は，きめ細やかな作業が年間を通して必要となる。とくに夏の砂丘地での作業は過酷をきわめる。農業人口の減少・高齢化などもあり，労働力の確保が大きな問題となっている。そのため農業経営を大規模化することは難しい。

最近は特産地化・ブランド化をめざし，新品種の開発や，市場へ出す時期の調整，品質向上のための栽培技術の改良など多くの工夫が行われている。

【「二十世紀」にかわる新品種も】　鳥取県の梨は，2017年度には，収穫量において全国で約7.5％を占め，5位（西日本で1位）である。鳥取県で栽培されている代表的な品種は「二十世紀」である。これは1888年に千葉県松戸市の松戸覚之助氏が発見したものを1904年，鳥取県の北脇永治氏が導入したものである。始まりは10本の苗木であったという。

二十世紀梨の導入直後から「黒斑病」という病気が流行し，他県では生産中止があいついだが，鳥取県では一斉防除などの対応で乗りこえた。

戦中・戦後の食料増産時期には，やや生産は減少したが，1950年代からは農家が競争するように山の傾斜地に果樹園を増やしたり，「梨団地」とよばれる大規模な果樹園などを作ったりし，生産量は急激に増加した。主生産地は湯梨浜町（東郷湖周辺）である。しかし1983年以降，梨の栽培面積は減少に転じる。これは梨の木が老木になったことや農業人口の高齢化，後継者不足などの影響が大きいといわれている。梨栽培地は機械化が難しいため，多くの人手を要する。また丘陵地での作業は困難をきわめる。このことが梨栽培をさらに難しくしている。近年では品種改良に取り組み，黒斑病に強く，栽培しやすく，経費負担の小さい「ゴールド二十世紀」や二十世紀にかわる新品種「新甘泉」「なつひめ」などを次々に開発し，梨特産地としての生き残りを模索している状況である。

45度の温泉に30分間浸す

JA鳥取中央らっきょう生産部では，らっきょうの種球を温湯処理し，赤枯れ病を防除する取り組みを行っている。赤枯れ病には効果がある薬剤がなく，被害が大きくなると減収につながる。北栄町にある「長いも集荷施設」内の設備と三朝温泉の源泉を使用，約50戸の生産者が温湯処理に取り組んでいる。

ねらい

（1）　本州四国連絡橋を中心とする中四国の高速交通網がどのように整備されているか理解する。

（2）　フェリーの減少など，本州四国連絡橋の架橋地域への影響について考える。

資　料

資料1　本州四国連絡橋を中心とした高速交通網

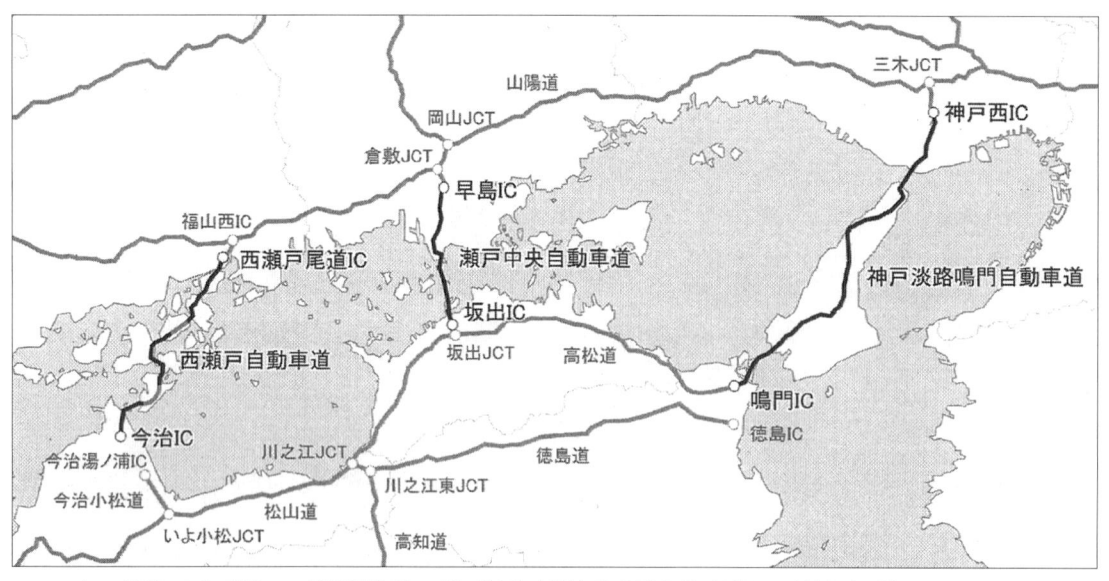

※2015年，徳島 IC と鳴門 JCT 間が開通し，神戸淡路鳴門自動車道と徳島道との接続が可能となった。

資料2　本州四国間のフェリー航路の変遷図

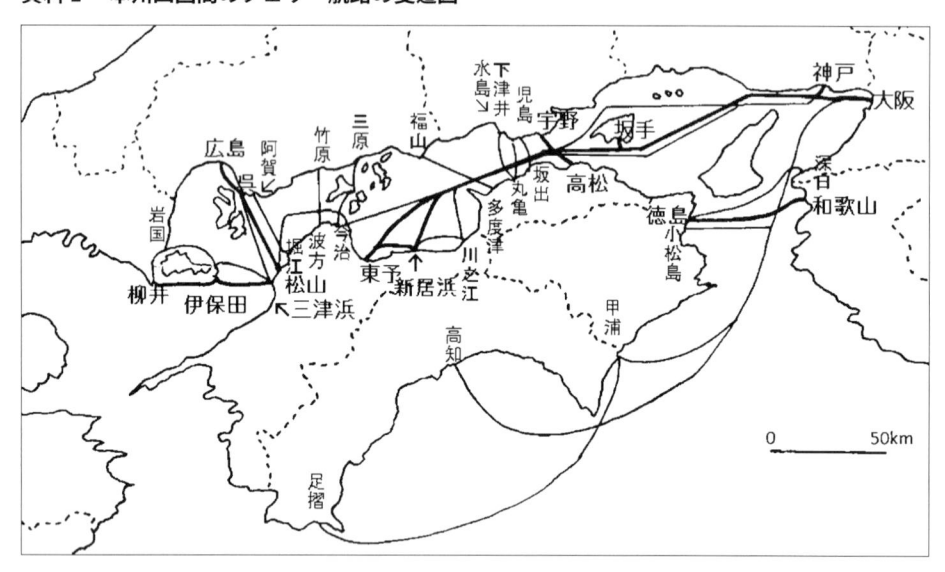

航路のうち細線は，1987年から2011年までの期間に廃止されたもの。港名のうち太字・横書きはフェリーが就航している港湾。太線は現存の航路。7 航路ある。
①柳井—伊保田—三津浜，②広島—呉—松山，③宇野—高松，④神戸—新居浜—東予，⑤神戸—高松，⑥大阪—新居浜—東予，⑦和歌山—徳島。

情　報

【**出典**】　資料1　本州四国連絡高速道路株式会社『本四架橋と私達のくらし』（2009年）p.2

　　　　　　資料2　同上 p.5に加筆（http://www.jb-honshi.co.jp/company/pdf/seibi4.pdf）

【**教材づくりに有用な情報源**】　概要は，国土交通省や本州四国連絡高速道路株式会社などのホームページから入手できる。また，地域への影響は，自治体の統計や地元の新聞などの関連記事をインターネットから入手できる。

解　説

【本州四国間は3ルートの長大橋で結ばれている】

　資料1は，本州四国連絡橋を中心とした中四国地方の高速交通網の現状であり，資料2は本州四国間を結ぶフェリー航路の状況を示している。

　本州四国連絡橋は，1969年の新全国総合開発計画において，高速道路などによる全国の高速交通ネットワークの一環として建設が計画された。1978年以降順次建設されていき，1988年に児島—坂出（瀬戸大橋），1998年に明石—鳴門（大鳴門橋，明石海峡大橋），1999年に尾道—今治（来島海峡大橋など）が完成して，本州四国間は3ルートの長大橋で結ばれている。尾道—今治ルートの西瀬戸自動車道では，島嶼部でまだ一部在来道路を使用しているものの，瀬戸大橋を通る瀬戸中央自動車道と，明石海峡大橋や大鳴門橋などを通る神戸淡路鳴門自動車道は，すべて高速道路である。本州四国連絡橋を通る高速道路は，本州側では山陽自動車道などに，四国側では高松自動車道などに接続している。また，道路鉄道併用橋である瀬戸大橋の下段には在来線のJR瀬戸大橋線が通っている。

　本州四国連絡橋によって，本州側と四国側の主要都市間の時間は，従来の道路やフェリーを利用していた時にくらべて約3分の1に短縮されることになり，物流や人的交流などが進展している。本州四国間の交流人口は2016年度には1984年度の約2.1倍に増加している。物流では，四国のコンビニの店舗数は1997年にくらべ，2016年には4.6倍となり，同期間の全国の店舗数の増加が1.8倍であったのを大きく上まわった。高知県産のミョウガのシェアが，大阪市場，東京市場ともに1988年の10％以下から2016年には90％台になり，愛媛県産養殖マダイの大阪中央卸売市場でのシェアも大幅に増加している。

　本州四国連絡橋の自動車交通量が増加した原因は，当初，6000円以上していた瀬戸中央自動車道と神戸淡路鳴門自動車道の全線普通車料金を，最近では2000〜3000円程度に引き下げたことなどによる。しかし現在でも，本州四国連絡橋の自動車交通量は，開通当初予想の約9割であり，料金収入は1999年度の830億円をピークに減少しており，2016年度は640億円であった。

【地域住民の貴重な足が奪われた】

　本州四国連絡橋の完成後，本州四国間を結んでいた多くの定期航路が廃止された。1987年に22本あったフェリー航路は2013年に7航路になった。本州四国連絡橋を利用すると遠回りせざるをえない地域もあり，逆に不便になった地域も多い。岡山県の玉野市宇野と香川県の高松間では，1988年に宇高連絡船が廃止され，それまで3社で約150往復運航していたフェリー航路が，2017年以降，1社で1日5往復しかなく，非常に不便になった。さらに，本州四国間のフェリーや旅客船の定期航路は，岡山県と香川県を結ぶ下津井—丸亀航路が香川県の本島を経由していたように，瀬戸内海の離島を経由して運行されていた航路もあったので，離島の住民の足を奪うことになった。

架橋地点の人口は減少

　長大橋などの高速交通網の発達は，広域的な流通や交流を拡大させたが，長大橋の時間短縮効果の恩恵の少ない地域の産業構造や大都市のストロー効果のため，架橋地点では人口が減少している。瀬戸大橋の本州側の架橋地点である倉敷市児島地区は，学生服やジーンズ製造などの繊維業がさかんであるが，瀬戸大橋の効果は少なく，児島地区の人口は瀬戸大橋着工前々年の1976年の8万4261人を最高に，瀬戸大橋建設工事期間中も減少し，1988年の瀬戸大橋が開通以後も減少を続け，2017年には7万185人になっている。倉敷市は旧倉敷市，玉島市，児島市などが合併して成立しているが，倉敷地区などは人口が増加してきており，大幅な減少は瀬戸大橋の橋下となった児島地区だけである。

　瀬戸大橋の四国側の架橋地点である香川県坂出市は，重化学工業が中心であり，人口は1976年の6万7650人を最高に，2017年には5万2160人に減少している。西瀬戸自動車道南端の架橋地点である愛媛県今治市は，タオル製造業がさかんであるが，平成の大合併前の旧今治市の人口を国勢調査でみると，1985年の12万5115人が最多で，2000年には11万7930人，2015年には10万7443人に減少している。

ねらい

（1）　広島市が原爆からどのようにして立ち直り成長していったのかを，資料の読み取りを通して考察する。

（2）　地方中枢都市としての広島市の特徴を，他都市と比較しながら考察する。

資　料

資料1　広島の新開地発達概略図

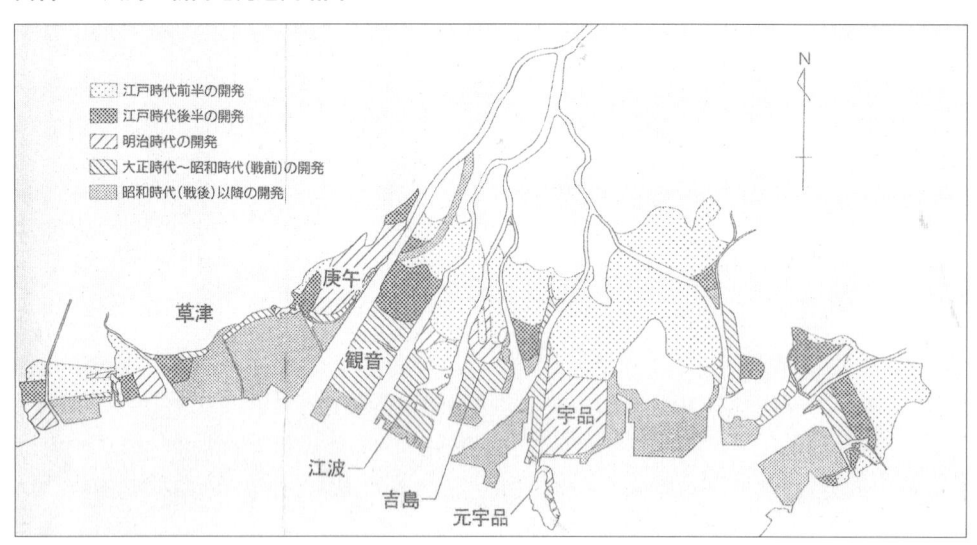

資料2　戦前の広島市の軍関連施設と原爆被害の概況

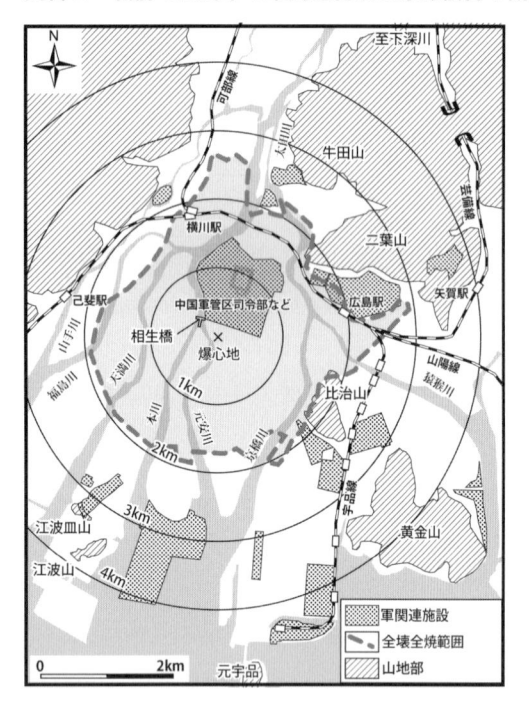

資料3　広島市の人口と面積の推移

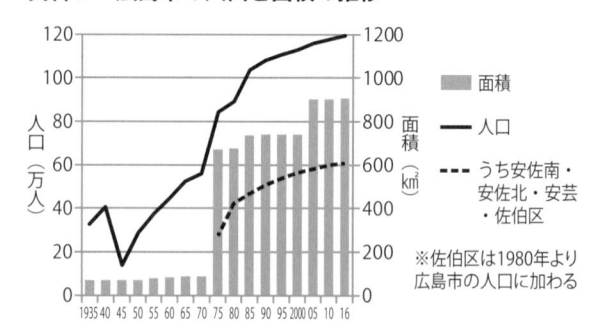

資料4　地方中枢都市の比較（2016年）

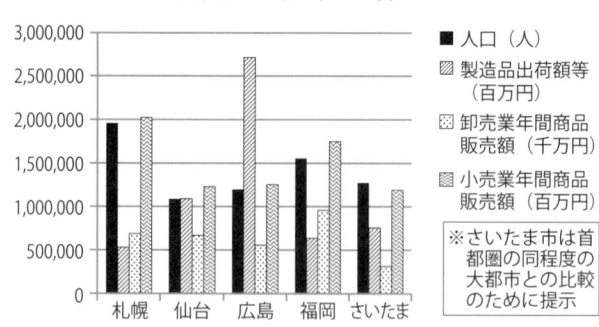

情　報

【出典】　資料1　広島市郷土資料館学習の手引き第18号「広島　海辺の開発の歴史」

　　　　　資料2　熊原康博（広島大学）作成

　　　　　資料3　『広島市統計書』を元に筆者作成，資料4　『大都市比較統計年表』を元に筆者作成

【教材づくりに有用な情報源】

・日本地図センター『地図で見る広島の変遷』（2001年）

・広島地理教育研究会編『ひろしま地歴ウォーク』レタープレス（2018年）

解　説

【城下町から発展した広島市】　広島市の歴史は毛利輝元が太田川の河口に広島城を築いたことにはじまる。広島という地名もデルタのなかの最も広い島に築城したことに由来する（他の説もある）。明治以降は軍都として発展していったが，1945年8月6日午前8時15分，アメリカの原爆投下により街は廃墟と化した。戦後は市民の努力や広島平和記念都市建設法などもあって奇跡的に復興し，1980年に全国で10番目，中国・四国地方では最初の政令指定都市となった。現在の人口は約120万人（2017年）を数える。

【広島平野は本当に三角州？】　広島市の中心部が位置する広島平野は三角州の典型的な例としてよく取り上げられる。しかし実際は，平野の中央を東西に貫く平和大通り以南のほとんどは江戸時代以降につくられた干拓地や埋立地であり，自然地形としての三角州は半分に満たない（資料1）。河川に囲まれた平野部は散在する小高い山以外はほとんどが5mに満たない低平な地形である。

　太田川デルタは三角州の特徴である分流がよくわかる。平和公園にかかるT字型の相生橋は原爆投下の目標にされたことで知られる広島の象徴的な橋であるが，三角州ならではの分流点にかかる橋である。

【中心部・基町地区の変貌】　広島城周辺の「基町」という町名は，築城以来の「広島開基の地」という意味がある。広島城は，現在残る史跡の7.6倍もあったが，明治に入ると，この広大な敷地に陸軍の司令部が設置され，広島市は陸軍の拠点都市へと変貌していった。資料2を見ると街の中心部が軍用地でしめられていたことがよくわかるが，軍都であったことが原爆の標的とされる一因にもなった。戦後になると，この地区に多くの官公庁や公共施設がつくら

れ，再び都市の中心として発展していった。

【市域の拡大】　1970年以降の広島市の市勢拡大は周辺町村との合併による市域の拡大と，編入された新市域への人口流入によるものであった。1971年以降の新市域である安佐南・安佐北・安芸・佐伯区の人口は，34.2万人（1975年）から60.9万人（2016年）と約1.8倍に増加し，市域面積は1970年と2017年では86.75km^{2}から906.68km^{2}と10倍以上に拡大した。しかし近年は，中区や南区などの都心域でも人口が増加しており，高層マンションの建設ラッシュなど大都市特有の都心回帰現象がおこっている。資料3をみると，原爆で壊滅的な被害を受けた市が10年以上かかって戦前の人口に戻り，1970年代以降は合併により発展していったようすがよくわかる。

　広島市は同規模の他都市とくらべて平野部が極端に少ない。市の中心部からも山なみがすぐ近くに見える。そのため旧市域の平野部がほとんど宅地化された1970年代以降は，北部の農地やデルタを取り囲む丘陵地に住宅団地がつくられていった。現在，人口の最も多い区は新市域の安佐南区である。

【地方中枢都市としての特徴】　広島市は札幌市，仙台市，福岡市などとならぶ地方中枢都市である。資料4は，この4都市と同規模のさいたま市をいくつかの指標で比較したものである。このなかで卸売業年間商品販売額は福岡市が最も高く，ついで札幌市，仙台市となる。中国地方は関西圏と九州圏に挟まれた地域で，広島市の都市圏は地方中枢都市のなかでは規模が小さい。広島市の大きな特徴は製造品出荷額等の多さである。これはマツダ（本社は広島市に囲まれた安芸郡府中町）や三菱重工業とその関連工場，さらにゴム等関連産業の企業も多くあるためである。平和記念都市のイメージが強い広島市であるが，じつは工業都市としての一面もある。

広島市が臨時首都だったことがある !?

　明治以降の広島市の歩みは陸軍の拠点としての歴史であり，とくに日清戦争以降は軍都とよばれるほど軍事上の重要都市となった。1894年6月，山陽鉄道の開通により，政府は廣島を大陸への前線基地と考えて大本営の設置をきめ，さらに広島駅から宇品港までの軍用鉄道をわずか17日間で開通させた。9月，明治天皇，伊藤博文首相以下政府高官約300人が来広し，10月には臨時帝国議会第7回議会が廣島に招集され，西練兵場内につくられた仮設国会議事堂で戦費予算等の重要法案が議決され，4日間で閉会した。その後，広島湾一帯は呉の海軍とともに軍事的性格のきわめて強いエリアとなっていった。

31 阪神工業地帯の発展と課題

ねらい

（1）　阪神工業地帯は，地域により工場の規模や製造品目による違いが大きいことを理解する。

（2）　大阪湾ベイエリアは，商業施設・ホテル，テーマパークが展開していることを把握する。

資　料

資料1　主要工業都市の製造品出荷額等と30人以上の工場の比率（従業員4人以上の工場）（2017年）

市区	製造業計（万円）	出荷額1位の産業	出荷額2位の産業	出荷額3位の産業	30人以上の工場数と比率	
①姫路市	223,319,948	鉄鋼	電気機器	化学	231	23.3%
⑨高砂市	79,600,710	はん用機器	生産用機器	化学	47	34.3%
⑧加古川市	80,086,793	鉄鋼	電気機器	はん用機器	90	30.3%
④明石市	114,968,003	輸送用機器	生産用機器	金属製品	98	31.9%
③尼崎市	136,198,298	鉄鋼	化学	電気機器	189	25.8%
大阪市西淀川区	36,379,919	鉄鋼	金属製品	生産用機器	83	18.5%
大阪市此花区	46,036,402	非鉄金属	輸送用機器	金属製品	29	26.6%
大阪市大正区	23,959,966	鉄鋼	化学	生産用機器	30	17.3%
大阪市住之江区	27,712,880	電気機器	鉄鋼	生産用機器	44	23.9%
⑤堺市堺区	108,199,651	輸送用機器	生産用機器	鉄鋼	67	20.6%
②堺市西区	163,094,862	石油製品など	鉄鋼	非鉄金属	104	34.4%
⑩高石市	79,482,890	化学	鉄鋼	金属製品	26	42.6%
⑥東大阪市	104,886,976	金属製品	生産用機器	プラスチック製品	313	13.4%
⑦八尾市	90,344,642	電気機器	金属製品	電子部品など	183	13.9%
門真市と守口市の合計	46,516,083	電気機器	家具・装飾品	生産用機器	99	17.9%
門真市	33,442,737	電気機器	家具・装飾品	金属製品	56	18.7%
守口市	13,073,346	電気機器	生産用機器	金属製品	43	17.0%

表中の①～⑩は大阪府と兵庫県のなかで，製造品等出荷額の多い10市区の順位

資料2　大阪湾ベイエリア

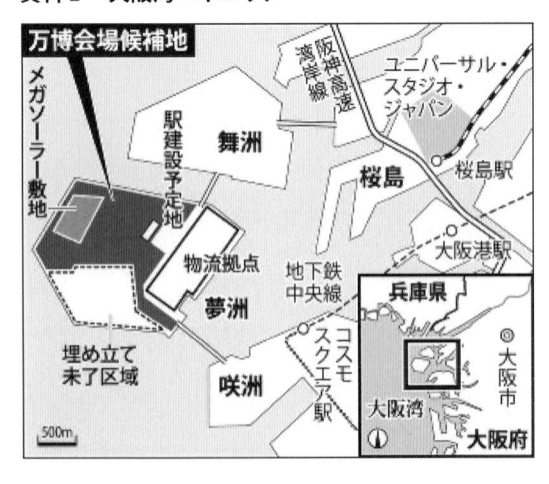

情　報

【出典】　資料1　経済産業省『平成29（2017）年工業統計調査』「地域別統計データ　市区町村別産業分類別統計表」より作成

　　　　　資料2　毎日新聞　2016年9月22日大阪朝刊

解　説

【東大阪市の工場密度は全国一の115.2／km²】

資料1は，大阪府と兵庫県で製造品出荷額等が多い市区とそれに近接する大阪市の区，および門真市と守口市についてまとめたものである。

製造業事業所（従業員4人以上）のうち，従業者数30人以上の事業所の割合が小さいのが東大阪市と八尾市である。2016年の経済センサス活動調査によると，人口約50万人の東大阪市の全事業所数は5,954で全国5位，1km²あたりの工場数，いわゆる工場密度は115.2で全国一。このうち従業員300人以上の工場は7つしかなく，従業員30人未満の小規模工場が93.2％をしめる中小企業の町で，高い技術力で業界のトップになっている工場がいくつもある。しかし，工場数はピーク時の1983年以来，減少が続いている。

堺市西区と高石市および高砂市と加古川市は従業員30人以上の工場のしめる割合が大きい。この地域では，高度経済成長期の臨海部の埋め立てにより，堺・泉北工業地域，播磨工業地域が形成された。

門真市と守口市では，1933年，門真市に松下電器産業（現パナソニック）の工場と本社が建設され，1947年には，守口市に三洋電機が創業した。両市には，それらを中心に製造業が集積したが，両市とも工場の減少が続き，2010年との比較でも出荷額がおよそ半額になっている。

阪神工業地帯は，多くの部品を必要とする自動車工業や機械工業が他の工業地帯とくらべて少ないことや，臨海部の鉄鋼や造船，石油化学工業で設備の老朽化や生産の伸び悩みによる工場の閉鎖・移転が進んだことから，全国の工業生産にしめる地位は年々低下していた。2000年代なかば，プラズマパネル（パナソニック・尼崎市），液晶パネルや太陽電池パネル（シャープ・堺市）といった最先端の工業製品を生産する大規模な工場が操業し，「パネルベイ」ともよばれ，期待されたが，パナソニックは2014年3月末にはプラズマパネルの生産を停止，工場跡地は売却され，物流施設が建設されている。

【大阪湾ベイエリアの開発】

臨海部のベイエリア地区では，2001年，大規模な工場跡地にテーマパーク「ユニバーサル・スタジオ・ジャパン」が開園した。対岸の天保山地区は，かつての倉庫街であるが，現在は，水族館「海遊館」（1990年開館）や商業施設・ホテルからなる「天保山ハーバービレッジ」がある。咲洲の商業施設「ワールドトレードセンター」は大阪府庁咲洲庁舎になった。2008年にオリンピックを誘致しようとした舞洲は，「スポーツアイランド」として野球場や体育館，キャンプ場などが建設された。個性的な外観の清掃工場もある。

夢洲は，大阪市の廃棄物処分場として，埋め立て途上であるが，コンテナ埠頭が整備され，メガソーラー（大規模な太陽光発電所）が建設された。大阪府と大阪市は，この地で2025年に国際博覧会（万博）を開催することを計画し，国と経済界の協力のもと，誘致に成功した。また，大阪府知事は，ギャンブル施設であるカジノを含む統合型リゾート（IR）を誘致し，万博前に建設を終えたいとの意向を示し，地下鉄中央線やJR桜島線の延伸も進められようとしている。しかし，資金，ギャンブル依存症対策，台風などへの防災対策，夢洲埋め立て終了後の廃棄物処分など，多くの課題も指摘されている。

大阪砲兵工廠と東大阪の町工場

機械金属関連の加工技術を中心とした，高い技術力をもつ中小企業が大阪東部地域に集積していることの要因に大阪砲兵工廠の存在があった。大阪砲兵工廠は1870年の大阪造兵司からはじまり，陸軍の火砲を中心とした兵器製造にあたった。大阪城の東に広がる敷地に200近くの工場が建ちならび，正規工員は約4万人。アジア太平洋戦争の戦時体制が強まるとともに，砲兵工廠関連の機械・金属業が，大阪市から東大阪に拡大して立地した。砲兵工廠は1945年8月14日の空襲で徹底的に破壊された。戦後，安く借りられる東大阪の「貸工場」を使って，自ら操業した砲兵工廠の元工員もいた。戦火から逃れ，比較的早く復興することができた東大阪の工業は，朝鮮戦争特需で活況を呈し，さらに家電産業の部品製造で大きく発展した。1983年には，東大阪市の工場数は1万をこえていた。

32 大阪と神戸

ねらい

（1）　多くの流入人口がある大阪市の通勤圏の形成を鉄道網の発達と関連づけて考察する。

（2）　有数の港湾都市神戸は，神戸都市圏の中心である。一方，大阪の通勤圏でもあることを理解する。

資 料

資料1　大阪市の通勤率（2005年国勢調査，15歳以上就業者）

通勤率―大阪市への通勤者数／各市町村の常住就業者数）×100

通勤率30%以上
同20%以上30%未満
同10%以上20%未満
同5%以上10%未満

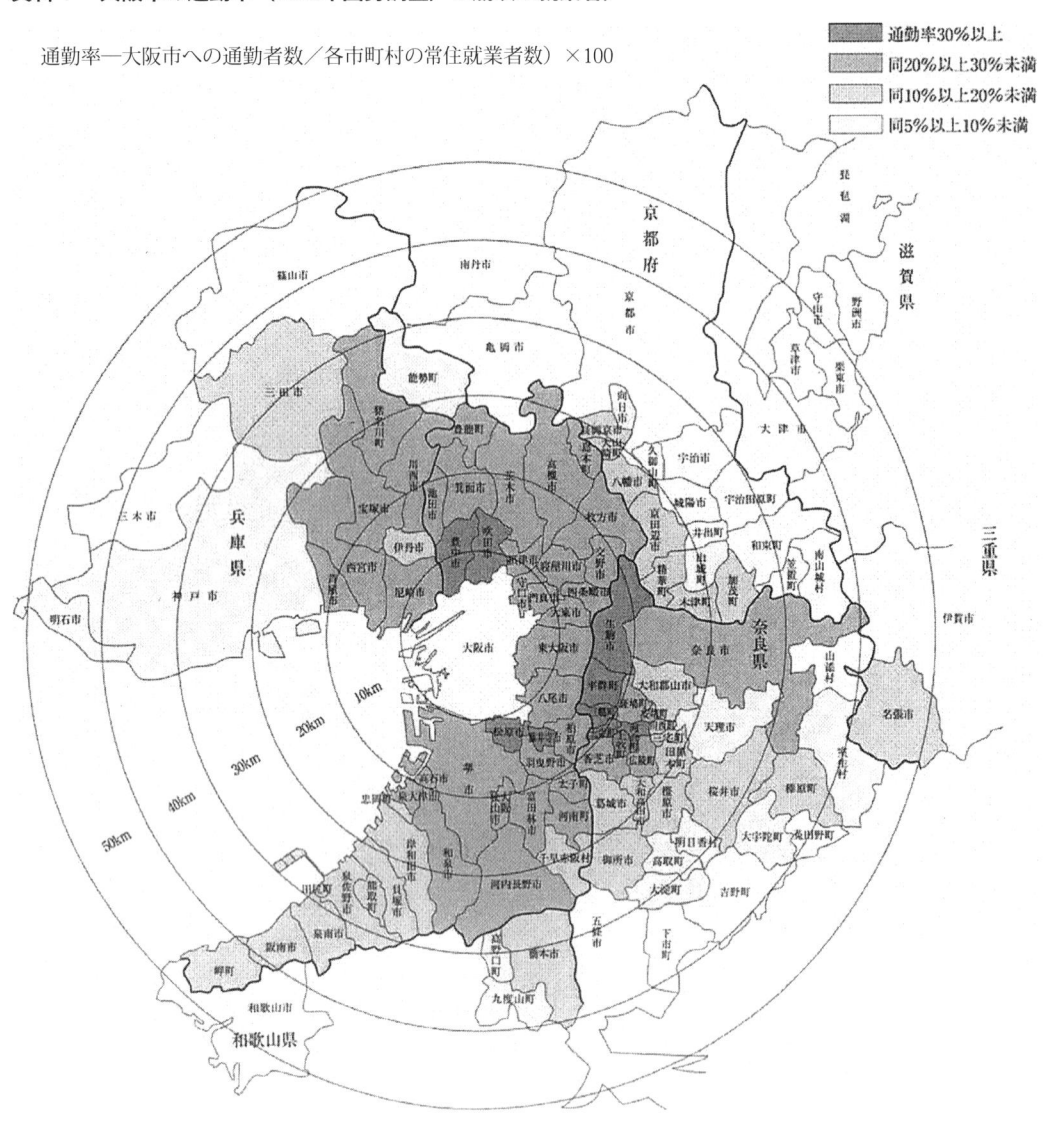

資料2　3大都市交通圏内の交通機関別輸送人員（百万人）

	総数	高速鉄道			バス	ハイヤー・タクシー	自家用乗用車
		JR	JR以外	地下鉄			
首都交通圏　（2009）	24,393	5,580	5,570	3,373	1,459	590	7,782
中京交通圏　（2009）	5,116	237	445	420	171	87	3,756
京阪神交通圏（2009）	9,233	1,345	2,082	1,044	609	266	3,864
京阪神交通圏（1992）	10,744	1,305	2,748	1,168	1,033	396	4,038
京阪神交通圏（1973）	8,327	1,126	2,914	711	1,216	481	1,768

首都交通圏は東京駅中心半径50km，中京交通圏は名古屋駅中心半径40km，京阪神交通圏は大阪駅中心半径50kmの範囲であるが，とくに交通不便な地域やその大半が圏外にある行政区域は除外している。

情 報

【出典】　資料1　大阪市ホームページ，「大阪市財政の現状」について（2012年9月）

（http://www.city.osaka.lg.jp/zaisei/cmsfiles/contents/0000182/182825/01-03.pdf）

資料2　総務省統計局『日本統計年鑑2016年』日本統計協会

解　説

【大阪都市圏と鉄道路線】　大阪市への就業者流入人口（通勤者）は約100万人で，大阪府内から60万人，府外から40万人である。大阪市の常住人口（夜間人口）は約270万人，昼夜間人口比率は131.7で，大都市の中では，第1位である。

　大阪市への通勤圏はおおむね大阪市役所から半径50kmの地域である。20km圏内で，大阪市への通勤率が高い豊中市と吹田市には，千里ニュータウンがある。生駒市（奈良県）の通勤率も高いが，生駒市は県外就業率が約54%と全国一である（2015年国勢調査）。通勤率は大阪市から同心円的に下がっていく傾向にあるが，鉄道路線の影響は大きい。半径40〜50km圏では，泉南市，阪南市，三田市（兵庫県），橋本市（和歌山県），榛原町（奈良県，現宇陀市）が，50km圏外では岬町，名張市（三重県）が10%を超える通勤率になっているが，それらは大阪市内のターミナル駅と鉄道路線で直接つながっている。

【神戸市も大阪圏のベッドタウン】　神戸都市圏は，神戸市と阪神間6市，東播臨海部および三木・小野・三田の3市とされている。神戸市の昼間人口は157万人，夜間人口は154万人，昼夜間人口比率は102.2%で，15歳以上通勤者の流入人口は，阪神間6市から5万3000人，東播臨海部から5万8000人である（2015年）。

　阪神間6市では，神戸市よりも大阪市への通勤者が多く，三田市も拮抗しているが大阪市への通勤者のほうがわずかに多い。これにも鉄道路線が影響している。尼崎市，西宮市，芦屋市では東西に阪神，JR，阪急の3路線が通っている。伊丹市，宝塚市，川西市から大阪市へは鉄道が直行するが，神戸市へは直行しない。

　神戸市から大阪市への通勤者は5万2000人で，通勤率は7.9%，東灘区からは1万6000人，16.5%，灘区からは11.0%にのぼっている。神戸市は，就業地としての性格をもつとともに，大阪圏のベッドタウンの性格をあわせもっている。

【「私鉄大国」に対抗するJR】　通勤・通学などの手段を示す資料2をみると，京阪神交通圏では，他の交通圏にくらべて，JR以外の私鉄のしめる割合が高い。もともと大阪を中心に，鉄道会社が都心から郊外に線路を敷設して，沿線に住宅地を開発してきた。その始まりは，1910年に小林一三が開業した箕面有馬電気軌道（現，阪急電車）である。しかし，輸送人員総数は1992年以降減少傾向にあり，ことにJR以外の私鉄は1973年から減少傾向を示している。1973年当時，関西の私鉄大手5社（阪急・阪神・南海・近鉄・京阪）のうち，京阪を除く4社がプロ野球球団をもっていたことは「私鉄王国」を象徴していた。

　2010〜2015年にかけて，大阪市の人口は約2万6000人増加した。滋賀県大津市の人口は約6000人，兵庫県西宮市は約5000人増加し，3000人程度増加したのは，滋賀県草津市と関西文化学術研究都市の一角を占める京都府京田辺市と木津川市である。それらはJR線で大阪都心につながっている。なかでも，木津川市の大阪市への通勤者は3236人（通勤率15.4%）で，京都市への通勤者（2101人，10.0%）を上回っている。

神戸港は「平和の港」

　1974年，アメリカ軍の基地となっていた神戸港第6突堤が返還された。その翌年，神戸市議会は全会一致で「核兵器積載艦艇の神戸港入港拒否に関する決議」を採択し，寄港する外国軍の艦船に「非核証明書」の提出を義務づけた。この非核「神戸方式」の誕生以後，米軍艦艇は1隻も入港していない。神戸港が「平和の港」と称されるゆえんである。中央区元町にある南京町西安門の南，KCC（神戸中華総商会）ビルの敷地に，左手を耳元にあて神戸港に向かって立つ少女のブロンズ像がある。「平和の美海ちゃん」と名づけられたその像の台座には，先の決議が刻まれている。

　1992年に六甲山のアンテナ基地が返還されて以来，近畿2府5県に米軍専用施設および日米共同使用施設は存在しなかった。2014年，京都府京丹後市の経ケ岬にある航空自衛隊基地を拡張して，米軍のXバンドレーダー基地が建設され，ミサイル防衛中隊が配備された。

33 津波と防災教育—和歌山県広川町

ねらい

（1） 和歌山県広川町では，安政南海地震の大津波の際，地元商人濱口梧陵による適切な避難指示があった。そして堤防建設によって，その後の昭和南海地震津波の被害から町が守られてきたことを学ぶ。

（2） 防災・減災教育では，ハザードマップなどの活用とともに，過去の災害の歴史や先人の教えに学ぶことが重要である。そして，学校現場における防災教育の具体的な取り組みについて考える。

資 料

資料1 広村堤防横断図（濱口梧陵は松並木と土塁の堤防を築き，はぜなどを植えた）

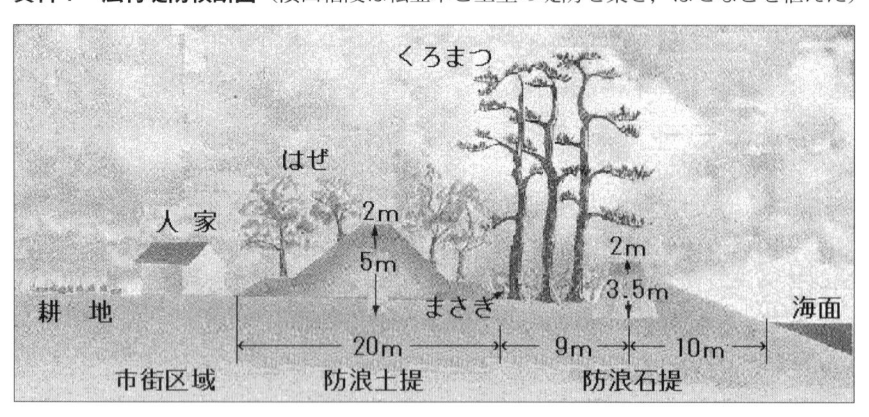

資料2 昭和南海地震津波における広村堤防の効果

地図は昭和40年代の地図を安政南海地震と昭和南海地震の津波浸水域を示したもの。

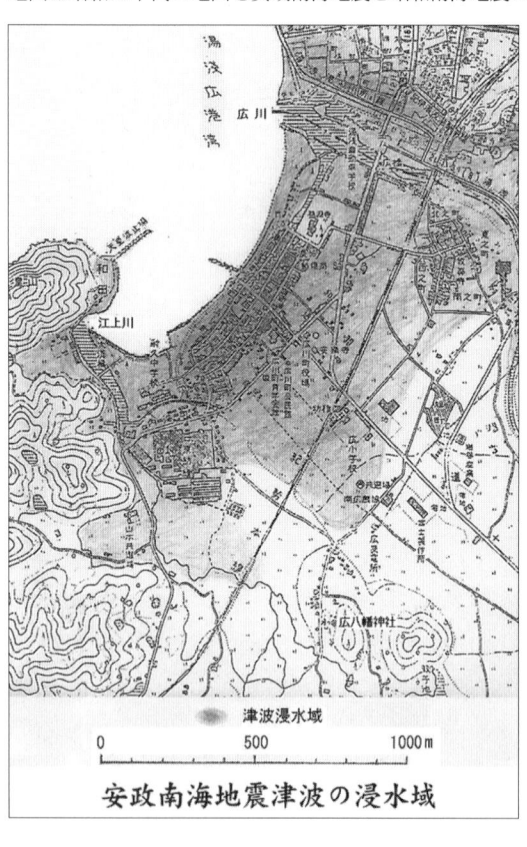

安政南海地震津波の浸水域

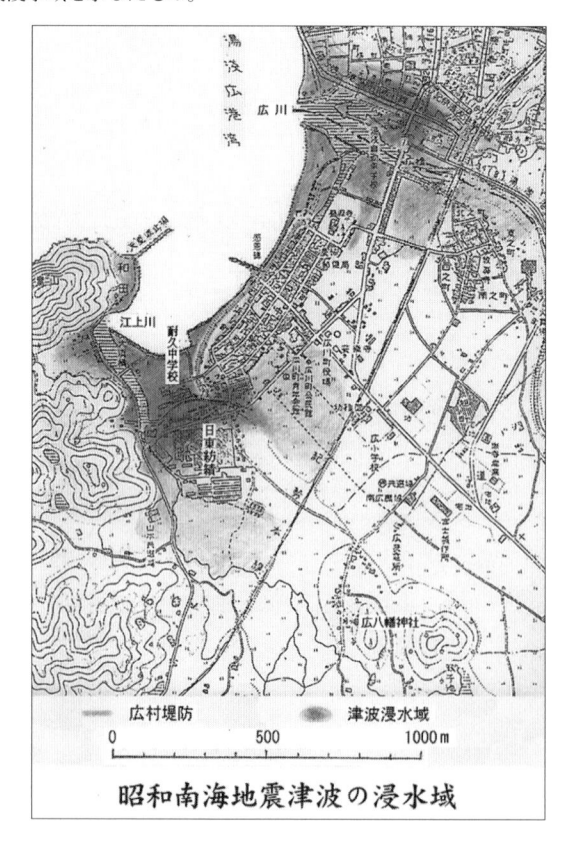

昭和南海地震津波の浸水域

情 報

【出典】 資料1・2 西太平洋地震・津波防災シンポジウム『「稲むらの火」と史蹟広村堤防』気象庁（2003年）

解　説

【和歌山県広川町の津波防災】　広川町は古来より何度も津波に見舞われてきた。とくに1707（宝永4）年の宝永地震と1854（安政元）年の安政南海地震後の津波は大きな被害をもたらした。この地震で大津波を目のあたりにした広村（当時）の商人濱口梧陵（はまぐちごりょう）は，村人を高台の広八幡神社まで避難させるため，田んぼの稲わらを燃やして誘導し，被災した村人に仮小屋を無償で提供し，物資の支援を行った。

その後，濱口梧陵は私財を使った大堤防の建設を紀州藩に上申する。

「波除土手の増築，御免許蒙（こうむり）奉候。右工費は乍恐私（わたくしおそれながら）如何様にも勘弁仕り…」（「濱口梧陵伝」）

堤防は全長600m，高さ4.5mで，一日の労働が終われば，年寄り，子どもを含めすべてのものに日当を支払った。当時，濱口梧陵は堤防建設について，「住民百世の安堵をはかる」ことが工事を志した理由であると語っている。

広村堤防は3年10か月をかけて，1858（安政5）年に完成した（資料1）。その88年後の1946年に起きた昭和南海地震（マグニチュード8.0）では，高さ4mあまりの津波が押し寄せたが，居住地域の大部分を津波から守った（資料2　昭和南海地震津波における広村堤防の効果）。

その後，濱口梧陵は私塾を開設して地元の人材育成に尽力し，1871年には大久保利通の命を受けて駅逓頭（のちの郵政大臣）に就任している。濱口梧陵については，1937年から10年間，小学国語読本（5年生用）に「稲むらの火」として掲載され，東日本大震災直後の2011年の春からは，小学校国語の教科書に再登場し，社会科の教科書でも先人の功績として紹介されている。

広川町では，安政南海地震津波の発生日である11月5日に「津浪祭」を開催する。この日は，濱口梧陵を偲び過去の津波で犠牲になった人々の冥福を祈る日になっている。そして，町の安全を祈願しながら，広村堤防で土盛りが行われる。2015年の国連総会本会議では，この日を「世界津波の日」にすることが採択された。

現在，広村堤防は住民の散歩道となっており，すぐ近くの濱口梧陵記念館や津波防災教育センターには，全国から津波防災を学ぶ人々が訪れている。

【広川町立広小学校の防災教育（2014年）】　史実「稲むらの火」の舞台となった地を校区にもつ広小学校では，児童が地域の住民とともに「津浪祭」や「稲むらの火祭り」を行ってきた。広小学校では，津浪祭のあと学校から広八幡神社への避難訓練を実施するなど，年間を通して，後世に語り継ぐ防災教育を実施している。

広小学校の総合的な学習の時間では，3学年「ぼくたちの防災探検隊」，4学年「備えあればうれいなし」，5学年「立ち上がれ災害から」，6学年「共に生きる私たちにできる」をテーマに，防災教育を継続的に実施している。

5学年の授業では，堤防掃除や避難訓練が何度も繰り返され，町の防災の取り組みや自主防災組織，避難所の生活についても学習する。また，広川町の地図を使って自宅から広八幡神社までの道筋や避難経路を確認し，体験学習や発表などによって家族を含めた防災意識の向上をはかっている。

「大地震津波心得の記碑」

広川町に隣接する湯浅町の深専寺には，1857（安政3）年に建立された碑文がある。その石碑の名は「大地震津波心得の記碑」という。碑文には，1854（嘉永7，安政元）年の大地震津波の概要と今後地震が発生した時の人の行動について，戒めの記述が刻まれている。

「…井戸の水が減ったり，濁ったりすると津波が起こる前兆であるというが，今回（嘉永7年）の地震の時は，井戸の水は減りも濁りもしなかった。そうであるとすれば，井戸水の増減などに関わらず，今後万一，地震が起これば，火の用心をして，その上，津波が押し寄せてくるものと考え，絶対に浜辺や川筋に逃げず，この深専寺の門前を通って東へと向かい，天神山の方へ逃げること。」（現代語訳）

濱口梧陵記念館（和歌山県危機管理局総合防災課）

34 京都の町並みと景観保全

ねらい

（1） 京都市の都市景観の特徴を知る。

（2） 高層ビルが建設され，町家が減少した京都市都心部における景観の変化を理解する。

（3） 住民運動の広がりと景観保全の取り組みについて理解を深める。

資料1　田の字型北西部共同住宅の状況（2006年11月現在）

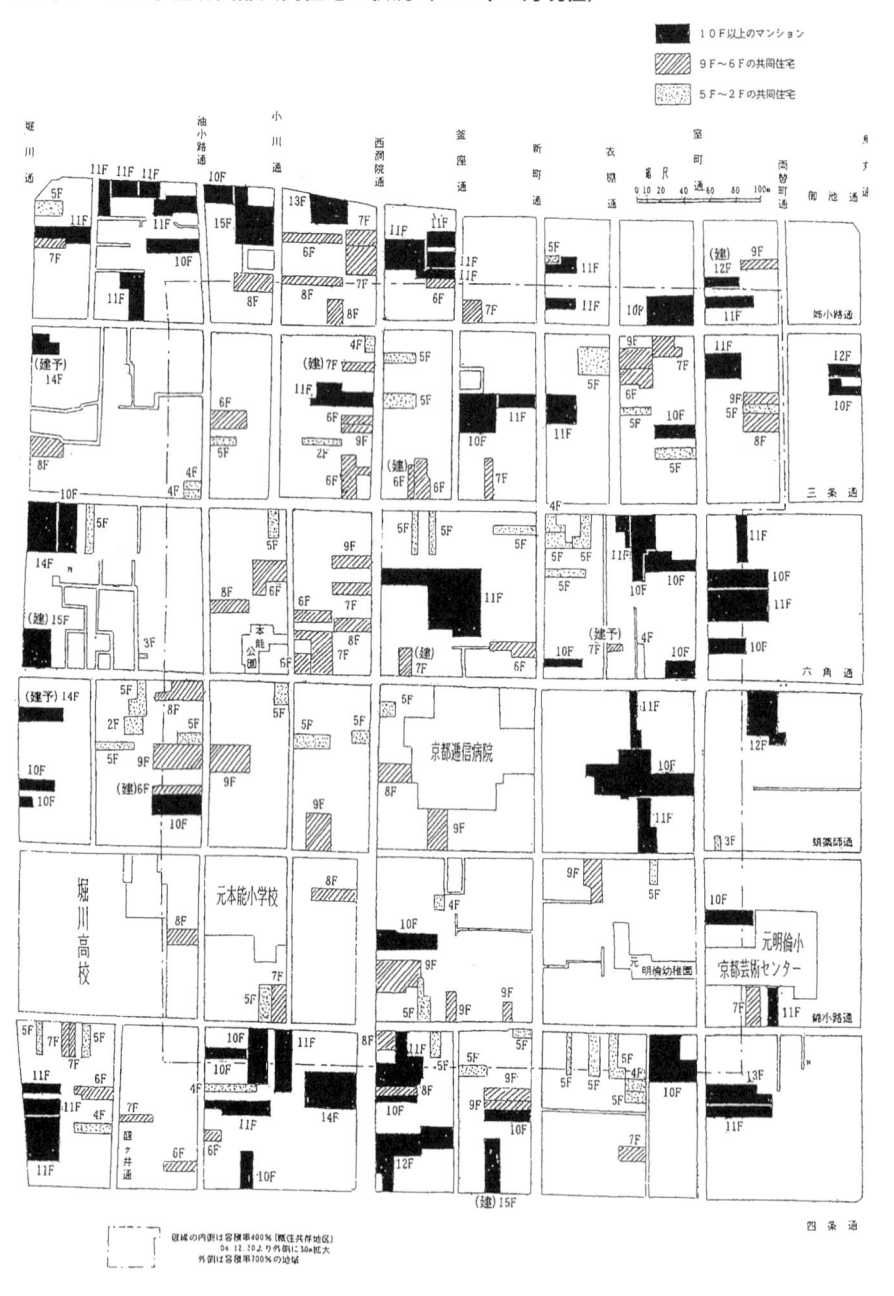

【出典】　資料1　木村万平『京都破壊に抗して―市民運動20年の軌跡』かもがわ出版（2007年）p.372

【教材づくりに有用な情報源】

・京都市都市計画局『新景観政策　時を越え光り輝く京都の景観づくり』（2007年）

　　京都市ホームページ　まちづくり・景観・京都の景観政策でダウンロードできる。

・京都市ホームページ『屋外広告物の制度　時を越え光り輝く京都の景観づくり』

解　説

【眺望景観・借景の保全へ】　古都京都の文化財としてユネスコ世界遺産に登録されている場所の多くが山麓部に位置している。伝統的建築物群保全地区（産寧坂地区・上賀茂など）の多くも山麓部にある。市街地から山なみを背景とした風景をのぞむのが京都の代表的な都市景観である。

その景観を崩すのが，高層建造物であり，京都における景観論争は，高層建造物建設をめぐるものであった。それは1964年の京都タワー建設計画にはじまる。バブル期の1988年には，京都市が，当時高さ制限45m であった都心部で，高さ60m の京都ホテルの建てかえを認可。これに対しては，多くの市民や住民団体，仏教界（清水寺・金閣寺・銀閣寺など20寺院）などが高層化反対の運動を展開した。また，1997年には，高さ59.8m の巨大商業施設である京都駅ビルが完成した。

その後，京都市は景観に関わる規制を強め，2007年に新景観政策を策定，京都駅周辺と都心部の「田の字型地区」の高さ制限を31m にした。全国初の「景観眺望創生条例」によって，眺望景観・借景の保全をはかるとともに，屋外広告物への規制も強化した。全国展開している飲食店やコンビニなどの派手な色の看板も，京都では地味な色合いなっている。

【職住一体型・京町屋保全の運動】　「田の字型地区」とは，河原町通から堀川通までの御池通・四条通・五条通と御池通から五条通までの河原町通・烏丸通・堀川通の各沿道の１ブロックのことである。そこには，職住一体型の京都の伝統的な都市住宅である京町家が集中していた。バブル期以降，この地域に多くのマンションが建設された。資料１は「田の字型地区」北西部のようすを示しているが，建設中も含めて，マンションの数は179棟，10階以上のものだけでも69棟におよぶ。バブル期以前の1984年には，全棟数15棟，10階以上は４棟であった。

京町家が形成してきた空間秩序・景観が破壊されてきたことに対して，京町家の景観を保全しようという住民運動が起きた。そのなかで多くの「まちづくり憲章」「まちづくり宣言」が採択された。これには，この資料を作成した「住環境を守る京のまちづくり連絡会」が大きな役割を果たした。

この資料の範囲内で，蛸薬師通と錦小路通の間，新町通の両側を位置とする百足屋町が「山鉾町を守る・百足屋町まちづくり宣言」を採択したのは1988年，建物の高さを祇園祭の鉾の高さ18m に規制するもので，こうした運動の先がけとなった。

【オーバーツーリズムと地価上昇】　近年，京都市には，外国人も含めて多くの観光客が訪れおり，その数は年間5,300万人にものぼる。観光客の増加によって，道路は大渋滞が起こり，市バスは大混雑，歩道は容易に通行できず，市民生活を脅かすような状況（オーバーツーリズム）になっている。

観光地の多い東山区では，高齢化によって空き家となった町家を修復してゲストハウスとするケースが多くみられる。京都市内では，2014年には1,002軒であった宿泊施設が，2018年には3,223軒になった。このため，京都市の地価は上昇し，2018年の京都市の地価上昇率は全国一であった。このため，京都市からの転出者が増加し，人口の空洞化が進んでいる。

京都市は原爆投下の目標だった

京都市内に古い町なみが残っている大きな理由は，アジア太平洋戦争の時期に大規模な空襲を受けなかったから，そして，大規模な空襲がなかった理由は，京都が原爆投下の目標だったからである。

1945年５月10・11日に開かれた第２回目の目標選定委員会で，京都は原爆投下の第一目標とされた。アメリカの戦略爆撃団報告書 NO.66（1946年）には「原爆の攻撃目標はワシントンからの秘密指令によって他のいかなる形式の攻撃からも一切除外されていて，原爆の使用に対する効果だけを得られるほとんど無傷の地域であった」とある。その秘密指令の一例が45年６月30日付のアメリカ軍統合参謀長会議から各方面に出された指令である。そこには「新しい指令が統合参謀長会議によって発せられないかぎり，貴官指揮下のいかなる部隊も，京都・広島・小倉・新潟を攻撃してはならない。右の指令の件は，この指令を実行するのに必要な最小限の者たちだけの知識にとどめておくこと」とあった。

ねらい

（1）　日本に在留する外国人は増加しているが，東海4県に多い背景を産業と関連づけて考察する。

（2）　外国人が集住する地域で，共生のためにどのような取り組みをしているか，課題は何か理解する。

（3）　同年齢の外国につながりのある生徒が，どのようなことを望んでいるか，思いをめぐらせる。

資　料

資料1　外国人集住都市会議会員都市（2018年4月1日現在）

都市名	総人口（人）	外国人人口（人）	外国人割合（%）	国籍別1位	同2位	同3位	在留資格別1位	同2位	同3位
太田市	224,545	10,740	4.8	ブラジル	フィリピン	ベトナム	永住者	定住者	技能実習2号
大泉町	41,834	7,586	18.1	ブラジル	ペルー	ネパール	永住者	定住者	特定活動
上田市	158,171	3,655	2.3	中国	ブラジル	ベトナム	永住者	定住者	留学
飯田市	102,012	2,149	2.1	中国	フィリピン	ブラジル	永住者	定住者	日本人の配偶者等
美濃加茂市	56,665	4,730	8.3	ブラジル	フィリピン	中国	永住者	定住者	日本人の配偶者等
浜松市	804,989	23,145	2.9	ブラジル	フィリピン	中国	永住者	定住者	技能実習
豊橋市	376,478	16,092	4.3	ブラジル	フィリピン	韓国・朝鮮	永住者	定住者	特別永住者
豊田市	424,500	16,327	3.8	ブラジル	中国	フィリピン	永住者	定住者	技能実習2号
小牧市	152,944	8,656	5.7	ブラジル	フィリピン	ベトナム	永住者	定住者	技能実習2号
津市	279,857	8,159	2.9	ブラジル	中国	フィリピン	永住者	定住者	技能実習2号
四日市市	311,763	9,041	2.9	ブラジル	韓国	中国	永住者	特別永住者	定住者
鈴鹿市	200,435	8,187	4.1	ブラジル	ペルー	中国	永住者	定住者	日本人の配偶者等
亀山市	49,599	1,881	3.8	ブラジル	中国	ベトナム	永住者	定住者	技能実習2号
伊賀市	92,460	4,832	5.2	ブラジル	中国	ベトナム	永住者	定住者	技能実習2号
総社市	68,537	1,178	1.7	ベトナム	ブラジル	中国	技能実習2号	永住者	技能実習1号

資料2　浜松市の外国籍の子どもの数（2018年5月1日）

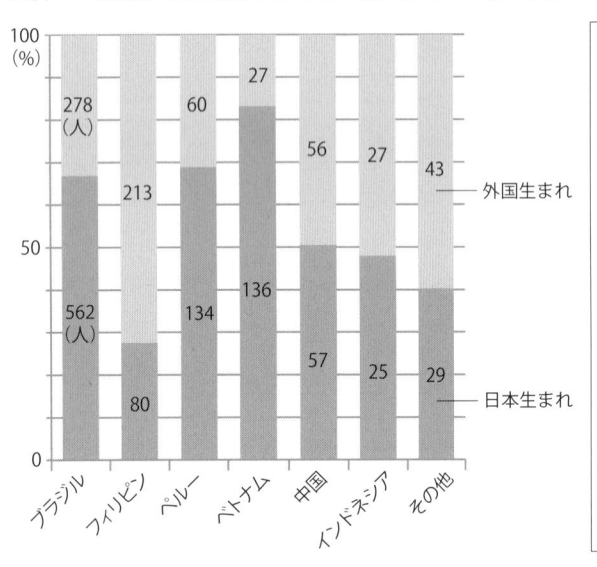

＊日本生まれの比率 59.2%
（2018年，小学校新1年生の日本生まれの比率は71.0%になった）

＊外国生まれの比率 40.8%
日本生まれ日本育ちの子どもの増加や，出入国をくり返すなかで，外国での学校と日本の公立小中学校間の移動が多くなることにより「母国語も日本語も十分に身についていない子ども（ダブルリミッテッド）」も多く存在すると考えられる。

資料3　在留資格の概要
（A～Dは活動にもとづく在留資格，Eは身分に基づく在留資格）

A専門的・技術的分野：教授，弁護士，医師，通訳，語学教師，調理師，興行など。
B特定活動：経済連携協定（EPA）を結んだ国からの看護師・介護福祉士候補者，ワーキングホリディなど。
C技能実習：技能移転するための国際協力が本来の目的。原則として就労は不可。滞在は最長5年。建設，製造業，農業，漁業，介護など。職業の移動は許可されない。
D資格外活動：原則就労は不可。学生のアルバイトは週28時間以内など，本来の在留資格の活動を阻害しない範囲内の就労が認められる。
E身分に基づき在留する人：日系人など定住者，永住者，日本人の配偶者など。在留中にできる仕事に制限はない。

情　報

【出典】　資料1　外国人集住都市会議　2018年度会員都市データ

　　　　　資料2　浜松市教育委員会学校指導部教育課（gaikokujin@city.hamamatsu-szo.ed.jp）

　　　　　資料3　厚生労働省「外国人雇用状況」の届け出状況まとめ

解　説

【外国人が集住する東海4県】　国内の在留外国人数は約256万人で，日本の人口の2.0%をしめている（2017年）。都道府県別にみると，東京都が53.8万人（都の人口の3.9%）と最も多く，ついで愛知県が24.3万人（県の人口の3.2%），大阪府が22.8万人（府の人口の2.6%）の順である。外国人集住地域は，東京都のような経済的中枢管理機能の集中が顕著なところと，愛知，三重，岐阜，静岡（東海4県と記す）のような自動車組み立て工場などがある県とその周辺に分布している。

　外国人集住都市会議は，外国人が多く住む都市が外国人住民と地域住民の共生をめざし，2001年に設立された。2018年現在，15の都市が参加しており，そのうち東海4県が10市をしめる（資料1の網のかかっている市）。これらの地域の外国人就業者は，製造業の長時間労働が圧倒的に多く，国籍ではブラジルが多い。

【豊田市保見団地の日系ブラジル人】　愛知県豊田市は，トヨタ自動車本社や自動車組み立て工場，関連部品工場が立地しており，豊田市周辺も関連企業が多く，おもに日系ブラジル人が集住している。1990年，バブル期の労働者不足から入管法が変わり，日系人の就業が認められるようになったからである。

　1975年に入居・分譲が始まった豊田市の保見団地は，最寄り駅から車で20分ほどかかる。2018年現在，団地のある保見ケ丘の人口は，7285人で，そのうち外国人が3980人と，日本人より多く住んでいる。外国人のなかでも日系ブラジル人が約90%をしめる。外国人が住み始めた当初は，ゴミの分別や夜間の騒音，自治会費未納などのトラブルがあいついだ。日

本語が話せず居場所もない若者たちは，暴走族とけんかをくり返した。しかしその後，日系ブラジル人たちは定住志向が強まってきた。また，「保見ケ丘ブラジル人協会」や「自治会連絡協議会」の活動もあって，表立った摩擦は減っていった。

【外国籍の子どもの就学に対する浜松市の取り組み】

　外国籍の保護者は「国民」ではないため，子どもに就学させる義務を除外される。文部科学省は国際人権規約をふまえ，「外国籍であっても本人が希望すれば就学できる」として，就学の受け入れを自治体に委ねている。しかし現在，全国で1.6万人以上の不就学児がいるとみられている。

　そのなかで浜松市は，全国にさきがけて2011年度から不就学の子どもに関する調査をはじめた。当初，どこの学校にも通っていない可能性のある「推定不就学」の子どもは727人いたが，家庭訪問などで就学を促し，16人に減少した。毎年，対象となる外国籍の子どもは約200人いるが，年に6回の調査で就学を促す。浜松市の公立小中学校に在籍する外国籍の児童生徒は2015年から増加し，2018年は1727名と過去最高になった。市内の公立小中学校の外国人の比率は，約3%であるが，外国人が集住している地域は20%をこえ，10%をこえている小学校も5校ある。

　浜松市は「外国籍の住民は，一時的な滞在者ではなく，地域経済を担うパートナーと考え，日本人と同じように教育を受けてもらうことが，地域に貢献する人材の育成につながる」としている。異文化摩擦の最大要因を，文化の違いに求める傾向があり，多様な価値観を学ぶ姿勢が私たちに少ない。外国人とその子どもたちを身近な隣人として対応する具体策が求められている。

国籍別に見る外国人労働者の在留資格

　外国人労働者を入管法が定める在留資格の概要が資料3である。就労に関して「身分に基づく在留資格」は活動制限がない。他は一定の制限のもとで働くことができる。国籍別に外国人労働者の在留資格の特色を見ると，中国は，中国残留孤児を含む定住者が最も多く26.1%，ついで専門的な知識技能をもった人の25.7%，単純労働に近い働き方を強いられている技能実習の比率も22.6%にのぼる。フィリピンは，日系人や日本人の配偶者などが73.8%と多い。増加の著しいベトナムは，技能実習が43.9%，ついで留学生として勉学しながらアルバイトをする人の比率が高く41.0%をしめる。ネパールもベトナムと同様な傾向がみられる。ブラジルは，日系3世や在留者の配偶者などの定住者や永住者が99%をしめる。

36　富山・福井・金沢の街づくりと公共交通

ねらい

（1）　富山・福井両市の公共交通政策のねらいとその背景について理解する。

（2）　金沢市は都心の渋滞解決を課題としている。その背景と対策を検討する。

資料

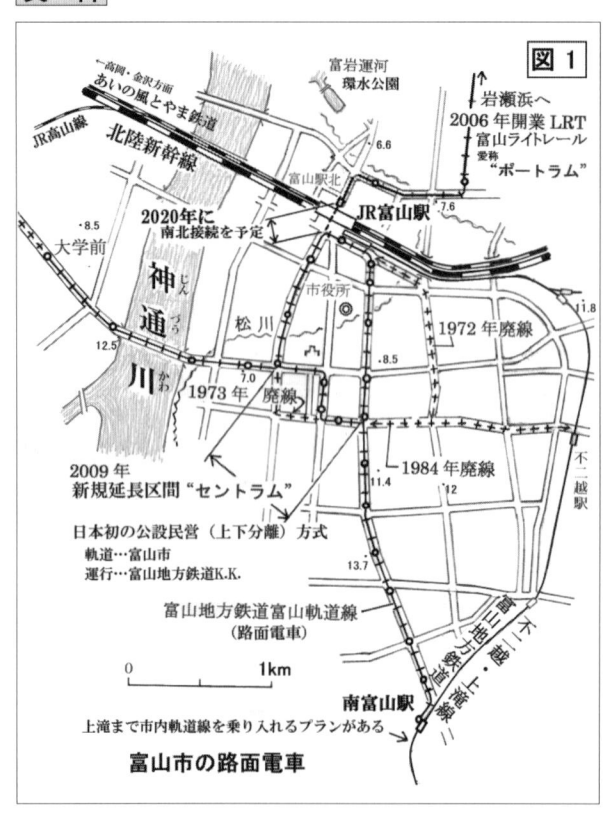

富山市の路面電車

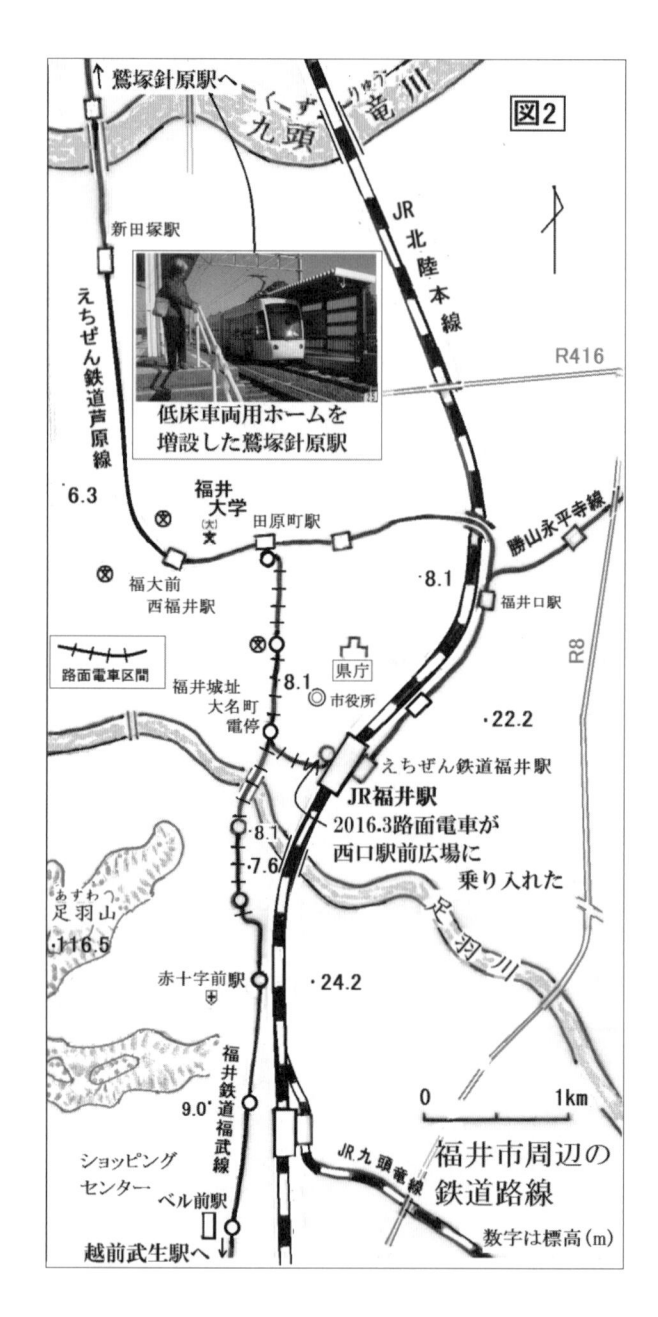

福井市周辺の鉄道路線

数字は標高(m)

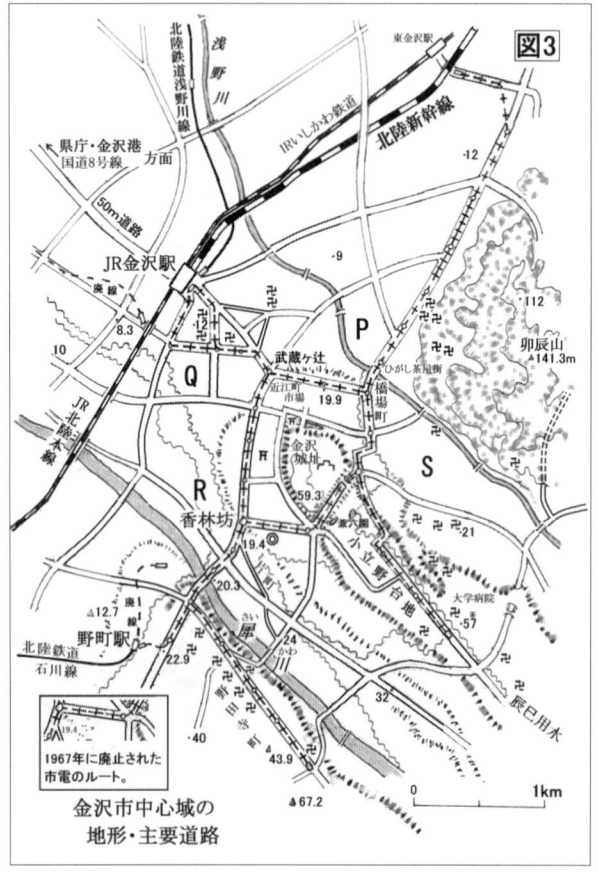

金沢市中心域の地形・主要道路

情報

【出典】　図1〜3　筆者作図

【授業づくりに有用な情報源】

・清水省吾「LRT宣言から2年　福井鉄道・えちぜん鉄道相互乗り入れのその後」鉄道ジャーナル（2018年10月号）

解　説

【富山市の路面電車（図1）】　富山市は2005年の広域合併で全国2番目に広い県庁所在都市となった。人々の持ち家指向が強く，マイカー利用率も高い。このため市中心域から住宅が移転拡散し，郊外に大型商業施設が増加している。これにともない市の中心域が空洞化し，税収は減った。一方で冬の除雪支援や高齢者支援などの行政効率が下がり経費がかさんでいる。市はいまコンパクトな居住圏づくりと中心域の活性化をめざしている。超高齢社会では，交通弱者の外出を支援することが健康を保ち，医療費コスト低下につながる。そのためにも公共交通の充実を重視している。

　市中心部は第二次世界大戦で被災した。その後の復興で道路を拡張したので，路面電車が残された。2009年には都心に新たなループ線，セントラムを開通させ，2017年からトランジットモール（一般車両の通行を制限し，公共交通と歩行者のみが通行できる空間）実験を繰り返している。

　2006年にはJR富山港線をLRT化した。LRT（Light Rail Transit）は郊外鉄道と市内軌道を高性能低床車（LRV）で直通運転するシステムである。2020年には南の市内軌道線と相互乗り入れする予定である。

【福井市のLRT導入】　福井では2000と01年の衝突事故を契機に「京福電鉄」線が廃線を表明した。突如の運行停止は県民に鉄道の役割を強く意識させた。結局，路線は「公設民営方式」の「えちぜん鉄道」によって復活した。福井市街の路面電車が鯖江・武生（越前市）へと鉄道線に乗り入れる「福井鉄道」も2005年に運営危機に陥った。その時も前者同様に存続された。

　これらの経験の上に「クルマに頼りすぎない社会づくり推進県民会議」が結成されLRT化が計画された。2016年3月，LRVの急行電車が，南の福井鉄道越前武生駅から福井市内軌道線を経て，北のえちぜん鉄道芦原線鷲塚針原駅まで直通運転されるようになった（図2）。沿線の通学・通院，買い物での利用客が増加して，えちぜん鉄道と福井鉄道にまたがる利用客数は4.9万人（2015年）から14万人（2017年）へと2.9倍に飛躍した。バスは鉄道線への連絡バス（フィーダーバス）に編成され，沿線駅に

はレールアンドライドのための駐車場が整備された。あわせて福井駅前西口広場が整備され，軌道線が延伸されてバス，JRとの間の乗換えが便利になったので，再開発ビルの開業もあって駅前のにぎわいが戻っている。

【金沢の歴史的街並みと公共交通】　城下町に起源をもつ金沢市は人口46万人を擁する北陸の中核都市である。市の中心は藩政時代から大正末期までは橋場町〜武蔵ヶ辻にかけてであったが，以降は県庁（2003年に西部に移転），市役所，軍隊，学校に近い武蔵ヶ辻〜香林坊・片町に移った。現在も金融・ビジネスの中心地であり，また海外ファッションブランド専門店も見られる北陸随一の地区となっている。非戦災都市金沢には城址と兼六園，南・北の寺町，カギ型道路，さらに辰巳用水などの水路等々，城下町遺構が豊富で，観光客が多い。2015年の北陸新幹線の開通はこれに拍車をかけた（年間宿泊客数，2012年257万人→2017年320万人，うち外国人は2012年11万→2017年45万人）。市は「伝統的環境保存地域（1989年）」や「こまち並み」を指定し景観の維持に努めている。

　石川県では金沢への一極集中が進んで，市街地のスプロール化が著しい。市は混乱を防ぐため区画整理事業を指導した。また金沢駅西口と新県庁や国道8号線を結ぶ50m道路を新設した。他方，中心部の狭い道路では交通混雑が激しく，中心部を迂回する環状道路の建設も進められた。かつて37両で年間3800万人を運んだ市内電車（図3）は1967年に廃止された。かわって約350台のバスが2100万人（2011年度）を運んでいる。しかしマイカーによる交通混雑は解消されなかった。図3のP・Q・R・Sなど道路が狭く入り組んで坂も多い景観保存地区には日常生活支援の小型低床バスが運行されている。

　市の人口は，今後，減少することが予測される。区画整理地にも未利用地がめだってきた。市は2005年に，今後の市街地拡大を抑え，おもな都市機能を中心市街地と都心軸に集約する方針を定めた。その中で2017年，「金沢市新しい交通システム検討委員会」は，都心の渋滞緩和のために金沢港—金沢駅—香林坊—野町駅の都心軸に，BRT（バス高速輸送システム）かLRTの導入が望ましいと提言し，今後検討を加えていくことにした。

37 日本経済をリードする中京工業地帯

ねらい

（1） 中京工業地帯の豊田市，名古屋市，鈴鹿市などには，日本を代表する自動車会社の拠点工場があり，工業の出荷額が全国1位であることを理解する。

（2） トヨタ自動車の田原工場を例に，自動車会社の本社や組み立て工場，下請けの部品工場がどのようにつながっているかをみることにより，「企業城下町」の問題点を考える。

資 料

資料1　中京工業地帯における工業生産額の変化

年	工業生産額総額（兆円）	全国比（%）	機械工業比率（%）	うち輸送用機械比率（%）
1970	6.4	9.2	41.9	27.4
1980	25.1	11.7	42.8	27.3
1990	44.5	13.6	57.9	37.5
2000	42.7	14.1	61.9	40.9
2010	48.1	16.5	65.7	45.5
2015	57.1	18.1	68.1	48.8

資料2　トヨタ系列工場の分布

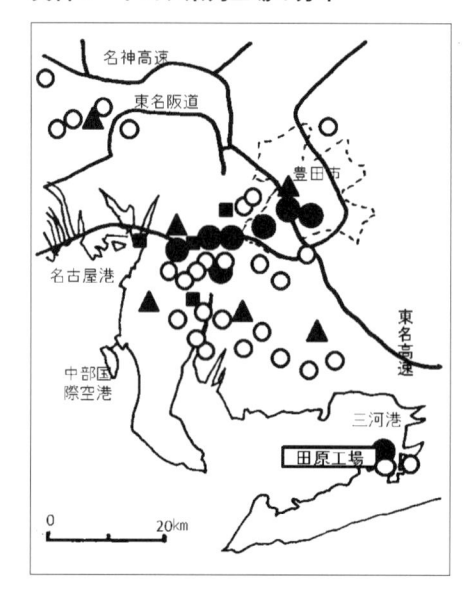

（凡例）
- ● 完成車組立工場
- ■ 鉄鋼・鋳造工場
- ▲ 工機・金型工場
- ○ 電気・電子・ゴムなどその他工場

資料3　5万分の1地形図「豊橋」（1995年）68%縮小

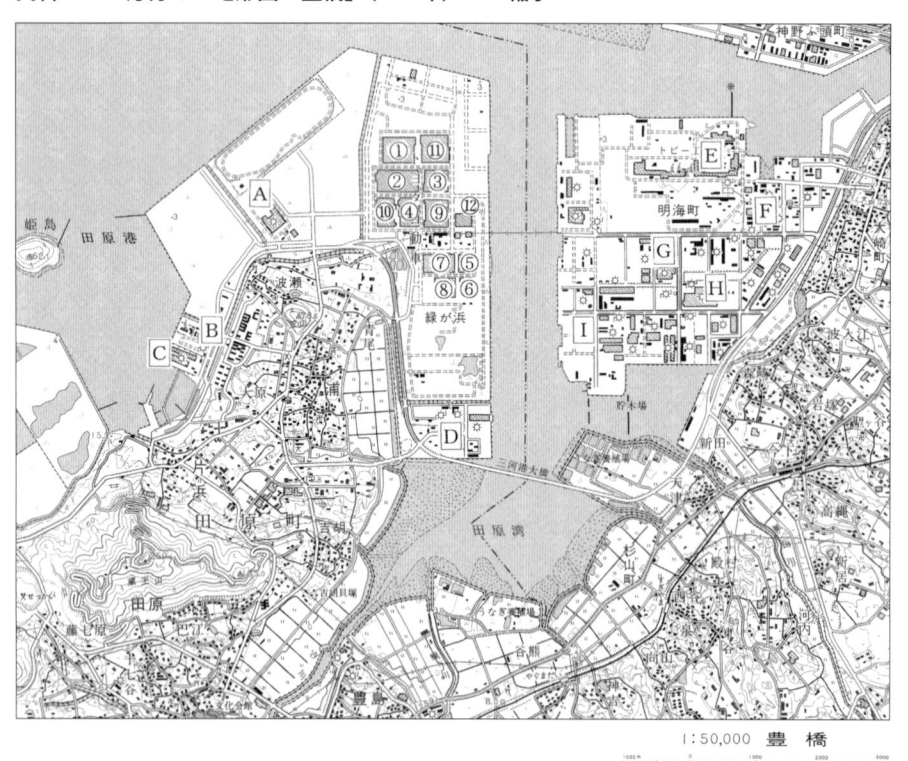

1:50,000　豊橋

情 報

【出典】　資料1　矢野恒太記念会『データでみる県勢』『日本のすがた』各年度版

　　　　　資料2　愛知県工業統計調査結果

　　　　　資料3　トヨタ自動車ホームページ，キッズコーナーなどより作成

解　説

【輸送用機械の生産額トップ】 中京工業地帯（愛知県と三重県）は，工業製品出荷額で全国比の18.1%をしめ，第1位である（2015年）。中京工業地帯が京浜工業地帯（東京都と神奈川県）を上回るのは1999年以降である。ただ，2002年から産業分類が変更になり，東京でさかんな「新聞業」「出版業」が工業統計から除外されていることも注意が必要だ。

中京工業地帯は，機械工業の製造品出荷額比率が高く（資料1），なかでも自動車などの輸送用機械が突出している。輸送用機械の比率は，愛知県は53.5%になる。ついで群馬県が37.5%，静岡県，広島県も高率だが30%前後である。機械工業は製造品目により，生産用機械，電気機械などがある。

【自動車工業は組み立て産業】 自動車の部品数を推測してみる。車種や数え方によるが，約3万個という。この部品をどのようにつくり，組み立てるのか。かなりの企業・工場数が必要となる。そこでは商品はどのように流れ，さらに資本を通じてどういう支配関係が生じるのか問いかけたい。考える材料に，愛知県内の系列会社の分布図（資料2）を用意した。輸送用機械器具の事業所数は愛知県内に1746（従業員4名以上，2016年）あり，構成比は11.0%。

【汐川干潟に造成された田原工場】 渥美半島のつけ根部分，豊橋市に西接して田原市がある。現在の人口は約6.3万人。産業別就業者は，第1次産業が29.6%，第2次産業27.1%，第3次産業39.6%（2015年）。

汐川，蜆川など何本もの川が三河湾に注ぎ，かつて汐川干潟を形成していた。地形図のウナギ養殖場や水田などに「原風景」をわずかに思い描くことができる。ここを造成し，1979年にトヨタは田原工場をつくった（資料3）。トヨタ自動車ホームページに敷地402万 m² とあるが，地形図（5万分の1「豊橋」）で大きさを測る。東西1000〜1250m，南北約3250m のほぼ長方形の敷地である。ここに大きな建物が12ある。1屋で周辺工場の1社分より広い。ホームページによると，工場東側岸壁に輸送用船舶の埠頭が描かれている。北東部分の空き地は，完成車置場で，東岸壁にはテストコースも併設されている。

図3は工程順に番号をつけた。①が第2プレス・溶接工場，②は第1プレス・溶接工場である。車体に使う薄鋼板は，巻状態で運ばれてくる。これをプレス機でドア，天井，ボンネットなどに成形する。③は成形工場。④は，次の工程である溶接・塗装工場。⑤，⑥は鋳造工場でエンジン部品などを鋳造・鍛造する。⑦と⑧はエンジンや足回り部品の研削，組み立てを行う工場である。そして組み立てラインのある建屋が⑨，⑩，⑪の第1〜3組み立て工場である。⑫は部品工場。有機的に配置されているようすがわかる。年間およそ，車両を32万台，エンジン28万基を生産している。

結びつきでは，周辺にも関連企業が集中している。地図中のA（アイシンAW）は，トランスミッションやカーナビを製作している。B（新明工業・トヨタ系列）は，プレス金型の設計製作企業。C（フタバ産業）はマフラーなどの排気系部品メーカーである。D（FTS・旧堀江金属・トヨタ系列）は，燃料タンクなどの部品を製造している。対岸に移り，E（トピー工業）はホイールの企業。F（武蔵精密）はHと取引している足回り部品の製造工場。Gはトヨタ紡績。Hのデンソーは多くの自動車メーカーの部品をOEM製造している企業で，田原ではカーエアコンが主力である。Iは豊田工機と合併したJTECTで，曲がる機能を分担するステアリング装置メーカー。おもな自動車関連の企業でこれだけある。田原市をみても，企業城下町の頂点にいるのが「トヨタ」である。

多国籍企業・トヨタ

東南アジアに進出した自動車メーカーの多くは，ASEAN域内で国際的分業システムをつくっている。トヨタの場合，タイでプレス部品・エンジン部品，マレーシアでエンジン組み立て，フィリピンでトランスミッションをつくり，完成車の輸出はタイおよびインドネシアである。なるほど外国企業は，現地での雇用を創出している。が，高い関税で保護されている結果，民族産業の成長を妨げ，広い裾野をもつ自動車産業ではあるが，地元企業の新たな参入は難しい現状がある。

ねらい

（1）　高原野菜の一大産地である長野県野辺山高原の輸送園芸農業成立の過程を理解する。

（2）　長野県川上村における新しい取り組み（外国人研修生の受け入れ，マスコットキャラクター『レタ助』の誕生）に着目し，高原野菜（レタス）づくりの最新の動向を考察する。

資　料

資料1　東京の市場におけるレタスの月別入荷量（2016年）

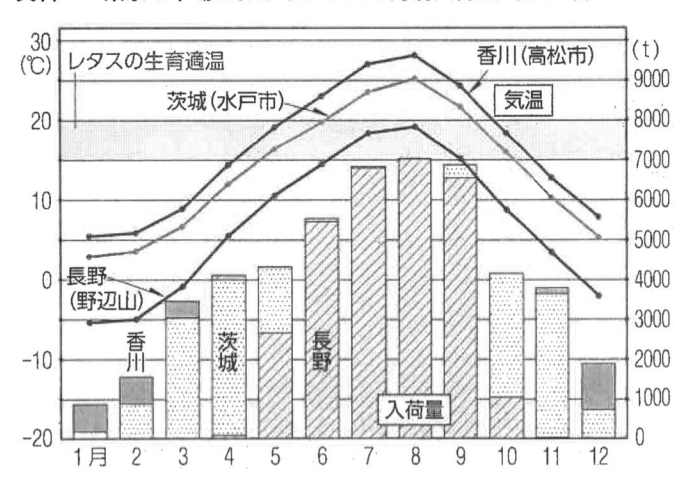

資料2　長野県川上村における外国人研修生の受け入れ状況

年次	JA長野八ヶ岳	川上村商工会	佐久アグリネット協同組合	川上村農林業振興事業協同組合	プラウド・オブ・ファーム協同組合	八ヶ岳事業協同組合	その他	計
2003	4（2）	・・・	・・・	・・・	・・・	・・・	・・・	4（2）
2004	8（4）	40（20）	・・・	・・・	・・・	・・・	・・・	48（24）
2005	22（11）	145（84）	・・・	・・・	・・・	・・・	・・・	167（95）
2006	74（38）	324（161）	40（21）	・・・	・・・	・・・	・・・	438（220）
2007	・・・	・・・	65（35）	484（248）	10（5）	・・・	・・・	559（288）
2008	・・・	・・・	75（38）	349（175）	46（23）	142（78）	・・・	612（314）
2009	・・・	・・・	98（50）	405（192）	31（16）	162（87）	16（8）	712（353）
2010	・・・	・・・	105（47）	409（189）	34（18）	166（87）	30（13）	744（354）

注　各セルの数字は外国人研修生の人数を表す。（　）内の数字は受け入れ農家の戸数を表す。

情　報

【出典】　資料1　『アクティブ地理』浜島書店

　　　　　　　東京都中央卸売市場のホームページから，入荷する作物別の最新の数値が入手できる。

　　　　　　資料2　佐藤忍「日本の園芸農業と外国人労働者」大原社会問題研究所雑誌645（2012年）p.18

　　　　　　資料3　筆者撮影（2013年）

【教材づくりに有用な情報源】

・藤原忠彦『平均年収2500万円の農村—いかに寒村が豊かに生まれ変わったか』ソリックブックス（2009年）

解　説

【戦後発展した輸送園芸農業】　東京の市場に入荷されるレタスの生産県をみると，6〜9月にかけ長野県産レタスの入荷量が増加していることがわかる（資料1）。平野にくらべ平均気温が低い高冷地で行われている抑制栽培の典型例として，長野県野辺山高原でのレタスの生産は広く知られている。冷涼な気候を利用したレタスの国内生産量第1位は長野県（20万5800t，2016年）である。県内最大の産地が野辺山高原であり，南牧村と川上村が主産地である。全国にしめる川上村産の夏秋レタスのシェアは約30％となっている。

　明治時代の川上村は，「信州の中で最も不便な，白米はただ病人にいただかせるほどの貧しい，荒れた山奥の一つ」（島崎藤村）とされた寒村であった。大正時代には養蚕も行われたが，発展をみなかった。1933年の小海線の開通は野辺山高原の発展の契機となった。浅間山麓で高原野菜の生産を行っていた業者が，ハクサイやダイコンを栽培させたことから高原野菜づくりが始まった。

　川上村では，朝鮮戦争に介入したアメリカ軍の兵士に提供されるレタスやキャベツなどの生産が始められ，1960年代以降，本格的な野菜生産が行われた。寒冷地対策事業の一環として，機械化による農業の大規模化が行われたが，高原とはいえ耕地がフラットな川上村では機械化の進行にあたっての障害は少なかった。その後の国内における食生活の洋風化により，サラダ用野菜の需要が増加していく。他の産地ではレタスの生産が困難な夏季の出荷に特化した高原野菜の生産が軌道にのった。中央自動車道の開通により，保冷機能を備えたトラックによる東京，名古屋，大阪方面への出荷において野辺山高原の優位性は高まり，野辺山高原の輸送園芸農業は発展していった。

　川上村では，ケーブルテレビの整備による気象情報や市況情報の共有化（1988年）や，24時間オープンの図書館を併設した文化センターの開館（1995年），路線バスとスクールバスの併用による村営バスの黒字化などインフラも充実している。女性週刊誌は「お嫁さんに行きたくなる村」として川上村のルポを掲載した（『女性自身』2013年8月13日号）。

村長の藤原忠彦は“平均年収2500万円の農村”と川上村をアピールし，高所得者の集まる農村のモデルケースとして村の現状を紹介している。

【リゾートアルバイトから外国人労働者へ】　レタスの鮮度を保ち，翌朝の競りにまにあわせるため，投光器の下，早朝からの収穫作業が行われる6〜9月にかけては農繁期となる。とくに7〜8月は，手作業で行う植えつけと収穫が重なり，この時期を家族労働だけで乗りきるのは困難である。夏期の臨時雇いの労働力の確保は川上村にとっての大きな課題であった。かつては住みこみでのリゾートアルバイトの流行期があり，日本人の若者の季節労働力に支えられていたが，体力と根気のいる重労働であり，近年は日本の若者が集まらなくなっていた。

　このような状況を打開したのが，中国人労働者を中心とする外国人研修生の受け入れだった（資料2）。さらに2010年の改定入管法の施行にともない，外国人研修・技能実習制度にかわって，外国人技能実習制度が導入され，「研修生」から「技能実習生」として上限3年間の期限付き労働者として位置づけられた。この制度で来日した江蘇省出身の男性は，5〜6月の賃金の手取りが約28万円で，中国の送り出し機関への手数料などを差し引くと，手元に残るのは約8万円だけで来日前の賃金とほぼ同額だと気づいた。川上村の農家で働く外国人実習生の大半は農繁期に7か月間働いただけで帰国しているといい，2016年には川上村で約900人の外国人労働者が働いた（読売新聞　2016年11月19日）。

　2018年，労働力不足に対処するため，外国人労働者の受け入れを拡大する入管難民法などの改正案が成立した。事実上の移民政策といわれているが，外国人の受け入れ規模や受け入れ態勢，定住要件などがあいまいな内容で，今後に多くの課題が残されている。実習生から労働者へと位置づけが変わる外国人を過酷な労働から解放する手立てが求められる。

資料3　川上村のマスコットキャラクター「レタ助」

39 日本の首都・東京

ねらい

（1）　統計を読み取ることにより，人口や経済機能が，どの程度東京に集中しているのか確認する。

（2）　商業が東京に集中する理由と，工業が東京から離れている理由を，それぞれ考える。

資　料

資料1　人口の対全国シェア（%）

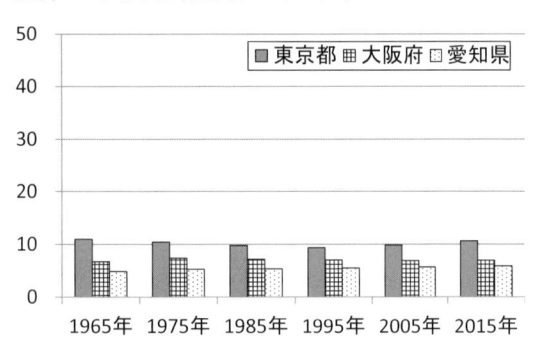

資料4　製造品出荷額等の対全国シェア（%）

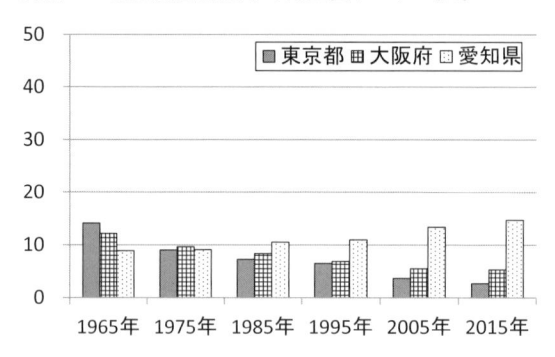

資料2　小売業の年間商品販売額の対全国シェア（%）

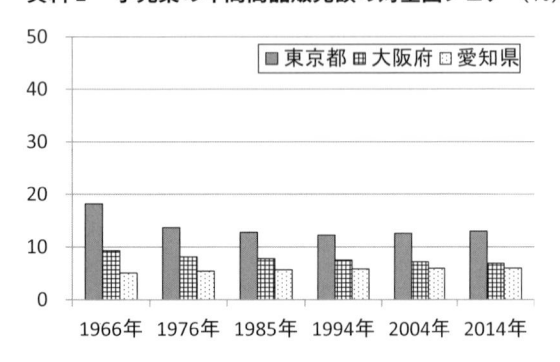

資料5　大学生数の対全国シェア（%）

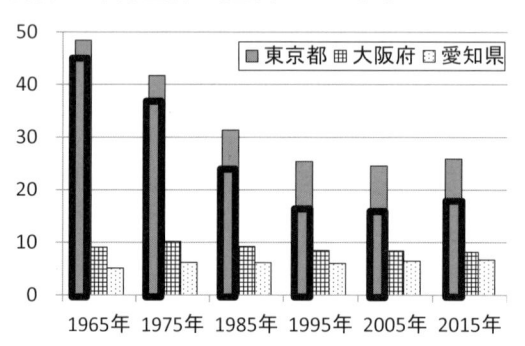

（注）　東京都の太枠で囲まれている部分は，東京23区の対全国シェアを示している。

資料3　卸売業の年間商品販売額の対全国シェア（%）

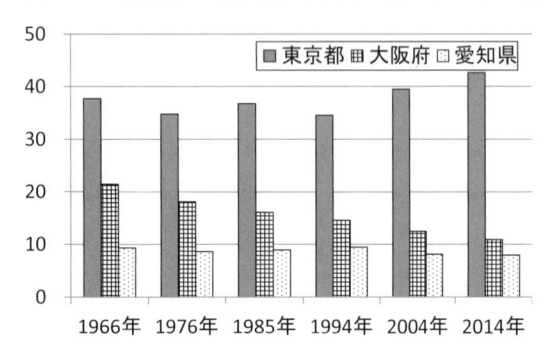

情　報

【出典】　・「国勢調査」（人口），「商業統計調査」（小売業および卸売業の年間商品販売額），「工業統計調査」・「経済センサス」（製造品出荷額等），「学校基本調査」（大学生数）より作成

【教材づくりに有用な情報源】　公的機関が集計する統計は，近年インターネットで入手しやすくなっている。e-stat（http://www.e-stat.go.jp/SG1/estat/eStatTopPortal.do）にアクセスすると，公的機関が集計した統計を検索し，Excel のファイルとしてダウンロードできるようになっている。そのため，授業で使用するプリントを作成する際に，データを加工し，図表を作成することも比較的容易にできる。今回取り上げた，「国勢調査」・「商業統計調査」・「工業統計調査」・「経済センサス」・「学校基本調査」の統計は，いずれも e-stat より入手可能である。ただし，1980年代以前のデータは現段階ではアップロードされていない場合が多く，図書館などで統計書からデータを収集する必要がある。

解　説

【人口と「機能」の集中】　東京一極集中とは，人口が東京に集まる現象のみを表す用語ではない。経済・政治・社会・文化など様々な機能も東京に集中している。資料1〜5は三大都市がある東京都・大阪府・愛知県の高度経済成長期以降の人口や社会・経済指標の対全国シェアを示している。各指標における，東京の対全国シェアがどのように推移してきたのかをとらえ，東京一極集中の状況を概観してみたい。

　最初に，東京都にどの程度人口が集まっているのか確認する。資料1を見てみると，東京都の人口の対全国シェアは約10％であり，東京一極集中という用語のイメージからすると，それほど高くないと思うかもしれない。しかし，東京都の面積が，国土の約0.6％を占めるに過ぎないことや，東京都に加えて，東京大都市圏の郊外住宅地としての一面を持つ神奈川県・埼玉県・千葉県の三県を併せた地域に，総人口の約4分の1が居住していることを考えると，集中度の高さを認識できる。この人口の集中度の高さが源となり，東京都への集中が著しい指標がある。その1つが小売業の年間商品販売額である。

　資料2を見ると，東京都の対全国シェアが約13％であり，これまでの推移に関しても，人口に似た傾向を示していることがわかる。小売業が，商品を消費者に販売することにより利益を得る仕事であることを考えると，小売業の販売額の高さが人口の分布に対応することは，容易に理解できるであろう。

【多くの情報が生み出されている東京】　小売業の年間商品販売額とは異なり，人口よりもはるかに東京都への集中度が高い指標がある。　資料3の卸売業の年間商品販売額である。卸売業は，生産者などから商品を購入し，他の卸売業者や小売業者に販売することにより利益を得る仕事であるため，消費者に人気のある商品は何であるのかという流行や，「ある商品の生産を得意とする工場はどこか？」などの商品に関する様々な情報を収集する必要がある。そのため卸売業者は，情報を収集しやすいところ，すなわち人口が多く，たくさんの企業が集まっている東京都に立地することで，有利な条件で経営できる。

　このような東京都への集中度が比較的高い他の指標として，「情報処理・提供サービス業の年間販売額」（2017年の対全国シェア65.9％）や「外資系企業の数」（2017年の対全国シェア67.4％）がある。これらの指標の集中度が高くなる要因として，東京は多くの情報が生み出されている場所であることや，東京に国際機関が多く集まっていることなどがあげられる。

　資料3から読み取れることとして，かつては「天下の台所」と呼ばれるなど，日本の商業中心地としての地位を占めてきた大阪市を擁する大阪府のシェアが，低下傾向にある一方で，東京都のシェアは上昇傾向にあり，一極集中の傾向が強まっている点にも気付かせたい。また，卸売業の特徴として，台東区の合羽橋地区にある飲食店関連の問屋街や，千代田区岩本町界隈の繊維の問屋街などを例にあげて，集積する傾向があることを併せて紹介するのもよい。

【減少する製造業，微増の大学キャンパス】　以上の指標とは異なり，東京都の対全国シェアが比較的低く，また低下傾向にあるものがある。資料4に示されている製造品出荷額等である。東京都の製造品出荷額等の対全国シェアは，1970年代前半は全国1位であったが，年々対全国シェアを低下させ，現在では12位になっている。その一因として，1959年に制定された工場等制限法がある。この法律は，首都圏への人口集中を抑制するために，東京23区およびその周辺地域内での工場や大学などの新設や増設を制限したものである。工場の建て替えが制約されるため，建て替え時に域外へ転出する工場が増え，この法律のねらい通りに，工業の分散化がはかられたわけである。政府は一定の成果をあげたと判断したため，2002年にこの法律は廃止になったが，地価や賃金の高さから東京都に工場が再集中する動きは見られない。ちなみに，近畿圏にも同様の法律が1964年に制定されており，資料4における大阪府の対全国シェアの低下にそのことが反映されている。

　工場と同様，工場等制限法で立地を制限された大学に関しても，2000年にかけてシェアを低下させたが，東京都の対全国シェアは依然高い水準にあり，近年においては23区を中心に微増傾向にある（資料5）。いくつかの大学が，大学進学希望者に人気がある都心部に，新たなキャンパスを設置しており，そのことが，微増傾向の背景にある。

40 人口第2位の大都市・横浜

ねらい

（1）　横浜の町は港とともに発展したことを理解する。

（2）　現在の横浜には三つの核となる地域があることから，都市形成の要因を考える。

資　料

資料1　横浜における外国人居留地および中華街の変容（上，1865年。下，2010年）

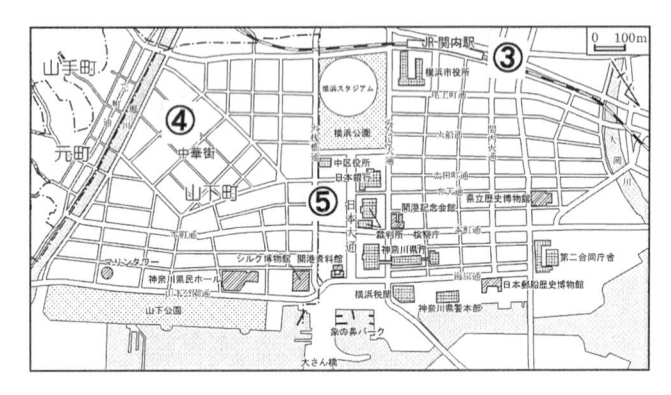

資料2　2万5千分1地形図「横浜東部」2013年，60％縮小

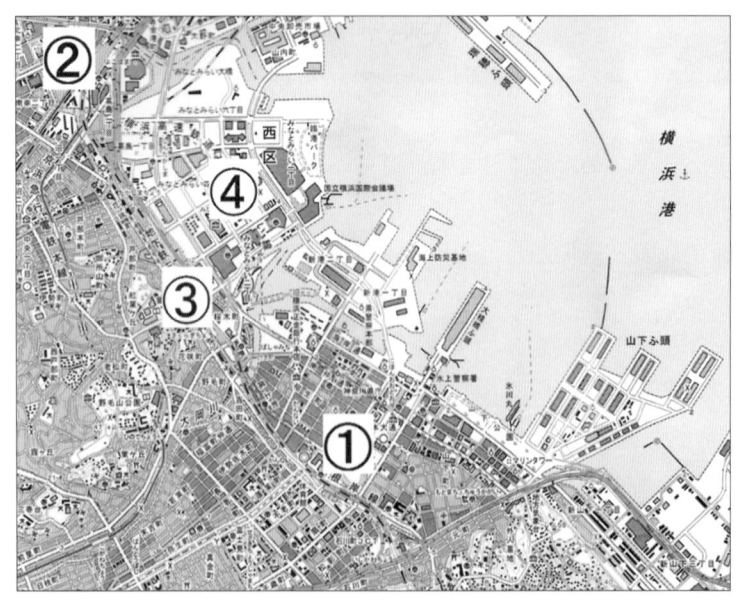

情　報

【出典】　資料1　齋藤譲司・市川康夫・山下清海「横浜における外国人居留地および中華街の変容」（地理空
間　4-1　2011）p.59に加筆。原図は（http://jags.ne.jp/aboutus/paper/4-1,%2056-69.pdf）

　　　　資料2　2万5千分1地形図「横浜東部」に加筆

解　説

【港から発展した横浜】　日本の県庁所在地や大都市の多くは，長い歴史をもった城下町であるが，横浜市の歴史は150年ほどと短い。150年の間で世界に知られる貿易港となり，現在では東京特別区につぐ約365万人（2018年）の人口を擁する大都市となった。

　日米修好通商条約のもとで1859年に開港したが，それまでの横浜村は砂州上に立地する小さな漁村であった。砂州に囲まれて入江があり，その入江は江戸時代に新田開発が行われ，その新田の上に市街地が形成されていった。代表的なのが太田屋新田（資料1－①）や横浜新田（資料1－②）である。横浜が開港してまもなく，そこに外国人居留地がつくられた。そして，ほどなく日本最大の港になるが，居留地のあった山下町周辺は，現在も横浜の中心の一つである。当時の外国人居留区がある開港場は出島のようになっており，そこへ行くには関門を通らなければならなかった。そのため，関門よりも内側の地域は「関内」と呼ばれ，現在はJRの駅名となっている（資料1－③）。

　資料1の新旧の地図を比較すると，埋め立てなどが進んではいるが，現在と変わらないところも多いことがわかる。たとえば，横浜新田（資料1－②）の地割り方向が他の地区とは違うが，現在でも同様である。ここは外国人居留区の一角で，当時から中国系の人々が居住しており，現在の中華街にあたる（資料1－④）。また，1870年に日本人街と外国人居留区を分ける「日本大通り」が完成した。現在，ここから関内駅にかけての地域には，県庁や市役所，裁判所などが集中している（資料1－⑤）。

【二つの核をもつ横浜】　横浜には二つの核がある。一つは上記の関内地区（資料2－①）で，ここが横浜の中枢業務地区（C.B.D.）だといえる。もう一つは，横浜駅を中心とした地域（資料2－②）である。

　現在の横浜駅の開業は1915年で，100年ほどの歴史がある。当初の中心は海側の東口で，市電やバスが発着し，横浜の陸の玄関口であった。それに対して内陸側の西口には資材置き場などが広がり，開発が進んだのは1950年代後半からであった。その後，西口を中心に大手デパートの進出が進み，現在では県内最大の商業地域となっている。それとともに横浜駅の機能も拡大した。横浜駅に乗り入れている鉄道は6社あるが，これは日本で最も多い。1日の乗降客数は約42万人（2017年）で，首都圏では新宿，渋谷，池袋，東京につぐ数値である。

【新しい横浜の顔】　横浜駅と関内地区の間には「初代横浜駅」である桜木町駅がある（資料2－③）。その目の前にある造船所の跡地に新たな埋め立て地を加えて，商業施設，事業所，高層マンションを建設する再開発が1983年から始まった。この地域を「みなとみらい21」とよび，パシフィコ横浜（横浜国際平和会議場）やランドマークタワーなどが建設され，日本を代表するウォーターフロント開発地域となった（資料2－④）。しかし，バブル経済の崩壊によって，事業所や住宅施設の開発については当初の計画から大きく遅れている。たとえば，就業人口は2017年で10万5000人で，計画当初の19万人の半分をこえた程度である。近年になって新しいショッピングモールの誕生や日産自動車の本社移転や高層マンションの建設が進んでいる。そのきらびやかな景観から，横浜の新しい顔として認知されるようになって久しい。また，2010年にはアジア太平洋経済協力会議（APEC）が，2008年，2013年，2019年にアフリカ開発会議（TICAD）が開催されるなど，国際会議が数多く開催されている。

市民に愛される「横浜市歌」

　自分が住む町の歌を歌える人はどれだけいるだろうか。横浜の子どもたちにとっては，横浜市歌は身近な存在である。小学校では校歌とともに歌唱指導が行われるし，さまざまな行事のたびに流される。横浜市で育った人たちは，日本全国の誰もが自分が育った町の歌を歌えると思っているという笑い話があるくらいだ。横浜市歌は1909年の開港50年にあわせてつくられたもので，作詞は明治の文豪・森林太郎（森鷗外）で，作曲は南能衛。歌詞には，かつては寒村であった横浜村が，港とともに発展し繁栄しているようすがうたわれている。

ねらい

（1） 日本が高度経済成長期に入ると，大都市圏にニュータウンがあいついで建設された。多摩ニュータウン開発の歴史をみることで，都市化・再開発がどのように行われたか確認する。

（2） ニュータウンは現在，さまざまな課題を抱えているが，高齢化の視点から現状と対応を考える。

資　料

資料1　おもなニュータウンの高齢化率と高齢単身世帯の割合（2015年国勢調査）

所在地	名称	高齢化率	高齢単身世帯の割合
北海道札幌市	もみじ台団地	42.7%	24.0%
宮城県仙台市	鶴ヶ谷住宅団地	37.6%	22.5%
東京都多摩市など	多摩ニュータウン	21.3%	8.5%
愛知県小牧市	桃花台ニュータウン	20.2%	5.5%
京都市	洛西ニュータウン	37.6%	14.4%
大阪府吹田市など	千里ニュータウン	30.6%	16.9%
大阪府堺市など	泉北ニュータウン	32.0%	15.6%
兵庫県神戸市など	明石舞子団地	41.1%	25.3%
広島市	高陽ニュータウン	34.6%	15.4%

資料2　多摩市の3区分人口と老年人口割合の推移

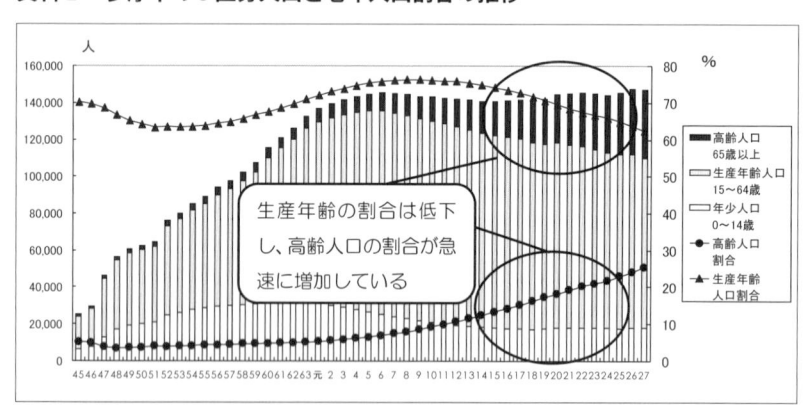

資料3　多摩市の歳出における目的別経費の推移

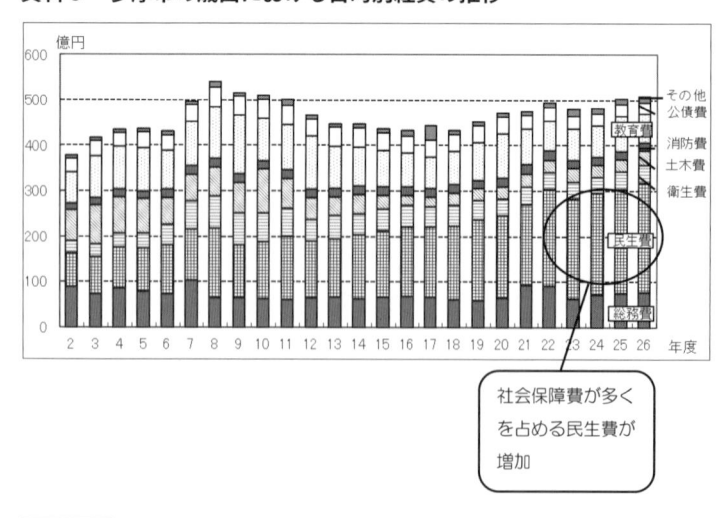

情　報

【出典】　資料1　朝日新聞　2017年12月3日「ニュータウン　夢見た先に」

　　　　　資料2　多摩市『多摩市行財政刷新計画—持続可能なまちを皆さんとともに』（2016年）（http://www.city.tama.lg.jp/cmsfiles/contents/0000002/2846/keikaku.pdf）p.25

　　　　　資料3　同上　p.29

解　説

【ニュータウンの高齢化】

高度成長期，都市部に集中する人口の受け皿となる住宅地を用意するため，政府はニュータウン建設を促進した。1963年に制定された新住宅市街地開発法（新住法）は，住宅・宅地だけでなく道路，公園，学校，病院，商業施設などの整備をともなうニュータウン開発を支えた。同法にもとづき自治体などが郊外の丘陵地などを造成・供給したニュータウンは全国に46か所ある。

このニュータウンでいま，高齢化が進行している。朝日新聞の調査によると，46か所のうち，31か所で高齢化率（65歳以上人口率）が全国平均の26.6%（2015年国勢調査）を上回った。札幌市のもみじ台団地では42.7%，仙台市の鶴ヶ谷住宅団地では37.6%などである。多摩ニュータウンの高齢化率は21.3%と全国平均を下回るが，1971年に入居が始まった永山4丁目の永山団地では高齢化率が42%である。

多摩ニュータウンの計画規模は，八王子・多摩・稲城・町田の4市にまたがり，事業主体は東京都・住宅公団（後のUR）・東京都住宅供給公社（JKK）の三者で，総面積は2,853ha，東西14km，南北2〜3kmの地域である。

資料2は，多摩市全体の年齢別の人口構成の変化を示している。生産年齢人口（15〜64歳）は，1994（平成6）年の76.3%をピークに減少し，2015（平成27）年は62.4%となった。高齢人口（65歳以上）は，2005（平成17）年15.1%，2010（平成22）年20.2%，2015（平成27）年25.4%と急激に増加している（資料1は多摩ニュータウン全体，資料2は多摩市のみのため数字が違う）。

【高齢化にともない増える財政支出】

資料3は，多摩市の一般会計の目的別経費の推移である。多摩市の財政支出のなかで高い割合を示している民生費と教育費，土木費の推移を注目したい。過去においては，ニュータウンの開発にともない，道路，公園の整備などにかかる土木費や，小・中学校の整備などにかかる教育費が高い割合を占めていた。

2000（平成12）年以降は，民生費の割合が増加している。生活保護費や高齢者福祉サービス費などの扶助費や国民健康保険・後期高齢者医療特別会計への繰越金が増加しているためである。2016年度の民生費は歳出総額の46%を占めている。今後は福祉関連経費の増加や，道路・橋脚などの生活基盤の老朽化にともなう補修などの土木費の増加が見こまれる。

再開発の成否が注目される諏訪2丁目

多摩市では急速な高齢化が進んでいるが，高齢者が安心して暮らせる住環境の整備が課題である。多摩ニュータウンでは5階建ての中層階の集合住宅が主流である。家族構成が夫婦2人と子どもから，夫婦のみ・単身者の世帯が増加傾向にある。また，エレベーターのない集合住宅は，高齢者が生活するうえで困難をきたしている。そこで注目されるのが，「日本最大級の建て替え」といわれた諏訪2丁目住宅のマンション建て替え事業である。これは，分譲団地である諏訪2丁目住宅の老朽化にともない，640戸の一括建て替えというプロジェクトであった。5階建ての団地23棟は14階建ての高層マンション7棟となり住戸数も640から1249戸へと倍増，増えた609戸分は分譲し，立て替え費用は売却益でまかなうというものである。Brillia(ブリリア，東京建物株式会社のマンション建替えプロジェクト)が完売し，2014年に入居が完了した。ここでの成否が今後のニュータウンの再開発のなかで注目を集めている。

資料4　Brillia（2018年，筆者撮影）

42 鹿島臨海工業地域の変貌

ねらい

（1） 新旧地形図から鹿島臨海工業地域の開発を確認する。

（2） 農業も工業も発展させるという「農工両全」の意味を考える。

資料1　5万分1地形図「潮来」（上，1957年，下，2001年）

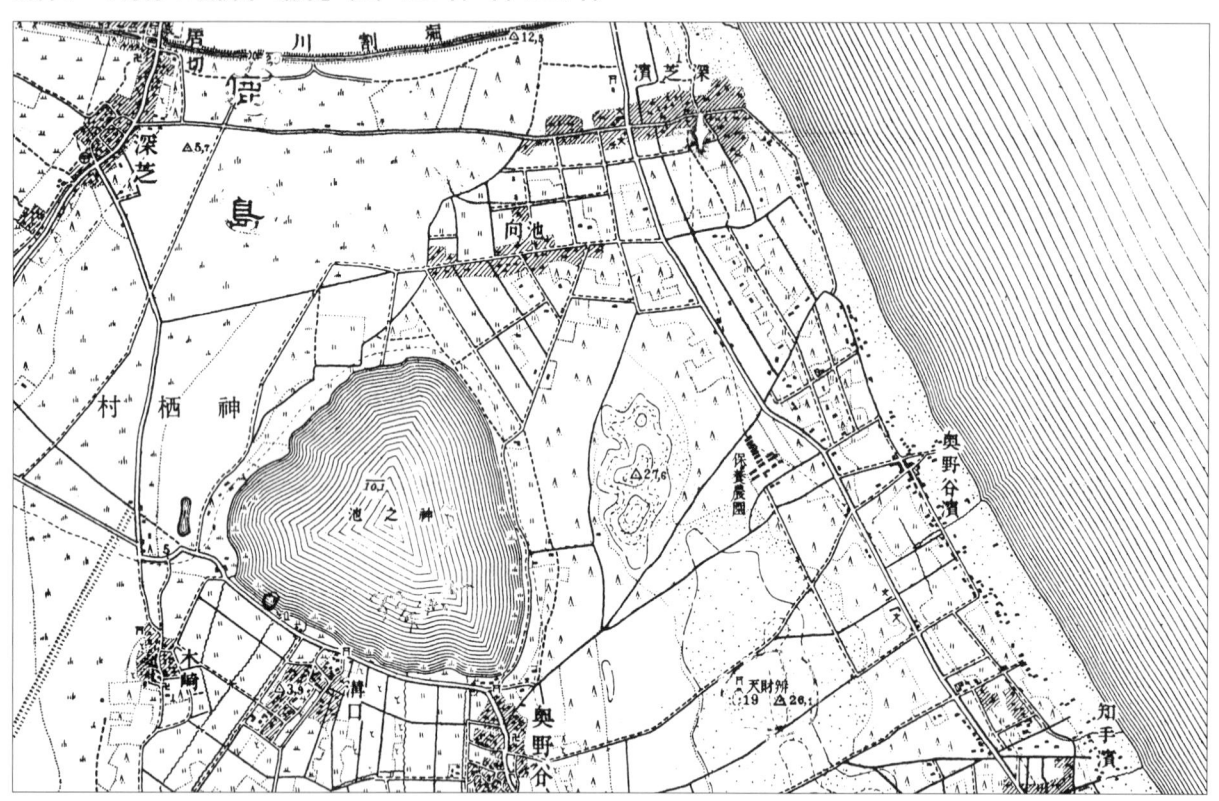

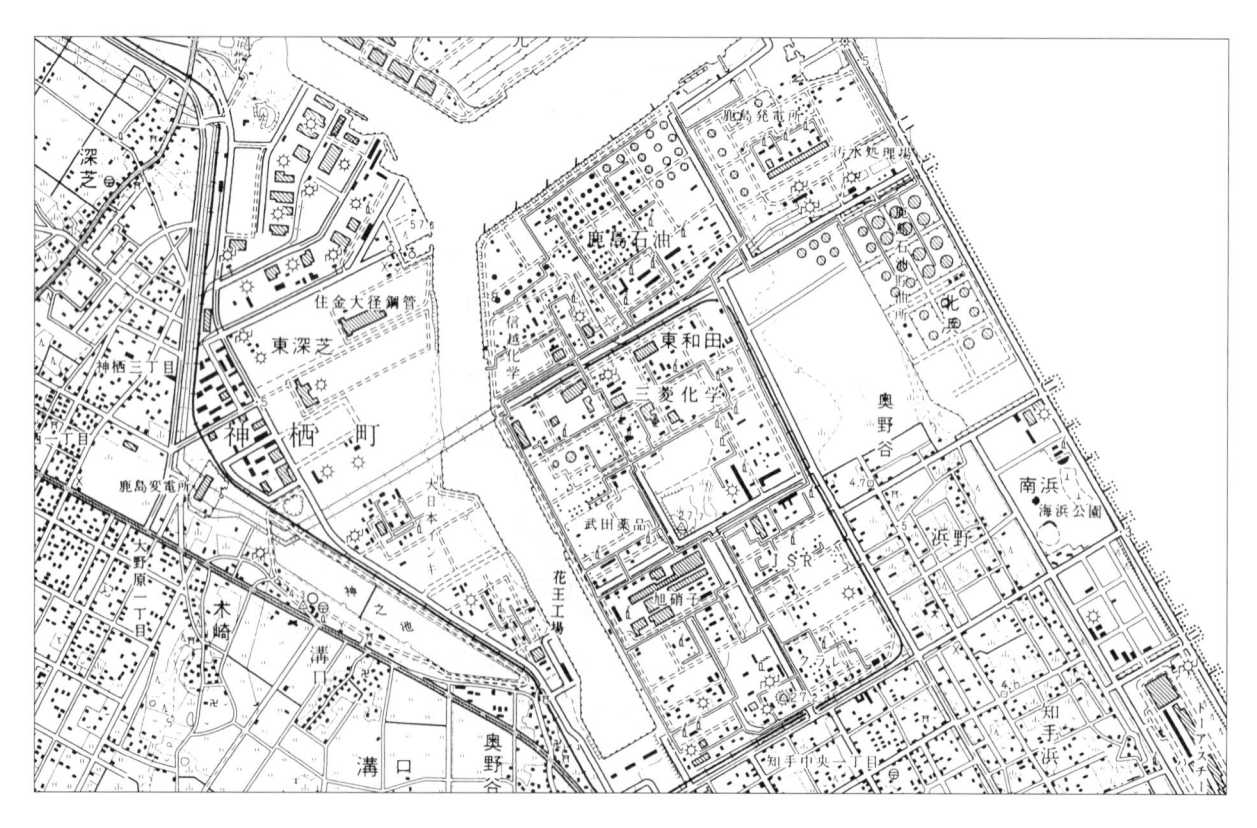

解　説

【開発前の鹿島・神栖地域のようす】　1957年の地形図をみる。神栖村（その後→神栖町→神栖市＜波崎町と合併＞）の範囲である。図の中央部に神之池がある。神之池の南側は水田地帯となっている。水田の水は，神之池から引かれた。神之池の東西には畑，桑畑，針葉樹の記号がみられる。神之池の東側に27.6mの三角点のある砂丘がみえる。

深芝―深芝浜，奥野谷―奥野谷浜と，対になった集落がみられる。本村と浜集落である。海は鹿島灘で，鹿島灘には当時，漁港が一つもなかった。漁民は浜辺から小船で出漁し，半農半漁の生活をしていた。地引き網とハマグリ漁が主であった。

【鹿島臨海工業地域の開発】　東京駅から高速バスに乗ると90分で鹿嶋市，神栖市に到着する。そこは鹿島臨海工業地域である。2001年の地形図をみる。鹿島港が掘りこまれ，神之池はなくなり，調整池として一部が残った。鹿島石油，三菱化学などの工場名がみられる。

半農半漁の町であった鹿島が大きな転機を迎えたのが，1960年代に茨城県によって始められた鹿島開発である。陸の孤島といわれた鹿島地方に，「貧困からの解放」「農工両全」をスローガンに，港湾の築造と臨海部への工業団地の造成，市街地形成と農業団地の造成などを柱とし，30万都市建設を目標に巨大開発が行われた。鹿島，神栖，波崎の3町（現，鹿嶋市，神栖市の2市）は大きく姿をかえた。鉄鋼や石油化学コンビナートが港湾部に張りつき，150社をこえる企業が立地している。鹿嶋市には，住友金属工業を中心に製造業が進出し，神栖市には石油化学コンビナートが進出した。

鹿島臨海工業地域開発のおもなできごと

年	できごと
1961年	鹿島臨海工業地域造成計画策定
1962年	開発用地取得事務組合結成
1966年	工場建設始まる
1969年	鹿島港開港，企業で一部操業開始
1973年	第一次石油ショック
1979年	第二次石油ショック
1984年	県が開発収束宣言を出す

臨海工業地域を造成するための用地を取得するのに，予定地内にある土地を提供し，その6割にあたる分を外部に代替地でもらうという「鹿島方式」「六四方式」という手法がとられた。買収価格が当初のまま据えおかれたり，反対運動も起こり，所有者に土地を手放したがらない風潮を生んだ。多くの人が他県や他町村に土地を求めて流れ，計画した人口も定着しなかった。2度にわたる石油ショックが企業立地計画に狂いを生じさせた。「昭和50年・30万都市」という目標は達成されていない。

2011年の東日本大震災では，神之池の埋め立て地が液状化した。なお，鹿島アントラーズは住友金属のサッカー部が元になっている。また，神栖市の海岸には現在44基の風力発電所が建設された。

神栖市のピーマン「はっぴーくん」

茨城県はピーマンの生産量が日本一で，その90％以上が神栖市で生産されている。茨城県の南東部，太平洋と利根川にはさまれた鹿嶋市・神栖市の地域は，水はけのよい砂丘地帯である。神栖市の農業は，古くは米，落花生，スイカ，千両などがつくられていたが，その後，葉タバコの栽培がさかんになった。稲作は砂丘地で，水が浸透するため，地下水面まで水田を掘り下げた「掘り下げ田」が行われていた。

1960年代に入ると鹿島臨海工業地域の開発が始まった。工業地域に土地を提供したあとの小さい面積でも農業ができるビニールハウスなど施設を利用したピーマンを主とした施設園芸農業に変遷した。

神栖市のピーマンのおもな品種は「みおぎ」という種類で，緑色が濃くやわらかく大きいのが特徴である。年間を通じてハウスで栽培されており，1年通じて収穫される。収穫のピークは5〜7月，おもな出荷先は東京や長野で，「ハッピーくん」の名前で店頭にならんでいる。ハウス栽培なので1年中つねに温度には気を配らなければならず，冬はヒーターをたき，最低でも17℃を保ち，夏は温度が高くなりすぎないように注意が必要である。消費者に安全なピーマンをとどけるため，農薬や化学肥料を少なくする努力が行われている。

43 下総台地の落花生栽培

ねらい

（1） 大都市の消費とその周辺地域の生産の関係に目を向ける。

（2） 近郊農業における特産地化は，たんに自然条件が適合していたということではなく，生産者の不断の努力があったことに気づく。

資 料

資料1　日本の落花生生産量の推移（殻付き）（百 t）

	1990年	1995年	2000年	2005年	2010年	2015年	2016年	%
千葉	240	171	203	161	123	96	123	79.4%
茨城	81	42	29	29	23	15	17	11.0%
その他	80	48	35	24	16	12	15	9.7%
合計	401	261	267	214	162	123	155	100%

資料2　千葉県の市町村別落花生の生産量（2006年）

	生産量 t	%
八街市	2,120	13.8%
千葉市	1,880	12.2%
佐倉市	1,210	7.9%
袖ヶ浦市	1,110	7.2%
富里市	972	6.3%
市原市	866	5.6%
山武市	752	4.9%
成田市	593	3.9%
香取市	553	3.6%
その他	5,344	34.6%
合計	15,400	100%

資料3　国産落花生の小売価格の推移（単位：円／百 g）

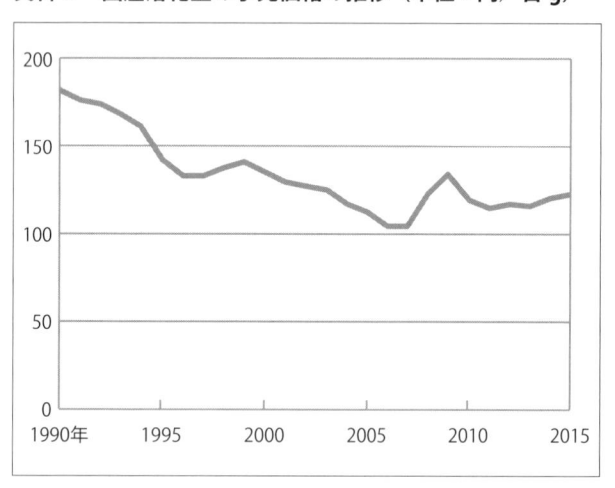

資料4　落花生輸入の推移（むき実，単位：万 t）

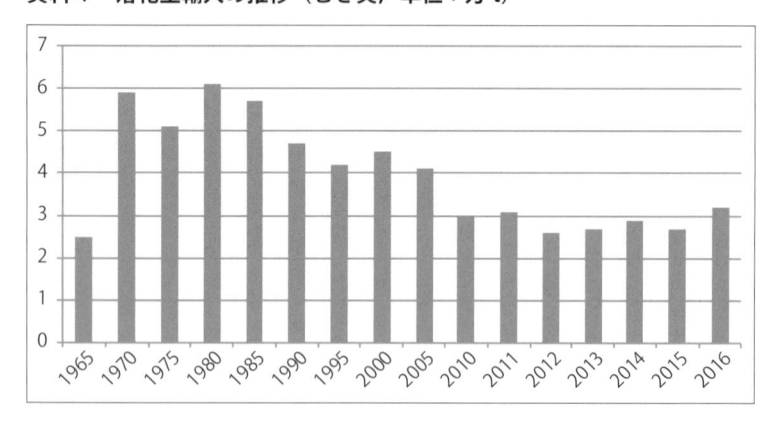

情 報

【出典】　資料1・3・4　全国落花生協会ホームページ（http://www.jpf.or.jp）

　　　　　資料2　千葉県農林水産部「教えて千葉の恵み」

　　　　　　　　（http://wwwp.pref.chiba.lg.jp/pbmgm/index.html）

【教材づくりに有用な情報源】

・千葉県農林部農産課『千葉県らっかせい百年誌』（1976年）

解　説

【落花生栽培がさかんな地域と，その変遷】　千葉県の落花生の収穫量は，殻付きで1万2300t（2016年，農林水産省統計）で全国の79％をしめる。ついで多いのが茨城県の1740tである（資料1）。落花生の産地としてとくに有名な八街市周辺の土壌は栽培に適しているといわれている。しかし，資料2をみると，現在では八街市だけでなく，千葉県全域で生産されていることがわかる。

　落花生の種まきは5月中旬から6月上旬に行い，40〜50日すると土近くに黄色い花が咲く。数日後に落花し，茎のもとから子房柄（シボウヘイ＝落花生のツノ）が伸びはじめ，地中にもぐり，さやをつける。収穫は花が咲きはじめてから75〜95日後となる。近年の収穫量は10aあたり100kg前後である。

　次に人の営みによる作付面積の変遷を追ってみる。

＜明治期＞落花生栽培は，山武郡南郷町（現，山武市）の牧野万右衛門と，匝瑳郡鎌数村（現，旭市）の金谷総蔵の功績が大きい。両氏は，痩せた土地で貧困にあえぐ農民が生きていくためには，温暖であればやせた土地でも育つ落花生の栽培が最適と考えた。ところが，みたこともない作物を気味悪がり，また県の施策にも不備があったので広まらなかった。

　しかし，落花生栽培で儲かったという者が出てくると状況は一変する。栽培農家がしだいに増え，作付面積が増加していく。一方で流通量の増加にともない，価格は安定しなかった。そこで組合組織を立ち上げることになる。

＜大正期＞一時は輸出まで行うが，世界とつながったことで需給量や国の政策などに影響を受け，価格の変動が大きくなった。さらに大正時代，落花生よりも高い換金力のあるサツマイモなどの農作物へ転換が行われた。また，投機目的による市場の操作などにより，しだいに生産量は減少していく。

＜昭和期＞戦争直前までは再び増加傾向に転じたが，戦時中，食料不足のためサツマイモ栽培への転換が行われた。戦後は栄養価の高い落花生は食品としての価値が高まり，売れ行きが伸びるようになった。とくに栽培ノウハウのある印旛郡，山武郡の作付面積の拡大が著しかった。その後，高度成長期に入ると，他の野菜類への作付転換，兼業化などにより作付面積は大幅に減少している。

【品種改良で対抗】　落花生の価格が下落した要因には前述の投機による操作，転作などのほか，輸入があげられる（資料4）。現在では，国内の落花生消費量の約9割は輸入品である。とくに中国産の落花生は，国内産の価格より3〜4割安い。当然，輸入品が市場に出回ることで価格が低下する（資料3）。

　近年，落花生は嗜好品となり，味のよしあしが求められるようになった。そのため落花生の品質の向上，生産の安定，消費者の拡大をめざし，品種改良が行われてきた。現在，千葉県で栽培されている落花生の主要品種は次の4種である。「千葉半立」は，1953年に千葉県農業試験場で育成された。県の作付面積の67％をしめる（2008年以下同様）。煎り豆の食味は独特の風味があり人気が高い。「ナカテユタカ」は，1979年に同試験場で育成。作付面積は27％，多収で甘味が強い。「郷の香」は，1995年に同試験場で育成された品種で，作付面積は3％。甘みがあって食味もよく，ゆで落花生に適している。そして最近，注目を集めているのが「おおまさり」である。2007年に千葉県農林総合研究センターが育成し，2009年から一般栽培が始まった。さやが他の品種にくらべて2倍も大きく，収量も1.3倍ある。柔らかくて甘みが強く，ゆで落花生に最適である。2018年には最新品種「Qなっつ」が発表された。

　今後，輸入品との「住み分け」が国産落花生の歩む道であろう。新たな品種の人気が高まれば，国産落花生の小売価格に影響を与えるであろう。

食用としてのピーナッツ

　世界に目を向けると生産割合では，中国37.8％，インド15.6％，ナイジェリア6.9％，アメリカ5.9％，スーダン4.2％となる（2016年）。しかし，作付面積では，インド，中国についでナイジェリア，セネガル，スーダンとアフリカ諸国が続く。アフリカの産地は西アフリカからサヘル地帯に分布している。カルルーなど伝統料理の貴重な食材であるが，ピーナッツの単一栽培からの脱却が課題でもある。

44 関東内陸部の工業地域

ねらい

（1） 関東地方の工業地域は，京浜から内陸部や京葉地域に比重が移っている。その要因を理解する。

（2） 関東内陸工業地域は，機械・金属関係の工場が多く，なかでも自動車・自動車部品などの製造が多い
　　ことを把握する。

資料

資料1　日本の3大工業地帯の製造品出荷額の構成の比較

工業地帯	1990年	2015年
京浜	515,908億円 (15.8%)	261,086億円 (8.3%)
中京	445,033億円 (13.6%)	571,215億円 (18.1%)
阪神	405,725億円 (12.4%)	323,552億円 (10.3%)
全国計	3,270,931億円	3,155,906億円

※**京浜工業地帯**＝東京都・神奈川県，**中京工業地帯**＝愛知県・三重県，**阪神工業地帯**＝大阪府・兵庫県，**北九州工業地帯**＝福岡県，**瀬戸内工業地域**＝岡山県・広島県・山口県・香川県・愛媛県，**関東内陸工業地域**＝栃木県・群馬県・埼玉県，**東海工業地域**＝静岡県，**北陸工業地帯**＝新潟県・富山県・石川県・福井県，**京葉工業地帯**＝千葉県

資料2　工業地帯・地域の製造品出荷額等の構成（2015年）

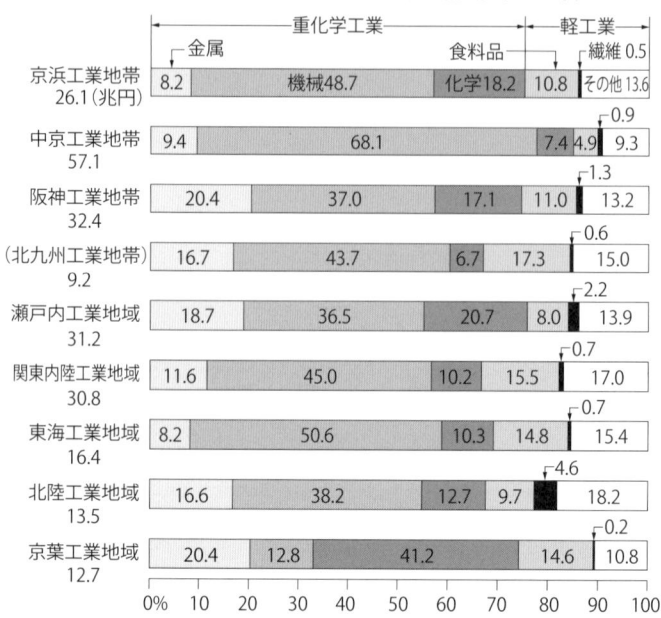

資料3　関東内陸のおもな自動車工場の分布（2018年）

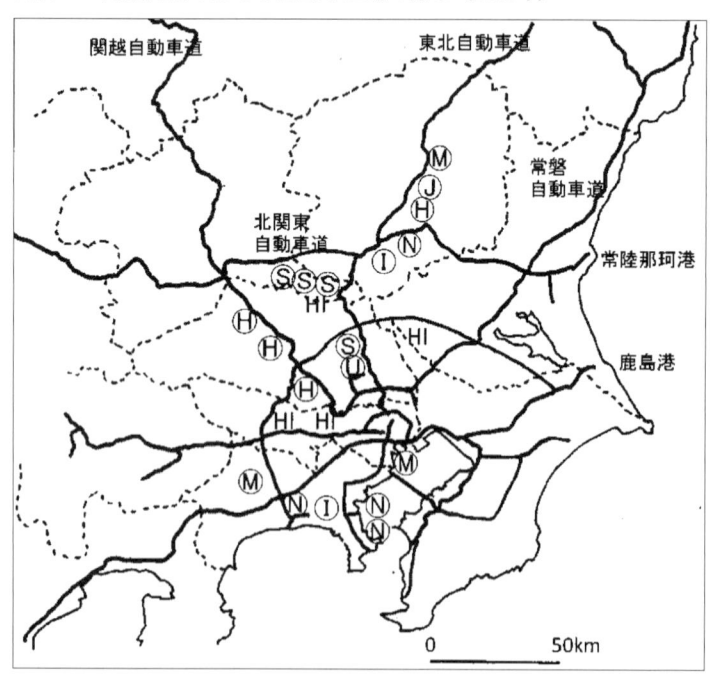

凡例
太線は高規格幹線道路・高速道路
Ⓗ　ホンダ　　　　HI　日野
Ⓘ　いすゞ　　　　Ⓙ　ジェイ・バス
Ⓜ　三菱ふそう　　Ⓝ　日産
Ⓢ　スバル　　　　Ⓤ　UDトラックス

上記自動車会社の2013年と2018年間における主要
工場数の変化
・ホンダ　2→4　　　・日野　2→4
・いすゞ　2→2　　　・ジェイ・バス　1→1
　（日野といすゞが合併新設）
・三菱ふそう　2→3　・日産　6→4
・スバル　8→4（社名変更）
・UDトラックス　3→1

情報

【出典】　資料1・2　矢野恒太記念会『日本国勢図会2018／19』p.184
　　　　　資料3　国土交通省資料により作成

解　説

【京浜工業地帯の比重低下】 日本の工業地帯の工業出荷額を1990年と2015年で比較すると，順位が大きくかわっていることが資料1からわかる。2015年では，京浜工業地帯は26兆1086億円と激減し，資料2にある主要な工業地帯・地域のなかで5番目となっている。かわって中京工業地帯が57兆1215億円で全国1位の出荷額となり，続いて阪神工業地帯が32兆3552億円で2位になった。3位は瀬戸内工業地域の31兆1603億円，4位は関東内陸工業地域の30兆8012億円である。

　京浜工業地帯の出荷額の激減した理由は，2001年まで「出版・印刷・同関連産業」のなかに入っていた新聞業と出版業が工業統計からはずれたことが大きい。さらに，1960年代の公害問題の発生で，京浜工業地帯から地方への工場移転が誘導されたこと。さらには，1980年代には円高にともない労賃の安い地域へ，また，貿易摩擦を解消するために工場を海外へ展開するようになったことなどがあげられる。

【京浜地域から関東内陸部へ拡大】 群馬県太田市周辺や栃木県宇都宮市周辺などの内陸部には，太平洋戦争中に工場の疎開で，軍需工場が建設，操業を開始した。戦後，それらの工場を活用する形で，内陸の機械工業が発展した。1960年ごろから，京浜工業地帯に工場・人口が集中するのにあわせて，土地の高騰，工業用水の不足，道路の渋滞などの問題が発生した。とくに工場からの煤煙や排水によって起こされた環境汚染は，公害問題として社会問題になった。対策として，工場の過度の集積，工場の改築・増設を規制し，公害防止関係法が制定された。これによって京浜工業地帯の工場が，関東内陸工業地域へと移転していった。

【幹線道路・高速道路と自動車工場】 関東内陸工業地域では，1970年以前は，住宅公団や市開発組合などが主体となって，首都圏整備法によって指定された都市開発地域を中心に，山林や畑を転用しながら工業団地が造成された。法律の指定により，また道路事情の関係から，都心から60〜80km，90〜110kmの地点の国道沿いに工業団地が広がった（国道4号線・17号線）。

　1970年以降は，各県の開発公社，企業局が農村地域工業導入促進法の指定を受けた農村や，過疎地域の指定を受けた地域を中心として，水田や沼沢地などを転用しながら造成された。それらは地方道路や高速道路のインターチェンジ周辺に広がった。また，北関東自動車道，東北自動車道，常磐自動車道などと外貿コンテナ港とのつながりも資料3で確認できる。

　関東内陸工業地域は，機械金属関係の工場が多く，なかでも自動車・自動車部品などの製造が多いことが特徴になっている。また，中小工場が多いのも特徴である。

ホンダ埼玉製作所寄居工場

　ホンダが埼玉県寄居町に建造していた新工場が完成し，2013年から生産を開始した。ここは小型車を年間25万台生産する能力をもち，ミニバンのフリードやフィットなどを生産する計画である。屋上には約2万枚の太陽光パネルを敷きつめ，発電した2.6MW電力の全量を電気会社に売る。エネルギー消費量の大きい塗装工程では新技術を開発し，4回塗って3回乾かす手法を，3回塗って2回乾かす手法に改めた。空調は人が作業をしている場所だけで作動するシステムを導入。屋根や外壁は断熱材を使った高断熱・高気密仕様で，照明の8割以上はLEDを採用した。これにより，エネルギー消費量は狭山工場にくらべ30〜35%減を達成している。

　ホンダは寄居工場を電気自動車（EV）など，次世代環境対応車を生産するための「マザー工場」と位置づけている。埼玉の狭山工場を2023年度までに閉鎖して，その機能を寄居工場に集約し，EVとエンジン車を同じ工場で効率的に生産していく計画である。狭山工場の従業員は，寄居工場を中心に異動し，これまでに培ってきた生産ノウハウを最大限に生かしていく。国内の4工場体制から3工場体制へと変更され，国内で約80万台を生産する予定である。

45 原子力発電所事故後の福島

ねらい
（1） 福島第一原子力発電所の事故後，避難指示区域が設定され，大勢の人たちが避難したが，避難指示区域外から避難した人もいたことを知る。
（2） 避難指示区域が解除されても住民の帰還が進まないのはなぜか，避難を続ける人たちの心情を考える。
（3） 原発災害からの復興と地域再生の課題について考える。

資 料

資料1　福島第一原発事故後の避難指示区域
　　　　（2017年4月1日時点，避難指示区域解除後）

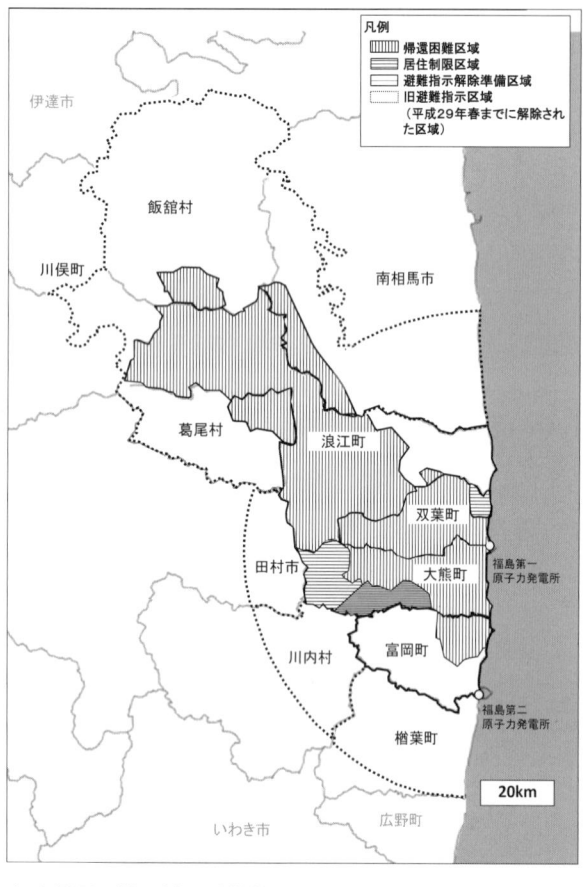

凡例
- ▨ 帰還困難区域
- ▤ 居住制限区域
- □ 避難指示解除準備区域
- ⋯ 旧避難指示区域
　（平成29年春までに解除された区域）

資料2　富岡町夜ノ森の帰還困難区域

資料3　楢葉町付近のフレコンバッグ仮置き場

（1）**帰還困難区域**　避難指示区域のなかで放射線量がもっとも高く，年間積算線量が50マイクロシーベルトをこえる地域。

（2）**居住制限区域**　避難指示区域のなかで年間積算線量が20ミリシーベルトをこえるおそれがあり，50マイクロシーベルトを下まわる地域。

（3）**避難指示解除準備区域**　避難指示区域のなかで年間積算線量が20ミリシーベルトを下まわることが確実な地域。

情 報

【出典】　資料1　福島県避難区域復興課資料
　　　　　　　　（https://www.meti.go.jp/earthquake/nuclear/kinkyu/hinanshiji/2017/pdf/gainenzu_201704j.pdf）
　　　　　資料2　筆者撮影2019年1月
　　　　　資料3　筆者撮影2018年3月

解　説

【福島第一原子力発電所事故と住民の避難】　2011年3月11日に発生した地震・津波による東京電力福島第一原子力発電所事故では，2012年5月のピーク時に約16万4000人の人びとが県内外へ避難した。2018年12月末時点でも，4万3000人をこえる人びとが避難生活を続けている。福島県の犠牲者の特徴は，「災害関連死」が現在も増え続けていることにある。この人たちは避難場所を転々とするなか，「避難途中や避難先等で死亡し，それが認定されて災害弔慰金が支給された人」である。

　福島県では福島第一原発から北西方向の市町村が避難区域となり，住民は避難を強いられた。その後，避難指示区域は，人への被ばく線量年間20ミリシーベルトを基準にして区分けされることになるが，それまで日本の法令では，一般人の被ばく線量限度を年間1ミリシーベルトと定められていた。そうしたなか，国による避難指示区域の線引きとは関係なく，被ばくの影響を受けやすい子どもを抱えた保護者が県内外へと避難した。避難指示区域外からの避難者は「自主避難者」とよばれ，「避難する必要がないのに勝手に避難した人たち」というレッテルがはられ，世間の無理解に苦しむ人たちもいた。

　資料1のように，2017年3月末以降，大部分の避難指示区域は解除され，ほぼ帰還困難区域を残すだけとなった。避難指示区域解除の要件は，①年間積算線量が20ミリシーベルトを下まわること，②生活に必要なインフラやサービスがおおむね復旧し，除染が十分に進んでいること，③福島県および地元自治体と住民の協議が整っていることである。解除後，当該区域からの避難者は帰還することが前提となり，住居や賠償などの支援策は打ち切られていった。しかし，住民の帰還は進んでおらず，戻るのは高齢者ばかりとなっている。

【原発災害からの復興と課題】　原発事故後，避難指示区域の自治体や学校などは，県内外の市町村に拠点を移した。浪江町は，避難先である二本松市の工場の空き地に仮役場をつくり業務を行った。小・中学校は，同市内で閉校した学校校舎を間借りして，授業を再開した。その後，2018年4月になって，浪江町内に，なみえ創成小中学校が新設された。役場機能は，2019年3月現在，双葉町がいわき市などに事務所，大熊町が会津若松市などに出張所の拠点をおいているのを除き，被災自治体に戻った。

　飯舘村では，2017年の春，帰還困難区域の長泥地区を残して避難指示区域が解除になり，村の入口には「お帰りなさい」の大きな掲示板が設置された。

　村では，解除前の早い段階から村民の帰村をめざして多くの施設を建設してきた。住民の帰還を進めるためには，子どもが戻ってくることが重要と考え，一刻も早い学校再開をめざしてきた。2018年4月には新しい小・中学校が開校したが，帰還をためらう保護者は多くいる。村に「戻らない」と決めた人たちは，除染後も残留放射能への不安が根強く，すでに避難先での生活にもなじんでいる。そして，解除されても，子どもの通学の不安や医療，買い物などの生活基盤が未整備な点が心配だという。

　一方，村の田畑ではフレコンバッグの仮置き場が多く残り，農業の再開には時間がかかるとみられる。それでも，避難先から戻って農業や畜産業を再開した人たちがいる。子どもの代は無理でも孫の代には農業を復活させたいという人たちが，除染を終えた農地を使い，農業の再生に取り組んでいる。

放射線量，年間20ミリシーベルトとは1時間あたりでどれくらい？

　放射線量年間20mSv（ミリシーベルト）を1時間あたりの放射線量（μSv：マイクロシーベルト）に変換してみよう。（1mSv＝1000μSv）なので，20mSvは20,000μSvになる。20mSvを1時間あたりの放射線量にすると，（20,000μSv÷365÷24＝2.28μSv）となる。

　しかし，国の計算式では，人がまともに放射線を浴びるのは，日中外出している8時間だけとして，それ以外の時間は家のなかにいると考える。家のなか（木造）にいれば，60％の放射線は防げるとして室内では40％の放射線を受ける。よって，次の値が，20mSvを1時間あたりに直した放射線量となる。

$$20,000\mu Sv÷365÷（8時間＋0.4×16時間）＝3.8\mu Sv$$

46 りんご農家の今は─東北果樹農業の現況

ねらい
（１）　果樹栽培のさかんな東北地方の代表である青森りんごづくりの現況を知る。
（２）　輸入自由化と食文化の変容のなかで，りんご農家の実態と究極のりんごをめざす取り組みを探る。
（３）　環境にやさしいりんごづくり（＝自然栽培）について学び，農家の願いを考える。

資　料

資料1　青森りんご農家の１年

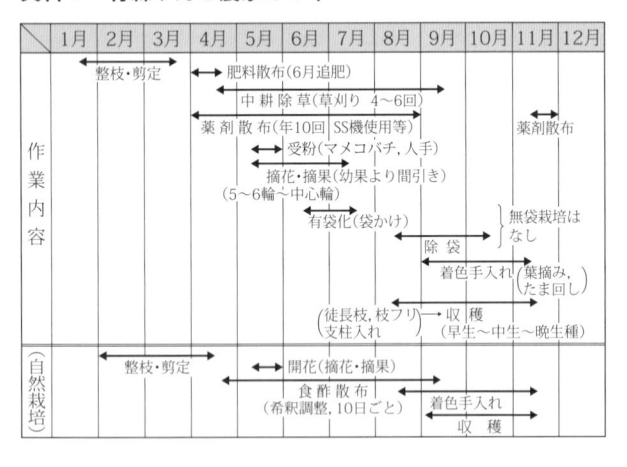

資料2　主要品種の収穫時期と出荷期間

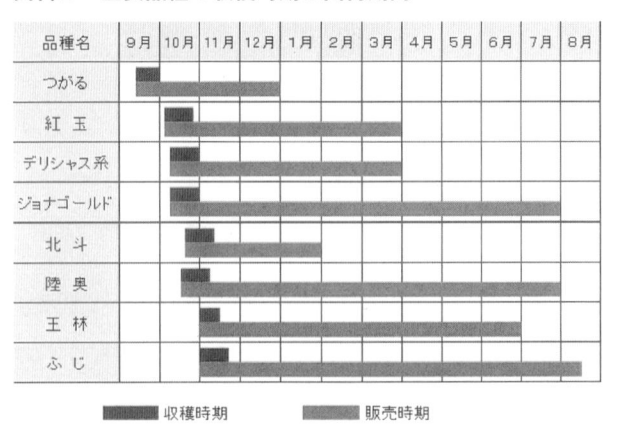

資料3　奇跡のりんごづくりめざして

　　現在，私のりんご畑では，早生のつがる，中手のジョナゴールド，紅玉，晩生の陸奥，王林，ふじという６品種のりんごの木が育っています。主力のふじが６割を占めています。以前はもう１種類，非常に甘みの強い品種である北斗も植えていたのですが，自然栽培で育てるにはあまりに難しいりんごでした。（略）りんごに限らず，今日の作物は高度に品種改良が進んでいますから，なかにはこの北斗のように虚弱なものも少なくありません。自然栽培に適した品種，適さない品種というものはやはり存在していて，取り組む際には注意が必要となります。私は，昔からその土地でつくられてきた在来品種なら，まず問題なく自然栽培が可能と考えております。

　　自然栽培の基本は土の力を最大限発揮させること。これはりんごであろうが野菜・米であろうが変わりません。私は無農薬・無肥料の栽培を開始し，花も咲かず実もならない試練の時代を経て，ドングリの木を見事に育て上げる山の環境の再現に取り組むことで今日にいたっています。

情　報

【出典】　資料1　青森県ホームページ（農林水産部＞りんご果樹課）資料から作成
　　　　　　　　（http://www.pref.aomori.lg.jp/sangyo/agri/ringo-dekiru01.html）
　　　　　　　　自然栽培の部分は，資料3の書籍から作成
　　　　　資料2　青森県ホームページ（産業・雇用・労働＞農林水産業・りんごができるまで果樹課）
　　　　　　　　（http://www.pref.aomori.lg.jp/sangyo/agri/ringo-dekiru03.html）
　　　　　資料3　木村秋則『自然栽培ひとすじに』創森社（2007年）p.80
【教材づくりに有用な情報源】　最近のりんご農家の経営のきびしさは，農外兼業の就業先の縮小や，りんご自由化・青果物流通市場の変化などに多くの起因がみられる。こうした生産や流通機構の分析で，東北りんご農業の当面の課題に迫る文献として長谷川啓哉『りんごの生産構造と産地の再編』筑波書房（2012年）がある。りんごと果樹の社会問題と当園経営の変遷について，自然栽培の木村氏が全国的な果樹農業の現状を分析しつつ，かつての危機であった「山川市場」（山や川にりんごをすてた）を杞憂しながらの農園経営論は，現代農業への鋭利な提言でもあり，一読に値する。

解　説

【りんご農家の作業日程とその現況】　東北の果樹栽培は，戦後急速に拡大し，今日りんご，梨，さくらんぼ，ももなどの果樹を中心に栽培され，全国生産額の4分の1をしめる。特にりんごは青森を筆頭に，岩手・山形各県で全国の約70％の生産量・作付面積をしめている。

　資料1は，1年間のりんご農家の月別作業カレンダーであり，具体的な農家の作業を知ることができる。りんご生産は労働生産性が高く，その労働費の割合は他の病害虫防除費や肥料代，成園費などを圧倒している。図中の年間の作業の多くは手作業によることが多く，機械化の導入はほんの一部にすぎない。したがって近年の価格低下は，高級りんご市場の縮小も手伝い，りんご農家の経営はきびしい。

【県産主力品種と周年出荷について】　2016年度での青森県産全体量は，44.8万tで，ふじが46.8％，王林（11.0％），つがる（10.7％），ジョナゴールド（10.0％）と続く。しかし，従来の秋の収穫時期とくらべ，出荷・販売時期は翌年の8月までの「周年出荷」ができるようになった。この背景として，他の果樹との競合回避，輸入果樹との差別化，長期の安定供給，高品質出荷による価格維持があげられる。そのため近年は「りんごの旬は冬なのか？」といわれそうである（資料2）。

【自然農法によるりんご栽培】　資料3から，りんごづくりに不可欠の病害虫対策の薬剤散布をせずに，

自然栽培で取り組んだ有機農法の木村秋則氏の栽培法・土づくりの一断面がみえるかと思う。資料1の作業日程とあわせて考察したい。

【青森のりんごをめぐる課題】　近年，果実・果実加工品などの貿易自由化の波は，りんごを中心にその自給率を下げている。また，中国からの低価格なりんご果汁の輸入などにより，国内産のりんご市場の低迷が続いた。青森県においてもりんご農家では，樹の老木化・後継者不足・高級りんごの消費縮小・産地間競争などが絡みあって，栽培面積の減少が止まらない。

　消費の需要拡大をはかるためのコストダウンへの工夫には「無袋(むたい)栽培」「わい化栽培（＝低木剪定にして作業の効率化・品質向上）」「葉とらず作業」など，省力化による年間作業時間の短縮方法がある。年間作業での労働は家族労働の不足から雇用労働にたよらざるをえないなど，労働生産性の引き上げも課題である。また，産直やネット販売など直売方式での流通体制の工夫も必要で，すでに各地でりんご団地方式での共販システムの導入が増えている。

　それぞれ各地独自の新品種（「究極のりんご」つくり）などの開発で，新たな市場開拓をはかっている例もみられる。「青森方式」でも特徴的な低温冷却による保存として，2～3月などの冬季に出荷する「CA貯蔵」（空気調整）で独自の出荷調整を進めている。高品質で鮮度の保たれたりんごは，他の多くの果樹と競合しない「冬の味覚」として安定供給をねらっているものといえよう。

環境にやさしいりんごづくりとは…

　国の推奨する「環境保全型農業」の視点から，減農薬や有機農業への関心も高まっているが，その見通しはこれからである。りんごづくりは各種の病害虫が多く，その防除には除草剤も含めて，青森県内でも年間10回以上の薬剤散布が欠かせない。したがって，無農薬・無肥料をめざす自然栽培は，りんご団地や共同生産システム中心の多くの現場では，たいへんむずかしい。

　しかし，資料3にもあるが，弘前の木村秋則さんは「かまどけし」と嘲笑されつつも，9年近い試行錯誤のあと，その栽培に成功し「奇跡のリンゴ」といわれたが，畑の生態系を取り戻す「土づくり」での取り組みは必見に値する。加えて，脱農薬をめざす環境負荷への一助となるもので，「アルマリア・オリフルアなどの合成フェロモン剤を用いた害虫の交信攪乱技術」や「天敵を用いた生物学的な防除法」などでの実施も，近年増加傾向にあり，今後への有効な取り組みでもある。

47 三陸海岸の漁業と環境保全

ねらい

（1） 宮城県気仙沼市の漁師が始めた「森は海の恋人」運動が，広がっていったようすを理解する。

（2） 「森は海の恋人」運動の原点はダム反対運動であったことを知る。

（3） 東日本大震災にもかかわらず，がんばっている漁民たちの行動から考える。

資　料

資料1　「森は海の恋人」の故郷

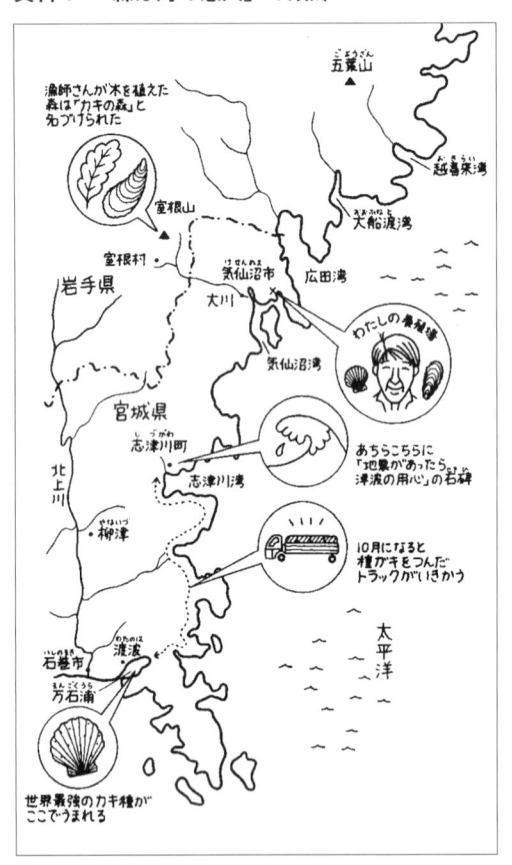

資料2　森は海の恋人と新月ダム

　1989年9月，気仙沼湾に注ぐ大川上流の室根山に時ならぬ大漁旗がひるがえった。赤潮にまみれた気仙沼湾をもう一度青い海に戻したい。そんな想いで牡蠣の養殖に携わる漁師が中心となりブナ，ナラ，ミズキなどの落葉広葉樹を植林していた。…そのとき，科学的な根拠は何一つなかったのである。…

　1964年，東京オリンピックのころである。その後，築地に出荷した牡蠣が「売り物にならないから廃棄します」と言われ，その理由が「むき身の牡蠣が白ではなく真っ赤な"血牡蠣"だった」と聞いて驚いた。…

　その頃，気仙沼湾の命運を決定づけるような巨大プロジェクトが動き出そうとしていた。気仙沼湾に注ぐ大川の河口から，わずか8キロ地点に計画されていた新月ダム建設計画である。目的は人口増に伴う水不足の解消，洪水調整ということであったが，次第に多目的ダムという名目に変わっていった。川や海の汚染が進んでいる上に，気仙沼湾の生活は成り立たなくなる。

資料3　フルボ酸鉄の働き

情　報

【出典】　資料1　畠山重篤・スギヤマカナヨ『漁師さんの森づくり』講談社（2000年）p.38

　　　　　資料2・3　畠山重篤『鉄が地球温暖化を防ぐ』文藝春秋（2008年）p.19〜20，p.29

【授業づくりに有用な情報源】

・NPO法人森は海の恋人（http://www.mori-umi.org）

・畠山重篤『森は海の恋人』北斗出版（1994年）

・畠山重篤・スギヤマカナヨ『鉄は魔法使い』小学館（2011年）

・畠山重篤『人の心に木を植える』講談社（2018年）

解　説

【「森は海の恋人」運動】　資料1は，「森は海の恋人」運動を行っている畠山重篤さんの行動範囲であり，東日本大震災で大きな被害を受けた地域でもある。畠山さんは，気仙沼湾（舞根）でカキやホタテの養殖をしている漁師である。気仙沼湾には，大川が流れこんでいる。大川中流域に暮らす熊谷龍子さんとの出あいで「森は海の恋人」というキャッチフレーズが生まれた。

　毎年6月の第1日曜日，大川上流の岩手県一関市室根の矢越山（当初は室根山に植樹，現在は矢越山）に大漁旗がたなびき，「森は海の恋人植樹祭」が開かれる。主催は宮城県気仙沼市の「牡蠣の森を慕う会」である。山に大漁旗とは意外な光景であるが，それは森に対する漁民の感謝の思いのあらわれである。

　漁民による植林が橋渡しとなり，上流の森の民と下流の海の民との交流がはじまった。体験学習に訪れた子どもたちから手紙が届いた。「朝シャンで使うシャンプーの量を半分にしました」と。長い間姿を消していたウナギが川に戻りはじめ，海にはメバル，タツノオトシゴなどが姿をみせた。

　この資料の南，北上川河口の石巻市渡波地区に万石浦という海がある。種ガキの生産に重要な海である。この種ガキは，宮城種といわれる。成長が早く，病気に強く，味がよい。北海道から三陸沿岸，三重，岡山などの国内はもとより，アメリカやフランスで養殖されているカキもほとんどが宮城種だ。

　かつての三陸の海は実に豊かだった。カキやホタテは，種苗を海に入れておけば大きく育ち，海中にはメバル，ボラ，ウナギなどが群れをなしていた。しかし，1970年代になると目に見えて海の力が衰え，赤潮が発生した。そんな時に，もう一度以前の海を取り戻そうと起こったのが「森は海の恋人」運動である。そのとき，科学的な根拠は何一つなかった。当時，磯焼け問題に取り組んでいたのが，北海道大学の松永勝彦教授だった。畠山さんは，1990年夏の第2回「森は海の恋人の集い」に松永さんを招いた。市民を前に，松永さんは「磯焼けはダムも一因」と明言した。「森は海の恋人」運動の原点は，ダム反対運動だった（資料2）。

【森で海が豊かになる理由】　森は海の恋人の理論的根拠となった松永教授の説である。かつて，日本列島の沿岸は森林でおおわれており，どこからでも沢の水が海に流れこんで，森から海に鉄分を供給していた。沿岸の開発で伐採が進み，コンクリートで護岸工事が行われた結果，鉄分の補給は河川以外には少なくなった。鉄は，地中や水中では鉄粒子の状態だが，ほんの少しずつ，鉄イオンの形になって溶けだす。森の木の葉が落ちて堆積し，それを土中のバクテリアが分解すると，その過程でフミン酸やフルボ酸という物質ができる。このフミン酸が土の中にある鉄粒子を溶かして鉄イオンにし，フルボ酸と結合するとフルボ酸鉄という安定した物質になる（資料3）。それが，沿岸の植物プランクトンや海藻の生育に重要な働きをしている。植物プランクトンや海藻は，水に溶けている鉄しか吸収できない。

おじいちゃん，魚がいる

　震災後，初めて海に出て，漁場を一周してみました。海を埋めつくしていたイカダが一台もありません。海はからっぽです。…そんな中，希望は元気な孫たちです。4月末，海辺で遊んでいた寛司と慎平が，息せききって坂を上がってきました。「おじいちゃん，魚がいる！」というのです。「なに！　本当か！」ころびそうになりながら海辺にかけおりてみると，たしかに数匹の小魚が水面を泳いでいます。少し見えているということは，その何十倍もいる，ということを，わたしは経験的に知っています。水が澄んでくれば，もっと魚が見えてくるはずだ！…とってきた海水を顕微鏡で観察されていた田中先生が，おっしゃいました。「畠山さん，安心してください。」そして，こう続けたのです。「カキが食いきれないほど植物プランクトンがいます。」カキが食いきれないほど…。漁師の心に響く名言です。さらに，「これは背景の森と川の環境を整えていたことが功を奏しています。」と言われました。「『森は海の恋人』とは，真理ですね。」（畠山重篤『人の心に木を植える』）

ねらい

（1）「フラワー長井線」による地域文化の「宝さがし」の「宝」とは何か理解する。

（2）「地域が元気になる」という「地域再生」に向けた課題は何か考える。

資 料

資料1　山形県川西町の地域資源とは何か

　川西町の人口は，昭和年代は典型的なピラミッド型だったが，現在はつぼ型となり，最も多いのが55〜60歳層，次が60歳以上である。このような高齢化の中で，地域や産業を維持することが難しくなってきている。人口減少が進むと税収が減り，改革による行政のスリム化をしなければならないが，それは行政サービスの後退を意味し，町民の主体的行動による協力なしには行政が成立しなくなっている。

　川西町は第4次総合計画を人口減少を前提に策定し，雇用を守ることを第一の主眼にした。そのために，①地域づくりの中心となる人材育成，②6次産業化・川西ブランドの確立，③交流確立プロジェクトの立ち上げを具体的政策とした。①については，子育て支援を中心にNPOも誕生しており，②については，農村資源を活用した所得の向上をめざし，ダリヤを町の特産にすべく取り組んでいる。③については，「やまがた里の暮らし大学校」を立ち上げた。大切なことは，国や県にまかせるのではなく，自分たちの内的発展が重要なこと，そして経済的成果が明確にわかる政策でなければならない。

資料2　フラワー長井線ガイドマップ

情 報

【出典】　資料1　地理教育研究会編『地理教育研究所論集』16号，川西町長原田俊二報告（2012年）

　　　　　　資料2　山形鉄道株式会社提供「フラワー長井線・沿線ガイドマップ・最新版」

【教材づくりに有用な情報源】

・敷田麻実ほか『観光の地域ブランディング—交流によるまちづくりのしくみ』学芸出版社（2009年）

解　説

【地域資源をいかに見つけるか】　山形県川西町などフラワー長井線沿線住民の活動は「過疎地で何もない普通のところ」から，掘り起こす「地域の宝探し」の一例である。地域の自然や伝統・文化・人々の結び合いのなかに，「見えなかったもの」「不便さを逆手に取った宝物」が隠れている。ゼロから一を生み出す取り組みこそ，有効な資源発掘である。

【地域の現況とフラワー長井線】　山形県南部の置賜地区の米沢盆地，その北西部にある長井市や白鷹町などの2市2町は，稲作中心の田園農村地域で，過疎の進行が著しい。その中を走るフラワー長井線は赤湯～荒砥間（30.5km）をつなぐ，第3セクター山形鉄道の運営するもので，周辺住民の「生活の足」ともなっている。利用者は，年間58万人（2017年）でここ10年間に23％も減少した。近年のモータリゼーションや少子高齢化により，廃線とも噂される路線でもある。利用客のほとんどが周辺自治体の高校生と子ども・高齢者である。2年前「再構築実施計画の認定」以降，隣接する2市2町の補助を受けながら経営を維持している現況にあるが，今後への見通しは厳しい。

　沿線住民は，事業者や自治体と連携しながらその存続に向けて，「フラワー長井線を愛し，守る会」「利用拡大協議会」「つなぐ会」など，種々の支援組織を通じ，地域おこしと絡めて，その利用拡大に努めてきた。地域住民の生活を守る「交通権」の行使は，主体的な地域での創意工夫が鍵となる。

　また沿線の「花の観光ツアー」，グリーンツーリズム，産地直送野菜の販売，車内プロレス会，ワイン列車の運行，「"もっちい"のウサギ駅長の配置」等々のイベントを展開しながら，住民の利用から，県外観光客の誘致にいたる諸々の「地域づくり」活動と「埋もれた資源・宝」発掘・紹介に躍動したのである。そのせいか，わずかではあっても，成果があらわれてきた。とくに長井市では「足の中心拠点」とすべく，新市庁舎を駅に隣接させる構想を立て，「生ごみ収集日本一」をめざすエコタウンの取り組みや「Cross － Bar」（起業）プランなどユニークな再開発計画を進めながら，誘致客を国道から「街中に引き込む」作戦を展開している。

　また，1992年から始めた「生ごみ収集」の取り組みは，「食と命の安全を未来につなげる」という「循環型地域社会」への取り組みでもあるが，それは「生ごみ収集～堆肥化～作物生産～市民消費」という地産地消を生み出した。その生産物は駅中の売店や車内でも販売されている。

　資料2は，沿線のガイドマップである。周辺の四季折々のフラワーガイドや車内でのユニークなイベント企画は一定の活況を呈したが，一過性のもので，持続可能な地域再生にはなってはいないという課題はある。それでも主権者たる地域住民の「こころのつながり合い」と健康市民のつくる絆は，過疎地の不便さ・現況を逆手にとっての地域自治体の総意と施策が絡み合って，元気な「まちづくり・人づくり」を展開している。フラワー長井線はそんな「元気さの源」として今日も奮闘している。

工業高校生がつくったあやめ公園駅

　2002年，山形鉄道フラワー長井線に小さな駅が誕生した。沿線の長井工業高校生たちのねばり強い運動のなかで設置が実現した。住民の「学校や公園の近くに駅があったらなあ」との願いが実現した。

　「あやめ公園駅建設賛同の会」会長の若狭さんらは企業や地区に駅の必要性を説いて回った。そして1年あまりで1100万円をこえる寄付が集まった。しかし，集まったお金でつくれるのはホームのみ。待合室をつくるには足りなかった。そこで手を上げたのが工業高校だ。PTAからの寄付金約80万円で待合室をつくる材料を購入し，授業やクラブ活動の一環として建てることにした。設計から施行まで，すべて生徒が中心となり，待合室が完成した。駅の保全管理は今も長井工業高校生が担っている。

49 現代に生きる地域文化・東北地方

ねらい

（1）「伝統的」な行事や工芸品は，人々の生活のなかで適合するように形をかえてきた。観光化が変遷の大きな要因であることを学ぶ。

（2）「米どころ・東北」の形成は，長い時間の努力を経てきたことを理解する。

資 料

資料1　東北地方のおもな祭りの変遷

祭り・行事名	起　源	何を願ったか	今のようす ［観光客数］
青森県 ねぶた ねぷた	旧暦7月7日の盆に先立つ七日目＝七夕の行事。ねむり流し。ネブタ（ねむの木）を目にこすり付け，それを川に流した。	「…豆の葉流してまめになれ，まなこの性に良いように」と唱えたことから無病息災。	高さ5m，幅9m，電球600〜800個の台車が20数台出る。1台の費用約2,000万円。ハネトが1台に約2,000人つく。［6日間で310万人］
岩手県 チャグチャグ馬コ	人手で田仕事をした時代，農繁期に入る前の旧暦5月5日に一日の休みを入れ，馬を連れて蒼前神社に詣でた。	無病息災，豊作祈願。	あでやかな飾りと鈴をつけた約90頭の馬に，子どもを乗せて滝沢村〜盛岡市の15kmを行進する。［不詳］
宮城県 七夕	農村では広く盆の一部と考えられており，精霊を迎える草の馬を飾り，水辺に出て水浴を行い，墓掃除，衣類の虫干し，井戸さらいなどをした。	水にかかわる農耕儀礼の一つ。農作祈願。街中では，子どもの習字・学業成就や縫い物の上達。商売繁盛。	仙台市内の商店街が中心となり，10mを超す竹に1本数十万円以上かけ，織鶴，吹き流しなどを飾る。賞を出す。［3日間で203万人］
秋田県 竿燈	七夕祭りの行事の一つで，長い親竹に九段に横竹を結びつけて，46〜48個の提灯をぶら下げる。	五穀豊穣・豊作祈願。提灯を俵にみたてたとの説もある。	若者たちが肩，額，腰などに竿燈を乗せ太鼓にあわせ練り歩き，技を競う。250本近くがでる。［4日間で121万人］
ナマハゲ	正月15日の晩に，恐ろしい面をかぶった若者が家々を訪れ，酒食の振る舞いを受ける。元来は，遠方から正月に訪れてくる異郷の神をあらわしていた。	なもみ（長時間たき火などにあたりできる火だこ）を剥ぐことから，怠け者を懲らしめるに転化した。	大晦日のほかに「なまはげ柴灯まつり」が2月にあり，これはおもに観光向け行事。［不詳］
山形県 花笠	1963年，県や新聞社，山形商工会議所などが中心となり，開催された。	蔵王の観光開発とPRが当初の目的。	「ヤッショ，マカショ」のかけ声で山形市内を踊り歩く。［3日間で101万人］
福島県 相馬野馬追	相馬中村藩の放牧馬（野馬）を柵に追いこむ行事が祭化した。追いこんだ野馬を，待ち構えた若者が素手で取りおさえる。	江戸時代，外様大名が公儀の目を欺き，戦の訓練を行う。	甲冑競馬のあと，騎馬武者が神旗を奪いあう。［4日間で18万人］

資料2　東北6県の水稲反収量と全国順位の時代的変遷

	青森県	秋田県	岩手県	山形県	宮城県	福島県	参考：上位県の反収
Ⓐ1893〜1902年 10年平均	184kg 39位	171kg 43位	156kg 46位	229kg 16位	213kg 26位	204kg 29位	①奈良県288kg ②大阪府283kg
Ⓑ1948〜1952年 5年平均	339kg 13位	342kg 10位	323kg 23位	365kg 3位	323kg 24位	325kg 14位	①長野県387kg ②山梨県380kg
Ⓒ1990年 平年反収	576kg 3位	584kg 1位	510kg 7位	583kg 2位	506kg 10位	509kg 8位	全国平均496kg 500kg以上11
Ⓓ2014〜2018年 5年平均	573kg 3位	523kg 12位	520kg 13位	558kg 4位	582kg 2位	529kg 8位	①長野県611kg ⑦北海道529kg

情 報

【出典】 　資料1　東北の祭りの公式ホームページ，『日本国語大辞典』（小学館）などをもとに編集し作成

　　　　　　資料2　赤坂憲雄・小熊英二編『「辺境」からはじまる　東京／東北論』明石書店（2012年）

　　　　　　　　　　第8章「〈飢餓〉をめぐる東京／東北」山内明美　p.278より作成

解　説

【「伝統的」な行事も変化している】　中学校の新学習指導要領（2021年度実施）では日本の諸地域の中核テーマは5つとなり，「歴史的背景」「環境問題や環境保全」「生活・文化」が「その他」にまとめられた。従来のすべての教科書は東北地方の学習で「伝統的」な祭り，「伝統的」工芸品，「伝統的な」街なみ保存などを扱っていたが，今回の改訂でも大きい変化はないと思われる。「郷土愛」を強調する学習指導要領は，「代々伝わっている伝統行事を守るのは，あなた方の役割です」と言いたげだが，教科書記述を客観的に読み，祭り・行事の起源と人々の願いが何であったのかを確認し，それがどのように変化したか，要因は何かを読み取りたい（資料1）。

古来，農作業は，暦や「雪形」などの自然現象を目安に進められた。節句はその重要な節目となってきた。東北を代表する祭りのねぶた，竿燈ともに起源は，七夕（旧暦7月7日）にかかわる。正月の次にくる大きな楽しみは，旧暦7月15日の盆である。前後の3日間はハレの日で，その7日前は七夕にあたり，太陽暦の8月中旬の行事である。五穀豊穣，無病息災を願い，豊作を願う祭りは東北地方に限ったものではなく各地にある。

伝統行事や伝統的な生活慣習は，観光化という時代の要請により変化してきた。「東北3大夏祭り」のしかけ人は，旧国鉄であり，高度経済成長期の周遊券発売と関連があるという。その一つ仙台七夕は戦後の復興で，東一番町，中央通り，駅前通りなどの大商店街が果たした役割が大きかった。今では1500本もの「七つ飾り」がアーケードの両側に並ぶ。竹の高さは10mをこえる。金賞をとる数百万円の笹飾りやしかけは豪華であり，見栄えはするが，家々で子どもがかざる「七夕さま」とは別物である。

【「米どころ・東北」は冷害・飢饉とたたかった】

東北6県は，今日でこそ米どころであるが，せいぜいここ5，60年のことである。飢餓を克服しようと耐冷育種の改良が不断になされた結果，反収（10aあたりの収穫量）600kg近くまできたのである。資料2により水稲反収の時代的変遷を確認し，その努力を具体的に確認する学習は欠かせない。資料2は，東北6県の反収量と順位を示している。表の時間軸は，A明治期の1893〜1902年（10年平均），Bが戦後すぐの1948〜52年（5年平均），Cが1990年（平年反収）である。Aの時期，東北各県は中位以下で，秋田，青森は下位であり，岩手は最下位で反収は156kgにすぎない。自然環境がそのまま収穫に反映している。Bの戦後になって6県は中位以上になる。秋田，山形，それに東北地方には区分しないが新潟県の増収が顕著である。農地改革や湿田の乾田化という圃場整備も寄与している。そしてCの1990年では，秋田，山形，青森がトップ3県で，反収はそれぞれ584，583，576kgになった。Dは直近の数字である。反あたり収量は，このように大きく推移している。

東北地方における凶作・飢饉は，1601年から313年間で229回にのぼり，その災害発生率は73.2%といわれている。近くは1980年，93年に大凶作にみまわれ，タイ米輸入でしのいだ。93年の東北地方の平均作況指数は，わずか56であった（作況指数90以下が「著しい不良」をあらわす）。食料流通の発達が，凶作を見えにくくしているにすぎない。

ユネスコ無形文化遺産「来訪神　仮面・仮装の神々」の一つ，秋田県「男鹿のナマハゲ」

「泣く子はいねがー」と低い声で子どもを脅かす姿が有名なナマハゲは，「怠けている心を戒める存在」である。大みそかに1年間の災いを払い落とし，訪問した家庭に福をもたらす神とされ，家主はナマハゲを迎え入れてもてなす。男鹿半島を訪れた紀行家が1811年に見たとされる日記が残っており，江戸時代から行われていたようである。

2015年の男鹿市などの調査によれば，同市内148町内中79町内で行われた。しかし，後継者不足が深刻でやめてしまったところも多い。そのため，かつては未婚男性が多く扮していたナマハゲを既婚男性も担うなど，ルールを変えながら継承されている。また，ナマハゲを迎え入れる家庭も減っており，2018年の無形文化遺産の登録をきっかけに，地元でも行事への理解や関心が広がることを期待されている。

50 アイヌ民族の文化と人権

ねらい

（1） アイヌ文様にふれ，アイヌ文化の特徴を知る。

（2） アイヌ語由来の北海道の地名を取りあげ，もとのアイヌ語発音，アイヌ語地名の意味を調べる。

（3） 明治以降，人類学の研究と称して研究者が墓地から遺骨を集めた。人権の立場から解決の方向を考える。

資 料

資料1　アイヌ文様

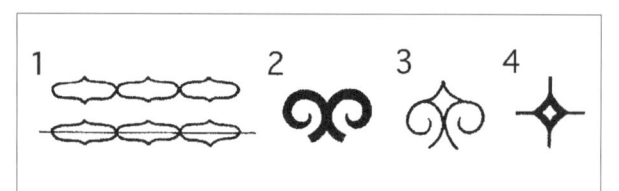

資料3　アイヌ語地名表示板

旭川市教育委員会

資料2　北海道の地名学習

　下記，A，B，Cの北海道の地名を地図帳から探し白地図に記入する。A，B，Cからそれぞれ3つ取り上げ，現在の地名，アイヌ語地名，アイヌ語地名の意味を調べる（例・稚内，ヤムワッカナイ，冷たい水の沢）。

A アイヌ語「ペッ」，漢字「別」

登別，愛別，芦別，遠別，喜茂別，更別，士別，初山別，秩父別，津別，当別，中頓別，浜頓別，別海，本別，幕別，紋別，湧別，陸別

B アイヌ語「ナイ」，漢字「内」，またほかの漢字

稚内，岩内，歌志内，神恵内，木古内，黒松内，中札内，幌加内
瀬棚，奈井江，七飯，名寄も「ナイ」の地名

C アイヌ語「ポロ」，漢字「幌」

札幌，浦幌，羽幌，美幌，幌加内，幌延

資料4　研究素材として同意を得ないでアイヌ民族の遺骨を持ち出す

　明治に入ると人類学研究が高まる。研究素材の1つはアイヌ民族の遺骨。遺骨は北海道やサハリン，千島列島のアイヌ墓地などから大量に発掘・盗掘した。研究を目的に盗掘や遺族の同意を得ないで持ち出され，動物の骨などと一緒に乱雑に扱われた場合もある。現在，国内の12大学と博物館など12施設に1600体以上保管され国外にも流出している。2017年にはドイツから人骨1体が返還されたほか，オーストラリアの3体は返還に向けて交渉している。北海道大学は国内最大の遺骨を所有し，アイヌ団体の抗議を受けて1984年に医学部内の敷地にコンクリートの「アイヌ納骨堂」をつくり，1000体以上の遺骨を収めている。

情 報

【出典】　資料1　アイヌ民族博物館『アイヌ文化の基礎知識』草風館（1993年）の掲載図を簡略化した

　　　　　資料2　筆者作成

　　　　　資料3　小野有五氏撮影（2018年）

　　　　　資料4　毎日新聞　2018年7月21日，同9月23日による

【教材づくりに有用な情報源】

・秋辺日出男ほか『イランカラプテ　アイヌ民族を知っていますか？』明石書店（2017年）

・蟻川明男『三訂版　世界地名語源辞典』古今書院（2003年）

・小野有五『たたかう地理学』古今書院

解 説

【アイヌとカムイ，アイヌ模様】 アイヌとはカムイ（神）に対し，「人間」を意味するアイヌ語である。アイヌ民族はすべてのものをカムイととらえ，カムイとともに生きる。カムイの恩恵に対し，アイヌ民族はカムイノミ（神への祈り）をして感謝の意を示す。だが，人を助け励ますだけのカムイばかりではなく，病気や自然災害など暮らしを脅かす悪いカムイもいる。悪いカムイには近づかないよう，アイヌ模様にも表れている。資料1の1はイバラの棘，2は川の渦，3はモレウ，4はカムイの目。袖口や襟元に，悪いカムイが身体に入らないよう棘模様やカムイの目を配して悪霊（悪いカムイ）を見張る。

【北海道のアイヌ語地名】 資料2は北海道の市町村名を探す学習例である。

Ａ アイヌ語「ペッ」は漢字当て字で「別」（べっ）を使っている。Ｂ アイヌ語「ナイ」，漢字当て字は「内」が当てられる。「ペッ」も「ナイ」も「川」「沢」で，地域で違っているが「ペッ」は「大きな川」，「ナイ」は「小さな川（沢）」を表す。

アイヌ語地名研究者の山田秀三によると，全道6000余りの地名の中で「ナイ」地名は約1400，「ペッ」地名は約600あった。2つで全道地名の3分の1になる。地名からアイヌ民族の生活に「川」がいかに大事であったかがわかる。川は主食のサケ漁，生活用水を得る場であり，交通路であった。

Ｃ アイヌ語「ポロ」は漢字で「幌」。ポロはアイヌ語で「大きい」を意味している。その他，「平取」（びらとり），古平（ふるびら）などの「ビラ」は「崖」を表している。「妹背牛」（もせうし），羅臼（らうす）の「うし，うす」は「たくさんある」を意味するアイヌ語。「奥尻島」「利尻島」などの「しり」はアイヌ語の「しま」である。

北海道大学名誉教授の小野有五氏はアイヌ語表記の片仮名，漢字の順に表示することが先住民尊重の世界の流れに沿うとして，資料3のようなアイヌ語地名表記を提案している。また，北方領土4島はアイヌ語地名の漢字表記だが片仮名表記が望ましい。その上で，先住民のアイヌ民族が4島の帰属をどう考えているか，その判断を日本とロシアは尊重すべきだとしている。

【アイヌの遺骨問題】 遺骨の盗掘はアイヌ民族の人権にかかわる大きな問題である。明治時代に入ると，ドイツで解剖学や人類学を学んだ研究者が日本に帰国した。彼らは日本人の起源をアイヌの人骨研究に求めた。北海道大学の報告書によると，「静かに眠っている人を妨げるのはよくない」と抗議するアイヌの人々を説得し発掘を続けた。発掘の許可はアイヌ民族からではなく，土地を所有する日本人や行政から取得した。北海道大学は1931〜72年に道内46市町村とサハリン・千島列島（戦前）から盗掘，また地主の了解で遺骨を発掘した。資料4にあるドイツからの人骨の返還は，国連の「先住民族の権利に関する宣言」にもとづくもので，ベルリン人類学民族学先史学協会から北海道アイヌ協会に返還された。これは1879年にドイツ人旅行者が札幌市内の墓地から盗掘した頭骨である。今後，大学などにある遺骨はどうなるか。政府は2020年までに北海道白老町に慰霊施設をつくり集約するとしている。アイヌ民族団体は遺骨をどこの墓地から持ち出したかの調査と，長期間放置した責任の所在を訴えている。

アイヌ文化振興法と国連宣言「先住民族の権利」

1997年，アイヌ文化の振興や継承者の育成などを内容とする「アイヌ文化振興法」が制定された。それにともない1899年に制定され，アイヌ民族を日本人に同化させる目的の「北海道旧土人保護法」がようやく廃止された。この法律はアイヌの先住権の明記はなく，アイヌ文化の振興に偏っていたものの，一定の前進はあった。2007年，国連総会で「先住民族の権利に関する国連宣言」が決議され，翌年，衆参両院で「アイヌ民族を先住民族とすることを認める国会決議」が全会一致で採択した。国連で議論されてきた「先住権」は次の3つにまとめられる。①先住民族の土地や資源，領域の権利。②昔から守ってきた文化を守り，発展させる権利。③自決の権利にもとづき，自らの政治的地位を自由に決める権利。アイヌ文化振興法は，②に重点がおかれた。2019年，新たに「アイヌ民族支援法」が成立した。

51 北海道の稲作

ねらい

（1） 北海道の稲作の発展の農業技術について理解する。

（2） 北海道の稲作から，新たな農業の課題について考える。

資 料

資料1 北海道の水稲作付面積と収穫量の推移

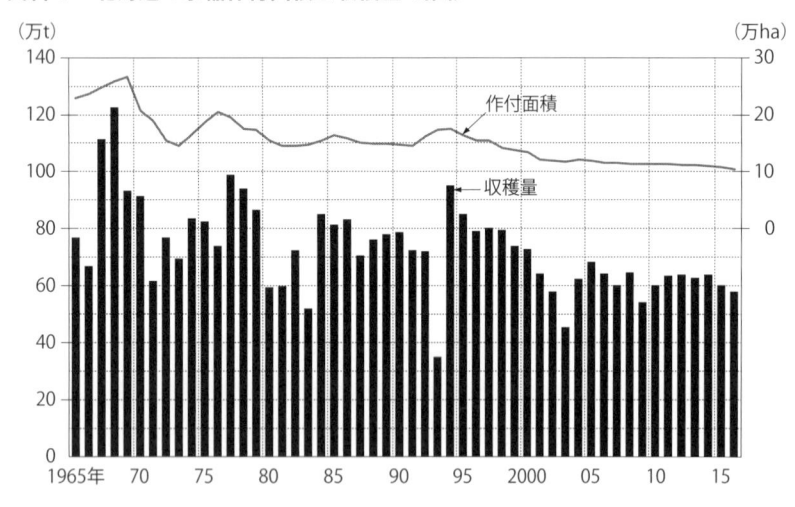

資料2 イネの花

資料3 道南農業試験場が育成した「ふっくりんこ」系譜図

資料4 飼料用米の生産量（単位 t ）

年	2013	2014	2015	2016
北海道	2,687	3,662	12,523	15,084
全国	115,350	178,486	421,077	481,468

情 報

【出典】　資料1　農林水産省『作物統計』

　　　　　資料2　筆者撮影

　　　　　資料3　農業・食品産業技術総合研究機構（http://ineweb.narcc.affrc.go.jp/index.html）より作成

　　　　　資料4　農林水産省『新規需要米の取組計画認定状況』

【授業づくりに有用な情報】

・佐々木多喜雄『きらら397誕生物語』北海道出版企画センター（1997年）

　各都道府県には農業試験場があり，試験場公開デーもある。そのような機会を利用するとよいと思う。道内には道南農業試験場（北斗市），上川農業試験場（比布町）など数か所農業試験場があり，北海道に最初に導入された「赤毛」から「ゆめぴりか」まで観察することができる。

解　説

【冷害に何度も見舞われた北海道】 資料1から1965年以降の稲作の現状をみたい。1968年に最大収穫量122万7000t，1969年に最大作付面積26万6000haを記録。しかし，1960年以降，収穫量は多少の増減はあるが減少傾向を示し，作付面積も同様な傾向を示している。この大きな要因は，1971年から始まる国の生産調整（減反政策）である（2018年廃止）。2006年には減反率56％，作付面積は11万5000haまで減少。北海道は新潟県と肩をならべる米の産地ではあるが，2016年の収穫量はピーク時の5割，作付面積では4割まで減少している。

1971年，1983年，1993年，2003年など収穫量が大幅に減少している年がある。1993年の収穫量は35万tで，前年の半分程度であり，深刻な米不足となった。この要因は冷害である。東北地方も冷害に見舞われ，さらに西日本では台風や長雨の影響で，全国の米の作況指数は74の「著しい不良」となった。日本は255万tの米を中国，アメリカ，タイなどから緊急特例的に輸入し，これらの輸入米で米不足は解消されたが，1993年の冷害は国民生活に大きな混乱をおよぼし，「平成の米騒動」とよばれた。米を一粒たりとも輸入しないという日本の方針はその後転換され，米の自由化への道を歩むことになる。

【品種改良に注がれた大きな夢】 北海道の稲作発展の歴史は，耐寒性と多収穫をめざす品種改良の歴史でもある。国の減反政策により品種改良の目標を良食味と耐冷性の新品種育成へと方向転換をする。資料2はイネの花であり，夏のほんの数時間だけ花が咲く。えい（殻）が2つに割れ，長い柄の先に花粉が入っている袋がついているのが雄しべ，雌しべは雄しべの根元にある。イネは自家受粉であり，基本的には品種改良とはある品種の雌しべに別の品種の花粉をかけあわせることである。食味性を大きく左右するのは粘り気と関係のあるアミロースと炊いた時のやわらかさと関係のあるタンパク質である。品種改良の課題はアミロースの数値を下げることであり，この課題解決のために導入されたのが，資料3にある「国宝ローズ」である。国宝ローズは，約100年前にアメリカに渡った日系移民が育成した品種であり，この品種との交配により道内の新品種は続々と誕生することとなる。資料3の系譜図から人工交配がどのように行われたのかを知ることができる。新品種が誕生するまでは約10年を要する。さらに品種になれるのは190万株のうち1つだけ，人間にたとえれば，札幌市民のうち1人という厳しさである。

【飼料用米の増加】 主食用以外の米には緊急時に備える備蓄米，焼酎，米菓子，味噌などの加工用の米，さらに飼料用や米粉用の新規需要米などがある。資料4にあるように，主食用以外の米の生産量が年々増加し，とくに飼料用米の生産量の増加が著しい。この背景には水田の多様性機能を維持するために，10アールあたり最大で10万5000円の補助金を出していることにある。飼料用の米の価格は低いが補助金を加えれば収入は主食用米と大差はない。2016年の道内の飼料用米の割合は14％，これに加工用米を加えると全体の34％にもなる。今後，食料用米の不足や米の価格高騰が問題となりそうである。2018年にTPPが発効した。TPP交渉では，米の関税は残されたものの，新たな無税の輸入枠が設けられた。2017年にアメリカはTPPの参加を取りやめ，日本と個別に貿易協定を結ぼうとしている。日本への外圧が強まるなか，日本の稲作をどのように守るのかが課題である。さらに2019年には日本とEU間にEPAが発効した。今後，これらが北海道産のチーズ，バターや食肉など畜産物にどう影響するか注目したい。

米のネーミングが市場をかえる

1988年，「上育397」は北海道で最初に行われた約2万通にものぼる一般公募のなかから選考され「きらら397」と命名された。「こんな名前でいいのか」などの声もあったが販売後には大ヒットし，全国的にも「きららブーム」を生み出した。品種名「きらら」は「キラキラと星のように，雪のように白く輝くようす」を表現したものだ。今や「ゆめぴりか」「ふっくりんこ」など道内産の米はブランド化し，全国的にも知られるようになった。

52 「とる漁業」から「育てる漁業」—ホタテ貝・コンブ養殖

ねらい
（1） 北海道の養殖業の現状について理解する。
（2） ホタテ貝とコンブを例に養殖業の課題や地域の課題について考える。

資　料

資料1　北海道の市町村別総漁獲高（金額順）（2017年度）

	市町村	金額（万円）	数量（t）	※金額第1位魚種
1	根室市	2,081,260.7	56,233	サンマ（道内1位）
2	函館市	1,891,407.3	35,740	コンブ（道内1位）
3	稚内市	1,484,305.3	48,114	ホタテ（道内2位）
4	斜里町	1,307,102.9	12,904	サケ
5	猿払村	1,148,099.2	47,687	ホタテ（道内1位）
6	網走市	1,098,183.8	33,837	ホタテ
7	別海町	1,050,714.3	27,971	ホタテ（道内5位）

資料2　北海道の海面養殖業の
地域別割合（2017年）

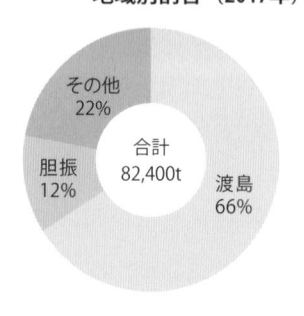

資料3　北海道の海面養殖業の
魚種別割合（2017年）

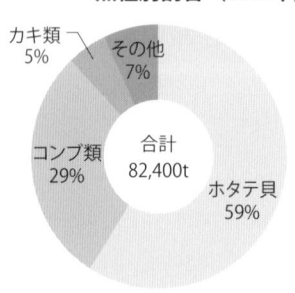

資料4　北海道市町村別コンブ生産量
（2016年）

市町村	生産量（t）	％
函館市	3,762	24.1
うち天然	475	—
うち養殖	3,287	—
根室市	2,504	17.5
えりも町	1,888	13.2
浜中町	1,336	9.3
釧路町	796	5.6
厚岸町	776	5.4
その他	3,537	24.9
合計	14,272	100

資料5　北海道のコンブ生産量の推移

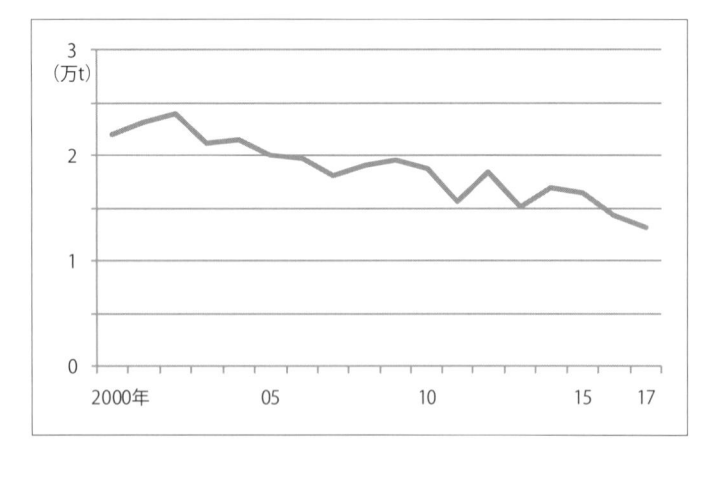

情　報

【出典】　資料1・4・5　北海道水産林務部『北海道水産物現勢』2017年
　　　　　　資料2・3　北海道農政事務所資料

【教材づくり情報】
　北海道や市町村などのホームページが充実している。また，漁協などでの聞き取り調査など，地域に出かけることをお勧めしたい。

解　説

【ホタテ貝は養殖漁業なの？】　資料1は北海道の総漁獲高（金額）上位の市町村である。まず，これらの市町村の位置を北海道の白地図で確認し，海名，海流などを記入することからはじめたい。資料1の稚内市，猿払村，別海町などは，いずれもホタテ貝の水揚げで知られている。北海道の国内にしめるホタテのシェアは80%前後と高く，「ホタテ王国」といわれるゆえんである。函館は古くから蝦夷地の特産物である「宇賀の昆布」の移出で知られており，資料1のいずれの地域も「育てる漁業」が見られる。

　一方，資料2・3を見るとホタテ貝などの海面養殖漁業の中心は，オホーツク地域ではなく，道南（渡島や胆振）となっている。ホタテ貝は育てる漁業として発展してきたが，じつはその栽培方法に違いがある。道南の噴火湾や津軽海峡では，ホタテの稚貝をかごに入れて海中につるし，2年間成長させて漁獲する「垂下式」である。一方，オホーツク地域では，稚貝を海に放流し4年間成長させて漁獲する「地まき式」が主流である。稚貝を放流するため「地まき式」による漁業は養殖には分類されないのである。ホタテ貝については養殖ではなく増殖という記述も見られる。

【養殖コンブは1日に10cm以上も成長】　資料4からコンブ生産量の多い市町村の位置を地図で確認し，北海道沿岸でのコンブの分布を理解したい。コンブは寒流系の褐藻類で，国内で生産されるコンブの90%以上は北海道で生産されている。北海道ではコンブはダシを取るために利用され，捨てられることが多いが，「コンブロード」を通じて結ばれた北陸や関西地方ではダシだけではなく，おぼろコンブやコンブ巻として食べる食文化があり，また，沖縄にはコンブを使ったクーブイリチー（コンブいた

め）という郷土料理も存在する。

　コンブには天然コンブと養殖コンブの2種類がある。コンブは浮遊子（胞子）によって増殖し，天然コンブの採取の対象は2年目のコンブである。養殖コンブは種苗センターで採取した遊走子を種苗糸に着生させロープにはさみこみ，垂下して育成させる。養殖コンブは種付けから約1年で採取されるため，価格は天然コンブに劣るが，毎年収穫できる。北海道のコンブ生産の約25%をしめる道南・函館はコンブの主産地だが，養殖コンブが生産の主流をしめている。コンブは製品化するまでに数多くの工程があり，手間かかるので，コンブ作業は「六十手数の折り昆布」とよばれるほどである。

【コンブ養殖は雇用を創造】　コンブの養殖事業は1962年から開始された。おもに道南ではじめられたが，その背景には地域の事情があった。道南の天然コンブ漁は，7月中旬から9月までと漁期が短く，コンブの生産量も不安定なことから，人々はコンブだけでは生活できずに出稼ぎに出ていた。この状況を打開し，生活の安定をはかるために導入されたのがコンブの養殖事業である。養殖により函館市でのコンブの生産量は飛躍的に増加し，白口浜コンブで知られている函館市南茅部地区では出稼ぎ者がいないとまでいわれる地域となった。

　北海道のコンブの生産量は，1962年の3万5420tがピークであったが，最近では2万tを切り減少傾向にある（資料4）。台風や海水温の変化など，気候の影響を受けたことが原因のようである。海水温の上昇に対応できる新たな養殖技術の必要性が求められている。また，生産量を増やし地域に雇用をつくり出すという課題もある。「漁業と町づくり」という視点からオホーツク海に面した猿払村を調べて見ることをおすすめしたい。

ガゴメコンブがつなぐ地域

　ガゴメコンブは函館周辺の沿岸に分布している。表面に凹凸模様のある「籠目」に似ていることからその名がつけられた。粘り気の強いガゴメコンブは，アルギン酸，フコイダンなどを多く含むことから健康食材として注目を集めている。秋田市の土崎港は北前船の寄港地であり，雄物川の河口に位置している。この川の上流にある横手市では，今でも函館産ガゴメコンブを使ったおぼろ昆布やとろろ昆布を販売する店が残っている。「秋田を入れる」という昆布削りの技術もこの地で生まれ全国に広がった。

53　豊かな自然を生かした観光

ねらい

（1）　北海道の観光は，豊かな自然条件を活かしていることを理解し，増加する外国人観光客に対する働きかけや，具体的な取り組み例を学習し，考察する。

（2）　札幌市の自然を活かした観光事業の取り組みを通して，観光が地域の経済活動の活性化につながっていることを理解する。

資　料

資料1　北海道を訪れる外国人観光客の推移

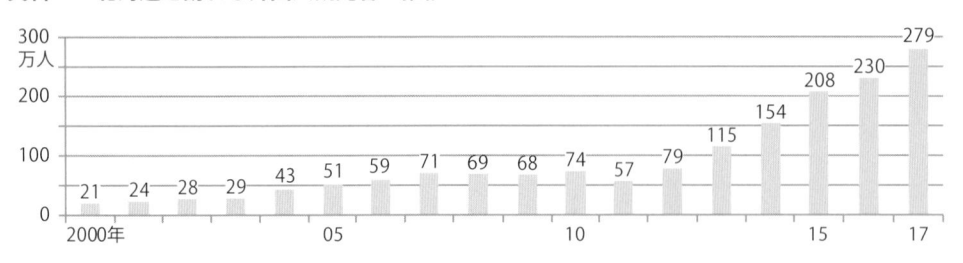

資料2　訪日外国人来道者数（国・地域別内訳）

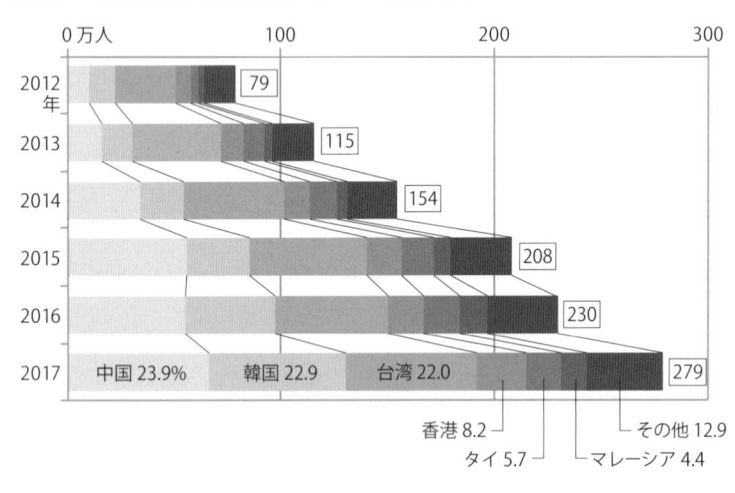

資料3　外国人観光客の旅行目的の推移

	2007年		2011年		2016年	%
1	都市見物・観光地名所めぐり	1	都市見物・観光地名所めぐり	1	都市観光	53.9
2	自然観賞	2	自然観賞	2	自然観賞	45.7
3	温泉・保養	3	特産品の買い物・飲食	3	特産品の買い物・飲食	35.4
4	特産品の買い物・飲食	4	温泉・保養	4	温泉・保養	32.7
5	テーマパーク・遊園地	5	ショッピング	5	花の名所めぐり	14.4
6	イベントへの参加・見学	6	動物園・水族館	6	動物園・水族館	14.3
7	花の名所めぐり	7	ドライブ	7	ショッピング	13.7
8	ドライブ	8	道の駅めぐり	8	ドライブ	13.4
9	スキー・スノーボード	9	イベントへの参加・見学	9	道の駅めぐり	9.7
10	美術館など文化施設めぐり	10	花の名所めぐり	10	テーマパーク・遊園地	3.7

（%は複数回答）

情　報

【**出典**】　資料1・3　北海道経済部観光局『北海道観光の現況2018』

　　　　　資料2　北海道経済部観光局『北海道観光入込客数調査報告書』

　　　　　資料4　一般社団法人札幌観光協会「ようこそさっぽろ」観光写真ライブラリー

【**授業づくりに有用な情報**】

・北海道，札幌市，札幌観光協会「ようこそさっぽろ」の各ホームページ。

解　説

【インバウンドとは？】　インバウンド（inbound）とは，外国人が訪れてくる旅行のことである。日本もようやくインバウンドの重要性を認識し，観光立国を国の重要な施策の一つに掲げ2007年に観光立国推進基本法が施行され，翌年には観光庁が設置された。この一連の動きのなかで，さまざまな振興策が取られ，訪日外国人旅行者数は2013年以降急増した。その影響は北海道内にもそのまま反映されており，2007年では71万人だった旅行者数が，2017年には279万人と４倍に増えた。観光客が増えた要因には，このような国の政策があったことを，授業では気づかせたい（資料１）。

【著しいアジア地域の伸び】　2017年度に道内を訪れた外国人観光客は，前年にくらべ21.3％増加し，279万人（前述の通り）となったが，その多くはアジア圏からの来訪者である。大きな割合を示す国は，中国（前年比21.8％増）と台湾（前年比16.1％増）で約半数をしめるが，韓国が前年比50.7％と大きく伸びている。以下，香港，タイ，マレーシアと続く。経済的に急成長をとげたこれらの国や地域の富裕層の増加が，より多くの来訪者を生む要因にもなったと思われる（資料２）。

　さらに，新千歳空港発着の国際航空路線を見ると，乗客の需要を見こみ，新たな路線が就航し（例・ソウル便６会社が毎日運行，上海便３会社が毎日運行，台北便２会社が毎日，他の２会社が週４往復運行など），観光客の多くが直接北海道を訪れることが可能になっており，来訪者をさらに増加させている。

【旅行目的は自然鑑賞】　外国人観光客の旅行目的を見ると，「自然鑑賞」が常に上位に位置している。これは，北海道の雄大な自然環境はもちろん，温暖なアジア地域の人々にとっては冬の寒さも，むしろ新鮮な感動を生むこととなる。広い意味では「花の名所めぐり」や「スキー・スノーボード」も北海道の自然を体感していることになり，実際に自らが「体験する」ことが，これから，さらに外国人の来訪を増やすことにつながると思われる（資料３）。

　北海道には「豊かな自然環境」を活かした観光を行ってきた伝統がある。ただ，自然に甘えるがあまり，より工夫した取り組みがされていなかったのも

事実である。次にそんな自然環境を活かした観光推進策の例として，札幌市の取り組みを紹介したい。

【札幌市の自然を活かした観光事業の取り組み】

資料４　紅葉の豊平川を川下り（定山渓温泉付近）

　札幌市では，民間会社に委託し，観光情報サイト「ようこそさっぽろ」（http://www.sapporo.travel）を公開している。日本語のほか，英語，中国語（簡体字，繁体字），韓国語，タイ語，インドネシア語版もあり，道内を訪れる外国人観光客のニーズにこたえている。また，そのなかの「観光写真ライブラリー」では5200枚におよぶ自由に使える写真を公開し（資料４の写真もその一例），情報発信にも積極的である。

　さらに2013年には「札幌市観光まちづくりプラン」を策定し，2022年までの10年間の観光の取り組みの方向性を示している（2018年３月改定版発行，札幌市のホームページから PDF ファイルでダウンロード可）。そのなかでは，重点施策の一つとして「観光コンテンツの充実と魅力アップ」を掲げている。

　具体的には，温泉街である「定山渓エリアの魅力アップ」のために，温泉施設の整備はもちろん，支笏洞爺国立公園と隣接している地の利を活かし，周辺自治体と連携した観光客の周遊の促進，札幌国際スキー場や，豊平峡など自然環境を利用した観光客の周遊の促進，首都圏におけるプロモーション活動などを行っている。また「札幌の魅力を活かした体験型観光の育成」もめざしており，スキーはもちろん，年間を通して誘客できる取り組みを行い，滞在型・体験型観光の充実（資料４の写真は，紅葉のきれいな定山渓をカヌーでめぐるという体験型観光の一例）をはかろうとしている。

54　日本の領土問題

ねらい

（1）　北方四島の先住民はアイヌ民族であるということを知る。

（2）　現在居住しているロシア人は，戦前の日本人と同じくらいの人口だが，島による違いが大きいことを理解する。

（3）　四島返還以外にも複数の解決方法が示されており，領土問題について多面的に考察する。

資 料

資料1　「北方領土の歴史」のリーフレット

北方領土の歴史

北方領土のはじまりって？

　日本が北方の島々のことを知ったのは、今からおよそ390年以上も昔のことと言われています。これは松前藩の「新羅（しんら）の記録」によって明らかです。

　1644年（正保元年）江戸幕府は「正保御国絵図」を編さんするため、諸藩に「国絵図」の提出を命じましたが、このとき松前藩が幕府に提出した自藩領地の地図には「くなしり」、「えとほろ」など39の島々が書かれています。

　ロシア人が始めて千島を探検したのが1711年（正徳元年）のことですから、約100年も前から日本は北方の島々とかかわりをもっていたのです。また、1721年（享保6年）ロシアの探検隊が作成した地図には、北方の島々が「オストロワ・アポンスキヤ」（日本の島々）と明記されています。

　1700年代の後半になると、幕府は、みずから北方の島々の経営に本格的に取り組むようになり、国後島、択捉島を中心に最上徳内、近藤重蔵、高田屋嘉兵衛のような勇敢な日本人が活躍しました。

　このような歴史的事実と当時の実情を踏まえて、1855年（安政元年）平和的な話し合いの結果、日ロ間に初めての国境が決められたのです。

最上徳内　　近藤重蔵　　高田屋嘉兵衛

正保御国絵図　　「大日本恵登呂府」の標柱

日魯通好条約

第二条　今より後日本国と魯西亜国との境「エトロプ」島と「ウルップ」島との間に在るへし「エトロプ」全島は日本に属し「ウルップ」全島夫より北の方「クリル」諸島は魯西亜に属す「カラフト」島に至りては日本国と魯西亜国との間に於て界を分たす是迄仕来の通たるへし

資料2　北方領土の人口（単位，人）

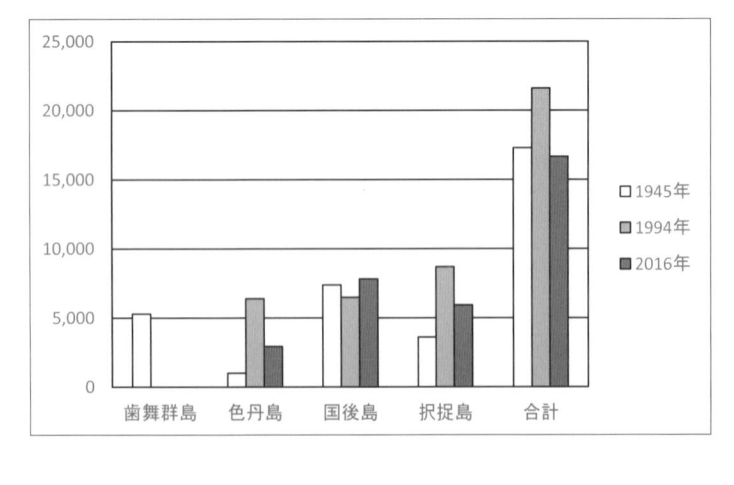

□1945年　■1994年　■2016年

（歯舞群島／色丹島／国後島／択捉島／合計）

資料3　北方領土の面積と面積等分のライン

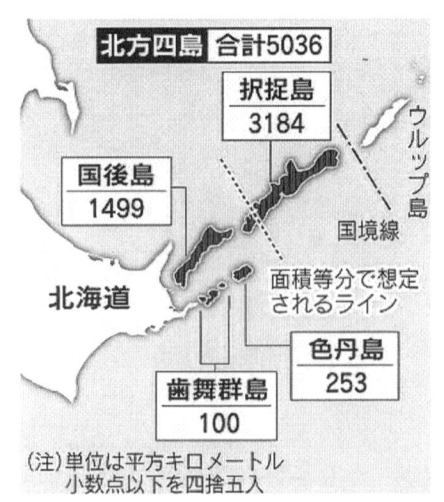

北方四島　合計5036
択捉島 3184
国後島 1499
歯舞群島 100
色丹島 253
ウルップ島
国境線
面積等分で想定されるライン
北海道

（注）単位は平方キロメートル
　　　小数点以下を四捨五入

情 報

【出典】　資料1　北方領土問題対策協会『北方領土の歴史』

　　　　　資料2　北方領土問題対策協会資料から作成（http://www.hoppou.go.jp/）

　　　　　資料3　日本経済新聞　2013年5月1日

解　説

【かつてはアイヌ民族の土地】　北方四島は「日本固有の領土」といわれるが、このことばは近代国家における主権や国境という視点からしかこれらの島をみていない。かつては先住民である千島アイヌの土地であった。しかし、そのような歴史が語られることは少ない。資料1の『北方領土の歴史』にはアイヌの文字はない。また、千島アイヌからみれば侵略者の尖兵とも考えられる最上徳内や近藤重蔵などの行動が、「活躍」という肯定的な表現で紹介されているが、それは一方的な見方とはいえないだろうか。近代国家の視点からは北方四島が「日本固有の領土」であるとしても、先住民の視点にたった歴史観も必要だろう。

【北方四島の住民】　資料2は、占領直前（1945年8月）の日本人と、1994年と2016年のロシア人人口を示している。総人口に大きな違いはないが、島ごとの数には大きな違いがある。占領前の北方四島では、ほとんどの人々が漁業に従事していた。現在居住しているロシア人は建設関係や水産加工関係の仕事などに従事している人が多く、漁業関係は少数になっている。1994年に北海道東方沖地震が起き、北方四島が大きな被害を受け、人口は大幅に減少した。ロシア政府はその後「南クリル開発計画」を実施している。

【返還に向けて】　2013年の日ロ首脳会議で、ロシア大統領から「面積等分」での領土問題解決の例が示されたといわれる。いままでにロシア（ソ連）から、歯舞群島と色丹島の二島返還というアプローチは複数回あった。だが、日本側はその提案に対し「時間がかかっても四島返還で貫くべきだ」という原則論のもとで、真剣に検討することもなかったというの

が実際のところだろう。しかし、この問題が生じてから、すでに70年以上の長い時間が経過している。旧島民の高齢化が進む現在、早期解決をめざすべきであることはいうまでもない。日本は四島の帰属問題を解決させてから平和条約を締結するというのが基本方針である。では、どのような選択肢があるのか。次の4つの選択肢が考えられる。

①四島返還（日本政府の立場は「四島の我が国の帰属が確認されれば、実際の返還の時期、態様及び条件については柔軟に対応する」というもの。二島先行返還も含む）

②三島返還（歯舞群島・色丹島・国後島の返還）

③二島返還（歯舞群島・色丹島の返還）

④面積等分返還（資料3）

【日ロ交渉の新しい動き】　2018年11月にプーチン大統領と首脳会談を行った安倍晋三首相は、1956年の日ソ共同宣言にもとづき交渉を加速させることに合意したと表明した。日ソ共同宣言では「平和条約締結後に歯舞群島と色丹島を引き渡す」とされている。そのため、この発表は、それまでの四島一括返還という国の基本方針を、大きく転換させるものといえる。

しかし、ロシアには根強い反対運動があるうえ、プーチン大統領は平和条約締結には「全面的な関係の発展」が必要と強調した。ロシアはこの問題を利用して、日本から北方四島での共同経済活動を含めた大規模な投資を引き出そうとしているとされる。問題解決を急ぐ日本と、時間をかけようとするロシアとの姿勢の違いは明らかである。

ただし、たとえ歯舞群島と色丹島の二島返還で問題が決着したとしても、両国の国民の反発は避けられないであろう。

北方四島に入域するには

　ロシアから査証（ビザ）の発給を受けて入域することは可能である。しかし、その方法ではロシアの管轄権を認めることになるため、日本政府は自粛を求めている。現在、訪問が可能なのは、①元島民などによる「墓参」、②元島民などによる「自由訪問」、③元島民、返還運動関係者、青少年および教育関係者などの「ビザなし交流」に限られる。ビザなし交流は1992年にはじまったが、これまでに日本からの訪問が約1万2000人で、日本の受け入れが約9000人にのぼる。

55　アジア州への人口集中

ねらい

（1）　世界の人口の 6 割がアジアに集中していることを確認する。

（2）　中国・インドをはじめ，人口が 1 億をこえる国がアジアに 7 か国あることを理解する。

（3）　人口が多いことの問題点を考える。

資　料

資料 1　世界の州別人口

(単位　百万人)

	2000年	2018年
世界合計	6,145	7,633
アジア	3,730	4,545
アフリカ	818	1,288
中南アメリカ	526	652
北アメリカ	313	364
ヨーロッパ	727	743
オセアニア	31	41

資料 2　アジアの人口は多い

	1950年	1960年	1970年	1980年	1990年	2000年
世界の人口（億人）	25	30	37	45	53	61
アジアの人口（億人）	13	17	21	26	32	37
その割合（%）	52	56	57	58	60	61

	2010年	2018年
世界の人口（億人）	70	76
アジアの人口（億人）	42	45
その割合（%）	60	59

資料 3　アジアの人口 1 億以上の国々（2018年）

国　名	人　口（万人）
中　国	141,505
インド	135,405
インドネシア	26,680
パキスタン	20,081
バングラデシュ	16,637
日　本	12,719
フィリピン	10,651

資料 4　乳児死亡率（1000人出産のうち 1 歳未満死亡者数，2016年）

国　名	人	国　名	人	国　名	人
中央アフリカ	87.6	マリ	65.8	パキスタン	61.2
シエラレオネ	81.7	赤道ギニア	65.3	ギニア	56.4
ソマリア	79.7	ナイジェリア	64.8	リベリア	55.9
チャド	73.4	コートジボワール	64.2	ギニアビサウ	55.6
コンゴ民主共和国	70.0	ベナン	63.5	カメルーン	55.1
レソト	66.5	南スーダン	62.5	ハイチ	53.9

情　報

【出典】　資料 1 〜 3　矢野恒太記念会『世界国勢図会2018／19年版』

　　　　　資料 4　国連デモグラフィック・イヤーブック

　　　　　国連の人口統計などの資料は簡単に手に入れられる。国連は毎年『世界人口白書』を発表している。

解　説

【世界の州別人口とアジアの人口】　世界の人口は1900年に16億人だったのが，1950年には25億人になり，2000年には60億人をこえ，2018年には76億人になった。世界一の人口をもつのは中国で14億人をこえ，それに続くインドも13億人をこえ，この2か国で28億人となり，世界人口の36%をしめている。その他にもアジアに人口が多い国があり，アジアは世界人口の約60%をしめ，人口1億をこえる国々が7か国ある（資料1，2，3）。

　世界人口は今後も発展途上国を中心に増加していき，2050年には97億7182万人となって，2018年の1.3倍に増加するとみられている。2050年の世界の人口分布は，アジア53.8%，アフリカ25.9%，中南アメリカ8.0%，ヨーロッパ7.3%，北アメリカ4.4%，オセアニア0.6%となり，アフリカの割合が大きく伸びるとみられている。

【人口問題から考える食料問題，環境問題】　人口が多いことはよいことなのだろうか。人口が多いということは働く人がいるということであり，生産活動の大きな条件になっている。しかし，反面人々は消費活動を行うので，人口が多いということは大きな市場を抱えるということになる。労働人口をはかる指標として，年齢別の人口ピラミッドをみると，アジアの人口は若い人口が多く，労働力が大きいということができる。しかし，人口問題を考えていくと，健康で豊かに生きていくための食料，環境，医療などの問題に派生していく。

　アジアの人の多くは米を主食としている。世界の米の生産は7億4096万t（2016年）であり，日本人の摂取量をもとにすると30億人分あることになるが，実際は，アジアの人口を養うこともできない。その生産もかたよりがあり，日本では1haあたりの収穫は5439kgだが，タイでは1haあたり2912kgとなっている（2016年）。タイの米の収穫は日本の2分の1程度にすぎない。

　また，豊かな環境でくらせるかどうかについても重要である。日本などは環境に対する法的な規制が1970年代の公害の経験のなかからつくられているが，アジアの各国では，この環境基準が整備されていない。大きな工場の出す煙や排水で周辺住民の健康を害していたり，生活の糧である漁場が汚染で魚がとれなくなるなどの被害が続出している。

【乳幼児死亡率】　医療の充実も人口問題を考える際には大きなポイントとなる。その際の指標の一つは乳幼児死亡率である。生まれた子どもが5歳まで生きられる確率を国際的な統計で調べてみる。とくに生後1年未満で死亡する乳児死亡率の統計では，世界193か国のうち，乳児死亡率の高い順の60位までで，アフリカが43か国，アジアが9か国である。上位18位までの16か国はアフリカである。アジアではパキスタンが13位となっている（資料4）。アフリカで乳児死亡率の高い国が多いが，アジアにも高い国がかなりある。

　世界の人たちが同じように豊かなくらしができるように発展した国が発展途上の国を援助しているが，その実態もみる必要がある。ODAの実態も注視する必要がある。人口問題は，その数が多いか少ないか，分布がどうなっているかにとどまらず，人類の未来を考える材料となる。

ODAは途上国の人々の生活を豊かにしているか

　フィリピンは日本からのODA資金の提供をうけている。ルソン島のマニラ郊外の海岸カラカに発電所の建設をすることになった。しかし，発電所を建設する建設会社はフィリピンにはない。そこで，日本の建設会社がこのカラカ発電所を建設することになった。日本国民の税金でフィリピン政府に提供された資金は日本の建設会社のふところに入る。建設にたずさわる労働者はフィリピン人なので，まったくフィリピンにODA資金がまわらないということではないが，日本のODA資金の93%は日本に戻っているというフィリピンの研究者もいる。この発電所でおこす電気はだれが使っているのだろうか。この発電所の電気を利用して工業をおこしているのは，日本の進出企業である。マニラとカラカの中間地点に日本の工業団地があり，日本企業が操業している。

56　韓国の工業の変化

ねらい

（1）　韓国の産業は，官民一体となった巨大企業により大きな影響を受けていることを知る。

（2）　成長が著しいサムスン電子の地域専門家制度のねらいを知る。

（3）　プサン港は，東アジアのハブ港としての機能を備えている。ハブ港の役割と日本への影響を考える。

資　料

資料1　スマートフォンの市場占有率（上位企業）の推移

企業名（国籍）／年	2013年	2014年	2015年	2016年	2017年	2018年
サムスン電子（韓国）	32.5%	28.0%	26.6%	22.2%	21.9%	20.3%
アップル（アメリカ）	16.6%	16.4%	16.4%	16.8%	15.2%	15.2%
ファーウェイ（中国）	4.4%	5.9%	6.6%	9.3%	10.8%	11.6%
シャオミー（中国）	—	5.2%	6.5%	5.8%	6.4%	5.8%
オッポ（中国）	—	—	—	3.9%	7.6%	7.0%
その他	20.9%	16.7%	18.8%	20.3%	31.6%	32.2%
出荷総数（百万台）	927.2	1166.9	1290.3	1397.1	1457.5	1498.3

資料2　ハブ港の概念図

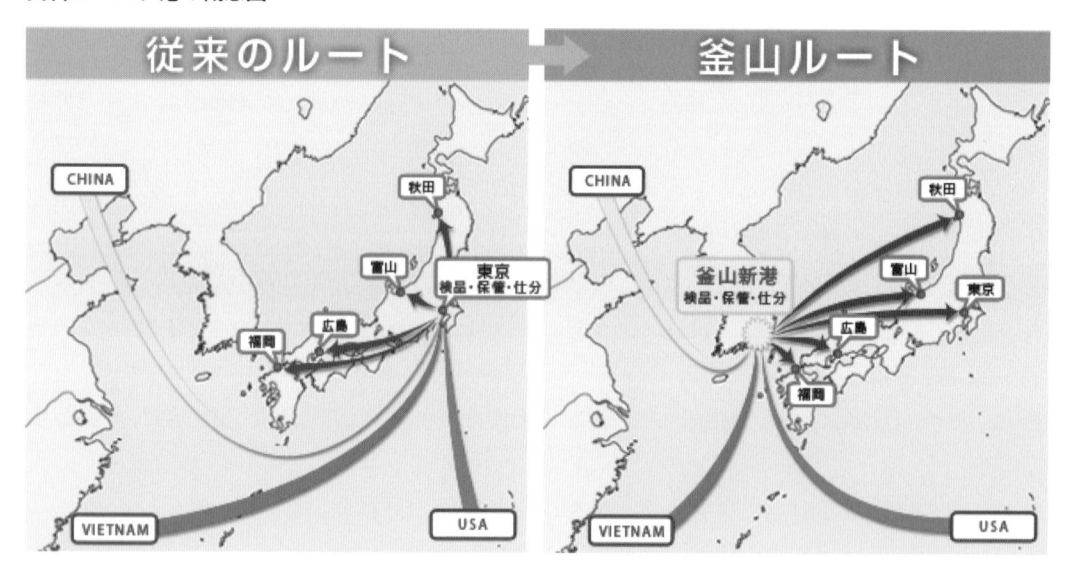

情　報

【出典】　資料1　『Trend Force』各年度より筆者作成

　　　　　資料2　西濃運輸ホームページ（釜山・プラットフォーム・プロジェクト）

　　　　　　　　https://www.seino.co.jp/seino/service/domestic/logistics/about_ppp/

【教材づくりに有用な情報源】

・文聖姫『麦酒とテポドン：経済から読み解く北朝鮮』平凡社新書（2018年）

解 説

【上位32企業で系列企業数1332】 1997年のアジア通貨危機に始まった経済不況は，韓国経済に大きな打撃をあたえた。その後は，電子産業，自動車，鉄鋼，造船などの基幹産業で日本を激しく追い上げる成長を示した。韓国の産業発展を支えているのは，「財閥グループ」とよばれる相互出資制限企業集団の存在だ。サムスン，現代自動車（ヒュンダイ），SK，LG，ロッテなどがならぶ。上位企業でも入れかわりが激しいが，サムスンと現代自動車はこの30年間変わることなく4位以内にある。サムスングループ内のサムスン電子と現代自動車2社だけで，売上高はGDP比の約20％になった（2017年）。日本の場合，上位10社でGDP比24.6％，アメリカは11.8％にとどまる。ときに政治と癒着しながら成長してきた韓国の巨大企業は，系列化を進め，中小の企業を圧迫しつつ，影響力を強めている。

【サムスン成長の中核はサムスン電子】 サムスングループは，電子，重工業，物産から保険会社まで62社，従業員49万人，総資産399.5兆ウォン（40兆円）の韓国最大の複合企業である（2018年）。グループの中核はサムスン電子で，全営業利益の80％を担う。

2017年，世界のスマートフォン出荷台数は前年比0.1％減の14億8000万台だった。シェアは韓国のサムスン電子が首位，米アップルが2位で，この順は2011年から変わらない（資料1）。

【グローバル人材戦略】 サムスン電子の成長の要因は「スピード戦略」「トップマネジメント」「人材戦略」などがあげられる。国内市場が小さく，貿易依存度が高い韓国でサムスン電子の国外販売比率は80％をこえる。新興国市場の販売を支える「地域専門家制度」は，1990年，特定の国や地域の専門家として活躍できる人材を育成するためにはじまった。社内審査で選ばれると派遣期間中は業務から完全にはなれ，家探しから語学学校への入学手続きまで，自分の力で行い，その国のライフスタイル，文化，習慣，言語などを徹底的に体得する。現地の人々と交流しながら情報収集をし，人脈をつくり，1年後には帰国する。この人材戦略は，韓国の他の財閥も取り入れはじめた。

【ハブ港はどのような役割を担っているのか】 プサン港は，市街地に隣接するプサン北港と，25kmほど西方にあるプサン新港にわかれる。この距離は東京港と横浜港間に相当する。プサン新港の開発は1995年にはじまり，2006年から供用が開始された。2016年の総貨物取扱量は，世界9位であるが，日本の上位2港（名古屋港，千葉港）の合計に近い数字になる。また，2007年からの10年間の取扱量は1.5倍増加し，1位の上海と同様で右肩上がりである。官民一体となった関税自由地域政策が功を奏した。

船舶航路網を自転車等の車輪にたとえると，車輪のスポークにあたる部分が航路，中心のハブ部分がプサン港にあたる。たとえばこれまで東京港で行っていた輸入貨物の保税通関手続き・検品・仕分け・保管・再輸出や，国内の他港への移出といった業務もハブ港が取ってかわる。日本の港湾を素通りして，プサン港を「経由」した物流ができあがった。さらに梱包，加工・組み立ても現地で行う。また，ある日本の自動車メーカーは，韓国内の関連企業から部品を集荷し，韓国の倉庫を経由して九州の各港へ出荷している（資料2）。

市場経済へ移行しつつある朝鮮民主主義人民共和国の経済

北朝鮮では，2012年ごろから「社会主義企業責任管理制」が実験的に導入された。個々の企業には，経営の根幹にかかわる計画権，貿易権，人材管理権，価格制定権，販売権など，12項目の権限が付与され，いわば独立採算制がとられている。国営の事業所で働いても月給は1500〜3000ウォン（北朝鮮ウォン［KPW］は，100KPWで日本円12円／2019年2月）であるのに対し，45万〜60万ウォンの賃金を支払う企業も出ている。土地経営も同時期に「田圃担当責任制」という中国の農業経営請負制と似たしくみが導入された。請負契約にもとづいて各農家が直接取り分を得られるため，穀物処分権は大幅に緩和された。ちなみにコメの1kgあたりの市場価格は2012年7月に5000ウォンを突破して以降，4000〜6000ウォン台を推移し，米価を押し上げる要因になっている（国定価格は2010年で24ウォン）。

ねらい

（1）　動き出した「一帯一路」構想とは何か，構想と現状を知る。

（2）　レアメタルと，中国が生産の多くをしめるレアアースについて学び，開発のあり方について考える。

資　料

資料1　「一帯一路」構想の陸上・海上ルート

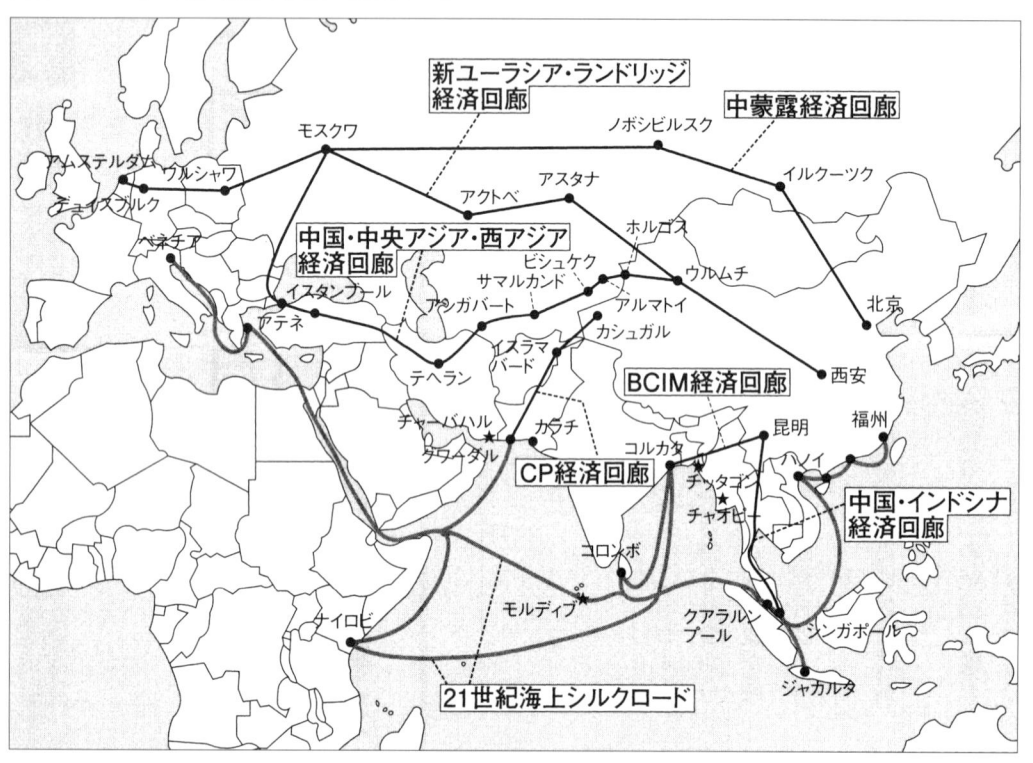

（注）CP は，中国・パキスタン。BCIM は，バングラデシュ・中国・インド・ミャンマー

資料2　世界のレアアース（希土類）の生産と国別割合（%）

	2008年	2009年	2010年	2011年	2012年	2013年	2014年	2015年
中国	96.9	97.7	97.6	95.5	89.3	87.2	84.0	80.8
オーストラリア	—	—	—	2.0	2.9	1.8	6.4	9.2
アメリカ	—	—	—	—	2.7	5.0	4.3	4.5
ロシア	—	—	—	—	—	2.3	2.1	2.2
タイ	—	—	—	—	—	—	1.5	—
インド	2.3	2	2.3	2.5	2.6	2.7	—	1.3
ブラジル	—	0.4	—	—	—	—	—	—
世界計（t）	129,000	132,000	123,000	110,000	112,000	109,000	125,000	130,000

情　報

【出典】　資料1　『経済』2018年8月号，「特集　中国経済と一帯一路構想」新日本出版社

　　　　　資料2　矢野恒太記念会『日本国勢図会』『世界国勢図会』各年版

　　　　　　　　　（2011年までは日本国勢図会，2012年以降の数値は世界国勢図会による）

【教材づくりに有用な情報源】　レアアース，レアメタルに関しては，物質・材料研究機構のホームページのなかの「レアメタル・レアアース特集」（https://www.nims.go.jp/research/elements/rare-metal/）が役に立つ。

解説

【「一帯一路」構想】　「一帯一路」とは，中国の習近平主席が2013年に提案した「シルクロード経済圏構想」で，アジアとヨーロッパを結ぶ交易路であったシルクロードにちなんで命名された。中国は，東南アジア，南アジア，中東，ヨーロッパなどの国々で道路，港湾などのインフラ整備を進め，経済連携の促進をめざす。「一帯」は中国から中央アジアを経由してヨーロッパにいたる陸路，「一路」は南シナ海やインド洋を経由する海上のルートである。この構想を金融面であと押しするため，2015年，中国主導のアジアインフラ投資銀行（AIIB）を発足させたが，日本やアメリカは参加していない。

　資料1は，今後を見通した想定ルートで，「中蒙露経済回廊」は，北京，モンゴルからロシア，ヨーロッパに向かうルート，「新ユーラシア・ランドリッジ経済回廊」「中国・中央アジア・西アジア経済回廊」は，石油・天然ガスの輸送路を軸に，中国内陸部から中央アジア・西アジア方面を経由してヨーロッパに向かうルート，「BCIM 経済回廊」「中国・インドシナ経済回廊」は，中国南部からミャンマー，バングラデシュ，インド，もしくは東南アジアを結ぶルート，「21世紀海上シルクロード」は，中国沿岸から南シナ海，インド洋から地中海をぬけてヨーロッパへいたるルートと，アフリカ（ケニア）に向かうルートである。「一帯一路」の沿線国は，中国を含んで65か国，44億人の規模である。

　しかし，「一帯一路」には逆風もある。沿線国のスリランカのハンバントタ港の運営会社の経営難，インドネシア，マレーシアの高速鉄道の実現には将来の経営と需要の見通しに不安材料があり，発展途上国の借入金の返済難が指摘される。

【中国が独占するレアアース】　先端技術産業の高度化によって，レアメタル（希少金属）の需要が急増している。リチウムは表示ブラウン管，圧電素子，アルカリ電池に欠かせない。ジリコニウムは原子炉の燃料被覆材，耐火物，研磨・研削材に利用され，ニオブは高張力鋼，耐熱合金などに利用される。これらのレアメタルの生産国は比較的各国に分散している。

　資料2を見ると，中国のレアアース（希土類）の生産割合は，減少しているとはいえ80％以上をしめている。産地は江西省，広東省などで，埋蔵量は世界の50％ほどをしめるといわれる。レアアースはレアメタルの一種で，ジスプロシウムやネオジム，セリウムなど17種の元素が含まれている。他の金属と混ぜると磁力や耐熱性が増す。ハイブリット車のモーターやパソコンのハードディスクのモーター，スマートフォンなどに利用されるほか，光学ガラス，蛍光体（カラーテレビ用），研磨剤，磁性材料（永久磁石），電子材料（セラミック・コンデンサ）など広く使われ，「産業のビタミン」とよばれる。

　中国は2010年の尖閣諸島沖での漁船衝突事故後に日本への輸出規制を強化したため，2011年なかばに取引価格は数倍になった。その後，日米欧が世界貿易機関（WTO）に提訴するなどし，価格は最高値の半分ほどになった。中国は2012年，レアアース問題で広東省韶関市（シャオグワン）のレアアースの盗掘現場の写真を公開した。「乱開発を止めなければ，地下水が汚染され農業が破壊される」「生産過程で有毒ガスや汚染水などが大量に排出している」と，レアアースの輸出規制は，戦略物資ではなく，開発地域の環境破壊防止と資源保護であると説明した。

深圳─中国のシリコンバレー

　深圳（シェンチェン）は中国南東部に位置する港湾都市である。かつて小さな漁村だったが1980年，中国初の経済特区に指定され「世界の工場」として発展した。市域の人口は約700万人（2000年）。それまで中心であった下請けをする労働集約型の工場はしだいに地位を下げ，一方，台頭しているのが最先端の技術開発で急成長する新興企業である。ものづくりの拠点として発展してきたため，部品の調達が容易であること，優秀な技術者が多いことなどが起業家を引きつけている。起業家に資金を供給するベンチャー対象の金融機関も進出し，「中国のシリコンバレー」とよばれている。世界有数のスマートフォーン出荷台数の華為技術（ファーウェイ）は1987年，深圳で起業し，売り上げは9.9兆円をこえる（2017年）。

58　中国の経済成長と人びとの生活

ねらい

（1）　14億人をこす巨大人口と経済成長を背景に生産と生活がどう変化しているか，養豚業をとりあげる。

（2）　2016年に「一人っ子政策」から1世帯「二人の子ども」に変わった。その背景を把握する。

資　料

資料1　中国の主要な畜産物（食肉）の生産量（万t）

年	食肉総量	豚肉	牛肉	羊肉	家禽肉
1985	1,926.5	1,654.7	46.7	59.3	160.2
1995	5,260.1	3,648.4	415.4	201.5	935.0
2005	6,938.9	4,555.3	568.1	350.1	1,464.0
2013	8,535.0	5,493.0	673.2	408.1	1,656.0*
2013年の比率**		66.7%	8.2%	5.0%	20.1%
2013/1985（倍）	4.4	3.3	14.4	6.9	10.3

* この欄，家禽のみ2010年

**2013年の豚肉以下の計＝8230.3万t（100%）として計算，「食肉総量」は他の肉が加わるので数字は一致しない。

資料2　おもな国の合計特殊出生率（%）

国名	2011年	2016年	国名	2011年	2016年
インド	2.6	2.3	ブラジル	1.8	1.7
南アフリカ	2.4	2.5	カナダ	1.7	1.6
メキシコ	2.3	2.2	中国	1.6	1.6
インドネシア	2.1	2.4	ロシア	1.5	1.8
アメリカ	2.1	1.8	韓国	1.4	1.2
オーストラリア	2.0	1.8	日本	1.4	1.4
フランス	2.0	2.0	ドイツ	1.4	1.5
イギリス	1.9	1.8	シンガポール	1.3	1.2

資料3　中国の出生率の変化（‰）

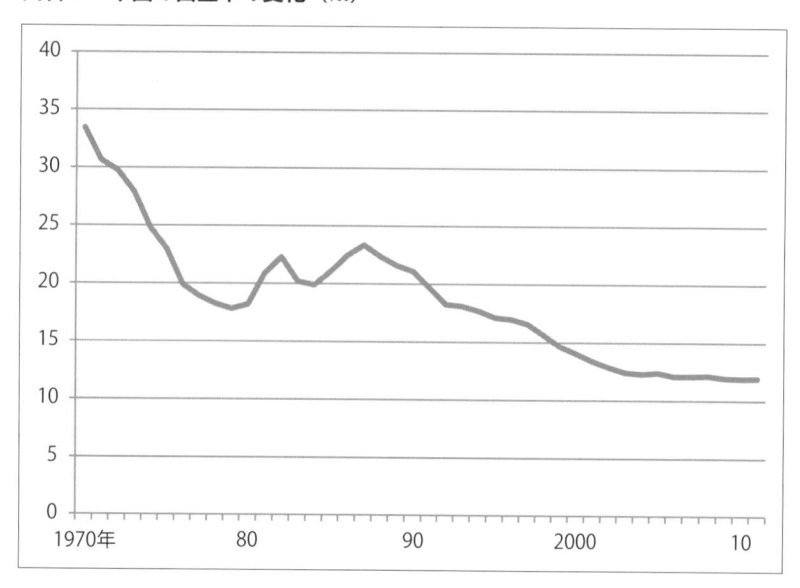

情　報

【出典】　資料1　「中国統計年鑑」，家禽は「中国農業発展報告」それぞれ各年版による

　　　　　資料2　矢野恒太記念会『世界国勢図会』各年版

　　　　　資料3　21世紀中国総研『中国情報ハンドブック2012年版』蒼蒼社の統計をグラフ化

【教材づくりで有用な情報源】

・光田剛編『現代中国入門』ちくま新書（2017年）

・中国の最新情報は，毎日新聞紙面で月1回発行「all you need to know<china watch>」（英文大文字，日本語版）が役立つ。

解 説

【豚肉は中国人の主食だ】 資料１から中国の食肉消費量の割合を把握する。食肉生産量の３分の２を豚肉，ついで家禽肉（ニワトリを主として，ほかにアヒルなど），牛肉，羊肉の順である。中国人は「豚肉は主食だ」といってはばからない。世界の豚肉消費量は約１億ｔで中国がその半分あまりの5500万ｔをしめる。市場規模は20兆円である。食肉１kg生産するのに必要な穀物は，牛肉11kg，豚肉７kg，鶏肉４kg。水は豚肉１kg生産するのに約6000リットルが必要である。

【零細養豚の衰退と巨大養豚企業誕生】 豚の飼育は，零細な農家が庭の片隅の豚舎で残飯を主に，配合飼料を加えて数十頭ほど飼う。出荷は零細商人が農家に買いにくる。現在も中国では零細な生産・流通で豚肉の半分が供給される。枝肉（骨付き肉）は夏でも常温の露店にぶら下げられ，切り売りされている。しかし，零細養豚農家は年間８〜10％が廃業している。後継者不足や豚の病気流行への対応，飼料価格の高騰，違法な成長促進剤利用が社会問題化するなど，消費者の零細養豚農家への警戒もあって，管理の行き届いた規模の大きい養豚企業にかわりつつある。

　山東省煙台市の大手の龍大（ロンダ）食品の食肉処理工場の敷地面積は８万㎡。工場では豚肉が加工ラインを流れていく。１日の処理数は4000〜6000頭で，衛生管理を徹底している。同社の養豚場は高い塀で囲まれ，数十万頭が飼育されていという。衛生検査を受けた従業員は一度飼育場に入ると１か月は外に出られない。龍大は伊藤忠商事と提携し，中国最大手の中糧（ゾンリャン）集団と合弁して生産拠点を増やし，年間処理頭数を50万頭から500万頭に拡大するという。北京など大都市の高級デパートは冷凍・冷蔵設備をもち，日本のスーパーと同様に小分けにパッケージされた豚肉がならぶ。

【2016年から「二人っ子政策」に転換】 資料２をみると，中国の合計特殊出生率（一人の女性が生涯に産む子どもの平均数）は1.6（2011年，2016年）で，先進国のアメリカ，フランス，イギリスより下まわっている。低出生率は1979年からはじまった「一人っ子政策」の影響である。しかし，少子化は，高齢化と生産年齢人口の減少となってあらわれた。中国では高齢化が急速に進んでおり，「誰が親の老後を支えるか」と老親の養育・介護問題が緊急の課題となっている。生産年齢人口（先進国65歳，中国60歳まで）の比率も減少している。生産年齢人口は2013年が10億人で，比率は2010年の74.5％がピークで，毎年0.4％ほど低下し，今後の労働人口の減少が予想される。2013年の中国共産党中央委員会会議は，夫婦双方または片方が「一人っ子」の場合，第２子の出産を認めることを決定した。2015年の同会議では「一人っ子政策」を撤廃し，１組の夫婦が二人の子どもを産むことを「可」とし，2016年から「二人っ子政策」を実施した。国務院の「国家人口発展計画」（2016〜30年）では2030年の総人口は14億500万人前後と予測している。

　しかし，二人っ子政策がはじまったものの出生数は期待したほど増えていない。都市部の合計特殊出生率が，上海では0.74，北京は0.71と低い。都市の生活費が高く，育児に多額の費用がかかるなどの理由である。国家統計局によると，独身成人が2015年に２億人をこえ，その割合は1990年の６％から2013年には15％と5800万人あまりも増加している。

北京の出稼ぎ宅配便配達員

　中国は世界最大のネット通販国である。2017年の宅配荷物取扱件数は，前年より30％増え，400億件もあり，世界の宅配荷物の半数を中国がしめる。北京のオフィス街でＡさん（47歳）は荷台が連結された三輪バイクで宅配荷物を配達している。彼は山西省で農業をしていたが，生活が苦しく，2017年に妻と子ども２人を残して北京へ出稼ぎに来た。宅配配達員は出稼ぎ労働者がかんたんに見つけられる職業であるが，労働環境はきびしい。基本給はなく，１つの荷物につき１元（17円）の完全歩合給である。１日平均200個の荷物を配り25日間で，月収は5000元ほど。Ａさんは会社の寮の２段ベッドで寝起きし，食事は１日20元でしのぐ。きつい仕事のためやめていく人が多い。

59 台湾―意外と知らない隣の「クニ」

ねらい

（1） 中国の一部として扱われている台湾は，現実にはまったく別の地域であることを学ぶ。

（2） 国際社会のなかで，政治的には孤立しながら驚異的な経済発展をしている台湾のようすをさまざまな
データから読み取る。

資 料

資料1　台湾のおもな貿易相手国（2017年）

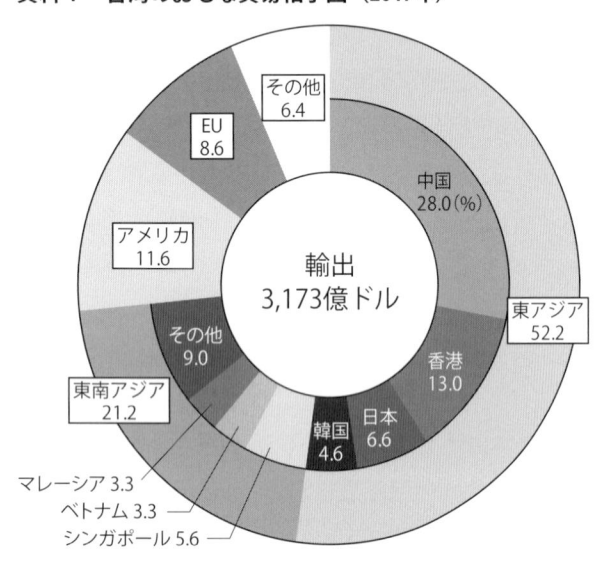
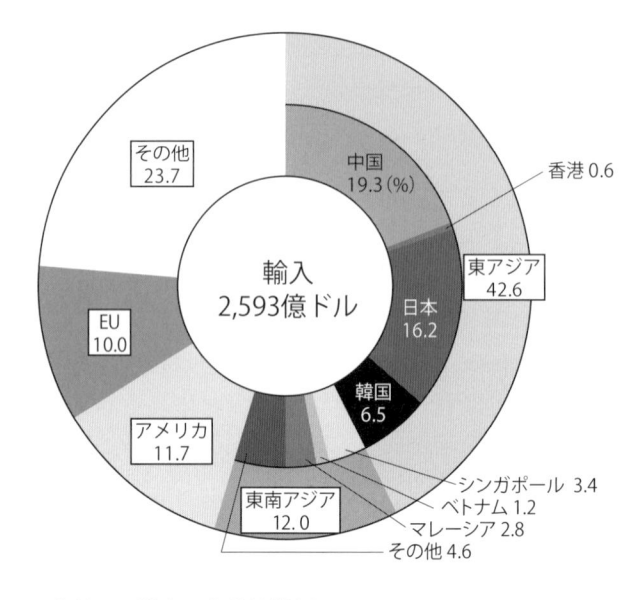

資料2　訪日外国人観光客数（2018年）

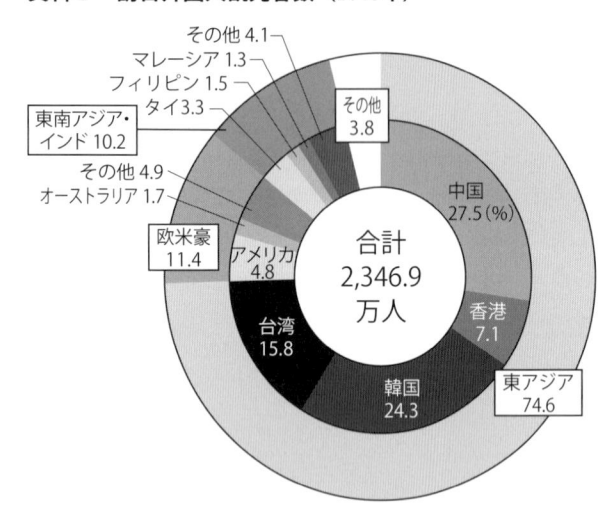

資料3　漢字の字体比較例

簡体字 （中国）	繁体字 （台湾）	日本語	簡体字 （中国）	繁体字 （台湾）	日本語
广	廣	広	车	車	車
艺	藝	芸	华	華	華
关	關	関	发	發／髮	発／髪
实	實	実	机	機	機
应	應	応	铁	鐵	鉄
图	圖	図	乐	樂	楽
荣	榮	栄	马	馬	馬
对	對	対	个	個	個

情 報

【**出典**】　資料1　JETRO（日本貿易振興機構）世界貿易投資報告より筆者作成

　　　　　　資料2　JNTO（日本政府観光局）ホームページより筆者作成

　　　　　　資料3　筆者作成

【**授業づくりに有用な情報源**】

・伊藤潔『台湾』中公新書（1993年）

・酒井亨『台湾したたかな隣人』集英社新書（2006年）

・酒井亨『「親日」台湾の幻想』扶桑社新書（2010年）

・亜洲奈みづほ『現代台湾を知るための60章』明石書店（2003年）

・国立編訳館主編『台湾国民中学歴史教科書・台湾を知る（認識台湾）』雄山閣（2000年）

解　説

【台湾は中国の一部か？】　台湾を中国の一部だと思っている人は意外に多いが，台湾自身は憲法で「中華民国」という国名を定め，行政も議会も軍隊も独自通貨ももっているまったく別な「地域」である。言語は中国語（北京語）であるが，年配者のなかには福建語系の台湾語を使用する人もいる。第二次世界大戦後，日本は台湾を中華民国として認めていたが，国連の代表権が台湾から中国に移行（1971年）した後，1972年に国交を断絶した。しかし，経済や文化面では現在も強いつながりをもち続けている。

【歴史に翻弄された台湾】　台湾は有史以来，オランダ東インド会社，鄭氏勢力，清朝など，さまざまな勢力の支配を受け，1895〜1945年までは日本の植民地支配を受けた。その後，中国本土で共産党との内戦に敗れた国民党が台湾に逃れ，中華民国としての統治を続けた。その時，国民党とともに渡ってきた人たちを外省人，それ以前から住んでいる人たちを本省人といい，ほかに少数の先住民族もいる。1947年には横暴な国民党政権への激しい抵抗運動（二・二八事件）が起こったが残虐な粛清で鎮圧され，事件そのものもタブーとされてきた。長い間，国民党の一党独裁体制が続いたが，1996年以降は直接選挙で総統を選ぶようになり，二大政党による政権交代も実現している。

　台湾人が日本の植民地支配をどうとらえるかは，台湾人が自らの歴史をどう考えるかという問題でもある。歴史教科書では中立的な表現で日本の統治時代を意味する「日治」という用語を使用するものが多いが，批判的なニュアンスの「日拠」を使用する教科書もある。大陸で日本と戦った国民党は「日拠」，独立志向の強い民進党は「日治」の立場で，専門家の間でも議論がある。

　実際には灌漑水路を建設した八田与一や台湾野球のルーツをつくったといわれる近藤兵太郎など，台湾に情熱を注ぎ，現在も高い評価を受けている人たちもいるが，当時の日本にとって台湾はあくまで米と砂糖の供給地，南進補給基地としての位置づけであり，教育や学術も植民地政策を貫徹させるためのものであった。

【台湾の経済発展】　台湾はアジア NIEs の一つといわれているように驚異的な経済成長をとげた。とくに1980年代に研究開発拠点都市の設置や輸出加工区の整備を行って以降，液晶パネルや集積回路など電子機器関連産業が発展し，輸出の中心となった。それらの企業は中国沿海部への企業投資を強め，現在では台湾内より生産比率が高くなっている。このような距離的にも近く同じ言語を用いる中国との官民あげての経済交流の活発化を，チャイワン（Chaiwan ＝ China ＋ Taiwan）とよぶこともある。

　中国は台湾の主権を認めていないため，政治的には対立しているが，企業の進出や投資など経済的には深いつながりがある。貿易面でみても台湾にとって中国はもっとも重要な相手「国」であり，とくに輸出では香港も含めると40％をこえている（資料1）。投資面では，50％を割ったものの2017年の台湾企業の対中直接投資は全体の44.4％をしめている。一方で，近年は単一市場への過度な依存からの脱却をめざして，東南アジアやオーストラリアなど新たな市場開拓をめざす「新南向政策」を推進している。

【日本との文化的交流】　日本と台湾の関係を観光や文化面から見てみよう。訪日外国人観光客数のうち，台湾からの観光客は約370万人で，中国，韓国について多いが，人口比でみれば台湾人の約6.4人に1人が日本を訪れている計算になる（資料2）。日本人観光客も約190万人が台湾を訪問しており，アメリカ，中国，韓国について多い（2017年）。この要因として，日本と台湾を結ぶ航空便数が多いこともあげられるが，同じ漢字文化圏であるためたがいに親しみやすいことも一因である。台湾で使用されている漢字は繁体字という伝統的な漢字で，日本人にとっては中国本土の簡体字より読みやすい（資料3）。また，商品のパッケージにひらがなやカタカナが使用されているのもよく目にする光景である。

　台湾では，日本の芸能界やドラマ・アニメなどの大衆文化も早くから受け入れられている。「哈日族（ハーリーズー）＝日本が大好きな人々」とよばれる若者たちのなかには，それをきっかけに日本語や日本文化を学ぶ人も少なくない。

　しかし，日本と台湾の間には，さまざまな過去があったことを忘れてはならない。「親日」をあたりまえと思ってしまう怠慢に陥らないためにも，台湾の現実をより深く学習することが大切である。

60 ベトナムのコーヒーとマレーシアの油ヤシ

ねらい

（1） ブラジルにつぐコーヒー生産国，ベトナムの農業をコーヒー栽培の面から学ぶ。

（2） マレーシアのカリマンタン島の油ヤシ栽培の現状を理解し，森林資源について考える。

資 料

資料1　世界のコーヒーの生産（2016年）

	万t	%
ブラジル	301.9	32.7
ベトナム	146.1	15.8
コロンビア	74.5	8.1
インドネシア	63.9	6.9
エチオピア	46.9	5.1
ホンジュラス	36.2	3.9
インド	34.8	3.8
その他	217.9	23.7
世界計	922.2	100.0

資料2　世界のコーヒーの輸出（2016年）

	万t	%
ブラジル	182.4	25.5
ベトナム	140.0	19.5
コロンビア	73.5	10.3
インドネシア	41.3	5.8
ドイツ	33.6	4.7
ホンジュラス	31.0	4.3
インド	25.0	3.5
その他	189.5	26.4
世界計	716.3	100.0

資料3　世界のパーム油の生産（2014年）

	万t	%
インドネシア	2,927.8	51.1
マレーシア	1,966.7	34.3
タイ	185.4	3.2
コロンビア	111.0	1.9
ナイジェリア	91.0	1.6
パプアニューギニア	50.0	0.9
その他	401.0	7.0
世界計	5,732.9	100.0

資料4　油ヤシのプランテーションで働く人（カリマンタン）

資料5　コーヒーのおもな産地とコーヒーベルト

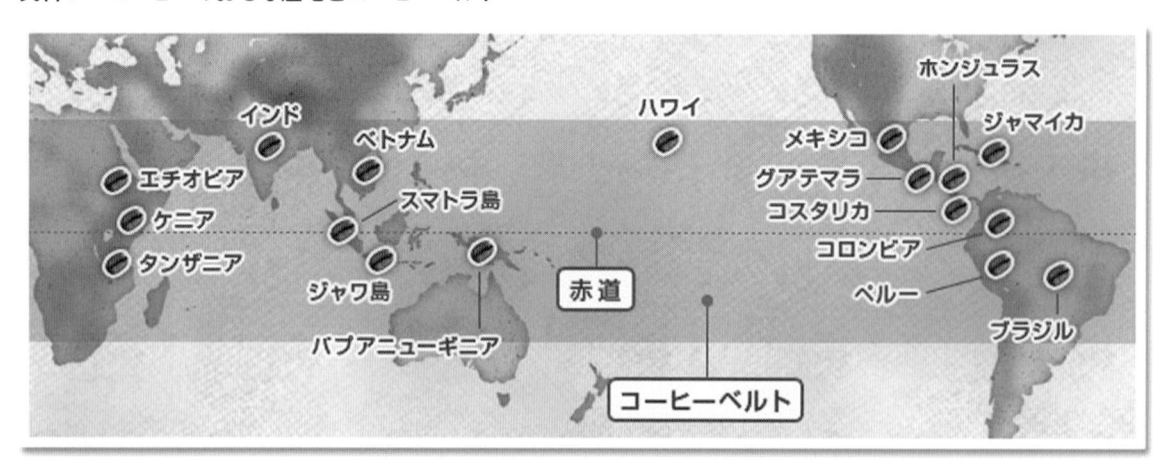

情 報

【出典】 資料1～3　矢野恒太記念会『世界国勢図会2018／19』

　　　　 資料4　筆者撮影

　　　　 資料5　AGF ホームページ（http://www.agf.co.jp/）

解　説

【ベトナムの農業・コーヒーの生産】　ベトナムの農業は，米（世界5位），コーヒー（世界2位），さとうきびの生産が多い。北部のホン川下流のトンキンデルタと南部のメコン川下流のメコンデルタは有数の米作地帯である。コーヒーはホーチミン市北部のダクラク高原一帯が中心である。

　資料1にある主要生産国では，大規模コーヒー農園を中心に，世界で1000万 ha の土地で150億本のコーヒーの木が栽培されているといわれる。主要産地は北緯25度から南緯25度までの熱帯と亜熱帯地域に集中し，コーヒーベルトとよばれる（資料5）。

　コーヒーの土地生産性を高めるために，農園は大量の水と肥料が必要になる。国際市場での生産国は60か国ほどあるが，生産量は，ブラジルが3分の1をしめ，ベトナムが2位となっている。

　ベトナムのコーヒー生産が2位に急増したのは，5つの理由がある。まず，経済民主化のドイモイ政策は1986年からだが，1993年の新土地法で土地の私有制を認めたことが大きい。第2は1992年にコーヒー栽培農家に対する税金の減免措置を講じたことである。第3に安い労働力。第4はコーヒーの生産性がきわめて高いことである。これは日陰樹を用いない密植栽培であること，地下水を用いた灌漑が発達していることなどである。第5に1994年に最大の消費国であるアメリカが対ベトナム禁輸措置を解除したことが決定的になった。

　世界の生コーヒー豆の輸出量をみると，ブラジルにつぎ，ベトナムは2位である（資料2）。しかし，ベトナムは安いロブスタ種が中心のため輸出額では世界の2％と低い。コーヒー豆の流通は世界の大手4社（クラフト・フーズ，ネスレ，P&G，サラ・リー）による寡占状態となっている。

【マレーシアの農業・パーム油の生産】　マレーシアは，パーム油，天然ゴム，木材などの世界における主要生産国であるが，GDP にしめる農業の割合は低下し，2010年には7.3％まで低下した。イギリスの植民地時代，マレー半島西岸に天然ゴム園が開かれ，プランテーション農園が発展した。1960年代中ごろから合成ゴムの生産増加，ゴム樹の老木化により，天然ゴムにかわりパーム油を採取するための油ヤシ農園が造成されてきた。農業部門では油ヤシが30％と最大で，穀物・野菜・果物などが18％であり，穀物中の米は2.1％と少ない。

【マレーシアの森林資源】　マレーシアの国土の利用状況は，森林が62.5％，永年作物地が17.6％，耕地が5.5％である。経済発展にともなって森林と耕地は減少傾向にある。永年作物地では油ヤシが顕著に拡大し，ゴム，ココア，ココナッツが減少している。収益性が高い油ヤシの生産転換が広範囲に進んでいる。半島マレーシアにくらべ，カリマンタン島では，油ヤシ，ゴムのほか，林業・木材産業などがさかんである。資料4は，カリマンタン島の油ヤシプランテーションの収穫風景である。

　マレーシアの森林全体で75％が木材生産林である。近年，焼畑や森林の乱伐などで熱帯林が減少している。天然林丸太資源が枯渇しつつあるため，2006年に人工造林プログラムを打ち出し積極的に人工林造成を奨励している。この開発は，とくにカリマンタン島で顕著で，合法的な開発とはいえ，既存の天然林減少，オランウータン減少など貴重な生物多様性の喪失の一因となっている。

コーヒーの品種

　コーヒーの原産地はエチオピアの Kaffa（カッファ）地方とされている。栽培品種はアラビカ種とロブスタ種を中心に200種類以上が知られている。アラビカ種は，病害虫や霜，少雨などに弱く，栽培が困難だが，風味とコクにすぐれ高価格で売れるため，総生産量の約70％をしめる。

　ロブスタ種は，アラビカ種にくらべて耐病性が高く，少雨，高温多湿の土地でも栽培でき，安定収穫できるようになるまでにかかる期間が3年と短い。栽培が容易なので収量も多く，生産量2位のベトナムで主力となっている。ベトナムではおもにインスタントコーヒーの原料になる安価なロブスタ種が主流であるため，付加価値を向上させる生産・加工技術の開発が課題となっている。

61 ASEANの経済発展

ねらい
（1） ASEANの工業化が高度化していることを理解する。
（2） シンガポールは国際加工基地とアジアの金融センターという役割をもつことを理解する。
（3） ASEAN内での華人社会が果たす経済的な役割を理解する。

資　料

資料1　おもな経済地域の比較（2017年）

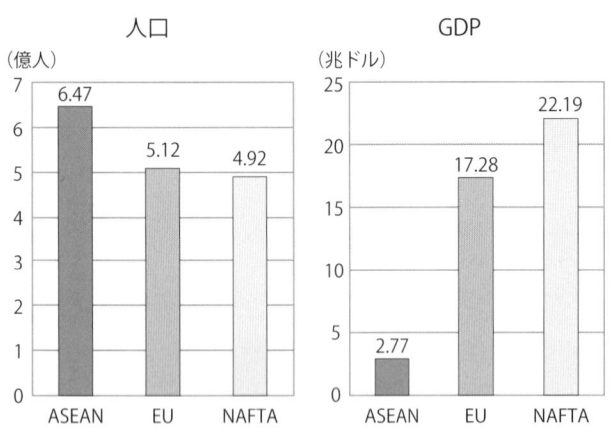
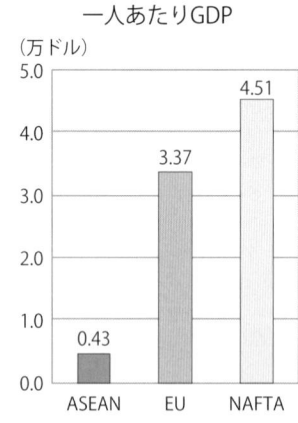
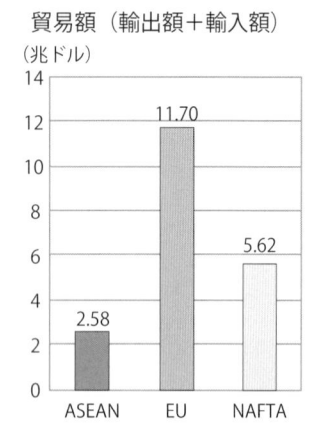

ASEAN（東南アジア諸国連合）はインドネシア，マレーシア，フィリピン，シンガポール，タイ，ブルネイ，ベトナム，ラオス，ミャンマー，カンボジアの10か国，EU（ヨーロッパ連合）はフランス，ドイツ，イタリア，ベルギー，オランダ，ルクセンブルク，イギリス，アイルランド，デンマーク，ギリシャ，スペイン，ポルトガル，オーストリア，フィンランド，スウェーデン，ポーランド，ハンガリー，チェコ，スロバキア，スロベニア，エストニア，ラトビア，リトアニア，マルタ，キプロス，ブルガリア，ルーマニア，クロアチアの28か国，NAFTA（北米自由貿易協定）はアメリカ，カナダ，メキシコの3か国。

資料2　シンガポールの日系現地法人数の推移

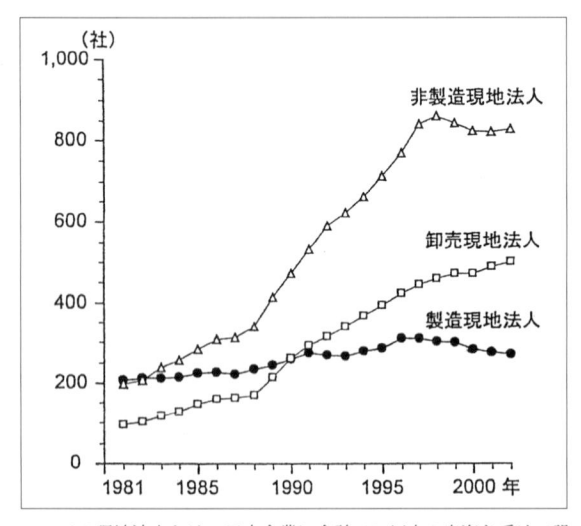

ここでの現地法人とは，日本企業に合計10％以上の出資を受けて設立されたもの。製造現地法人とは，シンガポールにおいて製造業に従事するもの。卸売現地法人も同様。

資料3　インドネシアの10大企業グループ（2011年）

順位	企業グループ名	属性	世代	推定売上高（億ドル）	おもな事業分野
1	アストラ	F	－	128	自動車, 金融, 重機, 農園
2	サリム	C	2	110	食品, 農園, 通信
3	シナル・マス	C	1	60	農園, 紙パルプ, 金融, 不動産
4	ジャルム	C	2	58	タバコ, 不動産, 銀行, 電気電子
5	バクリ	P	2	46	石炭, 農園, 通信, 不動産
6	リッポ	C	1	46	不動産, 小売, IT, 教育, 医療
7	グダン・ガラム	C	3	44	タバコ, 不動産, 農園
8	ラジャ・ガルーダ・マス	C	1	35	紙パルプ, 農園, レーヨン, 石油ガス
9	パラ	P	1	29	金融, メディア, 不動産, 小売
10	アダロ・エネルギー	C	1	27	石炭, 農園, 通信, 電力

属性Cは華人，Pはプリブミ，Fは外資（国内資本により創始され，のちに外資化されたもの）

情　報

【出典】　資料1　外務省「目で見るASEAN　ASEAN経済統計基礎資料」2018年，p.2
　　　　　資料2　『地理　2005年3月号』古今書院 p.41
　　　　　資料3　佐藤百合『経済大国インドネシア』中公新書（2011年）p.202

解　説

【ASEANの工業化】　ASEANは，タイの米，マレーシアのスズや天然ゴムなど農産物，鉱産物の輸出に依存したモノカルチャーに特色づけられていた。しかし，1960～1970年代にかけて輸出加工区が設置され，輸入代替型工業化から外国資本を導入した輸出指向型の工業化が推進された。1980年代，マレーシアのマハティール首相は，ルックイースト政策を掲げ，エレクトロニクスなどの育成を進めた。自動車生産などの重工業化も進み，家庭電気製品は輸出の主力品となった。

　工業化のレベルは，加盟国間での域内分業で自動車の生産・輸出ができるまでに高度化した。その中心がタイである。かつては日本から部品を運んで生産するノックダウン方式で生産がはじまったが，いまでは東南アジア屈指の工業国に成長した。最近では労働力が安価というだけでなく，技術力も向上している。また，ASEAN地域内だけでなく，その他の国々とも自由貿易協定（FTA）や経済連携協定（EPA）を結ぶことによって，外国企業の進出をいっそう促している。日本の自動車企業のなかには，日本国内での主力車種の生産をやめ，タイを拠点に部品を調達して現地で生産している。2010年から日産自動車のタイ版マーチ，続いて三菱自動車のミラージュなどが日本に輸出されるようになった。

　2015年にASEANは，貿易・投資などを自由化し経済統合をめざすASEAN経済共同体（AEC）となった。現在，人口規模では他の地域経済統合体を上まわっているものの，経済規模はまだ低い（資料1）。しかし，ASEANは高い経済成長を見せており，今後，世界の「開かれた成長センター」となる潜在力が注目されている。

【小国の生きる道，シンガポール】　シンガポールは，1965年にマレーシアから独立し，人口579万人（2018年）で華人が74％をしめ，淡路島ほどの国土面積である。独立後は中継貿易にかわる輸出指向型の重工業化が進められ，石油精製，電機・電子部品，化学工業などが成長した。それを担ったのが欧米や日本資本である。一方，政府部門はジュロン地区などの産業基盤を整備し，住宅整備や英語を重視し，社会の安定化をはかり都市国家をめざした。NIEs

の一国となり，重要な国際加工基地となった。

　1980年代になると，非製造現地法人や卸売現地法人が急激に増加した（資料2）。周辺国は工業化し，国内には外国人労働者が増加したため，ハイテク産業や研究開発・マーケティングなどのオフィス機能の立地が重視され，金融やサービス部門が成長したのである。政府部門ではアジア・ダラー市場が設立され，ASEANや欧米への投資が増加し金融センターとなった。欧米企業とも合弁し，シンガポール航空など巨大企業が多い。2003年，バイオポリスが設立され，観光も重視されている。

　周辺国との関係が改善されると，1989年には成長の三角地帯が提案された。これはマレーシア（ジョホール州）とインドネシア（リアウ州）とを結んで経済圏を形成する計画で，シンガポールの資本と技術，両国の土地と労働力の結合である。具体的にはバタム島の工業開発とビンタン島のリゾート開発である。シンガポールは，日本，アメリカ，中国，オーストラリアなど32の国・地域とFTA／EPAを締結し，TPPなどの広域経済連携構想にも積極的で，アジア太平洋地域の自由貿易の推進に努めている。

【多様性のなかの統一，インドネシア】　ASEANには19世紀ごろから中国の広東省や福建省などから中国人が多く移住した。中国籍を有する場合は華僑とよばれ，現在は居住地の国籍を取得する場合が多く，華人という。移住地では抑圧されるなどの困難なあゆみを背負ったが，経済的な地位を固めていった。

　資料3は，インドネシアの10大企業グループを示し，属性Cは華人で，Pはプリブミで先住のマレー系住民をさす。華人が大企業グループの多くをしめ経済的地位は高く，食品，石炭，金融などで国民経済に影響力をもっている。

　スハルト時代の華人は，政治・宗教・社会などの活動で規制されていたが，経済活動だけは自由であった。それがインドネシア成長の有力な要因である。スハルト後では華人政策が転換され，差別は撤廃された。儒教は公認の宗教となり，中国正月は国民の祝日となるなど宗教や民族の融和が進んでいる。

　一方，マレーシアではマレー系住民のブミプトラを公務員採用などで優遇するブミプトラ政策が1971年から実施された。しかし，華人の経済力は大きく，この政策に批判が強まっている。

62 南アジアの宗教

ねらい
（1） 南アジアの宗教は，国ごとに信仰する宗教とその割合が異なることを理解する。
（2） インドには，ヒンドゥー教以外の宗教の割合の高い州がある。代表的な宗教と生活との関わりを理解する。

資料

資料1 南アジアの言語・宗教分布

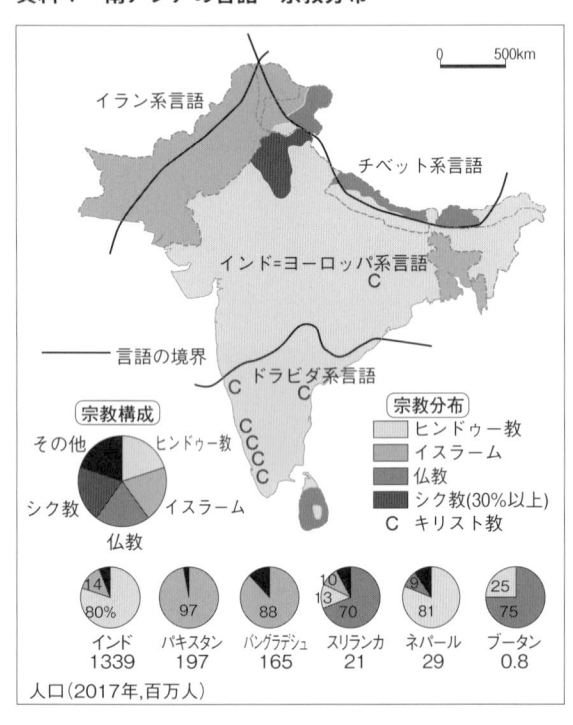

資料2 インドの野良牛

資料3 シク教徒の男性

情報

【出典】 資料1 竹内裕一ほか『高等学校現代地理A 新訂版』p.42
資料2・3 筆者撮影

【授業づくりに有用な情報源】

・友澤和夫編『世界地誌シリーズ5 インド』朝倉書店（2013年）

・立川武蔵・杉本良男・海津正倫編『朝倉世界地理講座 大地と人間の物語4 南アジア』朝倉書店（2012年）

解　説

【南アジアの宗教】　南アジアには世界の3大宗教であるキリスト教，イスラーム，仏教を含め，ヒンドゥー教，シク教など多様な宗教がみられる。南アジア8か国は，信仰する宗教や割合が異なっている。インドとネパールはヒンドゥー教が，パキスタン，バングラデシュ，アフガニスタン，モルディブはイスラームが，スリランカとブータンは仏教が多くをしめる（資料1）。

　第二次世界大戦後，旧インドはヒンドゥー教のインド，イスラームのパキスタン，上座部仏教のセイロン（スリランカ）に分離独立した。バングラデシュではイスラームを，ブータンではチベット仏教（ラマ教）を，モルディブではイスラームを国教としている。

【インド国内の宗教分布】　資料1でインド国内をみると，ヒンドゥー教が大部分をしめているが，北西部のパキスタンに隣接するパンジャブ州ではシク教が多い。南端部西側のケーララ州では，ヒンドゥー教のほかにキリスト教やイスラームの多い地域もみられる。

【インドの多様な宗教】　宗教の博物館のようなインドでは，世界のおもだった宗教に接することができる。インドは，ヒンドゥー教はもちろん，仏教，ジャイナ教，シク教という宗教の発祥地である。そこに，キリスト教，ユダヤ教，イスラーム，ゾロアスター教などが何世紀にもわたって流入してきた。それらの宗教が，ときには衝突を起こしながらも，長年共存してきた。インドの宗教の割合は，ヒンドゥー教80%，イスラーム14%，キリスト教2%，シク教2%，仏教1%，ジャイナ教0.4%の順になっている（2011年国勢調査）。

　インドの主流をなすヒンドゥー教は，開祖というべき人物は存在しない。ヒンドゥー教の教義は，宗教という枠にとどまらずに，日々の生活における社会慣習や儀礼などを含んでいる。霊魂の不滅を信じるヒンドゥー教徒には遺骨への思い入れはなく，川や大地に散骨し墓はない。多神教だが，ヴィシュヌ神とシバ神が2大主神である。象頭ででっぷり太った姿のガネーシャ（聖天）は「成功・幸運・冨・繁栄」の神となっている。牛を神聖視し，食べたり殺

したりしない。インドの牛の頭数は世界一である。牛は役牛が多いが，牛乳の生産も世界一であり，牛糞は乾燥させて燃料として利用される。資料2のような野良牛は多いが，人々が定期的に草などの飼料を与えている。聖地はヴァラナシ（ベナレス）などで，ガンジス川などの聖なる場所で沐浴が行われている。ヒンドゥー教社会では，人は生まれながらに特定のカースト集団に属するという社会身分制度であるカースト制がある。

　仏教は紀元前5世紀ごろ，ゴータマ＝ブッダによって開かれた。紀元前3世紀に最盛期を迎えたが，イスラームの拡大により衰退し，現在人口の1%ほどである。インド独立後に，カースト制度の不平等さを批判したアンベードカル博士の提唱で，多くの下位カーストの人々が仏教に改宗し，「新仏教徒」とよばれている。そのほか，ラダックやシッキムなどのヒマラヤ周辺地域ではチベット仏教が信仰されている。

　現在，イスラームはインド総人口の14%だが，インドは人口が多いので，インドネシア，パキスタンにつぎ第3位の教徒がいる。イスラーム勢力が本格的にインドにひろがったのは11世紀以降で，西方からスーフィーなどの伝道者が多くやってきて広まった。その後，イスラーム藩王国のもとで教徒が増大した。

　15世紀にはポルトガルによってローマ・カトリックが，また17世紀にはプロテスタントが伝えられた。ケーララ州やポルトガルの植民地だったゴア州以外にも，北東山岳部の州にキリスト教徒が多い。

　シク教の総本山は，パンジャブ州のアムリットサルにある黄金寺院である。資料3のように男性信徒は短剣，櫛，鉄の腕輪を身につけ，頭髪や髭を剃らずにターバンを巻くことが義務づけられている。また，男性は名前の後にスィン（獅子），女性はコウル（姫）をつけるが，これは出生による差別を否定する平等意識の表れである。

　ジャイナ教は徹底した不殺生と禁欲主義で知られる。信者は動植物を殺さないということで，畑を耕せばミミズを殺してしまうので農業をほとんどやらない。したがって小売業や金貸しなどの商業・金融業に従事している人が多く，浪費をしないのでもうけた金を寺院やチャリティーに寄付する人が多い。

63 インドの経済発展と産業

ねらい

（1） インドの独立後の経済のあゆみをとりあげ，1991年の新経済政策以降の経済発展の現状を理解する。

（2） 経済発展を支えている自動車産業と IT・BPO 産業についての理解を深める。

資 料

資料1　インドの自動車生産台数の推移

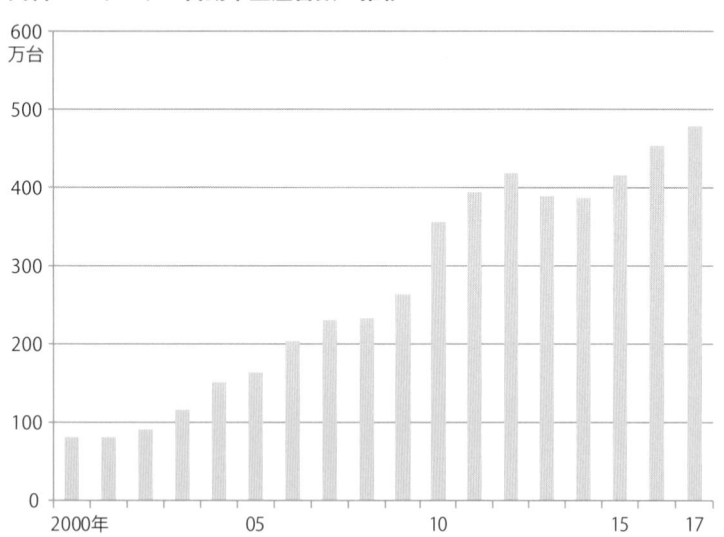

資料2　インドの自動車の販売台数のメーカー別シェア（2015年）

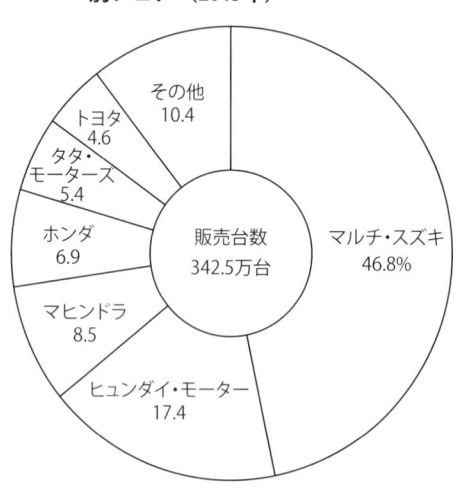

資料3　インドの IT・BPO 産業の売上高の推移

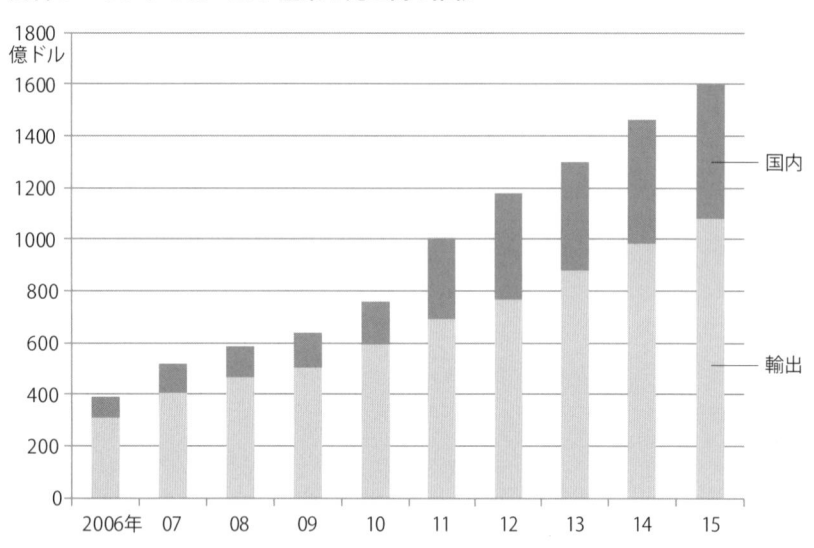

情 報

【出典】　資料1　矢野恒太記念会『世界国勢図会』各年版

　　　　　資料2　ARC 国別情勢研究会『ARC レポート　経済・貿易・産業報告書2017／18　インド』（2017年）

　　　　　資料3　佐藤隆広編『インドの産業発展と日系企業』神戸大学経済経営研究所（2017年）

【授業づくりに有用な情報源】

・山下博司・岡光信子『新版インドを知る事典』東京堂出版（2016年）

・平林博『最後の超大国インド元大使が見た親日国のすべて』日経 BP 社（2017年）

・椎野幸平『インド経済の基礎知識（第2版）新・経済大国の実態と政策』ジェトロ（2009年）

解　説

【独立後の経済のあゆみ】　インドは、独立（1947年）後、政府が積極的に市場に介入する混合経済体制による工業化を進めた。これは公共と民間の両部門による経済体制をとり、鉄鋼、石油、重機械、通信、電力などの基幹産業は国家が主導するというものだった。そして1970年ごろには工業製品全般の国産が可能となり、この状況は「サンダルから人工衛星まで」ということばで表現された。しかし、1970年代のオイルショックのころから国家主導の政策に限界がみえはじめた。そこで、政府は1991年に「新経済政策」を実施して、経済自由化・民営化政策をとり、外国資本の参入を促進し、たて直しに成功した。その後、自動車産業やIT産業を中心にBRICsの一角としてめざましい経済成長をとげ、中産階級も増えている。また1960年代からの「緑の革命」によって農業生産も伸びた。しかし、農村を中心にいぜんとして貧困問題も抱えている。

【自動車産業の成長】　新経済政策が軌道に乗った1993年以降、自動車産業は順調に成長しており、自動車生産台数は年々増加し（資料1）、とくに乗用車の生産が伸びている。2017年度のインドの自動車生産台数は478.3万台で、世界5位となった。近年における自動車工業の発展は、中産階級とよばれる高所得者層が拡大し自動車の需要が高まったこと、生産面においても世界的な自動車メーカーが新規に市場参入し、コスト面でも安い多種類の自動車の供給が可能になったことなどによる。乗用車を生産するメーカーは14社となった。2015年の自動車販売台数のメーカー別のシェア（資料2）では、マルチ・スズキ（日本）が1位で全体の約47％をしめ、ヒュンダイ・モーター（韓国）、マヒンドラ（国内資本）、ホンダ（日本）、タタ・モーターズ（国内資本）、トヨタ（日本）と続く。日本の完成車メーカーの存在感が大きい。タタ・モーターズの小型乗用車ナノは、日本円で30万円以下と低価格で人気が高い。

【IT・BPO産業】　IT・BPO産業は、IT（情報通信技術）サービスとBPO（ビジネス・プロセス・アウトソーシング）サービスからなっている。ITサービスとは、ソフトウェア開発、IT教育・研修などのサービスをいう。BPOサービスとは、コールセンター業務やバックオフィス（事務処理）業務などで、ITを活用した事務代行を請け負っている。

資料3をみると、IT・BPO産業の売上高は、毎年増え続けていることがわかる。また、売上高の拡大の背景は、輸出の増加が大きく寄与している。2015年のIT・BPO産業の輸出の内訳を見ると、輸出額1080億ドルのうち、ITサービス部門が約56％、BPOサービス部門が約22％をしめている。輸出先は、アメリカが約60％と最も多く、ついでイギリスなどのヨーロッパ諸国で、日本は少ない。

インドでは英語が準公用語になっていることから、アメリカなど英語圏の企業がコールセンターやバックオフィスなどをインドに設置、もしくはインド企業に業務の外注をしている。通信コストの低下と人件費の安さが背景にある。インドのIT技術者の英語力と技術力は高い。技術者を育成する教育機関は、インド工科大学など数百を数えている。インドのIT産業で働く正規雇用者数は367万人であり、非正規雇用人口も含めると、約1000万人が関連の企業に雇われている。

コールセンター

デリー郊外にあるコールセンター会社は、夜の7時が出勤時間で、アメリカの家庭に向けた電話サービスを行っている。アメリカの会社にかわって、顧客の質問や商品の苦情に答え、航空券やホテルの予約を行う。オペレーターは、アメリカ人を装い、電話の相手に応対している。最近、電話サービスにとどまらず、企業の財務・会計業務、保険や医療など高度な知識や技術を要するサービスへと重心を移している。最近は、フィリピンにアメリカやインドのコールセンターが移管され、フィリピンのコールセンターの売り上げはインドをぬいた。その理由として、政府が通信インフラの設備投資や税制の優遇をしていること、アメリカの植民地だったこともあり英語力が高く技能習熟度も高いこと、銀行員よりも高い給料で人気職種（全就業人口の約58％が従事、2019年）とされていることなどがあげられる。

64 西アジア・北アフリカで続く紛争

ねらい

（1） 中東地域の民族や人口の概略を理解する。

（2） 近年のアラブ世界の動きを，アラブの大国エジプトを中心に考察する。

資 料

資料1　中東諸国の人口規模

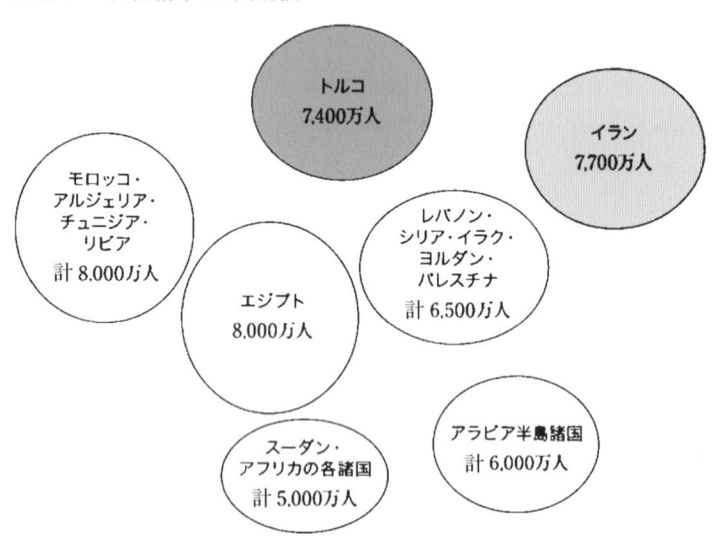

資料2　「アラブの春」（アラブの民衆革命）

　2010年12月17日，チュニジア中部の都市シディ・ブジドで一人の青年ブアジジが抗議の焼身自殺をはかったことがきっかけとなった。街頭で野菜や果物を売り始めたとき，許可がないとしてこれらを没収され，引きかえには賄賂を要求された。やがて，役人の腐敗や人権侵害，失業などに対する抗議のデモは，ベン・アリ政権への抗議デモとなり，2011年1月14日，大統領が国外に亡命してベン・アリ政権は崩壊した（ジャスミン革命）。この動きは他のアラブ諸国の民衆を勇気づけ，エジプト，リビア，イエメン，シリアなど，他のアラブ諸国へと広がっていったが，こうした民衆の民主化を求める動きを「アラブの春」とよんでいる。

資料3　アラブの春以降のエジプトの動き

年　月　日	おもなできごと	年　月　日	おもなできごと
2011.1.25	ムバラク退陣要求デモ（数万人）	2013.4.22	「反抗」（青年の組織）結成
2011.2.11	ムバラク大統領辞任	2013.6.30	大統領退陣を求める100万人規模のデモ
	軍最高評議会が暫定統治開始	2013.7.3	軍がモルシ大統領を解任，拘束
2012.1.21	人民議会選挙結果発表	2014.1.18	国民投票で新憲法案承認
	イスラーム勢力が議席の7割獲得	2014.6	シシ大統領を選出
2012.6.24	大統領選挙でモルシ氏当選	2017.3	ムバラク無罪釈放
2012.11.24	「国民戦線」（自由主義諸集団の組織）結成	2018.3	シシ大統領再選（2期目）

情 報

【出典】　資料1　酒井啓子編『アラブ大変動を読む―民衆革命のゆくえ』東京外国語大学出版会（2011）p.93

　　　　　資料2・3　筆者作成

【教材づくりに有用な情報源】

・板垣雄三「人類が見た夜明けの虹―地域からの世界史・再論」歴史評論 No.741（2012年）

・川上泰徳『現地発エジプト革命』岩波ブックレット（2011年）

・長沢栄治『エジプト革命』平凡社新書（2012年）

・平井文子「アラブ革命『アラブの春』をどう見るか―エジプト革命を中心に」アジア・アフリカ研究53-3（2013年）

・山中達也「ムバーラク政権下の開発政策とエジプト1・25革命―軍の経済利権，新自由主義，クーデター」アジア・アフリカ研究54-1(2014年)

・The Economist 2016.1.9号

・田島康弘「われわれ日本人のイスラーム認識について」『日本の科学者』53-12（2018年）

解　説

【中東とイスラーム世界】　資料1から，エジプトは1国だけで数か国を集めた他の4地域の人口を上まわっており，アラブの盟主とかアラブの大国といわれている。また，イスラーム世界という視点で見ると，イスラーム世界の範囲は「中東」だけでなく，東は東南アジアやフィリピン南部，北は中央アジアやヨーロッパのバルカン半島，西はモロッコやセネガルなどのアフリカ西端，南は東アフリカの中南部まで広がっており，イスラーム諸国の連合体である「イスラーム諸国機構」に加盟する57か国のなかには，スリナムやガイアナといった南米の国まで加盟国になっている。イスラーム世界は「中東」よりはるかに広く，イスラーム教徒は13億人といわれるが，「中東」はこのイスラーム世界の一部である。

　他方，「中東」の人々のすべてがイスラーム教徒であるわけではないことにも注意が必要である。エジプトの人口の約1割はキリスト教徒（コプト教徒）であり，またレバノンの人口の約半数もキリスト教徒である。なお，日本人のイスラーム認識については田島（2018）が参考になる（前ページ情報）。

【エジプト1.25革命とその後】　資料2に，アラブの春以降のおもな動きを整理した。チュニジアの動き（ジャスミン革命，資料2）に勇気づけられて2011年1月，長期独裁政権の下におかれていたエジプトでも，抑圧体制の下で，これまで自由にものがいえなかった民衆が立ちあがり，2月にはムバラク政権を崩壊させた。しかしながら，この動きは突然起こったものではない。板垣（2012）によれば，ムバラク長期独裁政権の下で今回の蜂起につながる最初の契機は2000年に始まり2005年まで続いたパレスチナ人による第2次インティファーダ（パレスチナの解放をめざすパレスチナ人の「民衆蜂起」）であるという。これを受けてエジプトでは2004年に「キファーヤ運動」（ムバラク政権はもう結構だという変革の運動）が起こり，2008年には，青年の組織である「4月6日運動」の結成につながった，カイロ近郊の織物工場でストライキが起こった。2010年には「我々は皆ハーリド・サイード運動」（アレキサンドリアの一青年虐殺に抗議する運動）が起こっている。以上のように，貧困，失業，抑圧などのさまざまな問題を背景とした民衆の運動が積み重ねられ，その延長上に2011年の動きが生まれたということができる。

　その後，軍が暫定統治を開始し，2012年1月には人民議会選挙でムスリム同胞団が創設した自由公正党が第1党になり，6月の大統領選挙では同胞団出身のモルシ氏が大統領に就任した。しかし，モルシ大統領は11月，自己の権限を強化する改正憲法令を発表したり，国民の合意が不十分な新憲法草案の国民投票を強行したりしたため，民衆の反発を受け，2013年7月民衆の支持を背景とした軍の行動（クーデター）によって失脚した。

　1.25革命のスローガンは「パン，自由，社会的公正」であるとか「パン，自由，尊厳，社会的公正」であるといわれた。また，最も感動的で勇気を与えたことばは「イルファア・ラアサク・フーワ・アンタ・ミスリー」（頭を上げよ，おまえはエジプト人だ）であったという。これらのことから，抑圧からの解放や，自由や尊厳を取り戻すことが今回の民衆の行動の原動力となったことがうかがえよう。

　エジプトでは軍の力が大きい。また，この軍と経済界とは密接に結びついており（軍産複合体），その軍はアメリカから多額の援助を受け入れていて，アメリカとの関係も強い。

　クーデターで実権を握った軍人のシシは翌年の大統領選挙で大統領となり軍政が復活した。元大統領のムバラクは無罪釈放され，ムスリム同胞団への弾圧や民主化を主導した学生・市民への統制・迫害が強まり，以前のエジプトに戻ったかのようである。

　しかし，「アラブの春は，アラブの社会や国家の仕組みを変えるかとはできなかったが，そうした仕組みについての人々の理解を大きく変えた。人々はアラブ国家が腐っていることを知ったのだ。」（Economist 2016.1.9）

　チュニジアでは選挙で選ばれた政権が成立し，民主化への方向がみられるが，それ以外のアラブ諸国では逆戻りや混乱が続いており，一般にアラブの春に対する評価は失敗であるとの見方が強い中で，上記『エコノミスト』の論考は社会科学的な分析を行っており，注目に値する。また，「それでもアラブの春は終わっていない」（Newsweek2018.11.13）も一読に値しよう。

65 石油資源に恵まれる地域—西アジア

ねらい

（1） 石油資源の多い西アジア地域の国々の経済状況を理解する

（2） 最近，サウジアラビアの石油消費が伸びていることを国内工業との関連で考察する。

（3） 資源の枯渇を含めて，石油資源の将来を考える。

資　料

資料1　世界の石油生産量

(単位　百万 t)

年	サウジアラビア	ロシア	アメリカ	イラン	中国
2000	456.3	323.3	352.6	191.3	162.6
2003	485.1	421.4	338.4	203.7	169.6
2006	514.2	480.5	310.2	208.2	183.7
2009	459.5	494.2	325.3	202.4	189.0
2017	561.7	554.3	571.0	234.2	191.5

資料2　世界の石油消費量

(単位　百万 t)

年	アメリカ	中国	日本	インド	ロシア	サウジアラビア
2000	897.6	223.6	255.5	106.1	123.5	73.4
2003	912.3	271.7	248.9	113.1	123.4	80.9
2006	943.8	347.7	237.5	120.4	127.1	95.6
2009	842.9	404.6	197.6	148.5	124.9	121.8
2017	870.1	595.4	181.2	221.7	147.8	165.8

資料3　サウジアラビアの外国人労働者（2015年）

国名	労働者数（万人）	％
インドネシア	83	39
ネパール	50	24
バングラデシュ	28	13
ミャンマー	15	7
インド	14	7
パキスタン	7	3
フィリピン	7	3
タイ	1	1
その他	6	3
合計	211	100

情　報

【出典】　資料1・2　BP『Statistical Review of world Energy 2018』

　　　　　資料3　サウジアラビア企画省統計 2016

解 説

【世界の石油生産】 日本では，福島第一原子力発電所の事故以来，エネルギー問題の議論が活発になってきた。そのなかで，中東の石油に依存することの是非も議論の対象になっている。しかし，中東の石油資源そのものの問題を考えることがこの項目のねらいである。世界最大の石油産出地域である中東地域だが，サウジアラビアをはじめ，これらの国々の多くは石油の輸出の代金で経済を動かしてきたといわれる。これらがオイルマネーといわれ，石油産出国は金持ちであるとみられてきた。

【世界の石油消費】 資料2でこれまで石油輸出国とされてきたサウジアラビアの石油消費に注目する。サウジアラビアで石油消費が飛躍的に伸びていることは，この国の産業構造に大きな変化がおこっていることが明白である。この国の発電はすべて火力発電である。しかし，燃料は石油か天然ガスしかない。石炭や水力・原子力はまったくない。発電量はこの10年間で大きく伸びた。

また，石油を化学製品に加工して輸出する石油化学工業部門も伸びている。石油を輸出するだけ，と考えられていたサウジアラビアだが，自国の経済を石油輸出から脱皮し，工業化を進めていることがわかる。今後，サウジアラビアが石油輸出に際して，どのようになっていくのか，とくに日本にとって影響が大きいことは明白である。

2013年，安倍晋三首相がサウジアラビアを訪問し，原子力発電の売りこみを行った。福島原発の事故後，日本にとって原発の再稼働もはっきりしない時期にサウジアラビアに原発をもちかけたのである。サウジアラビアの発電量が増大し，サウジアラビアが石油の国内消費を増やして輸出する余力が減ってしまっては日本経済にとって困るからである。いったんは合意したが，その後，コストの問題などで中止になった。

日本の電力問題，エネルギー資源問題が遠いサウジアラビアの工業発展と大きく結びついている。福島原発の事故以来，日本の発電における石油の需要は増大している。石油資源の枯渇は重大問題になっている。1970年代にも「世界の石油は30年しかもたない」といって原子力開発にカジをきった経緯がある。その後，新しい石油の埋蔵が発見されたので，世界の石油は命脈を保っている。しかし，その時から50年がすぎ，改めて石油資源の枯渇が問題になっている。このままのペースで石油消費が進めばどうなるか，ということが現実の問題となりつつある。

サウジアラビアが輸出する石油がなくなる前にもっと売れるものをつくっておきたいと考えるのは当然のことである。サウジアラビアの国内経済に注目したい。

【外国人労働者への依存】 サウジアラビアの石油生産を支えているのは，外国人労働者であることも見のがせない。資料3で示したように，サウジアラビアでは外国人労働者が3分の2をしめており，湾岸諸国もほとんど同様である。最近では，富裕層と底辺労働者の貧富の格差の増大が問題となっている。外国人労働者の賃金はサウジアラビアの国内労働者の最低賃金以下といわれている。それでも自国より，サウジアラビアや湾岸諸国で働く方が高賃金なのである。しかし，2017年からサウジアラビア政府は自国民の雇用を優先する政策をとりはじめた。外国人居住者に対して人頭税を課すようになり，販売業など12業種に従事する就労ビザは発給停止となった。このため，2017年以降，66万人以上の外国人労働者がサウジアラビアを離れた。

サウジアラビアの石油消費が伸びている

　世界の石油資源は，中東のサウジアラビア，イランを中心に生産されている。そして，その石油は発達した資本主義国であるアメリカ，日本などを中心に輸出され，消費されていると考えられてきた。発達した国では，工業生産がさかんで，工場を動かすエネルギー源として石油が使われてきたからである。しかし，世界の工業生産とパラレルと考えられる石油消費量をみると，近年，中国が伸びていて，インドの消費も増大している。さらに世界最大の石油輸出国であったサウジアラビアの石油消費が飛躍的に増大し，石油消費の世界第5位になっていることに注目する必要がある。

66 石油を運ぶあらたな「シルクロード」

ねらい

（1） 中央アジアの国々の歴史的特徴，民族・文化的特色を理解する。

（2） 中央アジアの石油資源をめぐるアジアとヨーロッパの関係を考える。

資 料

資料1 おもなトルコ系民族の分布

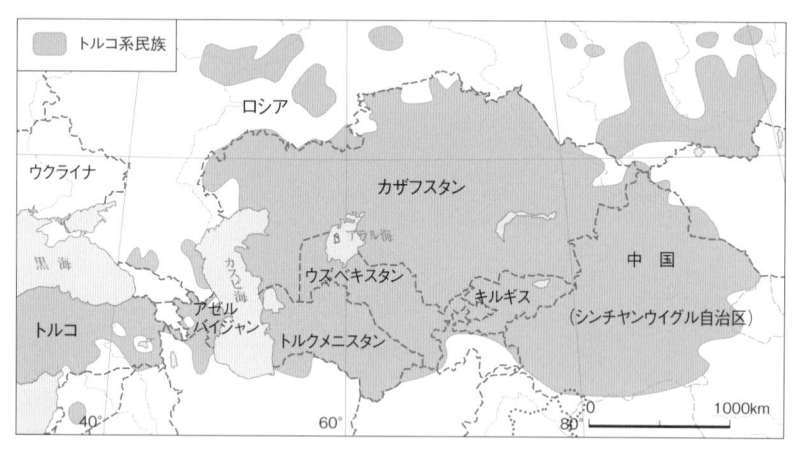

資料2 中央アジアのおもな石油パイプライン

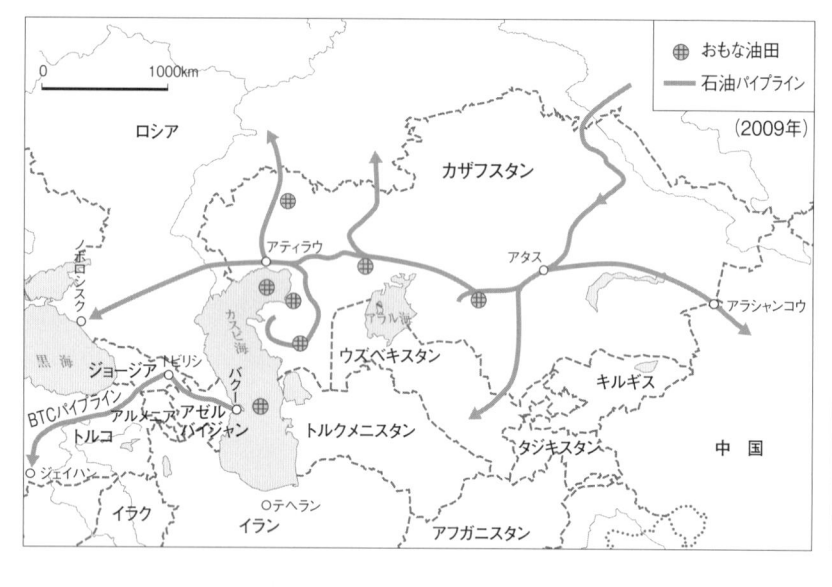

資料3 トルコストリーム

　天然ガスパイプライン「トルコストリーム」の海底工事完成式典が2018年11月19日，イスタンブールで行われた。パイプラインはロシアからトルコへ，海底930kmを走る。トルコストリームは，ロシアが同じく黒海対岸のブルガリア経由で中南欧へのガス輸出をめざした「サウスストリーム」計画の復活版だ。ロシアは2014年にウクライナ南部クリミア半島を併合したことで欧米と対立。このためEUが加盟国のブルガリアに圧力をかけ，サウスストリームは頓挫（とんざ）している。ロシアはその代替をトルコに求めた。

情 報

【出典】　資料1　竹内裕一ほか『高等学校現代地理A　新訂版』清水書院 p.56

　　　　　資料2　上記 p.57

　　　　　資料3　朝日新聞　2018年12月12日

【授業づくりに有用な情報源】　海外投融資情報財団（https://www.joi.or.jp/）のホームページから機関誌が閲覧できる。おもに国別の投融資環境を紹介しているが，情報の得にくい中央アジアの国なども取り上げられ，教材になりそうな最新情報を得るのに役立つ。

解　説

【おもなトルコ系民族】　ユーラシア大陸の中央部はトルキスタン（トルコ人の土地）とよばれ，トルコ系民族が広い範囲に居住している。彼らの居住地のほとんどは乾燥気候である。ユーラシア中央部に居住するトルコ系民族には，アゼリー人，トルクメニスタン人，キルギス人，ウズベク人，カザフ人などがいる。また，ロシアのヤクート人，タタール人，中国のウイグル人などもトルコ語系民族である（資料1）。

トルコ系諸民族の大部分の生活基盤は遊牧であり，広範な地域への広がりは遊牧という生活様式に発しているところが大きい。トルコ系諸語は比較的均質であるといわれ，とくにトルコ語とアゼルバイジャン語，ウズベク語とウイグル語はよく似て，相互理解が可能であるという。

10世紀末には，トルコ系諸民族のイスラーム化が進んだ。今日，中央アジアのトルコ系諸民族国家ではイスラームを信仰する人が多く，また中央アジアの国々にはイスラームの歴史的建造物が多くある。中央アジアではスンニ派が多数をしめるが，西のアゼルバイジャンやキルギス南部のパミール高原に住む人々はシーア派が多い。

【中央アジアのおもな石油パイプライン】　BTCパイプラインのBTCとは，起点であるアゼルバイジャンのバクー（B），通過するジョージアのトビリシ（T），終点トルコのジェイハン（C）の頭文字で，カスピ海のACG（アゼリ・チラグ・グナシリ）油田と地中海を結ぶ全長1768kmのパイプラインである（2006年に稼働）。このルートの特徴は，ナゴルノカラバフ問題のあるアルメニアを通過しないことである。パイプラインに出資しているのは欧米，日本，トルコなどの企業で，運営者はBP（英国石油）である。このパイプラインは通常の運用であれば40年は使用できると考えられているが，その維持には多くの困難と懸念がある。地震が多いこと，治安の問題である。この地域は，南オセチア，アブハジア，クルドなどの分離独立問題を抱えており，持続的な警備が必要である。資料2の北側東西のパイプラインはCPC（カスピアン・パイプライン・コンソーシアム）パイプラインである。

カザフスタン中央部の油田から鉄道によって中国へ石油が輸出されてきたのにくわえ，2005年，カザフスタンと新疆ウイグル自治区のアラシャンコウ，独山子（黒い油の意）を結ぶパイプラインが開通した。このパイプラインは西シベリアの石油を中国へ輸出する際にも利用される。

【物流の新しい動き】　かつて，シルクロードはヨーロッパとアジアを結ぶ重要な役割を果たしたが，最近，再びシルクロードの復権ともいえる新しい動きが現実化しつつある。中国の重慶から出発する鉄道が，カザフスタンを横断してロシア，ベラルーシ，ポーランドを通過してドイツのデュイスブルクへと結ぶ。この鉄道ルートを利用すれば，海運で重慶からヨーロッパまで60日かかっていたものが，16日で輸送が可能になる。さらに，鉄道だけでなく，カザフスタンは自国を横断し，中国からヨーロッパを結ぶ道路を世界銀行などの融資を受けて整備しようとしている。カザフスタンは物流において，世界のなかで大きな役割を果たそうとしている。

アラル海の縮小

1960年代のアラル海の水位は海抜63mであったが，大量の農業用水をアラル海へ流れこむアムダリア川，シルダリア川から取水したために，1987年までには水位が13mも低下した。その結果，面積は40％も縮小し，ほぼベルギーの国土面積と同じ程度の広さが干上がった。このままのペースで進むと2020年にはアラル海が消滅するという予測もある。

現在のアラル海は，北部の小アラル海と南部の大アラル海とに分離している。2003年から，カザフスタン政府はアラル海の南端にダムを建設した。これによって北部の小アラル海は1960年代よりもわずかではあるが湖として再生した。大アラル海の再生は事実上放棄され，数年後には小アラル海だけが残ると予想されている。今後，これまでアムダリア川の最上流国でありながら，川の水をそれほど利用してこなかったアフガニスタンの水需要の拡大が予想され，おかれている状況はきびしい。

ねらい

（1）　アフリカ大陸は大半が台地・高原で構成されることを理解する。

（2）　気候分布は帯状に分布することを知る。

（3）　サハラ砂漠を境にアフリカの北と南は異なる文化を形成していることに気づく。

資　料

資料1　アフリカの気候区

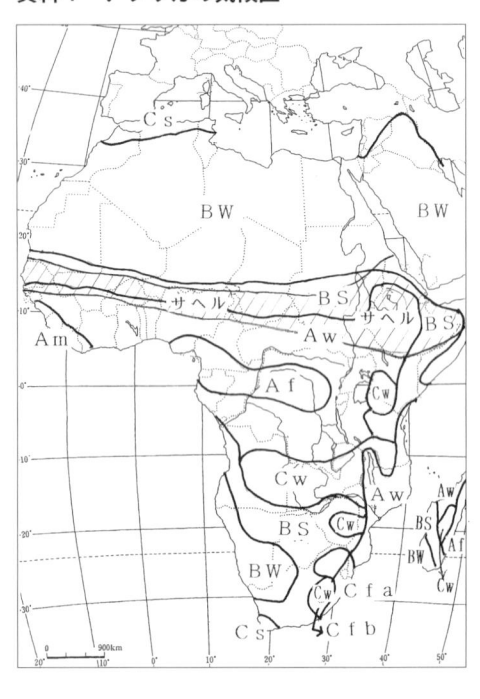

資料2　アフリカにおけるイスラーム化のルートとムスリム人口の比率

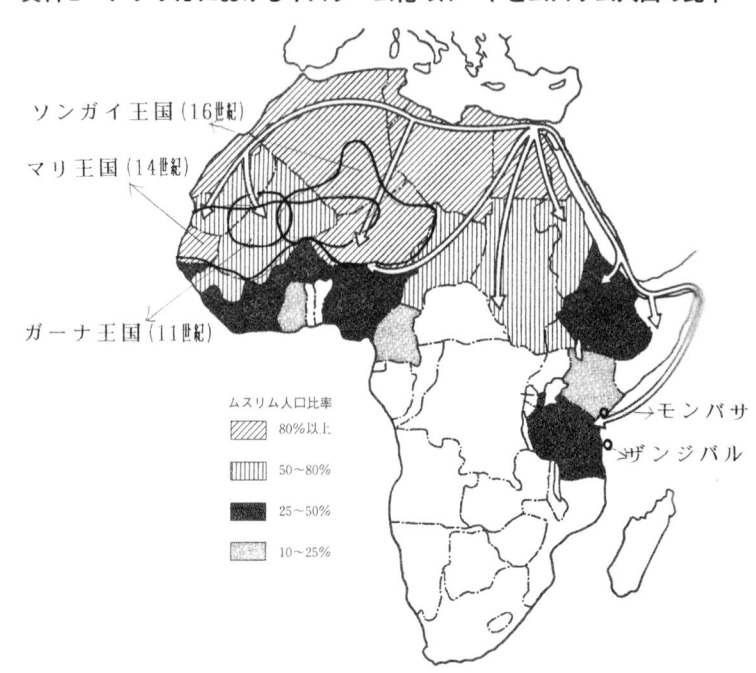

資料3　大地溝帯（ケニア）

情　報

【出典】　資料1　帝国書院やとうほうの地理資料集などをベースに筆者作成

　　　　　資料2　川田順造編『アフリカ入門』新書館（1999年）に筆者加筆

　　　　　資料3　筆者2005年8月撮影

【教材づくりに有用な情報源】

・諏訪兼位『アフリカ大陸から地球がわかる』岩波ジュニア新書（2003年）

解　説

【アフリカ地形の特色】　アフリカ大陸は，大半は安定した平均高度750mほどの台地・高原が広がっている。しかし，東部には南北6000kmにわたって縦断するアフリカ大地溝帯（リフトヴァレー）がアラビア半島のヨルダン川・紅海からエチオピア，ケニア，タンザニアを通り，ザンベジ川河口まで続いている。アフリカ大地溝帯は大地の裂け目で，大陸プレートの「広がる境界」にあたる。マントル対流が地殻を押し上げてアフリカプレートは少ずつ東西に裂けている。資料3の写真は大地溝帯崖上から裂け目の凹地を眺めたものである。草原が広がり，円錐型の火山を眺めることができる。キリマンジャロ山，ケニア山などの火山も大地溝帯に位置する。

【帯状の気候分布】　赤道から高緯度にかけて，ほぼ南北に対称的な帯状気候分布をなしている。Af→Aw→BS→BW→Csと変化する。Aw（サバナ気候）地域では，赤道低圧帯，亜熱帯高圧帯の移動により，雨季と乾季の区別が明瞭になる。Awに隣接するサヘル地域では，夏の高気圧が強かったり，冬のモンスーンが弱いと雨がほとんど降らず，干ばつを助長する（資料1）。

しかし，サヘル地域の砂漠化の進行は，このような気候的要因ばかりではなく，1960年代から続く社会的要因が大きい。多くのアフリカ諸国が独立した1960年代から都市化が急速に進行し，都市人口の増大は薪炭用に大量の樹木の伐採を必要とした。長い間，森林伐採が放置され続けたのである。さらに農地の拡大があげられる。貧困地域において換金作物を栽培するためには，森林伐採，農地拡大が求められた。長期にわたる地力の劣化や持続不可能な農業の継続は砂漠化を進行させてきたのである。

【サハラ砂漠以北と以南の文化の相違─イスラーム化の進行】　古くからイスラームの影響下にあった北アフリカでは，アラビア語が普及した。きびしい自然環境のサハラ砂漠を移動するルートは，アラブの商人たちによって開発されていくが，その隊商ルートは容易ではなかった。ムスリム商人はサハラ砂漠縁辺のガーナ王国との岩塩交易やマリ王国との金の交易を通してイスラーム化を進めていった。ポルトガルが西海岸に進出するずっと以前のことである。しかし，気候環境の異なるヨーロッパ人にとってサハラ砂漠の横断は脅威であり，大山脈や河川と同様にサハラ砂漠も障害となった。大航海時代のヨーロッパ（ポルトガル）のアフリカ進出は海岸沿いに進められていったのである。

一般的にサハラ以南のブラックアフリカでは，祖先崇拝の精霊信仰やのちの植民地支配の影響によるキリスト教が多くみられるが，サハラ以南でも東海岸ではイスラーム商人によるインド洋貿易（ケニアのモンバサ，タンザニアのザンジバルなど）がさかんだったため，ムスリムが多い（資料2）。

消える村，流れる若者

　うすい黄色の地平線まで続く。風に乗った細かい砂粒が，目や鼻に入り，息苦しくなる。気温は45度。点在する木々の多くが立ち枯れ，枝にふれると簡単に折れて白い粉が舞った。西アフリカのニジェール南東部一帯はサハラ砂漠からやってくる砂に埋もれそうになっていた。以前はゾウなどの野生動物も生息していたというが，今は想像するのさえむずかしい。ヤシの林が数kmごとに点在する。もともとはアカシアなども生い茂り，緑地がつながっていた。周囲にあったという池や井戸は砂に埋もれ，跡形もない。1975年にこの地域を調査した際，一帯で70haに過ぎなかった砂漠は2003年に18万5000haにふくらみ，32％以上をしめるようになった。今も毎年1万2000haずつ増えている。

　四方を砂の丘に囲まれた小さな村の農家では，飼っていた牛とヤギの9割を干ばつでなくした。残るのは牛2頭とヤギ10頭。農民は「生活しているのではなく，生き残っているんだ。井戸が枯れたら村を去るほかない」と訴える。砂漠の拡大は，ニジェールにとどまらない。周辺各国共通の問題だ。干ばつは30年前には10年に1回だったが，5年に1回，2年に1回と頻度を増してきた。ここでは武装勢力が生活に困った若者たちをリクルートしているという。

（朝日新聞　2013年5月26日を簡略化）

68　アパルトヘイト後の南アフリカ共和国

ねらい

（1）　1994年に誕生したマンデラ政権は，黒人だけでなく，すべての南アフリカ人の市民権を保障した「虹の国」の建設をめざしていることを理解する。

（2）　南アフリカ共和国は経済成長を続けているが，いぜん失業率も高く，貧富の差が拡大している。その原因はどこにあるのか考える。

資　料

資料1　南アフリカ共和国の失業率（左：人種別，右：年齢別）

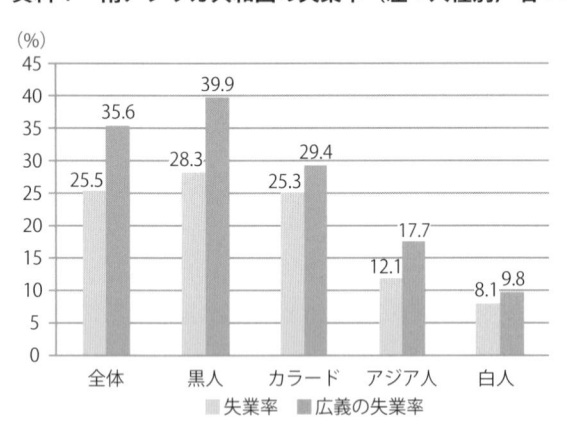
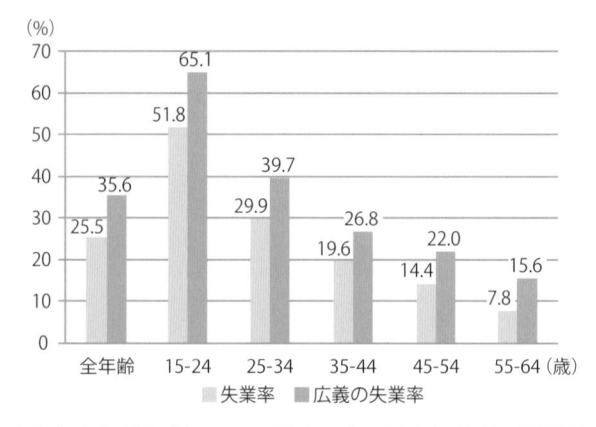

＊広義の失業率とは就職活動をあきらめて労働市場から退出した人などを含み，この数字の高い黒人や若者の雇用環境がきびしいことがわかる。

資料2　ロベン島のマンデラが収容された独房

資料3　人種別世帯主年間平均所得（2011〜12年）

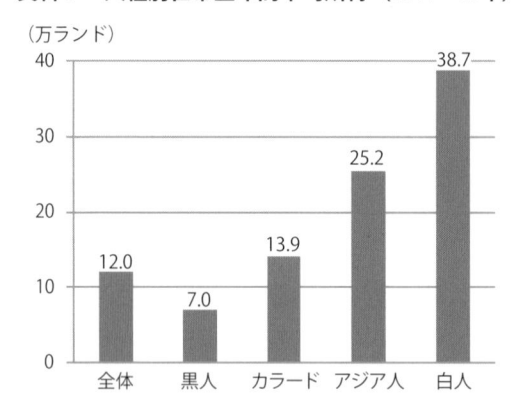

＊白人の平均所得の38.7万ランドは，2010年末の為替レートで，約58.5万ドルと先進国なみの所得水準になる。

情　報

【出典】　資料1・3　東京三菱UFJ銀行国際業務部『BTMU Global Business Insight』2015年2月6日
　　　　　　　　　　（https://www.bk.mufg.jp/report/insemeaa/BW20150206.pdf）
　　　　　　　　　　元の資料は南アフリカ統計局による
　　　　　資料2　2010年筆者撮影

【教材づくりに有用な情報源】

・遠藤貢・関谷雄一編『社会人のための現代アフリカ講義』東京大学出版会（2017年）

・峯陽一『南アフリカを知るための60章』明石書店（2010年）

解　説

【「虹の国」建設とその後の課題】　アパルトヘイトは南アフリカ共和国で進められた人種隔離政策で，白人と有色人種を分割して統治する政策である。1948年にオランダ系白人アフリカーナの国民党が政権を掌握したあと急速に制度化が進んだ。土地の大半を白人が所有し，都市部に住む黒人の多数が狭い黒人居住区での生活を強いられた。アパルトヘイト廃止を訴えたマンデラは，1964年に国家反逆罪で終身刑の判決を受け，約27年間の獄中生活の後，1991年にアパルトヘイトを撤廃に導いた（資料2）。1994年，最初の全人種が参加した総選挙で大統領に選出されたマンデラは，就任演説において，肌の色が異なる人びとの対立を乗りこえ，共存する「虹の国」をめざすことを宣言する。

マンデラ大統領の後，1999年に就任したムベキ大統領は，黒人の経済力強化法（BEE：Black Economic Empowerment）を2003年に制定した。これは企業に黒人の上級管理職への登用や株式所有，経営の意思決定への関与などを促すもので，企業は達成度に応じて政府や国営企業の公共事業の入札で優遇されるメリットが受けられることになった。BEE政策の浸透によって大卒の黒人労働者を求める企業が増え，黒人への富の分配が進んだことで「ブラックダイヤモンド」とよばれる中所得層の割合が増えた。しかし，南アフリカ統計局の2011年の調査では，黒人世帯の年間所得は伸びたものの，白人世帯の5分の1以下であり，その差は大きい。

【国内で広がる所得格差】　2009年に就任したズマ大統領も大きな政策転換は行わず，2010年のサッカーワールドカップの開催や，気候変動枠組条約締結国会議（COP17）の開催など，アフリカの代表として

の地位を積極的に示してきた。しかし，BEE政策の恩恵が黒人全体に広く行きわたることはなく，この政策を通じて高い地位についた一部の黒人エリート層と，恩恵を受けられなかった人々との間に大きな経済格差を生み出した。黒人の約8割をしめる貧困・低所得の失業率は高く，黒人の若者の失業率も増えている（資料1）。

社会における所得分配の不平等さを示す経済指標としてジニ係数（所得分布のばらつきを測る指数で，数値が大きいほど所得格差が大きい）がある。それを見ると，南アフリカ共和国は世界で最も所得格差の大きい国の一つになっている。その背景として，非正規雇用の増加があり，アフリカ諸国で事業を拡大する製造業，鉱業，建設業，輸送業などの企業が非正規雇用の割合を増やしていることが大きく関係している。南アフリカの大手人材サービス会社アドコープ社によれば，2014年5月時点で非正規雇用者は全就労者の37.7％をしめ，その約8割が黒人であったという。

ズマ政権のもとでの汚職の広がりや生活難への不満が高まるなか，2018年，新たな大統領に就任したのがラマポーザである。ラマポーザの父親は，マンデラとともにロベン島に収容されたアパルトヘイト解放の指導者の一人である。ラマポーザ自身もマンデラの側近として反アパルトヘイト運動を率いた人物で，低所得者を支持基盤としている。

南アフリカ共和国では，白人支配体制を経験していない世代が増えた。アパルトヘイトから解放され，理想の国家建設と生活向上を待ち望んでいた国民の多くは，一向に改善されない現状に，不満と失望をもっている。ラマポーザ大統領はいかにして「虹の国」づくりを継続していくのか注目されている。

アフリカに進出する日本企業

2017年6月現在，アフリカ54か国に進出している日本企業は448社になる。もっとも多いのが南アフリカ共和国で131社，エジプト47社，ケニア43社，モロッコ35社，ナイジェリア31社と続く。

アフリカの製造業を顧客とする日本の製造業企業は，アフリカでの新たな拠点開設を進めており，アフリカの消費者を顧客とする日本の消費財メーカーも，市場獲得のためアフリカ企業の買収や出資に積極的で，市場への足がかりを得る動きを加速させている。

（アフリカビジネスパートナーズ合同会社「アフリカビジネスに関わる日本企業リスト2017年版」）

69 カカオをめぐる問題

ねらい

（1） カカオ豆などの商品作物栽培では，児童労働などの人権侵害が報告されていることを知る。

（2） 生産者や労働者の生活を安定させるため，フェアトレードが行われていることを理解する。

（3） 自給作物の生産を増加させ農業の多角化を進めたガーナの取り組みを考察する。

資 料

資料1　アムネスティによるコートジボワール大統領へのハガキ　世界各地からこのハガキを大統領宛に送り，人権侵害の解決をめざす

DATE ＿＿＿＿＿＿

Dear President Ouattara

I am writing to express my deep concern about the use of forced and illegal child labour in the cocoa industry in Côte d'Ivoire. It is reported that the Mali children were beaten and forced to work 12 to 14 hours a day with no pay and little food or sleep. Malian children have been trafficked into Côte d'Ivoire and forced to work on cocoa farms.

I urge you to take all necessary measures to immediately abolish the practice of child labour and forced labour and amend all Côte d'Ivoire legislation to expressly prohibit the use of child labour.

I also urge you to bring those who found responsible for imposing child labour to justice.

Lastly, I urge the authorities to work on prohibition of child labour and on protection of the rights of workers, in cooperation with International Labour Organization (ILO) and other international organizations.

Yours faithfully,

（署名）＿＿＿＿＿＿＿＿

[70 円切手を貼ってください]

President of the Republic:
Monsieur Alassane Ouattara
Présidence de la République
BP 1354, Abidjan 01
Côte d'Ivoire

AIR MAIL

ハガキの抄訳

　大統領閣下，私はコートジボワールのカカオ豆農場での違法な児童労働，強制労働について深く憂慮しています。マリの子どもたちがコートジボワールに人身売買されカカオ豆農場で働くことを強要されてきました。直ちに児童労働と強制労働をやめるよう必要な手段をとってください。そして児童労働を禁止するよう貴国の法律を改正してください。

　また，違法な児童労働を行う者を裁判にかけるよう要請します。そして国際労働機関（ILO）やその他の機関と協力し，児童労働の撲滅と労働者の権利擁護を実現してください。

資料2　世界のフェアトレード認証製品市場の推移（推定）

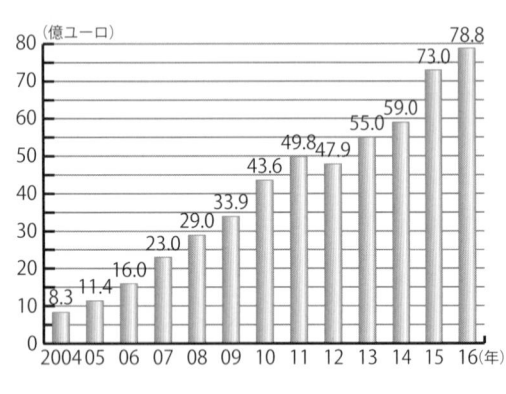

資料3　ガーナにおけるヤムイモ，キャッサバとカカオ豆の生産量の推移（1971年を100とした場合の指数）

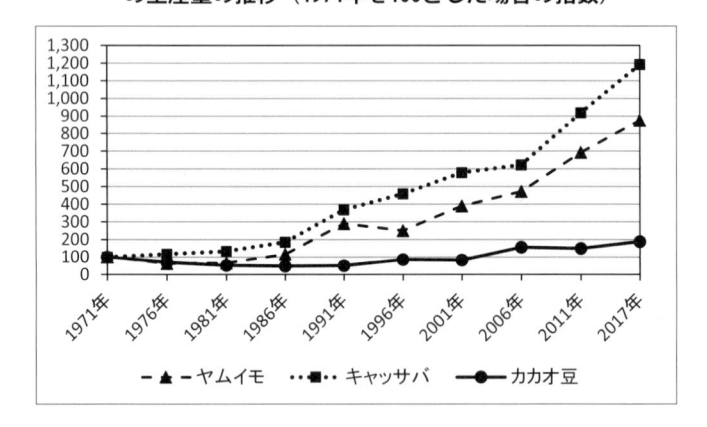

情 報

【出典】　資料1　アムネスティ・インターナショナル「コートジボワール，児童労働の撲滅を」
　　　　　　　　　　http://www.amnesty.or.jp/human-rights/region/africa/cote_divoire/

　　　　　資料2　「フェアトレード・ラベル・ジャパン」（http://www.fairtrade-jp.org/）資料による

　　　　　資料3　「FAOSTAT」（aostat. fao. org）による

【教材づくりに有用な情報源】

・キャロル・オフ『チョコレートの真実』英知出版（2007年）

・NPO 法人 ACE 制作の DVD『おいしいチョコレートの真実』（2008年）

解　説

【カカオ豆栽培と児童労働】　アフリカ諸国には農作物や鉱産資源など，特定の一次産品の生産と輸出に依存する，いわゆる「モノカルチャー経済」の国が多い。モノカルチャー経済は，その基盤が不安定で一次産品の国際価格に大きく左右される。とくに農作物に依存する場合には，価格の低迷は生産農家にとって死活問題であるし，商品作物中心の農業構造は，食料自給率の低下という事態を招きかねない。鉱産資源に依存する場合には，農作物にくらべると価格は高いが，輸出ばかりに目を向けて，国内産業の育成をおこたっている例もある。この項目ではカカオ豆の輸出に依存するモノカルチャー経済を例にとって説明をする。

　西アフリカのガーナといえば「チョコレート」を連想する人が多いだろう。もともとチョコレートの原料であるカカオ豆は，熱帯アメリカの森林地帯が原産である。そこからカリブ海を経て，19世紀には西アフリカでの栽培がはじまった。そして2016年では，西アフリカが世界のカカオ豆生産のほぼ3分の2をしめ，第1位がコートジボワール（33.0％）で第2位がガーナ（19.2％）となっている。

　では，どのようにして栽培されているのだろうか。この地域のカカオ栽培農家はほとんどが小規模経営だが，きびしい生産環境の例として指摘されるのはコートジボワールにおける児童労働である。国際熱帯農業研究所の調査によると，コートジボワールのカカオ農園では約1万人が働いており，そのうちの約3分の2は14歳以下で，そこに住む6歳から17歳の子どもの3分の1は学校に行っていない。私たちが口にするチョコレートやココアは，そのような子どもの低賃金労働によって生み出されているという側面がある。コートジボワールのカカオ豆の輸出の8割以上は大企業によって支配され，価格は低く抑えられている。そのため生産性を高めながら価格の安いカカオ豆を生産するために，低賃金労働の代表ともいえる児童労働が日常化することになった。そのようななかで，各国のNGOはコートジボワール政府に対して現状の改善を求めている（資料1）。

【持続可能な農業をめざすフェアトレード】　栽培農家のきびしい経営や児童労働の問題解決のアプローチの一つとして注目されているのが「フェアトレード」だ。農作物を適正な価格で購入することで，弱い立場の生産者や労働者の所得を向上させることをめざす新たな貿易の形態である。生産者の生活が安定すれば，子どもたちが学校に行かずに働くという問題も解決にむかう。また，生産性を上げるための過剰な農薬使用を抑えて，安全な農作物を供給できるというメリットもある。

　世界の農作物貿易は大企業が担っている。そのなかにしめるフェアトレードの割合はまだごくわずかである。しかし，着実にその市場は上昇し（資料2），近年では，フェアトレードということばも市民権を得ている。

　西アフリカでは約14万人の生産者がフェアトレードに参加しており，全世界の参加者数約18万人の8割ほどをしめている（2014年）。参加している農民はすべて小規模生産者である。

　大企業主導のモノカルチャー経済のもとできびしい経営を強いられてきた小規模生産者にとって，生活を安定させ，子どもを学校に行かせ，安全な作物を生産する「持続可能な農業」を可能にする新しい貿易のしくみである。

【農業の多角化】　貧困や飢餓の問題が取り上げられ注目されるアフリカにおいて，ガーナは着実に飢餓人口を減少させている国として注目されている。1996年に開催された「世界食糧サミット」では，1990年の栄養不足人口を2015年までに半減させるという目標を掲げたが，西アフリカで2000年代前半までに目標を達成できたのはガーナだけである。ガーナでは1990年当時の最大生産額の農作物はカカオであり，これは輸出用作物で食料ではない。そのようななかで，どのようにして飢餓人口を減少させたのか。

　ギニア湾沿岸地域は「ヤムベルト」とよばれており，主食はヤムイモやキャッサバである。ガーナではそれらのイモ類の生産量を大幅に増やすことで食料不足の解消を進めた。資料3から，1971～2017年にかけての収穫量の伸びを見てみると，カカオ豆は約1.9倍だが，ヤムイモや約9倍，キャッサバは約12倍になっている。またそれは同時に，長年にわたってカカオ豆という特定の一次産品に依存してきた脆弱な経済体制からの脱却をめざすことでもあった。

70　グローバル化とアフリカの資源

ねらい

（1）　アフリカが資源大陸として，世界から注目されていることを知る。

（2）　アフリカの内戦には，資源の争奪が背景にあることが多いことを理解する。

（3）　アフリカの資源をめぐって，中国が存在感を増していることを確認する。

資　料

資料1　アフリカのおもな鉱産資源の生産量と世界シェア（2015年）

鉱産資源名	世界順位，国名，世界シェア（％）	
プラチナ	①南アフリカ（73.6）	
ダイヤモンド	②ボツワナ（16.3）	③コンゴ民主（12.6）
ボーキサイト	⑥ギニア（5.5）	
パラジウム（＊）	①南アフリカ（38.5）	
マンガン（＊）	①南アフリカ（29.2）	④ガボン（10.5）
クロム（＊）	①南アフリカ（42.9）	
コバルト（＊）	①コンゴ民主（50.0）	
バナジウム（＊）	③南アフリカ（18.0）	

（＊）はレアメタルを示す。

資料2　ブラッド・ダイヤモンド

資料3　中国（左）と日本（右）の対アフリカ貿易額の推移（単位，百万ドル）

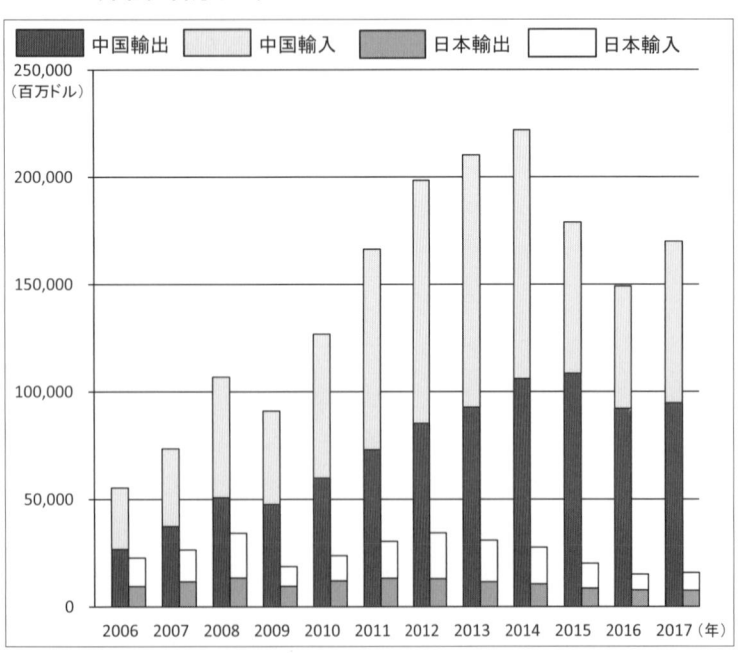

情　報

【**出典**】　資料1　矢野恒太記念会『世界国勢図会2018／19』より作成

　　　　　資料2　ブラッド・ダイヤモンドのDVD（2006年，アメリカ映画）

　　　　　資料3　JETRO資料より作成

解　説

【資源大陸アフリカ】　アフリカは日本とどのようにつながっているのだろう。かつては援助する側とされる側であり，対等なパートナーという認識は低かった。しかし21世紀の現在，援助でつながっているという考え方は時代遅れになっている。2001年にアフリカ側から「アフリカ開発のための新パートナーシップ（NEPAD）」が出されたが，そこではこれまでのような先進諸国に対する従属的関係ではなく，自らの力での発展への決意が示されている。

　アフリカ大陸は豊富な資源に恵まれているが，その開発はまだ進んでいない。資料1は代表的な鉱産資源の順位を示している。そのなかでもとくに注目されているのが「レアメタル」で，南部アフリカを中心に採掘されている。1980年代にアパルトヘイトを実施する南アフリカ共和国に対して，日本が経済制裁に踏み切れなかった理由の一つとして，レアメタルの存在が大きかったといわれる。これ以外にも，当該国やその地域で重要な役割を果たしている資源も多い。たとえば北アフリカ諸国やナイジェリアの原油などである。

【資源の争奪】　近年のアフリカでみられる内戦は，鉱産資源の争奪が原因である例がいくつもみられる。2011年に独立した南スーダンは，石油資源をめぐって，いまだにスーダンとの国境は画定していない地域がある。シエラレオネでは，ダイヤモンドをめぐって紛争が長期化した。これは「ブラッド・ダイヤモンド」（血のダイヤモンド，紛争ダイヤモンド）とよばれていて，映画にもなった（資料2）。その他にも，コンゴ民主共和国東部における紛争や，ナイジェリア南部における住民の蜂起などの背景には豊富な資源の存在がある。

　資源から得られる利益は，本来は国民の生活を豊かにするために使われるべきであるが，残念ながらそういう国は少ない。アフリカの資源大国では，製造業の育成が進まず成長が停滞している国が多い。「資源の呪い」ということばがあるが，これは資源が豊富な国であるほど，経済成長が停滞するという仮説である。そのようになる理由として，①価格変動に国家経済が左右されやすい。②資源に依存する国は，為替レートが高めに推移するので輸出産業が育たない。③為政者が開発よりも権力維持に熱心で，開発にうしろ向きな政府となるなどがあげられる。豊富な資源がありながら経済発展が進まない背景に利権を求める政治の腐敗があるといわれている。汚職がはびこるなど，民主主義の進展が遅れている国家が多いことが指摘されている。そのような国民の生活を犠牲にするような国を，近年では「失敗国家」「破綻国家」などとよぶ。

【存在感を増す中国】　高度成長を続ける中国にとっては，それを支えるエネルギー資源の確保は喫緊の課題となっている。そのような状況のなかで中国が注目したのがアフリカである。中国首脳は積極的な資源外交を展開して，現地との太いパイプを構築した。そして，多くの中国系企業が進出して投資を進めている。近年の中国のアフリカ進出には目を見張るものがあり，21世紀に入ってアフリカ諸国との貿易額を大きく伸ばしている（資料3）。中国・アフリカ協力フォーラム（FOCAC）が3年おきに開催されており，2018年9月に第7回フォーラムが北京で行われた。そこで中国は，アフリカに対し「3年間で600億ドルの融資」を表明した。中国からアフリカに対する支援は，2000〜17年までの間で約1400億ドルに達したという。その一方で，中国によるアフリカ諸国に対する債務の大きさも指摘されている。

これからのアフリカとディアスポラ

　ディアスポラとは，「国外に離散した人々」をさすことばである。アフリカ諸国では近年はこれらの人々が祖国に戻り，先進国で得た知識，人脈や財力を利用して，新しく事業を立ち上げるなどの動きが見られるようになった。ルワンダは1994年の大虐殺の後，今世紀に入って急速な経済発展を続けており「アフリカの奇跡」とよばれる。この奇跡の主役が欧米や近隣諸国から帰国したディアスポラである。しかし，投資が進むためには安定した政治・経済体制は不可欠である。

71　EUへ移動する人びと

ねらい

（1）　EU のなかで国際移住者数（移民・難民数）の多い国々の最近の傾向を理解する。

（2）　移住者の多数をしめるムスリムの生活と文化的摩擦について考える。

資　料

資料1　おもな EU 加盟国の国際移住者数の推移

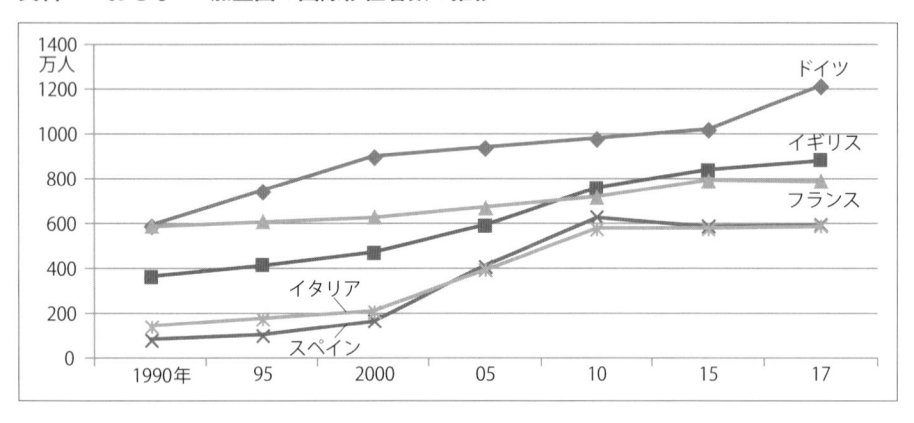

資料2　ドイツとフランスの国際移住者数の出身国（2017年）

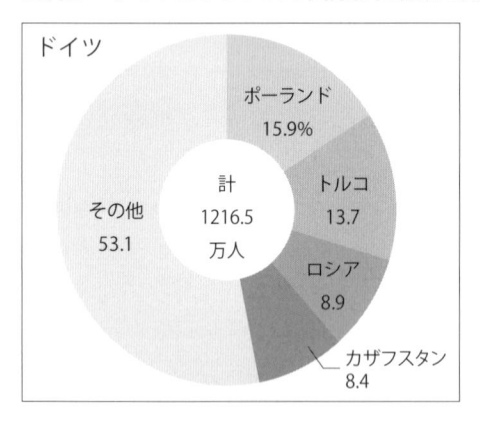
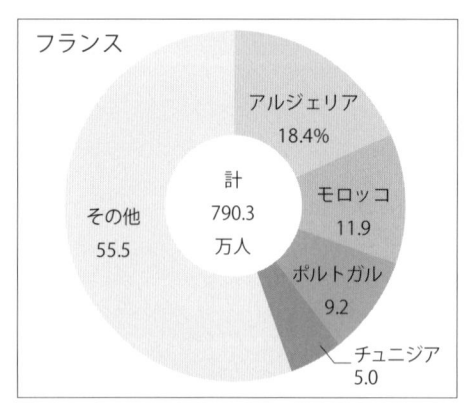

資料3　ヘジャブは自主的選択

> 　映画「セーヌ河岸」（監督グリンダ・チャーダ）にマグレブ系のザルカ（二世か三世の女性）が登場していました。ティノ・ロッシュ公園でザルカとフランソワ（男性）が話す。どうしてヘジャブを被るの，と訊いたフランソワに対して，いやこれは，自分の意志だ，ヘジャブを被っているからこそ，わたしは信仰やアイデンティティーを感じることができる，と。このザルカの言葉には，ある前提があります。つまり，ヘジャブは強制されたものであり，言ってしまえば，女性に対する差別や抑圧の象徴だと，フランソワ，あなたは考えているでしょう？
>
> 　たしかにフランスには，ヘジャブをそんなふうに捉えているひとが多いようです。けれどもザルカは一般的な意見の，いちばん肝心なところを崩してしまいます。ヘジャブを選んでいるのは自分自身だと言うのです。もしそうなら，フランソワ的見方はまるでピント外れということになります。（要約）

情　報

【出典】　資料1・2　国連経済社会局『TRENDS IN INTERNATIONAL MIGRANT STOCK: THE 2017 REVISION』（https://www.un.org/en/development/desa/population/migration/data/estimates2/estimates17.asp）

　　　　　資料3　清岡智比古『エキゾチック・パリ案内』平凡社新書（2012年）

【教材づくりに有用な情報源】　・庄司克宏『欧州連合―統合の論理とゆくえ』岩波新書（2007年）

解　説

【国際移住者数の増加】　資料1は，国際移住者数（移民・難民数）の推移で，EU加盟国のなかで移住者数の多い上位5か国である。これを見ると，1990年の時点では，国際移住者数はドイツとフランスが約600万人とほぼ同数であったが，2017年では，ドイツが1217万人と倍増している。イギリスも2000年以降急増し，2010年にはフランスをぬいている。スペインとイタリアは，2000〜10年に急増しており，その後は横ばいで同じような傾向を示している。

ドイツの人口は，約8300万人で，そのうち約15%の1200万人が外国生まれを背景にもつ人といわれる。外国籍が910万人，またドイツ生まれでドイツ国籍・自国の国籍をもつ第2，第3世代が加わる。

ドイツでは経済成長期の1955〜1973年にトルコ人を中心に移民労働者（ガストアルバイター「お願いされてきた労働者」）が200万人以上入国した。ドイツ政府は，トルコ人労働者は数年後にトルコに帰ることを考えていたが，多くはドイツに定住し家族をよびよせた。トルコ人の大部分はムスリムであることから，「仕事を奪われた」と過激な若者による暴力的排斥がくり返される。1990年代には東西冷戦の終結で，東ヨーロッパから多くの移民がやってきた。とくに旧ユーゴスラビアの解体・内戦による難民の流入が多かった。2015年，アフガニスタン，シリア，イラクなどのイスラーム諸国から大規模の難民がヨーロッパへ流入した。受容範囲をこえる大量の流入に対して，ヨーロッパの国々は国境を閉鎖して受け入れを拒否した。難民の受け入れに積極的であったドイツでも世論の反発がおき，受け入れに反対する極右政党が勢力を伸ばすなど，難民の受け入れを抑制する政策をとらざるをえなくなっている。

【マグレブからの移民】　パリはセネガル人などの住むアフリカ黒人街，中国人やヒンドゥー信仰のインド人などのアジア人街，さらに各所に北西アフリカ（マグレブ）のムスリム街がめだつ。資料3ではフランス人とムスリムの考えの違いをあげた。フランス革命（1789〜99年）後のフランス人の基本的考えは，合理主義にあるといわれる。宗教を含む合理的でないものは公共の場に持ちこまないという考えである。フランスは革命前の長い間，キリスト教が支配した。庶民は聖職者や領主によって弾圧・搾取されてきたため，フランス革命以来，政教分離の国となった。

しかし，フランスの合理的考え方はあくまでフランス国内のもので，自らの「植民地主義」などは除外される。「マグレブ」とは「日の沈む地」のことで，地中海を隔てた対岸の北西アフリカのモロッコ，アルジェリア，チュニジアをさし，この3国はかつてのフランス植民地である。アラブである3国はイスラームを国教とし，国民の99%はムスリムである。

フランスの人口は約6500万人で，国際移住者は全人口の12.2%をしめる（ドイツは14.8%）。出身国もマグレブ出身が多く，移住者の約35%になる（資料2）。マグレブの人たちは第二次世界大戦前のフランス植民地時代，戦後の復興期，アフリカの独立が続いた1960年以降も移民として切れ目なく入ってきた。1960年代にはじまる経済成長期には低賃金労働者として歓迎され，フランス経済を支えた。背景には工場などの単純労働者の不足，マグレブとの間の経済格差である。1976年には家族の呼び寄せることが認められ，移民人口はふくらんだ。

難民をめぐる EU の亀裂

2017年，イタリアに約590万人の移民や難民が渡った。当時の中道左派政府は，外国人の両親で，国外で生まれた子どもでも，イタリア国内の学校で12歳未満から5年間学べばイタリア国籍を取得できるという法律の改正をめざしたが頓挫した。国民の不満をまとめたのは排外主義の人々である。2018年，イタリアではEU懐疑派の右派政権が誕生した。政権はフランスNGOの救助船が地中海のイタリア海域で救助したアフリカ難民629人の受け入れを拒否した。救助船はマルタに受け入れを求めたがこれも拒否され，受け入れを表明したスペインに向かう。フランスはイタリアを「無責任」と非難するが，ポーランドやハンガリーは支持し，EU内の亀裂は拡大している。

ねらい

（1）　ヨーロッパの文化の共通基盤の一つであるキリスト教と民族との関連を理解する。

（2）　ヨーロッパの小国7か国や，バスク人の独立運動，少数民族のロマをとりあげ，国家や民族についての理解を深める。

資　料

資料1　ヨーロッパの民族分布

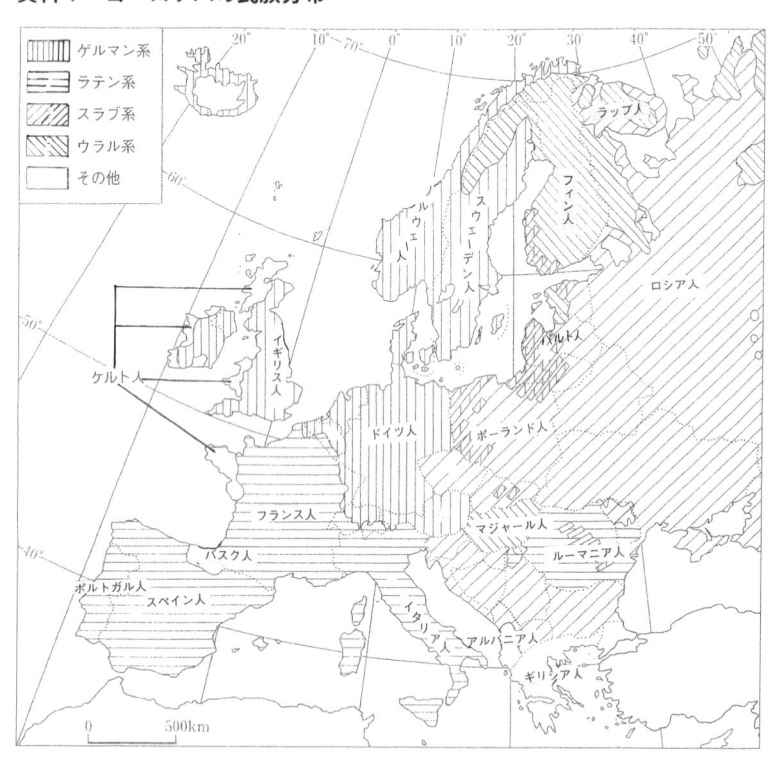

資料2　ヨーロッパ小国の概要

国　名	面　積 (km²)	人　口（千人）(2018年)	首　都	1人あたり国民総所得 2016年（ドル）	主要言語	隣接国
バチカン市国	0.44	0.8	バチカン	−	ラテン語，フランス語，イタリア語	イタリア
モナコ公国	1.95	39	モナコ	168,004	フランス語	フランス
サンマリノ共和国	61	34	サンマリノ	40,586	イタリア語	イタリア
リヒテンシュタイン公国	160	38	ファドーツ	134,660	ドイツ語	スイス・オーストリア
マルタ共和国	316	432	バレッタ	24,036	マルタ語，英語	なし
アンドラ公国	453	77	アンドララヴェリャ	36,987	カタルーニャ語，フランス語	フランス・スペイン
ルクセンブルク大公国	2,586	590	ルクセンブルク	69,259	ルクセンブルク語	ドイツ・ベルギー・フランス
参考　日本	377,750	127,185	東京	39,881	日本語	なし

情　報

【出典】　資料1　『地理白地図ノート』東京書籍 p.27をベースに筆者作成

　　　　　　資料2　『世界年鑑2018年版』共同通信社，矢野恒太記念会『世界国勢図会2018／19』

【教材づくりに有用な情報源】

・長岡顯ほか『地球を旅する地理の本　西ヨーロッパ』大月書店（1993年）

・「金髪の子連れロマを疑う目」毎日新聞2013年10月27日

解　説

【ヨーロッパの民族・宗教】
ヨーロッパにはゲルマン系，ラテン系，スラブ系の3大民族に分けることができる。そのほかにフィンランドのフィン人，ハンガリーのマジャール人，先住民族のケルト人などが住む（資料1）。

キリスト教は，ユダヤ教を母体にしながら，紀元前後にイエス＝キリストによって創始され，ヨーロッパ文化の精神的支柱となった。キリスト教はカトリック（旧教），プロテスタント（新教），東方正教に大別される。キリスト教は16世紀以降，ヨーロッパ人による通商・交易が世界に拡大するなかで世界宗教となっていった。

ヨーロッパの宗教分布（本書 p.12，資料2）と民族分布（資料1）を見ると，カトリックはラテン民族を中心に南ヨーロッパに多く，他にポーランドなどにも分布する。プロテスタントは，ゲルマン民族を中心に，北・西ヨーロッパに多い。東方正教は11世紀にローマ＝カトリック教会から分離し，キリスト教が生まれた中東を中心に，ギリシャ，東欧からロシアに広がった。その後，ロシア正教会が影響力をもつようになる。

ヨーロッパには少数ながらユダヤ教徒，ムスリムも各地に住み，大都市にはユダヤ教徒たちのシナゴーグやムスリムのマスジト（モスク）も見られる。こうした少数派はヨーロッパの歴史のなかでさまざまな弾圧と迫害を受けてきた。とくにキリスト教が力をもった中世から近世にかけては，宗教裁判や異端審判所が設置され，異教徒は改宗を強制されたり国外に追放されたりした。

現代では宗教が強制されることなく，大半の国では憲法によって信教の自由が保障されている。しかし，社会が大きく動揺したり，国内の矛盾が激化すると，旧ユーゴスラビアにおけるように民族対立が生じ，宗教対立が表面化することも少なくない。

【バスク地方とカタルーニャ自治州の独立運動】
スペインのバスク地方（バスク自治州とナラバ自治州）はバスク語を用い，カタルーニャ地方はカタルーニャ語を各々独自の公用語として用い，独自の民族・文化圏を形成してきた。スペインに広範な自治権を要求し，独立運動を行っている。バスク人はスペイン北部に70万人，国境をはさみフランス南部に10万人いる。

【ヨーロッパの「小国」】
ヨーロッパの45か国中，面積の小さい7つの小国がある（資料2）。7か国はそれぞれ異なる歴史をたどったが，主権を貫き存続している。リヒテンシュタインは隣国2か国の中立国家として存続し，ルクセンブルクはドイツ，フランス，ベルギーの緩衝地帯という位置を生かした外交政策により存続した。バチカンはカトリック総本山サンピエトロ寺院を中心に，1929年に法王の権威によってイタリアに国家主権を認めさせた。サンマリノは13世紀以来独立を守り今日にいたっている。アンドラは隣接するフランスとスペインの宗主権が決まっていなかったが，1993年に主権国家となった。人口は約9万人で，公用語はカタルーニャ語である。所得税や付加価値税もなく，教育費も無料である。観光とレジャー産業が経済を支えている。

7か国は小さいながら独立した国家を維持している。民族自立・国家形成とか自治権獲得，民族文化の保護など小国家から学ぶことが多くある。

ロマの人々

ロマはインドをルーツとする民族で，13世紀末以降，欧州に渡ったとされる。かつてはジプシーとよばれたが，差別的との理由で人を示すロマの呼称が使用されている。欧州評議会によると，欧州に暮らすロマは推定1000万〜1200万人で，ルーマニア（185万人），ロシア（83万人），ブルガリア（75万人），スペイン，ハンガリーに多く住む。長年，差別や迫害の対象になってきたことから，地元社会との接触が少ない土地でキャンプをしながら移動生活をしていることが多い。2013年，欧州で暮らすロマの子どもが金髪や眼が青いことを理由にロマに誘拐されたと疑われ，ギリシャとアイルランドで当局に「保護」された。ロマには黒髪，浅黒い肌，茶色の眼の人が多い。しかしいずれの子どももロマだった。ロマ団体や欧州ロマ人権センターなどのNGO組織から「欧州社会に残るロマ差別」を指摘する声が出た。

ねらい

（1）　ヨーロッパでは公共交通機関や自転車の利用を推進している都市が多い。オランダやドイツ・フライブルク市に学びながら，ヨーロッパと日本の環境や交通を比較する。

（2）　市民主導によるデンマークの風力発電導入やドイツの再生可能エネルギーへの転換を学び，日本のエネルギー政策について考える。

資　料

資料1　フライブルク市の旧市街（ドイツ）

資料2　自転車専用道路（ドイツ，コンスタンツ市）

情　報

【出典】　資料1・2　筆者撮影

【授業づくりに有用な情報源】

・片野優『ここが違う，ヨーロッパの交通政策』白水社（2011年）

・今泉みね子『クルマのない生活—フライブルクより愛をこめて』白水社（2008年）

・千葉恒久『再生可能エネルギーが社会を変える』現代人文社（2013年）

・秋山岳志『自転車が街を変える』集英社新書（2013年）

解　説

【ヨーロッパの交通政策】　ヨーロッパでは自動車優先社会が見直され，車を市内からしめ出し，人間主体の街づくりへと方向転換している都市が多い。ロンドンでは，市内の規制エリアに自動車で進入するには，1日8ポンドの税金が課され，ストックホルムでは，市内に設置されたカメラでナンバープレートを読み取らせ，課金するシステムが導入されている。この方法でともに20％以上の自動車の削減に成功している。パークアンドライドとは，都市部の自動車削減を目的としたもので，郊外に設置された駐車場に自動車をとめ，そこから路面電車やバスの公共交通機関に乗り換えるシステムである。導入する自治体でも，経済的に自動車より公共交通機関を利用する方が安いという長所をもたせている。

　資料1は，ドイツのフライブルク市の旧市街である。同市では，90路線，総距離数2700km区間を自由に移動できる環境定期券（レギオカルテ）を考案し，この1枚で日曜・祝日はおとな2人と子ども4人までが無料で利用できるようにした。現在，フライブルク市は旧市街地全体が歩行者ゾーンとなり，タクシー，緊急車両を除き，トラム（路面電車）だけが走行する街となった。

　ヨーロッパでは，自転車専用道路が整備され（資料2），自転車専用の信号機が設置されている。交差点では，自転車専用の停止線が自動車より前方に設けられ，信号が青に変わると自転車の方が先に発進できる。オランダは，人口一人あたり自転車保有率がトップクラスで，自転車専用道路のネットワークが張りめぐらされている。国家戦略として自転車の推奨がなされ，自転車優先の交通体系の構築やインフラの整備が進められている。

【市民・地域主導の環境・エネルギー対策】　スイスのバーゼル市で自転車専用道や大駐輪場を建設する際も，市民やNPOが中心となって署名活動を実施し，州議会に発議することからはじまった。

　デンマークでは，1970年代半ばから農民を中心とする住民自らが費用を負担して風力発電機を設置しはじめた。それは化石エネルギーや原子力にかわる，自給可能な再生可能エネルギーの推進をめざしたものであった。デンマークでは，1984年の風力発電電力買い取り制度の導入によって，いっきに市民主導の普及が進み，国内の風力発電の約8割が住民所有で導入されるようになった。

　ドイツの北部地域はデンマーク系住民が多く居住しているため，デンマークが風力発電導入に取り組みだしたころから，地域住民が中心となって風力発電を推進するようになった。北海の干拓地にあるフリードリッヒ・ヴィルヘルム・リュプケ・コーク村は，すべての村民が共同出資して設立した風力発電会社が，2013年6月現在，25基，設備容量4万8000kWの風力発電機を所有するようになった。それを可能にしたのは，1991年に施行された電力供給法である。これによって，風力発電の電力が電気料金の90％の価格で買い取られることになり，人口流出が続いた村は，いまでは農業収入を上回るほどの売電収入を得られるようになった。

「自転車の街」ドイツ・ミュンスター市

　ドイツ・ヴェストファーレン州北西部にあるミュンスター市は，「自転車の街」として世界的に知られる。第二次世界大戦時にミュンスターの街は崩壊してしまったが，戦後，中世の街並みを復元することで，自動車よりも自転車にあった街づくりが行われた。1946年の都市交通開発計画に自転車専用道の整備が盛りこまれ，市内のおもな道路は車道と歩道の間に自転車専用道路が設けられていった。とくに，旧市街を取り囲む城壁跡地の通称「自転車のアウトバーン」は，並木のなかに整備され，ミュンスターの名所となっている。市内には多くの自転車専用の信号や標識が設置され，自転車の利便性を向上させ，積極的に自転車の利用を促進している。現在では，この街の移動手段の約35％を自転車がしめている。自転車の街ミュンスターのシンボルとなっているのが，ガラス張りの中央駅前駐輪ハウスである。かつて違法駐輪であふれていた駅前は，3000台以上収容できる地下駐輪場によってさまがわりした。そこには，自転車修理や部品販売の店のほか，自転車の自動洗車機まで設置されている。

74 EU 統合の歴史と分裂の危機

ねらい

（1） 国境をこえて，ヨーロッパの統合をめざす EU の目的，政策，歴史，現状を理解する。

（2） EU が抱える課題を，域内格差，移民問題，ナショナリズムの視点から考察する。

資　料

資料1　EU の拡大
（凡例の数字は加盟年。2004にはキプロスとマルタを含む）

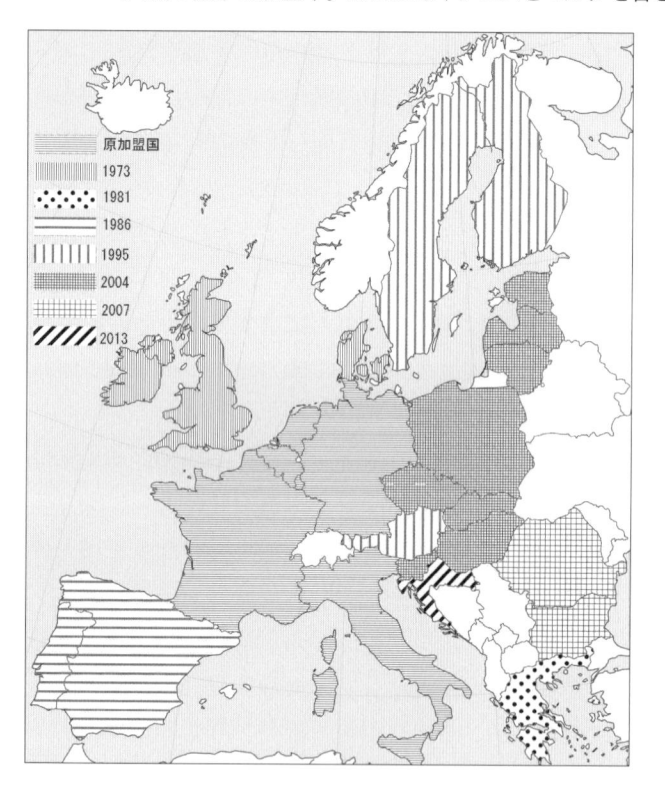

資料2　EU の規模 （2017年）

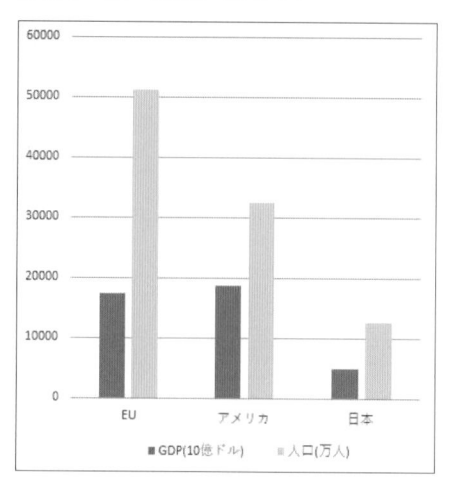

資料3　EU 内の格差 （一人あたり GDP の上位，下位の5か国。2017年）

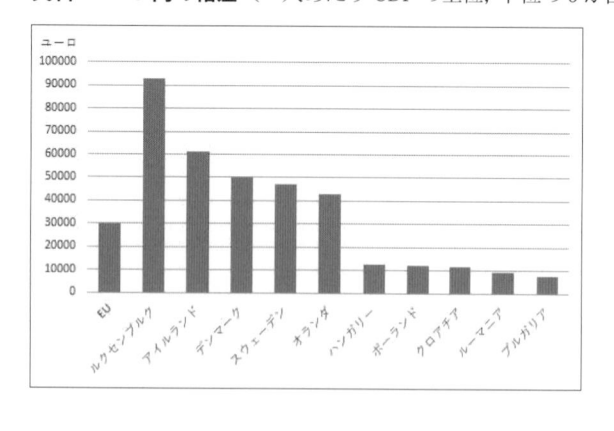

資料4　EU 離脱を問うイギリス国民投票翌日の新聞表紙 （「分断された国民」）

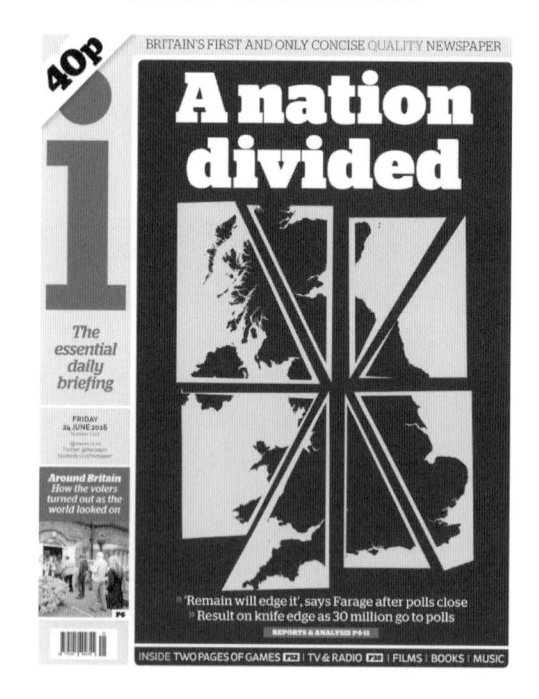

情　報

【出典】　資料1　European Commission, *Europe in 12 lessons*, European Commission, Luxembourg （2018年）
より筆者作成

　　　　　資料2　IMF （https://www.imf.org/en/data） と世界銀行のデータ （https://data.worldbank.org）
より筆者作成

　　　　　資料3　eurostat のデータ （https://ec.europa.eu/eurostat/） より筆者作成

　　　　　資料4　英字紙「i」（2016年6月24日版）

解　説

【EUの歴史－経済面での統合】　EUの起源は1951年のベルギー，フランス，西ドイツ，イタリア，ルクセンブルク，オランダによる欧州石炭鉄鋼共同体（ECSC）の創設にある。それは経済復興のために戦勝国，敗戦国の立場をこえた共通市場をめざすものであった。1958年には，欧州原子力共同体（Euratom）とともに，モノ，ヒト，資本やサービスの移動が自由な共通市場の建設をめざす欧州経済共同体（EEC= European Economic Community）が成立した。その目的の実現には，関税の撤廃や共通政策の策定が必要で，必然的に国家主権の制限をともなうため各国の思惑が対立した。それでも1960年代には通商や農業などで共通の政策が打ち出され，1968年には関税が撤廃された。1967年にはECSC，Euratom，EECが統合されEC（欧州共同体）（EC=European Communities。正式にはECs）が成立した。EECの2番目のE（経済）がぬけたことは，政治的な統合への志向を想定させ，象徴的である。EECやECが経済発展をとげたことで加盟を希望する国が増えてきた。ECの拡大志向もあって，1973年，イギリスなど3か国が加わった。1981年，1986年には民主制に移行したギリシャ，スペイン，ポルトガルが加盟した。EEC設立条約（ローマ条約）前文には「平和と自由の維持・前進」がうたわれている。

【強まる政治面での統合】　1989年以降の東欧社会主義体制の崩壊を経て，1993年マーストリヒト条約によりヨーロッパの広範な政治統合を視野に入れた欧州連合（EU=European Union）が発足した。その後，加盟国が増加し，2019年1月時点でEU加盟国は28か国となっている（資料1）。

　また，1999年の共通通貨ユーロの導入も重要である。全加盟国が導入しているわけではないが，通貨発行権，通貨政策実施権を失うこの政策は，国家主権を制限して国家統合に向かう大きな一歩である。ただ，自国の強い経済状況を反映しない安い通貨を手にしたドイツが，飛びぬけた優位性を獲得するという結果を招いた。また，巨大化したEUの大きな経済格差（資料3）をどう埋めていくか，後述の反EUの動きをどう抑えるかが大きな課題である。

【ギリシャ財政危機】　2009年の政権交代で，前政権による大規模な財政赤字の隠蔽が明らかになり，ユーロ危機につながりかねないギリシャの財政危機が起こった。欧州中央銀行（ECB）などが緊縮財政をとることを条件に金融支援を行ったが，国内では緊縮財政に反対するストライキやデモが頻発した。2015年に発足した左派政権は，しだいに協調路線に転じて改革を推進し，2018年には金融支援を受ける必要がない状況にまで改善した。

【イギリスのEU離脱】　2016年6月23日にEU離脱（ブレグジット）を問う国民投票が行われ，賛成52%で離脱交渉に進むことになった。賛成票の中心は労働者階級や年配者だといわれている。背景には，イギリスでは2016年時点で，外国生まれ人口が13.3%にのぼり，それらの移民に対する公共サービスやEU拠出金などの財政支出がふくらんだことによる緊縮財政で，労働者階級の生活がきびしくなったこと，海外からの投資の増大で，都市部での経済が活性化した一方でインフレが進み，年金生活者の生活を圧迫したことなどがある。EU内での就学，就職の機会と優遇措置が享受できる若者の多くは離脱に反対した。さらなる遠因としては，かつて世界を支配した大英帝国への自尊心，大陸ヨーロッパ諸国と距離をおいてきた過去の政策（EECに対抗して主導した欧州自由貿易連合など）もあげられる。

　しかし，国民投票時に，その結果のもたらす意味を十分に国民が理解していたのか疑問視されている。投票の1週間後には，政府に再度の国民投票を求める署名が350万人をこえた。この選挙戦では離脱反対派の議員の暗殺事件まで起きており，人権や経済利害などが鋭く対立する問題を安易に国民投票にかけるべきではないという教訓をくむべきであろう。英字紙「i」の表紙「分断された国民」（資料4）がそのことを表現している。離脱期限の2019年3月直前の1月時点でEUとの離脱交渉は暗礁に乗り上げており，「合意なき離脱」となれば，製造業，金融機関，出稼ぎ労働者の海外逃避，食料をはじめとする物資流通の停滞など大混乱が予想される。

　ほかにEUからの離脱を決めた国はないが，移民や難民が多数流入するなか，多くの国で反移民やEU離脱を掲げるポピュリズム政党が躍進しており，EUは大きな岐路に立っている。

75　ヨーロッパの工業と農業

ねらい

（1）　東欧諸国の EU 加盟による自動車生産拠点の配置と，今後の自動車生産の課題を理解する。

（2）　多国間協力でつくられた航空機メーカー，エアバス社の実態を理解する。

（3）　EU の共通農業政策の歴史と現状から，その功罪を考える。

資　料

資料1　EU 加盟国の自動車生産台数
（乗用車とバス，トラックを除く商用車の合計）

	2000年	2017年
イギリス	1,813,894	1,749,385
イタリア	1,738,315	1,142,210
オーストリア	141,026	99,880
オランダ	267,319	157,280
スウェーデン	301,343	226,000
スペイン	3,032,874	2,848,335
ドイツ	5,526,615	5,645,581
フィンランド	38,926	91,598
フランス	3,348,361	2,227,000
ベルギー	1,033,294	379,140
ポルトガル	246,724	175,544
スロバキア	181,783	1,001,520
チェコ	455,492	1,419,993
ハンガリー	137,398	505,400
ポーランド	504,972	689,729
ルーマニア	78,165	359,250

資料2　エアバス民間機のヨーロッパのおもな生産拠点
（黒はおもに組み立て，灰色はおもに部品製造）

資料3　EU と日本の有機農業面積の割合の変化
（新13か国は，2004年以降，EU に加盟した国々）

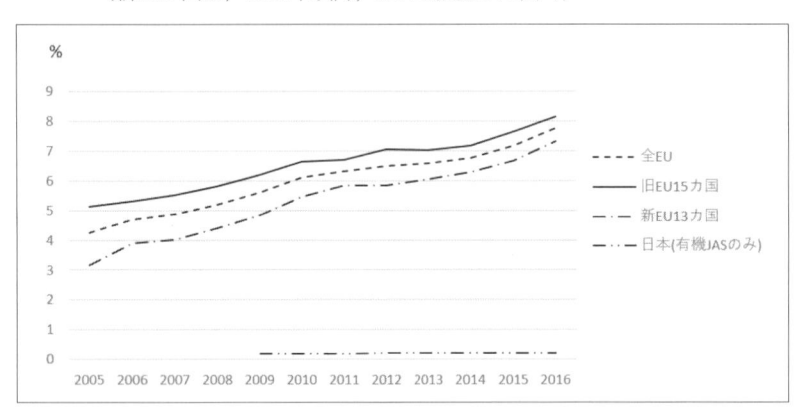

情　報

【出典】　資料1　OICA HP（http://www.oica.net/category/production-statistics/）より筆者作成

　　　　　資料2　エアバス社ホームページ（https://www.airbus.com）から Google Maps，Qgis，Open Street Map を用いて筆者作成

　　　　　資料3　農林水産省ホームページ（http://www.maff.go.jp）と eurostat HP（https://ec.europa.eu/eurostat）より筆者作成

【授業づくりに有用な情報源】

・浅井真康「EU―穀物を中心とする価格所得政策と CAP 簡素化の動向―」『プロジェクト研究資料第2号 平成28年度カントリーレポート』農林水産研究所（2017年）

解　説

【EU の自動車産業】　資料１によると，2000年から17年間に自動車の生産台数を大きく伸ばした国はフィンランドを除くと，いずれも2004年以降に EU に加盟した東欧諸国である。その要因はさまざまであるが，低賃金労働力を求めて自動車メーカーがこれらの国々に生産拠点を移したり，生産設備を増強したりしたことが大きい。現在，世界の自動車産業は，電気自動車（EV）と自動運転車の開発に向けて，大きな転換点を迎えている。

EV 開発が進んだ要因は，蓄電池の小型化・大容量化が実現できたこと，さらに西欧諸国が環境対策として，2025〜40年までにエンジン車の販売を禁止すると発表したことが大きい。その背景には，2014年のフォルクスワーゲンのディーゼル車排出ガス不正疑惑に端を発して，フランス，日本，アメリカや他のドイツの自動車メーカーにも同様の疑惑が広がったことがある。

EV は，モーターの構造がガソリンエンジンよりもかんたんで，部品点数もガソリン車にくらべ少なく，エンジン車生産のノウハウをもたない企業も参入しやすい。また，自動運転車開発の背景には，レーダー，GPS，センサーなどのハード面の開発に加えて，ソフト面で人工知能（AI）技術の急速な発展がある。そのため，IT 企業をはじめ異業種との連携もさかんになり，競争が激しくなっている。

【「ヨーロッパの翼」エアバス】　エアバス社は，アメリカのボーイング社と世界の民間機の受注数を二分する航空機メーカーで，従業員数は約６万人，本社はフランスのトゥールーズにある巨大企業である。民間機のおもな生産拠点は，フランス，ドイツ，イギリス，スペインにあり，アメリカと中国にも工場がある。きびしい品質管理が求められる膨大な数の部品や素材の供給企業は，世界の20か国以上にあり，約2000社にのぼる。日本の重工会社，金属製造会社，繊維会社なども部品や素材を供給している。エアバス社は，莫大な航空機の開発費を抑えてアメリカの巨大航空機メーカーの独占に対抗するため，1970年，フランスとドイツの航空機メーカーが共同出資して設立された。その後，イギリスとスペインの企業が参加して４か国体制となった。

エアバス社は，戦闘機は生産していないが，軍用攻撃ヘリコプターと軍用輸送機を生産しており，戦闘機を生産するユーロファイター社の株主で，ミサイル製造企業を子会社にもつ軍事企業である。また，国際宇宙ステーション施設の製造を行い，宇宙ロケット打ち上げ企業に出資する宇宙企業でもある。

【EU 共通農業政策】　食料不足だった EEC 諸国では，安価な農産物の流入を防ぎ，食料供給と農業者の所得を確保する必要があった。そのために1962年から共通農業政策（CAP）が実施された。その中心政策は，①設定価格未満の輸入農産物には，差額に相当する可変課徴金を課す，②域内の農産物には支持価格をきめ，市場価格がそれ以下になった場合は，介入機関が買い支えを行う，③農産物を輸出する場合は，国際価格との差額を輸出業者に補助金として支給するというものである。

これらの強力な保護政策によって1970年代に食料自給を達成したものの，1980年代には，余剰生産物を抱えることになり，輸出補助金を用いて大量の輸出が行われた。この結果，安価な農産物や酪農品，冷凍鶏肉などが西インド諸島やアフリカ諸国に流入し，多くの農業や牧畜業，養鶏業を破壊した（NHK「EU 農業が発展途上国を圧迫する」2004年）。

その後，発展途上国やアメリカなどの農産物輸出国からの反発，財政赤字の肥大化，GATT や WTO の国際機構との調整などに対応するため，CAP は政策の変更を行った。輸入課徴金は，一律の関税に変えて段階的に引き下げられ，輸出補助金は2013年以降ほとんど使われていない。価格維持政策は，支持価格を引き下げ，減収分は農民へ直接支払うようになった。現在，それが支払われるためには，有機農業などの環境に有益な農業実践が義務づけられた（グリーン化支払い）。

また，政策の重点は，CAP の第１の柱（価格支持・直接支払い）から，第２の柱である，農業競争力の涵養，環境問題への対処，農村経済・社会の発展をめざす農村開発政策に移っている。EU は持続可能な開発（SD）を政策に入れることを義務化しており，共通漁業政策（CFP）でも漁獲量や漁船に関する規制がある。EU に加盟申請したポーランドには，資源保護のため，漁船の40% を廃棄するよう求め，廃業を迫られた漁民の反感をかった。

76 東ヨーロッパの現状

ねらい

（1） 東欧諸国の歴史的背景，社会主義の崩壊と現況を理解する。

（2） EU に加盟した東ヨーロッパ各国の現状を具体的に確認する。

（3） 旧ユーゴスラビア解体が戦乱を経て，現在どのようになっているかを考察する。

資 料

資料1　1950年と現在の東ヨーロッパ諸国

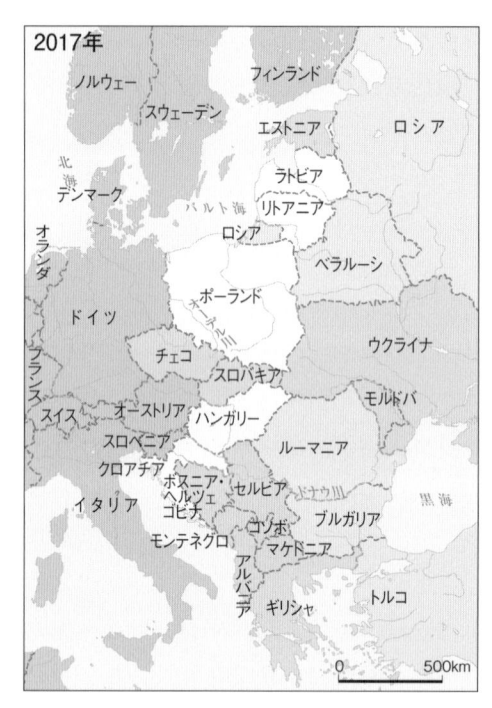

資料2　ユーゴスラビアの解体

資料3　ポーランドの古都クラクフ

情 報

【**出典**】　資料1　竹内裕一ほか『高等学校現代地理 A』清水書院（2019年）p.72　原図は現在のヨーロッパ
を一人あたり国民総所得の数値によって色分けしている。

　　　　　資料2　藤田英典ほか『高等学校現代社会改訂版』清水書院（2019年）p.141

　　　　　資料3　内藤芳宏氏撮影（2007年）

【**教材づくりに有用な情報源**】

・吉井昌彦・溝端佐登史編『現代ロシア経済論（シリーズ・現代の世界経済）』ミネルヴァ書房（2011年）

解　説

【東ヨーロッパとは，どんな国々からなる地域か】

　東ヨーロッパ（東欧）とは，冷戦体制下の「ヨーロッパの8つの社会主義国」からなる地域として，第二次世界大戦後は理解されてきた（資料1）。しかし，1980年代後半の東欧での民主化の動きは，1990年10月に東西ドイツの統合，1991年12月のソ連邦消滅を引きおこした。

　東欧はヨーロッパとアジアの境界に位置し，民族・言語・宗教などまさに多様である。スラブ系にもポーランド，チェコなど北方スラブと南スラブ（ユーゴスラビア＝南スラブの国）のセルビア，ブルガリアなどとは異なる文化が生まれてきた。さらに，アジア系のマジャール族の国＝ハンガリー，ラテン系の国ルーマニア（ローマの国）などがある。西欧諸国で産業革命が進行するなか，これらの国々は農産物や工業原料供給国と位置付けられてきた。

　第一次世界大戦後の独立を経て，第二次世界大戦後は社会主義体制へと移行し，人民民主主義を名乗り，ソ連の衛星国とよばれた。ソ連は経済相互援助会議（COMECON）を結成し（1949年），ソ連を中心とした国際分業による経済協力体制の下，工業化を進めた。軍需中心の工業化で消費財は不足し，農業生産も停滞し，国民の生活水準は西ヨーロパとくらべ差が大きかった。

【EU加盟とチェコ，スロバキア，ハンガリー，ポーランドの経済状態】

　EUに加盟した東欧諸国は1990年代に市場経済体制に移行し，西欧諸国や日米などの企業進出は増加した。一方，西欧諸国への出稼ぎが増加し，2000年代にはEU全体で毎年100万人を超えた。永住型の出稼ぎ移住よりも，将来は故国に戻ることを前提にしていることが特徴といわれている。かつての盟主国ロシアとの関係はどうなったのか。上記4か国の貿易をみると，輸出入相手国は4か国とも1位はドイツであり，ロシアは上位に入っていない（2017年）。また貿易総額を1985年と2017年で比較すると，ポーランドでは222億ドルから4612億ドルへ，ハンガリーは166億ドルから2173億ドルへ増加している。

　チェコは，1990年代よりトヨタとその系列部品企業が進出し，チェコの自動車生産台数は2010年代以降，100万台をこえ，現在，142万台となり東欧随一の工業国の地位はゆらいでいない。

　1993年，チェコと分離独立したスロバキアは，工業国チェコと比較して経済的自立に困難な農業国であったが，2000年以降，ドイツ，フランス，韓国の自動車会社の生産が増加し，2017年には142万台を生産する。スロバキアはGDPの20％以上を自動車生産に依存しており，農業国から工業国への転換が顕著である。

　ハンガリーは中世以来，プスタ平原で小麦やブドウなど豊かな農業生産に支えられてきた。1990年代に市場経済に移行すると，多数の外国資本の流入があり経済発展が見られたが，2000年代になると成長が鈍化し，2011年にはIMFやEUの支援を受け入れるほどの経済危機となった。2013年後半から，農業部門の回復やEU補助金の活用などによって景気が上向くようになった。現在，外資製造業の誘致による工業化を進め，自国企業の育成・強化にも取り組んでいる。

　ポーランドは，ドイツ資本の流入が進み，首都ワルシャワを中心に再開発が目をひく。また，社会主義時代に一般化した女性労働者は，半分程度まで減少している。これもまた，市場経済化とカトリックの影響力の復活と考えられている。ポーランド南部に位置する古都クラクフは，第二次世界大戦中にドイツに占領を受けながらも，ナチスの司令部がおかれていたため戦禍を免れた。そのため歴史的建造物の多く残る旧市街地は1978年に世界文化遺産に登録された（資料3）。

【ユーゴスラビア解体とバルカンの現状】

　旧ユーゴスラビアは，数え歌で「7つの国境，6つの共和国，5つの民族，4つの言語，3つの宗教，2つの文字，1つの国家」といわれるほどの多様性をもっていた。1991〜2000年にかけての社会主義国家の解体は，凄惨な民族紛争をともない，分離・独立が進み，2008年には7つの国家となった（資料2）。スロベニア，クロアチア，ボスニア・ヘルツェゴビナ，セルビア，マケドニア，モンテネグロ，コソボの7か国である。工業先進地域のスロベニアが2004年に，また観光収益にめぐまれたクロアチアが2013年，EUに加盟した。

77 ロシアの人びとのくらし

ねらい

（1） モスクワのアパート建て替え反対運動から，モスクワの市民生活の一端を知る。

（2） ロシアの北極圏には30の町がある。コラ半島最大の町ムルマンスク市を例に，極北の人たちの生活を把握する。

資 料

資料1　旧ソ連時代のアパートの建て替えに反対

　ロシアの首都モスクワで，市当局が1950〜70年代に建てた5階建てのアパート約4500棟を取り壊し，高層ビルに建て替えることに着手したところ，住民の猛烈な反対が広がった。慣れた生活環境を壊されたくないという人が多いためだ。モスクワ北東部のアパートの1階入口に「60日以内に市が指定する住所に移転してください」という張り紙が出た。女性の住民（57）は「強引すぎる」という。彼女の部屋は2部屋に狭いキッチンとバスルームだけ。築53年で古ぼけている。だが，入居してから自分好みに部屋の改装を重ねてきた。アパートはリンゴやシラカバの木が生い茂る緑豊かな環境である。一方で，幹線道路に囲まれているため「工場の中のようだ」と早く移転したい人もいる。

資料2　ムルマンスク州の民族分布

民　族	割　合（%）
ロシア人	89.0
ウクライナ人	4.8
ベラルーシ人	1.7
タタール人	0.8
アゼリー人	0.5
モルドビン人	0.2
カレリア人	0.2
コミ人	0.2
サーミ人	0.2
人　口	79万5000人

資料3　北極圏のムルマンスク

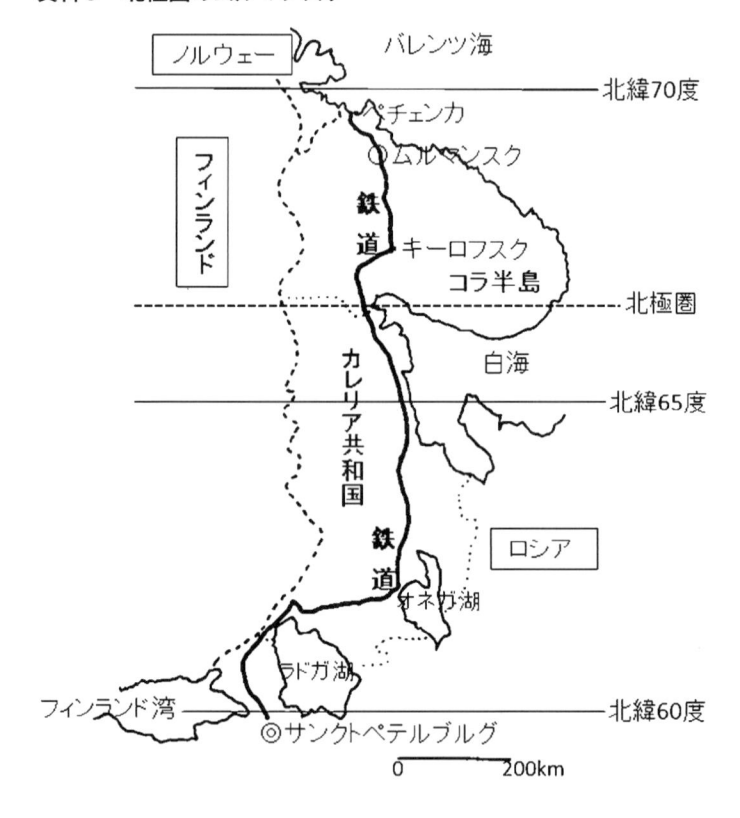

情 報

【出典】　資料1　毎日新聞「強引建て替え住民反発」2017年6月26日要約

　　　　　資料2　毎日新聞「ロシアNOW」2013年2月14日

　　　　　資料3　筆者作図

【教材づくりに有用な情報源】

・高倉浩樹『極北の遊牧民サハ―進化とミクロ適応をめぐるシベリア民族誌』昭和堂（2012年）

解　説

【住宅の建て替えに反対するモスクワ市民】 ロシア人が日本人に，ロシアのことを聞くと「知らない，わからない」という。ロシア人の日常の生活の一端（資料1）を教材として関心を深めたい。

　住宅問題は大きな課題だ。モスクワの5階建てアパートは，1960年代，ソ連の最高指導者フルシチョフ（1894〜1971年）が先頭になって建てたので「フルシチョフカ」とよばれる。それ以前のアパートはトイレと台所が共用で，プライバシー無視の住宅が多かったが，「フルシチョフカ」は世帯ごとに独立した居住空間を提供し，モスクワ市民に「個人の自由」を芽生えさせたと評価を得た。しかし，このアパートの耐用年数は約30年で，現在，耐用年数のこえた建物が約4500棟ある。

　アパートの建て替え反対運動は「ソ連時代に戻れというのか」と，数万人のデモに発展し拘束者も出た。反対運動の背景には大統領選挙も絡み，新居を無償で提供するなどバラマキ政策であること，巨大な利益を建設・不動産業界にもたらすことを市民が知っているからだ。

【ムルマンスク，軍事基地から漁業の町に】 コラ半島のムルマンスク州は，フィンランドとノルウェーの北部の西隣に位置する。資料2にあるように，州の人口は79万5000人，そのうち，州都ムルマンスク市は30万7000人（38.6%）が住む。民族構成はロシア人が約90%と多く，カレリア人，コミ人，サーミ人などの先住民族は1%に満たない。

　州都のムルマンスク市は最北部に位置し，北極圏最大の都市である。サンクトペテルブルグから鉄道が通っている。この鉄道は第一次世界大戦中（1914〜18年）に捕虜のドイツ人やオーストリア人，そして中国人が1年間に1150kmの鉄路を建設・完成させた。町はバレンツ海に面した湾奥にある。北緯69度，北は北極海。北洋航路，北洋漁業の基地で，ソ連時代から有数の軍事基地がおかれている。近くに北方艦隊の基地セベロモルスクや原子力潜水艦基地がある。市内には原子力砕氷船の基地や近くに原子力発電所がある。ムルマンスク州では漁業従事者6500人，水揚げ量はロシア全漁獲量の6分の1をしめる（全ロシア495万t，2016年，世界6位）。

　白夜は5月18日から6月24日の間。極夜は11月22日から1月15日。1日太陽のない日が続きオーロラがみえる。一番明るい時間帯でも薄闇に包まれるだけで，太陽は昇らない。ここは北極が近いこと，暖流のメキシコ湾流の終末にあたるために，季節があるようでない不思議な土地である。12月に気温が0度を上まわり雨が降ることもあり，6月や7月に雪が降ることもある。午前は冬で午後は夏のような5月には，ミンクのコートにブーツをはいた女の子がいるのに対し，Tシャツと短パンで男の子が遊んでいる。労働者には15〜25%の北方手当がつく。

　冬季に市民は紫外線やビタミン不足のため，眠気や倦怠感におそわれるという。ムルマンスクの学校では，極夜の期間は始業時間を遅らせて学校がはじまり授業時間も短縮される。幼稚園ではビタミンを飲ませるなど健康に気を配る。

クリミア半島―ロシアとウクライナの関係

　クリミア半島はウクライナのクリミア自治共和国であったが，2014年以降，ロシアが実効支配している。ロシアは18世紀後半からクリミアを統治していたが，1954年，当時ソ連の最高指導者であったフルシチョフがウクライナへ帰属を移した。1991年，ソ連の崩壊により，ウクライナが独立した時にロシアとウクライナとの間で租借契約を結び，南西のセバストポリ市にロシア黒海艦隊の基地がおかれた。

　クリミアの人口は約235万人で，民族別に見ると，ロシア人が58.5%，ウクライナ人24.0%，クリミア・タタール人が10.2%と，ロシア人が半数以上をしめる。ソ連時代には15世紀に移住したクリミア・タタール人が現在よりはるかに多かったが，第二次世界大戦中，ナチスへの協力が疑われ，クリミア・タタール人は中央アジアに強制移住させられた。彼らのうち，ソ連末期に帰還した人々もいるが，強制移住後にロシア人やウクライナ人が入植し，現在の民族構成となった。

78 ロシアの産業

ねらい

（1） ヨーロッパやモスクワへの動脈であるシベリア鉄道から，ロシアの流通と産業の活性化への課題を考える。

（2） アメリカでのシェールガス産出による天然ガス大国ロシアの苦境の現状と将来を把握する。

資 料

資料1　シベリア鉄道と連結する関連鉄道

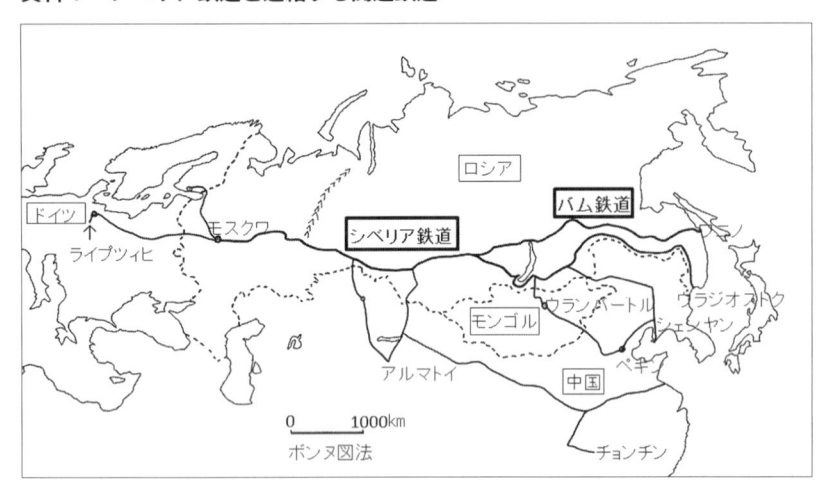

資料2　天然ガスの生産（2016年）

	億 m^3	%
アメリカ	7,492	20.7
ロシア	6,439	17.8
イラン	1,896	5.2
カナダ	1,737	4.8
カタール	1,654	4.6
その他	16,908	46.9
世界計	36,126	100.0

資料3　天然ガスの埋蔵量（2018年1月1日現在）

	十億 m^3	%
ロシア	47,805	24.3
イラン	33,720	17.1
カタール	24,072	12.2
アメリカ	8,801	4.5
サウジアラビア	8,619	4.4
トルクメニスタン	7,504	3.8
その他	66,422	33.7
世界計	196,943	100.0

資料4　ロシアからヨーロッパへの天然ガスパイプライン網

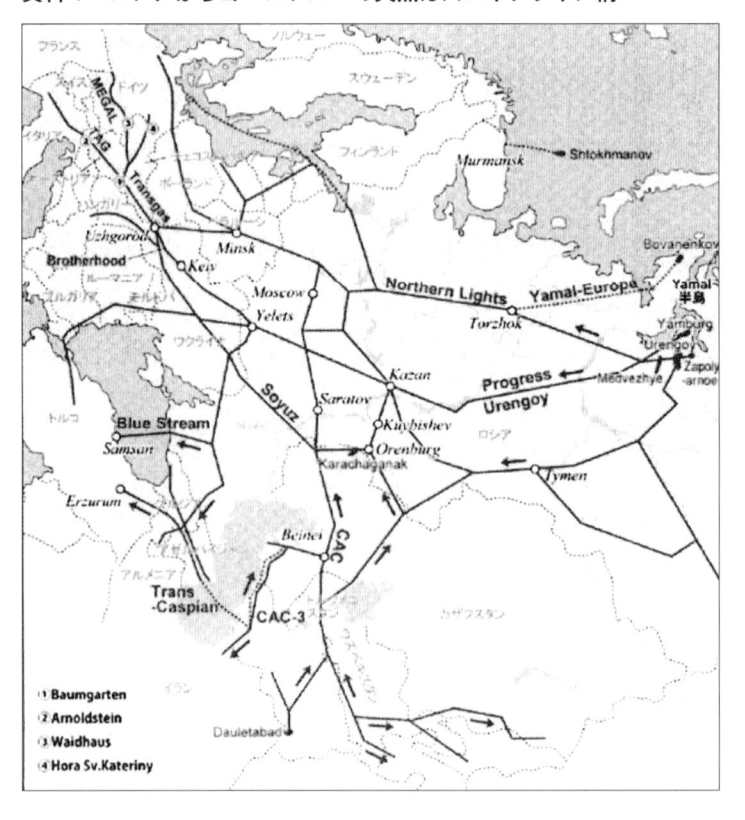

情 報

【出典】　資料1　筆者作図

　　　　　資料2・3　矢野恒太記念会『世界国勢図会2018／19』

　　　　　資料4　本村真澄「ロシアの石油ガスパイプライン網システムの発展と戦略」土木学会論文集Ｄ３
　　　　　（2011年）（https://www.jstage.jst.go.jp/article/jscejipm/67/3/67_3_339/_pdf/-char/ja）

解　説

【日本からモスクワまで日数5分の1】　資料1は、シベリア鉄道を中心にした鉄道輸送路である。シベリア鉄道はウラジオストクからモスクワまで9288km、1901年に開通。近年は、中国やモンゴル、中央アジア地域から、ロシアやヨーロッパにいたる旅客・物資輸送も連結している。ロシアはいまシベリア開発もふまえ、シベリア鉄道を利用してヨーロッパと東アジアの物流増大に力を入れている。

　日本からモスクワ方面への貨物は、津軽海峡を経てサルビノ港（ウラジオストクから南250km）でシベリア鉄道の貨車にのせる。自動車輸送では、マツダ、富士重工、三菱自動車などが利用し、トヨタも検討をはじめている。サルビノ港に自動車運搬船がつくと、港は4000～5000台の車で埋めつくされ、ロシア各地に運ばれる。貨車は2階建てで、乗用車10台を収容し、1編成30両で300台を運ぶ。貨物用特急「ブロックトレイン（BT）」である。BTは100両前後つながれることもあり、全長が1.5kmにもなる。自動車・電機などのメーカー各社がシベリア鉄道に注目するのはスピードである。日本からモスクワまで11日前後かかるが、船でインド洋—スエズ運河経由の場合は60日かかり、5分の1以下の日数である。

　ドイツのライプツィヒのBMW工場に接する鉄道ターミナルでは、同社の中国・瀋陽行きの部品コンテナが貨車に積みこまれる。運行距離は1万1000km、20日前後でつき、船便にくらべて距離と時間は半分である。逆のルートでは、韓国企業の液晶パネルが中国・大連の工場からポーランドの工場へ部品を送る。一方、ロシアはまだ複雑な通関手続きやさまざまな規制、行政腐敗が残っている。ま

た、BTは30両以上のまとまった貨物が必要なため、貨車数は輸送量の増加に対し慢性的に不足している。くわえて、軌道幅のちがい、鉄道施設の老朽化、手荒な荷扱いなどが指摘されている。諸課題が多いため、関係国の企業はシベリア鉄道利用に二の足をふむ。ロシア国鉄はそれらの指摘を受け、ソ連時代からのサービスの悪さの解決に取り組み、設備の改善に努力を重ねている。

【ロシアのエネルギーに頼るEU】　世界の天然ガスの生産量は、2011年、1位がロシア（19.8%）、2位がアメリカ（19.0%）であったが、2016年には順位が逆転した（資料2）。アメリカが今世紀にはいり、地中深くの頁岩（シェール層）から天然ガスを掘削することに成功し、生産量が増加したためである。しかし、天然ガスの埋蔵量をみると、ロシアが1位である（資料3）。

　ロシアの天然ガスの最大の輸出先はEUである。資料4は、ロシアからヨーロッパへの天然ガスパイプライン網である。パイプラインは、ロシアからウクライナやポーランドなどの国々を経由しており、ロシアはこれらの国々に多額の通過料を払っている。また、ロシアのクリミア半島の編入やポーランドの政変など、通過する地域の情勢が不安定化することもあった。そこでロシアのサンクトペテルブルク近くからドイツ北東部のリューゲン島ザスニッツに達する全長約1200kmの海底パイプラインを敷設した（資料4のバルト海の破線部分）。このパイプラインは「ノルド・ストリーム（NS）」といい、2011年に稼働した。さらにEUの天然ガスの需要が増大しているため、NS2を2019年の完成をめざして建設している。陸路のパイプラインにくらべて距離が短縮され、通貨料金が安くすむ。

ロシアの新たな天然ガスの輸出先

　天然ガスの輸入量は、日本、ドイツ、アメリカの順に多いが、最近、急速に増えているのが4位の中国である（2016年）。中国は石炭による大気汚染をきびしく制限し、代替燃料として天然ガスの需要が増えているためである。中国は、中央アジアやミャンマーからパイプラインを引き、天然ガスを輸入しているが、ロシアと結ぶ新しいパイプラインの建設がはじまっている。ロシアはEUのほか、中国を新たな大消費国として位置づけている。中国の消費拡大により、天然ガスの価格は上昇している。2017年の春にくらべ、2018年初頭の価格は2.2倍に急騰した。ロシアは天然ガスを自国経済の立て直しのテコとしている。さらに、北方領土問題はあるが、日本とパイプラインを結び輸出する構想もある。

79 アメリカの工業の変化

ねらい

（1） アメリカの工業地域の中心は，北東部から「サンベルト」へと移っている。先端産業を例に産業構造の変化を把握する。

（2） 製造業を代表した自動車産業の衰退は，町のようすをかえていることを理解する。

（3） アメリカと中国の貿易摩擦が世界経済に与えている影響について考察する。

資 料

資料1　アメリカの工業地域と鉱産資源の分布

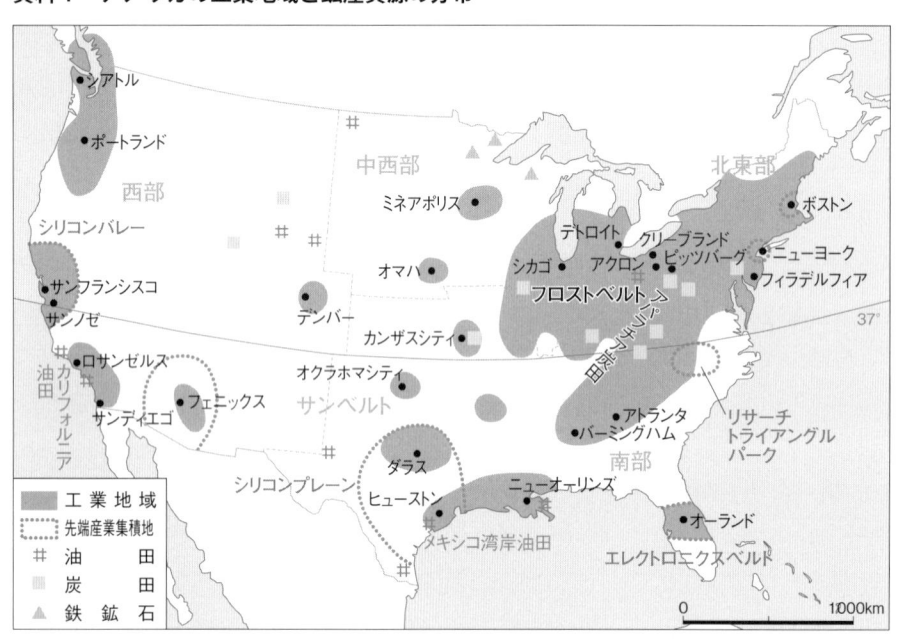

資料2　主要国の自動車生産

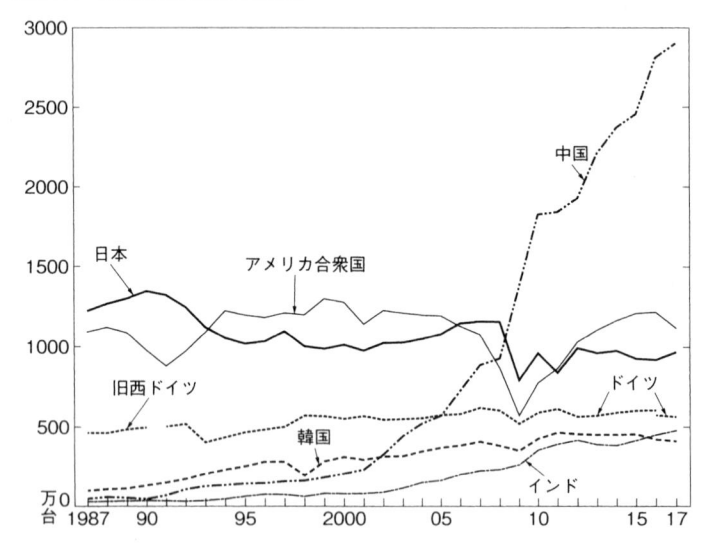

資料3　世界全体にしめる製造業の名目付加価値のシェア

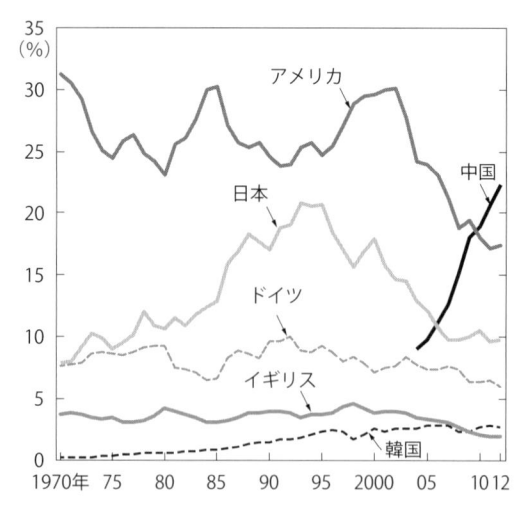

情 報

【出典】　資料1　竹内裕一ほか『高等学校現代地理A』清水書院 p.85

　　　　　資料2　矢野恒太記念会『世界国勢図会2018／19』p.268

　　　　　資料3　経済産業省『通商白書2014年版』

　　　　　　　　（https://www.meti.go.jp/report/tsuhaku2014/2014honbun/index.html）

解　説

【アメリカの工業はニューイングランドから】　第二次世界大戦後のアメリカの工業地帯は，五大湖南部の中西部を中心に，ペンシルベニアなど中部大西洋，ニューイングランド地域から構成される北東部諸地域に集中していた。第二次世界大戦下で，南西部地域に軍事支出が投下され，カリフォルニア州に航空機生産が誕生した。戦後，それらを基盤に航空宇宙産業が発展した。シリコンバレーとよばれるサンノゼには，半導体などの電子部品，パーソナルコンピュータの開発・生産が集中するようになった。豊富な石油，天然ガス資源は，メキシコ湾岸地域に石油化学工業を立地させた。

　1970年代になると，海外の低賃金労働と競争するために，中西部から，賃金が低く組合組織率の低い南西部へ工場移転が進んだ。さらに発展途上国へ工場進出する企業も増加していった。1980年代になると，伝統的な大量生産型産業の不振により，北東部の工業地帯はフロストベルト（frost belt）へと転落し，南西部の工業地帯は発展し，北緯37度以南のサンベルトとして脚光を浴びるようになった（資料1）。

【アメリカの自動車産業の衰退と中国の台頭】　かつて，アメリカは世界一の自動車生産国であった。しかし，現在は中国との差が開く一方である（資料2）。アメリカの自動車産業の繁栄のシンボルだったデトロイトが2013年に財政破綻した。その背景には，地域経済を支えた自動車産業の衰退と，それにともなう人口の大量流出がある。その転落は，一朝一夕におきたものではない。デトロイトは1950年に

は180万人をこえる人口を誇った。それが1980年代の日米自動車摩擦や，その後のグローバル化による国際競争力の低下などで，アメリカ自動車メーカーは人件費の高いデトロイトをきらって他の地域へ工場を移転した。1990年にはデトロイトの人口は約100万人まで減少した。決定的だったのが，2008年のリーマンショックだった。ゼネラルモータース（GM）とクライスラーが経営破綻して政府支援を受けることになり，2000年からの10年間で人口は約25％減少し，現在は約70万人になった。失業率は急上昇して2010年6月には23.4％を記録した。GMは破綻から1年5か月という異例の短期で株式市場に再上場したが，工場の閉鎖など徹底したリストラを断行した。退職者の年金を大胆に圧縮するなど労働者にさらに負担を負わせる結果となった。デトロイトで自動車関連分野で働く人の数はピーク時の1割にも満たない。

【米中貿易摩擦】　資料3は世界全体の名目付加価値にしめる国別シェアである。製造業でアメリカは2010年，中国にぬかれた。アメリカのトランプ政権は，国内産業を保護する自国第一主義の立場から2018年3月，鉄鋼製品に25％，アルミ製品に10％の関税を導入した。さらに，中国の知的財産権侵害を理由に，中国からの輸入品への追加関税を2018年7月から順次発動した。中国は報復として，自動車などアメリカからの輸入品に追加関税を課した。米中の貿易摩擦は相互不信を増幅し，安全保障分野にも拡大し，南シナ海や太平洋をめぐる主導権争いが表面化している。また，米中貿易摩擦にともなう中国経済の減速は，日本など多くの国々に影響をおよぼし，世界の工業の先行きは不透明感を増している。

世界の大企業上位5社（製造業からIT産業へ）

　アップル，マイクロソフト，グーグル（持ち株会社はアルファベット），アマゾンドットコム，フェイスブックの「ITビッグ5」は，アメリカで起業し，世界で時価総額上位5社のIT関連の会社である。いずれもアメリカの西海岸に本拠をおき，ベンチャー企業やハイテク企業の多いナスダック市場に上場している。アップルはスティーブ＝ジョブズ，マイクロソフトはビル＝ゲイツらが1970年代に創業し，パソコン開発では「マッキントッシュ」「ウィンドウズ」などのヒット製品を生み出した。1998年創業のグーグルは検索エンジン大手として成長し，動画共有サイトのユーチューブなど有力企業を次々と傘下におさめ成長した。アマゾンは，1994年，書籍通販などから出発し，現在は動画配信や生鮮食品配送など多角化し，2004年創業のフェイスブックは，SNSの最大手で月間利用者数は20億人をこえる。

80 アメリカの農業政策

ねらい

（1） アメリカの農業は，大型化・機械化・単一作物栽培を特徴とするが，その陰で家族経営農家が減少し続けていることを学ぶ。

（2） 効率化を追究する農業は，土壌侵食，水資源枯渇など多くの課題を抱えていることを理解する。

資　料

資料1　アメリカの農場数と規模の推移

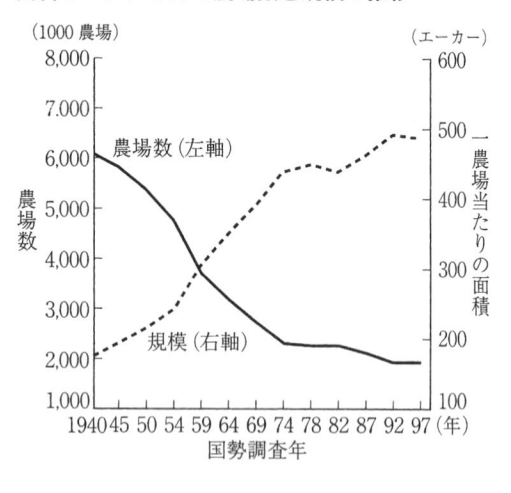

資料2　日本とアメリカの農業・農業経営の比較（2014年）

	日本	アメリカ
農家戸数	販売農家　141万戸 （主業農家　30万戸）	208万戸
耕地面積	販売農家　2.2ha （主業農家　5.6ha）	182ha （77ha）
農業所得	個別経営　119万円 （主業経営　499万円）	31,025ドル 329万円
農業生産額	8.4兆円 作物65%，畜産35%	44.5兆円 作物49.7%，畜産50.3%

資料3　農家類型別の農業構造（2014年）

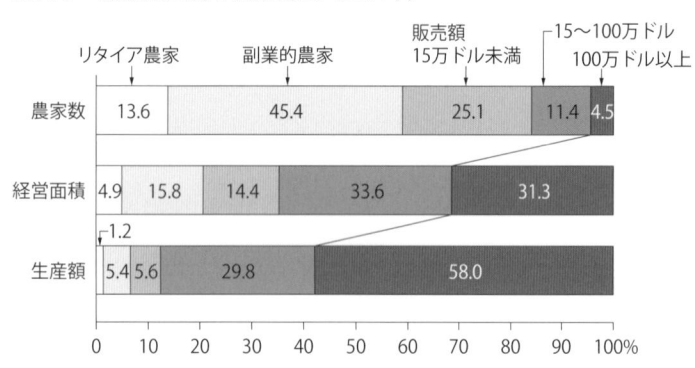

資料4　アメリカの農地の土壌侵食量の推移

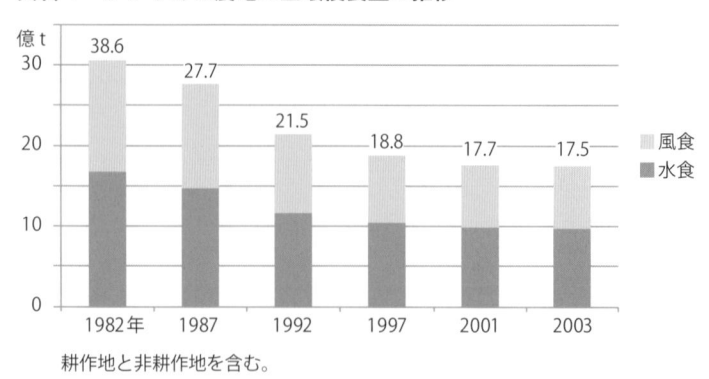

耕作地と非耕作地を含む。

情　報

【出典】　資料1　堤未果『（株）貧困大国アメリカ』岩波新書（2013年）p.30

　　　　　資料2・3　吉井邦恒「アメリカ2014年農業法の実施状況」（2016年）

　　　　　資料4　大倉利明「世界の土壌劣化」地球環境 Vol.15No.1（2010年）

解　説

【輸出用大規模産業に変質】　自由貿易政策に沿って，より多くの製品をより少ない労働力で生み出すことを目標に，農地は集約されてきた。アメリカの農業は，単一栽培に集中化された大規模な工業型産業になっていた。零細農家は消滅し，農業従事者は株式会社経営の下で低賃金で福利厚生もなく雇われるパートタイマー労働者になった。政府は輸出用大規模産業としての農業政策を推進しはじめた。資料1はこの傾向の歴史的な流れを，資料2は日本との比較で見たものである。資料3は農畜産物販売額などが100万ドル以上の大規模農家の数はわずか4.5%にもかかわらず，約30%の農地を使い，約60%の生産額を得ていることを示している。

農家は，卸業者や小売業者が統合されるにつれ，全米に流通力をもつ穀物メジャーと契約しなければ市場に出せなくなった。小さな養鶏場はつぶされ，カーギル社などの契約養鶏者になっていった。伝統的な農場は次々に大企業の傘下に組みこまれ，効率のよい工業式農場に切りかえられていった。

1950年には養鶏場の95%は各地域の個人農家が経営していた。このころは規模が小さく共同体のなかで鶏肉も卵も消費され，地産地消が行われていた。1970年代末に政府は農業政策を変更し，株式会社経営が急増した。現在，生産者の98%が親会社の条件のもとで働く契約養鶏者である。養鶏業界に君臨する四大企業とは，養鶏生産では世界最大のタイソンフーズ（牛，豚，鶏の加工業では世界2位），ついでブラジルJBS，ベルデュ，アンダーソンである。インテグレーター（統合者）とよばれるこれらの親会社は，過去数十年の間に次々と飼料や種鶏の供給，生産，屠畜・加工，流通といった一連の業者を買収し，全機能を傘下に入れた総合事業体である。会社側が，種鶏およびその特許，飼料，抗生物質，運搬用トラック，屠畜場，そしてブランド名を所有する一方で，契約者は，借金で投資した鶏舎と労働力，糞尿処理，光熱費などの維持費を提供する。

【「水資源」にかかわるさまざまな課題】

土壌侵食　大型機械の使用や化学肥料の多投，連作などによって地表が荒れ，風雨で傾斜地の表土が流出するという問題がある。中西部のコーンベルトでは，1930年代にはすでに風食による表土流出が深刻化し，そのため1935年に「土壌保全法」が制定された。その後も小麦地帯を含めて土壌侵食の危険性は高く，1985年の農業法では，土壌浸食防止に役だつマメ科植物を植えるなどの取り組みをする生産者に対し，その費用の補助（保全支払い）が導入され成果をあげている（資料4）。また，降雨による土壌侵食や肥料の流出を防ぐために等高線に沿って帯状に作付けする等高線耕作などを行っている。

塩類集積　地下水などにわずかに含まれる塩化ナトリウムや硫酸ナトリウム，塩化カルシウム，塩化マグネシウムなどの塩類が，地下水などのくみ上げでそのまま表面に移動し，水の蒸発により土壌表面に集積する現象をいう。塩類集積によって，農地は作物が育たない不毛の地と化してしまう。

地下水の枯渇　オガララ帯水層はアメリカ中部，グレートプレーンズの地下に分布する浅層地下水層で，ハイプレーン帯水層ともよばれる。世界最大級の地下水層で，総面積は45万 km^2 におよび，アメリカ中西部，南西部の8州にまたがる。ロッキー山脈の東側に広がる大平原の小麦地帯では，オガララ帯水層の地下水で小麦を生産する。この灌漑によって，すでに地下水脈の5分の1は消滅し，水位が最大12mも低下したといわれている。

穀物メジャー，カーギル社

カーギル社は，ミネソタ州ミネアポリス市に本社をおく世界最大の穀物メジャーで，主要な穀物を農家から買いつけ，集荷，保管，輸送の流通を支配する商社である。最近では穀物だけでなく，精肉・製塩など食品全般，さらに金融商品や工業製品まで扱っている。本社の外観は古風な建物で，古城のような外観から「シャトー」とよばれている。しかし，内部は一大情報センターとなっており，全世界における穀物生産・消費の情報が集められ経営戦略が練られている。カーギル社は，アメリカの穀倉地帯から輸出港までの各種の穀物エレベーターを所有して，穀物価格に強い影響力をおよぼしている。

81　多様な民族からなる北アメリカ

ねらい

（1）　アメリカ合衆国はどのような人々で構成されているかについて基本的な理解を深める。

（2）　アメリカは先住民やマイノリティに対してどのような対応をしたのか，歴史をふり返り，考察する。

（3）　アメリカ民主主義の理想と現実のなかで，社会はどのような歩みをしているか，討論を通じて考える。

資　料

資料1　2010年のセンサス調査用紙（人種・民族に関する部分）

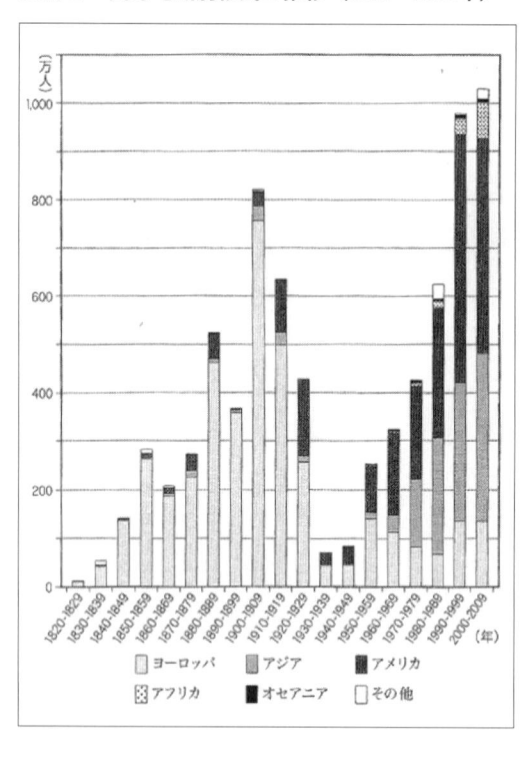

資料3　先住民インディアンにとっての「西部開拓」とは？

「良いインディアンは，死んだインディアンだけ」と言い切ったのは，「開拓者精神」が時代を覆っていた19世紀半ば，「先住民討伐」で名を馳せたフィリップ＝シェリダン将軍だった。彼は1860年代後半，平原部のカイオワ，コマンチ族などの部族を攻撃し，狩猟部族の生活の基になるバッファローを殺し尽くし，先住民の生活を疲弊させた。バッファローを追いかけながら移動生活を送っていた彼らの多くは，白人の侵略行為に激しく抵抗した。

南北戦争末期の1864年に，コロラド準州で「サンド・クリークの虐殺」と呼ばれるインディアン虐殺事件が起こる。コロラド義勇軍が早朝奇襲をかけて百数十人を殺害したものである。のちに連邦議会の調査で，無防備な女性，子供，老人への残忍な虐殺であったことが判明。それは，頭皮を剥いだり，妊婦から胎児を切り出したり，性器を切除したりする残虐なものであり，「西部開拓」と「インディアン戦争」の正義がどちらにあるかを明白にし，白人の人種偏見がいかに残忍な行為を生むかを示した。

資料2　出身地域別移民の推移（1820〜2009年）

資料4　公民権運動が変えたアメリカ社会

「I am happy to join with you today in what will go down in history as the greatest demonstration for freedom in the history of our naition」で始まる演説は，1963年8月23日，リンカーンの奴隷解放宣言（1863年）の100周年を記念して行われた反人種差別大集会（ワシントン大行進）の際に，Martin Luther King Jr. が行った演説，「I Have a Dream」の冒頭である。この日，ワシントンD.Cのリンカーン記念堂の前に白人を含む25万人が集まった。1964年7月には，公共施設における人種隔離，黒人及び女性に対する差別を違法とし，その撤廃のための具体的権限を連邦政府に与えることを内容とする「公民権法」が成立，1965年の「投票権法」では，マイノリティー・グループの投票年齢人口のうち半数以下しか選挙権登録をしていない地域での投票登録事務に対する監督権限を司法長官に与えるとして，黒人などが選挙権を確実に行使できるようにした。

1955年，人種差別制度が続く南部でバスの白人専用席から動かずに逮捕され，差別撤廃を求める公民権運動を広めるきっかけを作った黒人女性ロザ・パークスさん（86）に，1999年6月，米議会は民間人に贈る最高の栄誉とされる金メダルを送り，その人生を公式にたたえた。議事堂で行われた贈呈式にはクリントン大統領も出席し「人間の尊厳のため，炎の中に立ち上がった普通の人の力をわれわれは忘れない」と述べた。

情　報

【出典】　資料2　貴堂嘉之『移民国家アメリカ』岩波新書（2018年）p.7

　　　　　資料3　鎌田遵『ネイティブ・アメリカン‐先住民社会の現在』岩波新書（2009年）p.100

　　　　　　　　　松原正毅編『世界民族問題事典』平凡社（1995年）p.479

　　　　　資料4　上杉忍『パクス・アメリカーナの光と陰』講談社現代新書（1989年）

　　　　　　　　　毎日新聞　1999年6月17日

解 説

【アメリカに住む人々】 アメリカは10年に1度，国勢調査を行っている。「この国勢調査においてヒスパニック系は人種を意味しない」と断ったうえで，資料1の問5は，ヒスパニック系か否か，問6は「人種（race）」についての質問している。回答は自主申告であり，「人種」については複数回答することも可能である（なお，学校教育で教えられる人種の概念とは異なるので注意が必要）。

問5で，ヒスパニック・ラテン系は5048.8万人（全米人口3億870万人の16％），出身国の内訳はメキシコ（63％），プエルトリコ（9.2％），キューバ（3.5％）その他（24％）である。この10年間で，1517.2万人（43.0％増）増えている。問6では，白人72.4％（2億2360万人），黒人・アフリカ系12.6％（3890万人），アメリカインディアン・アラスカ先住民0.9％（290万人），アジア系4.8％（1470万人），太平洋先住民0.2％（50万人），その他6.2％（1910万人）である。アジア系がこの10年間で43.3％増加している。中国系，インド系，フィリピン系，ベトナム系，韓国系についで日系人（約80万人）となる。アジア系の増加のなかで日系人は減少傾向である。なお，ハワイでは日系アメリカ人が最大グループである。

資料2のグラフからは，両大戦間の「移民制限の時代」は少なかったが，その後増加し，1990年代には978万人，2000年代には1000万人をこえ，最近は，ラテンアメリカ，アジアから急増している。約200年間で移民の総数は約7536万人に達する。

【アメリカ独立宣言と先住民，黒人奴隷】 アメリカの独立宣言（1776年7月4日）はよく知られているが，教科書などで目にするのは最初の一部分だけである。後半にはイギリス国王（ジョージ3世）に対する批判が連綿と述べられている。そのなかに「彼は，われわれの間に国内の反乱を起こさせ，また辺境の住民に対して，インディアン蛮族の過酷な攻撃をもたらしめた。インディアンの戦闘法が，年齢，性別，貧富の別なく相手方を全面的に破壊せしめるものであることはよく知られている」とあり，先住民インディアンを自分たちにとって危険な敵としている。ここに，独立宣言における先住民のとらえ方が明確に出ている。また，草案にあった奴隷貿易禁止の方向が，サウス・カロライナ，ジョージアの奴隷を必要とする大農場主などの反対で削除されている。合衆国憲法（第1条第2節第3項）では，直接税と代表権の基礎として，黒人は白人の5分の3とされたが，インディアンは除外されており，「国民」と扱われなかった。「すべて人は平等に創られている。すべて人間は創造主によって，だれにも譲ることのできない一定の権利を与えられている」（独立宣言）という理想と現実のはざまで，アメリカ社会は変化してきた（資料3）。

【日系人と戦争】 1941年12月の真珠湾攻撃とともに日系人は敵性国人として扱われ（3分の2はアメリカ市民権をもっていたが），翌年から西海岸に住む日系人約11万人が，内陸部のマンザナーなどの強制収容所に入れられた。そこでアメリカ政府は成人収容者に対して33項目の「忠誠に対する質問状」を出し，そのなかで「合衆国への忠誠（日本国天皇などに忠誠も服従もしない）」と「合衆国軍隊への積極的奉仕」を求めた。戦争中3万3300人の日系2世が従軍し，「442部隊」の場合は，ヨーロッパ戦線で多くの死者を出しながらアメリカへの忠誠のあかしを立て，戦後の日系人の地位向上に貢献した。一方，この2つの質問に対して「No」と答えた人は「ノー・ノー・ボーイ」とよばれた。その数は少数派で理由は単純ではなかったが，多くの日系人が戦場で戦い犠牲になった人もいるなかで偏見や差別が生まれた。

【公民権運動と暗殺された指導者】 1963年6月に，ジョン・F・ケネディ大統領は，公民権運動の高まりを受けて「公民権法」を議会に提案したが，11月に遊説先のテキサス州のダラスでパレードのさなかに銃で暗殺さる（公民権法の成立は副大統領のリンドン・ジョンソンが大きな役割）。司法長官として「投票権法」の成立に大きな役割を果たしたのが，ジョン・F・ケネディの弟，ロバート・ケネディである。彼は，1968年にカリフォルニア州ロサンゼルスで銃撃されて死亡した。また，非暴力闘争で公民権運動をリードしてきたキング牧師は1968年4月に，テネシー州メンフィスに滞在中，ホテルの部屋のバルコニーで暗殺された。祝祭日（連邦法定休日）は，11日あるが，その一つに「マーティン・ルーサー・キング牧師の日」（1月第3週の月曜日）がある。暗殺15年後の1983年に成立した。

82 ハワイ—太平洋の文化の交差点

ねらい

（1） ハワイの歴史や文化にふれることで観光地的視点とは違ったハワイの魅力を知る。

（2） 世界的な観光リゾート地であるハワイが，どのようにして成立したかを理解する。

（3） 移民の歴史や観光産業を通して，日本とハワイのつながりを考察する。

資 料

資料1　ハワイにおける年代別主要産業収入の変化

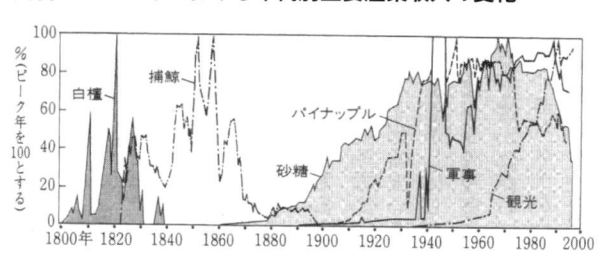

資料2　オアフ島の軍事施設

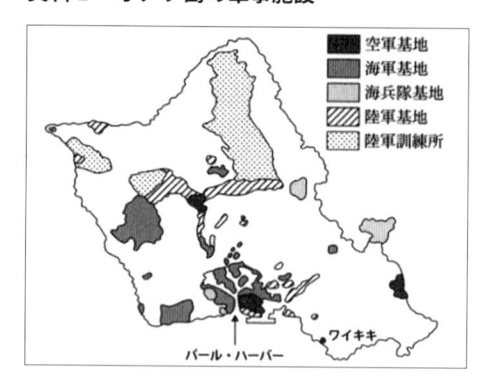

資料3　ハワイへの旅行者数の国・地域別割合（2015年）

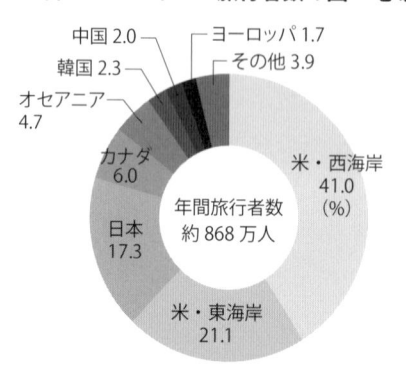

資料5　ハワイ州の民族構成（2017年）

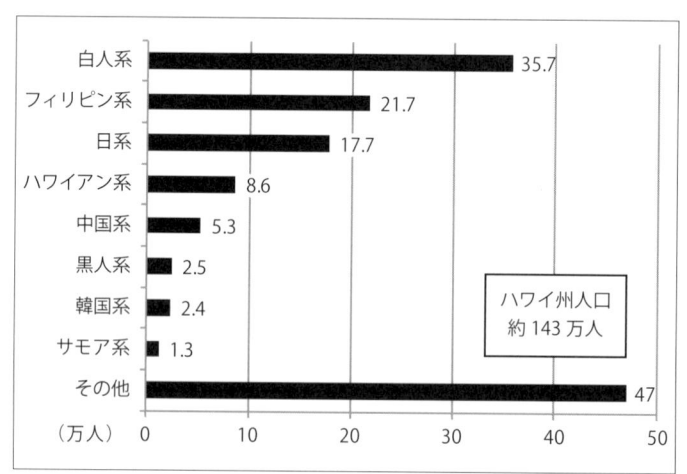

※民族グループは自己申告で登録される。その他には相当数の混血を含む。

資料4　ハワイへの官約移民人数の県別割合（1885〜1894年）

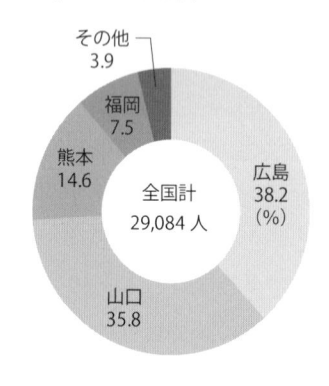

情 報

【出典】　資料1　矢口祐人『ハワイの歴史と文化』中公新書（2002年）p.117

　　　　　資料2　石出みどり・石出法太『これならわかるハワイの歴史Q＆A』大月書店（2005年）p.112

　　　　　資料3　「ホノルルスタイル」日本貿易振興機構HP（2017年）

　　　　　資料4　『広島県史　近代1通史V』広島県（1980年）

　　　　　資料5　「ハワイ州要覧」在ホノルル総領事館HP（2018年12月現在）

【教材づくりに有用な情報源】

・『アロハ年鑑　2008〜2010年版　第14版』ハワイ報知社（2008年）

・高橋真樹『観光コースでないハワイ』高文研（2011年）

解 説

【先住民はポリネシア系】 ハワイはマルケサス諸島やタヒチなどから先住民の祖先が移住してきたためポリネシア文化圏に属するが，1778年のイギリス人のジェームズ＝クックの来訪後，急速に国際貿易システムに組みこまれていった。カメハメハはイギリス人の軍事顧問を雇って大砲や鉄砲を購入し，それを使用して他の王を打ち破り，1810年に全島を統一してハワイ王国初代の王となった。しかし，王国はしだいに白人勢力にのみこまれていき，共和国樹立を経て1898年にアメリカ合衆国に併合された。

【主要産業の変化】 資料1からハワイの主要産業の変化をみてみよう。ハワイの山中に群生していた白檀が仏像や数珠・工芸品などの原料として中国で珍重されていることを知ると，カメハメハ王は王朝専売制にして積極的に輸出した。しかし，大量伐採により30年ほどで白檀はほとんど絶滅した。

そのころ，大西洋のクジラが乱獲で激減するとアメリカの捕鯨船は太平洋に出漁するようになり，補給や船員の休息でホノルルやラハイナは寄港地としてにぎわった。しかし，乱獲に加え19世紀中ごろにアメリカ本土で油田開発がはじまると，鯨油を主目的とした捕鯨は急速に衰退した。

サトウキビ産業は19世紀前半にはじまり，1850年以降はハワイの主要産業となった。一方で水源を奪われた先住民の伝統的なタロイモ栽培は衰退していった。パイナップル産業は1930年代後半には世界市場の80％をしめていたが，人件費上昇のため他国産との競争に敗れ衰退した。

【軍事基地とリゾート地としてのハワイ】 第二次世界大戦時からハワイはアメリカにとって軍事戦略上の重要な位置にあり，パールハーバーはアメリカ太平洋艦隊の拠点であった。現在もオアフ島にはインド太平洋軍の司令部がおかれ，資料2のように多くの軍事施設がある。軍による支出は州総支出の18％超にあたる約122億ドル（2009年）に達する。

ワイキキに最初のリゾートホテル「モアナホテル」が建設されたのは1901年である。白人資本家たちはハワイを「太平洋の楽園」というイメージの観光地にするべく豪華ホテルをあいついで建設し，わざわざカリフォルニアから砂を持ちこんで沼地だったワイキキを砂浜にかえた。その結果，ハワイは世界的なリゾート地となり，1975年以降は観光が州最大の産業となった。来訪する観光客の総支出額は168.97億ドル（2017年）で，住民の30％以上が観光関連の職業についている。現在，外国人観光客で最も多いのは日本で，その6割以上がリピーターである（資料3）。かつての王国が大国に飲みこまれ，軍事の拠点と観光リゾート地に変貌していったという意味で，ハワイと沖縄の歴史は驚くほど似ている。

【サトウキビ農園の労働力として移民】 サトウキビ農園の労働力は最初は先住民であったが，人口が激減したためヨーロッパやアジアから移民労働者が導入された。最初の移民は中国人だったが，制限が加えられるようになると日本へ移民の要請が行われた。1885～94年に政府の斡旋によってハワイへ渡った人々を「官約移民」とよび，その人数は約2万9000人におよぶ。資料4のように広島県と山口県東部の出身者が多く日系人コミュニティの標準語は広島弁だったといわれている。その後も含めて20世紀前半までにハワイに渡った日本人は約22万人にのぼった。現在，ホノルル空港の正式名称は「ダニエル・K・イノウエ国際空港」である。これは日系初の連邦国会議員の名にちなんで2017年に改名された。当初は中国，ポルトガル，日本が移民の中心だったが，フィリピンや韓国も加わり1920年にはアジア系がハワイの総人口の62％をしめるようになった。現在も全米50州中でアジア系人口の比率が最も高く，その割合は白人系を上回っている（資料5）。

アロハシャツやウクレレは移民によってつくられた

アロハシャツは中国系のデザイナーがトロピカルな柄の開襟シャツを商標登録し，その後，日系人の洋服店が着物や布団生地を仕立て直して販売したところ，花鳥風月をモチーフとした柄が評判となった。アロハシャツに和柄が多いのはこのためである。ウクレレは19世紀後半にやってきたポルトガル移民が持ちこんだ4弦ギターのブラギーニャが原型で当初はハワイ固有のコアの木でつくられていた。

ねらい

（1）　メキシコ（メヒコ）の歩みと現在のようすについて基本的な理解を深める。

（2）　メキシコとアメリカ合衆国との相互依存関係を具体的に考察する。

（3）　グローバル化の中でのメキシコ社会の民衆のおかれている状況と抵抗行動について考える。

資　料

資料1　メキシコとアメリカ国境地帯のツインシティ

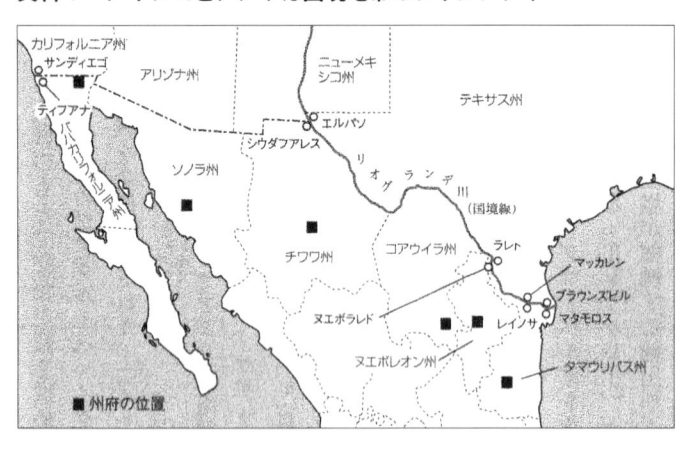

資料2　メキシコの輸出額の推移

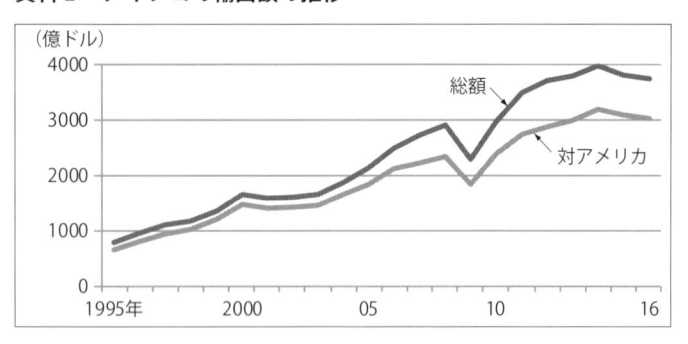

資料3　メキシコのおもな貿易品目（2016年）

輸出			輸入		
	億ドル	％		億ドル	％
機械類	1385	37.0	機械類	1511	39.0
うち通信機器	206	5.5	うち通信機器	225	5.8
自動車	878	23.5	集積回路	150	3.9
うち乗用車	314	8.4	自動車	370	9.6
部分品	263	7.0	うち部分品	229	5.9
原油	156	4.2	石油製品	186	4.8
精密機械	149	4.0	プラスチック	149	3.8
野菜・果実	135	3.6	精密機械	138	3.6
金属製品	83	2.2	金属製品	135	3.5
家具	78	2.1	鉄鋼	98	2.5
計	3738.9		計	3870.6	

資料4　アメリカ化するメキシコと　チャパス先住民の反乱

　メキシコシティの夜景は美しい。まるで噴火口からあふれ出した溶岩が平原全体を覆いつくすように，無数の電光が果てしなく広がり，見る者を圧倒する。…街角を走る無数の自動車。黒煙を巻き上げて疾走するポンコツ車の大群といったイメージからは遠く，少なくとも首都に関する限り，フォードや日産の新車が突然の車線変更や信号無視を繰り返しながらひしめいていた。メキシコ滞在中，何人もが，ここ数年でメキシコシティの街並みがロスアンゼルスのようになってきたと言うのを聞いた。たとえばポランコ地区は「急速に青山通り化し始めた」と日本の新聞は伝える。

　急速に進行するアメリカ化の波は，これまでメキシコ社会がかかえる亀裂を隠蔽する役割を果たしてきたナショナルな統合に，ある疑いの余地を差し挟み始めていた。NAFTA が発効する1994年1月1日を期し，チャパスの先住民・農民千数百人が武装蜂起し，州南部の主要都市を占拠した。彼らは，メキシコ革命の英雄サパタの名前から「サパティスタ民族解放軍（EZLN）」を名乗り，NAFTA 反対とメキシコの民主化，チャパスにおける先住民・農民の劣悪な生活状態の改善などを訴えた。…EZLN の反乱が，それまでのメキシコ社会の雰囲気を一気に変えてしまうほどのインパクトを持ちえたのは，アメリカ化と NAFTA 加盟が内包する不安定化の契機を，彼らが正確に衝いていたからであろう。

　チャパスでの出来事は，アメリカ化するメキシコとは異なるもう一つのメキシコの厚みのある形で浮上させた。高度化する消費社会的現実は，ますます場所に依存しない形で全地球を覆っている。だが同時に，チャパスに見られたようなゲリラ戦的状況も，おそらく今後，全地球的な現象となっていくに違いないのだ。メキシコは，こうした現代的状況を集約的に示す社会である。

情　報

【出典】　資料1　国本伊代編『現代メキシコを知るための60章』明石書店（2011年）p.156

　　　　　資料2・3　矢野恒太記念会『世界国勢図会2018/2019』（2018年）p.306, 308

　　　　　資料4　吉見俊哉『トランプのアメリカに住む』岩波新書（2018年）p.222〜249一部要約

【教材づくりに有用な情報源】

・大貫良夫ほか『新版　ラテンアメリカを知る事典』平凡社（2013年）

解　説

【アメリカ合衆国と国境を接する大国メキシコ】　北のアメリカとの境界は，全長は3141km，そのうち3分の2がリオグランデ（スペイン語で「大きな川」，メキシコでは Rio Bravo「勇猛な川」とよぶ）が国境（河川国境）となっている。この国境は世界で最も頻繁に横断される国境ともいわれ，毎年のべ3億5000万人が合法的に横断している。

　メキシコ（スペイン語では「メヒコ」）は，国土面積は世界13位，人口は10位（2018年），GDP（国内総生産）は15位（2016年）である。貿易額（2016年）は世界13位であり，カナダと肩をならべ，ブラジルの2倍である。また，銀，銅，鉛と亜鉛，モリブデン，金などの埋蔵量も多い資源大国でもある。

　300年にわたるスペインの支配ののち，1810年に独立運動が勃発し，1821年に独立した。しかし，北部のテキサス，ニューメキシコ，カリフォルニアは，米墨（メキシコ）戦争（1846〜48年）の結果，割譲されて国土の半分を失う。1910年にはじまった「メキシコ革命」（ラテンアメリカ最初の民主主義革命ともいわれる，1917年に共和制憲法が成立）により，現在のメキシコの基礎がつくられた。しかし，先住民インディヘナはメキシコ社会では取り残され，冷遇されてきた。

【アメリカとの経済依存関係とNAFTA】　資料1のような国境地帯にツインシティ（双子都市）がいくつも存在している。住民はメキシコに居住しているがアメリカで働き，アメリカに住んでいてもメキシコに家族がいるなどで日常的に国境を行き来している。両国国境はメキシコとアメリカの二つの文化が融合し，共生する独特な文化圏を形成している。

　マキラドーラ（1965年制定）とは，この国境地域のメキシコ側に，外国の資本と技術によって工場を建設，原料や部品を輸入加工し，できた製品を輸出すれば関税を免除する制度である。安い労働力と優遇税制，アメリカへの地の利を武器に，メキシコがアメリカや日本の資本を誘致し，メキシコ北部国境地帯の経済開発をめざしたものである。1994年のNAFTA（北米自由貿易協定）締結を契機に，メキシコはアメリカ向け輸出・加工拠点として発展し，2016年には，メキシコの輸出にしめる工業製品の割合が80％強になった。ただし「NAFTA はメキシコを食料自給国家から飢餓国家へと転落させた。アメリカから大量に入ってきた安価なトウモロコシに太刀打ちできず，300万人の零細農家が廃業し，NAFTA後には食全体の4割を輸入に頼らざるを得なくなってしまった」（堤未果『（株）貧困大国アメリカ』岩波新書）という現実がある。

　資料2のメキシコの輸出額の推移をみると，1995年以降，急速に増加し，リーマンショックで一時落ちこむものの1995〜2016年で4.7倍になっている。なお，輸出相手国では，この間，80％強がアメリカ向けである。一方，アメリカから見るとメキシコとの貿易赤字は拡大し，2016年には1231億ドルとなる（資料3）。

【取り残された人々の叫び】　メキシコ社会は経済格差の大きな社会であったが，21世紀に入って，いっそう格差が広がっている。「人口の2％足らずが世界の富裕層と同じレベルの豊かさを享受し，国富の50％を独占している。一方，国民の80％が，教育，医療，年金などのいずれかの公的サービスを受けられない貧困層に属し，そのうち20％は食糧を十分に手に入れることができずに常に飢餓的な状態にあるとされる。その結果，2010年のメキシコでは，総人口の80％近くを占める貧困層が厳しい生活を強いられている」（国本伊代，前掲書）。こうした社会の亀裂が，グローバル化の進展にともなって，都市と農村の格差，都市内部での格差，取り残された先住民インディヘナたちに，「生活権」「生存権」を奪う形で進行している現実がある。それに対する申し立ての一つが，チャパスの反乱である。資料4は，メキシコ社会の現実をリアルに重層的にとらえるための発展課題として，生徒とともにじっくり考えたい。

　2018年10月，中米ホンジュラスからはじまった「移民キャラバン」が，4500km を移動して，ティファナ（米側はサンディエゴ）に到着し，アメリカへの入国を求めている。グローバル化がもたらした「格差」が，「国境の壁」をこえて「希望」を実現しようとする巨大なエネルギーを生み出している。一方，トランプ米大統領は，2019年2月に国家非常事態宣言を出して，壁建設を強行している。しかし，不法移民が生じる社会的背景を解決しないと，かえって事態を悪化させる可能性が大きい。

84 移民と日系人—ブラジル

ねらい

（1）　日本人の海外移住の歴史と，初期の日本人移民の暮らしぶりを知る。

（2）　現在，日本に居住するブラジル日系人について理解を深める。

資料

資料1　大正末期のポスター

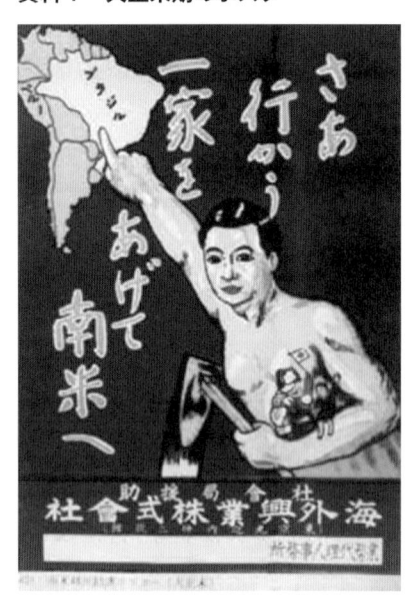

資料2　移民による原生林の開拓（フィゲイラの伐採）

資料3　日本におけるおもな国籍別在留外国人の推移

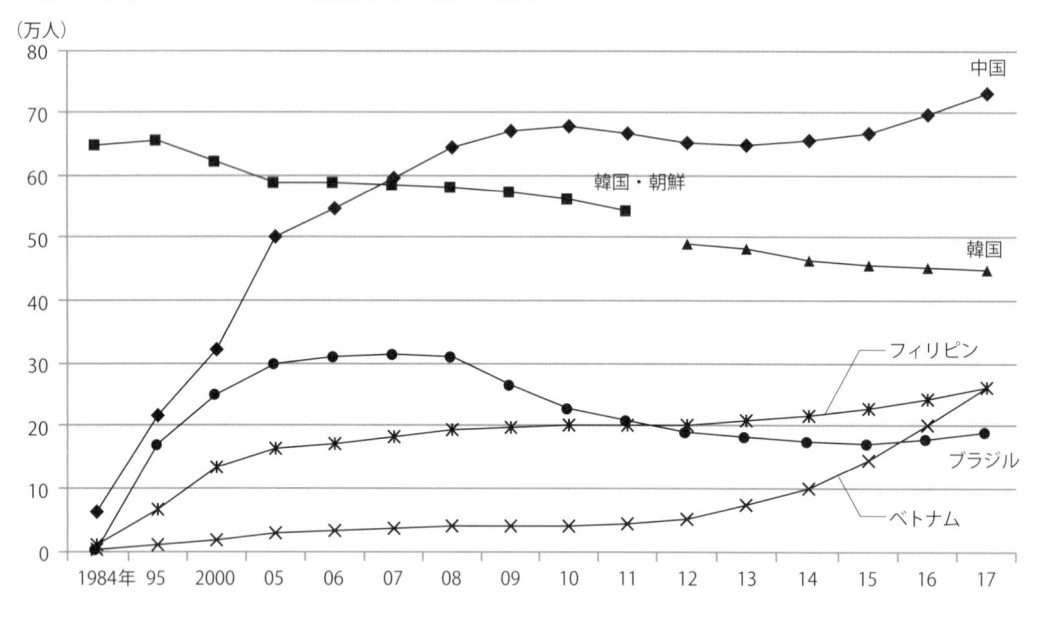

※「韓国・朝鮮」は，2012年から「韓国」と「朝鮮」に分けて計上している。

情報

【出典】　資料1　海外移住資料館展示案内『われら新世界に参加す』JICA　p.35

　　　　　資料2　ブラジル日本移民史料館ほか編『目でみるブラジル日本移民の百年』風響社（2008年）
　　　　　　　　p.32，33

　　　　　資料3　法務省入国管理局編『平成30年版　出入国管理』p.22
　　　　　　　　（http://www.moj.go.jp/content/001276977.pdf）

解 説

【大正末期のポスター】 かつて日本が移民の送り出し国であったことや移民の現地での生活については，生徒にとってイメージしにくいと思うので，当時のポスターや写真資料を用いて，具体的にイメージさせたい。明治以降，国内の人口増加や農村部の経済悪化の解決策として，日本は積極的に海外に移民を送り出した。日本人が移民として集団で渡航したのは，1868（明治元）年のハワイ，グアムが最初であったが，その後，アメリカ，中南米，アジア各地へとその行き先は広がった。なかでもブラジルは，政府によって家族単位での移民が奨励され，1908年以来，第二次世界大戦の中断期をはさんで1950年代半ばから1973年まで，約20万人におよぶ最大の移民先となった。資料1のポスターでは，農業移民なので手に鍬をもっていること，「一家をあげて」行くこと，「社会局援助」であることに着目する。

【移民による原生林の開拓】 ブラジルでは300年にわたって奴隷制度が存続し，ファゼンダ（農園）では奴隷労働が一般的であった。日本人移民がはじめてブラジルの地を踏んだころは，1888年にブラジルで奴隷制が廃止されてからまだ20年ほどしか経過しておらず，農園主の多くは，移民を奴隷のかわりくらいにしか考えていなかった。そのため奴隷を収容した，家具もトイレもない粗末な小屋に日本人が入れられることも多かった。初期の日本人移民のほとんどはファゼンダでコロノ（契約農業労働者）としてコーヒー栽培に従事したが，それは過酷な労働であった。

農園で数年間の契約期間が終わると，日本人移民は各地で自営の農業をはじめた。ポルトガル語や現地の習慣に不慣れな日本人は，誘いあって日本人のための入植地（「植民地」とよばれた）を開拓した。資料2は，日本人移民によるフィゲイラ（菩提樹の一種）の大木の伐採である。人の背丈の数倍はある板根が目につく。このように，原生林にも開拓の斧が入ったが，それはまた，たいへんな重労働であった。一方，農業を離れてサンパウロに職を求めた人々は，下働きの単純労働や農業での収入を元手に，商店を経営するようになっていった。今日，移民の子孫であるブラジルの日系人は200万人いる。

【在日ブラジル人の増減】 日本に住む外国人の増減のグラフ（資料3）を手がかりに，なぜ日本に暮らす日系人が増えたのか，どのような仕事につき，近況はどうなっているのかを他の国籍の外国人とくらべて理解する。

日本に居住するブラジル人は1990年代に急増し，2007年には31.7万人となった。その理由は，1990年に「出入国管理及び難民認定法」（入管法）が改正され，それ以降，日系人には就労に制限のない在留資格が認められたためである。その後，ブラジル本国においても「デカセギ」ということばが定着するほど，仕事を求めて来日する日系人は増加した。ただ，日系人の多くは日本語が不自由なため，また，知人のつてをたよって仕事を探すため，自動車や電気機械工業の単純労働に従事する人が多く，東海や北関東の工業地域に集住する傾向がみられた（本書p.74参照）。そして，その多くは派遣会社を通した間接雇用であり，不安定な就労形態であった。

2008年のリーマンショック後の世界的な不況は，日本の自動車や電機といった輸出産業を直撃した。派遣社員であった日系人の多くが失業し，帰国した人もいたため在日ブラジル人は減少した。さらに2011年の東日本大震災の影響などで減少傾向は続いたが，2015年以降，増加に転じている。

1924年新移民法（排日移民法）

明治初期，日本人の最初の移民先はハワイであり，続いてアメリカ西海岸やカナダであった。しかし，1900年代になると日本人の移住先はペルーやブラジルなど南米の国々に目が向けられるようになる。さらにアメリカ合衆国の1924年新移民法は移民の制限を目的とし，「白人およびアフリカ人ならびにその子孫」ではなく市民権を得ることができない帰化不能外国人の移住を禁止した。中国人はすでに移住を禁止されていたため，この法律は日本人移民の禁止を狙ったものであった（そのため「排日移民法」とよばれることもある）。

85 ブラジルの経済成長と環境破壊

ねらい

（1） ブラジル・アマゾン地方の環境破壊の現実を知る。

（2） 地球環境問題の誤解をただす。

（3） 日系人がはじめたアグロフォレストリーについて理解を深める。

資料

資料1 アマゾン地方と法定アマゾニア

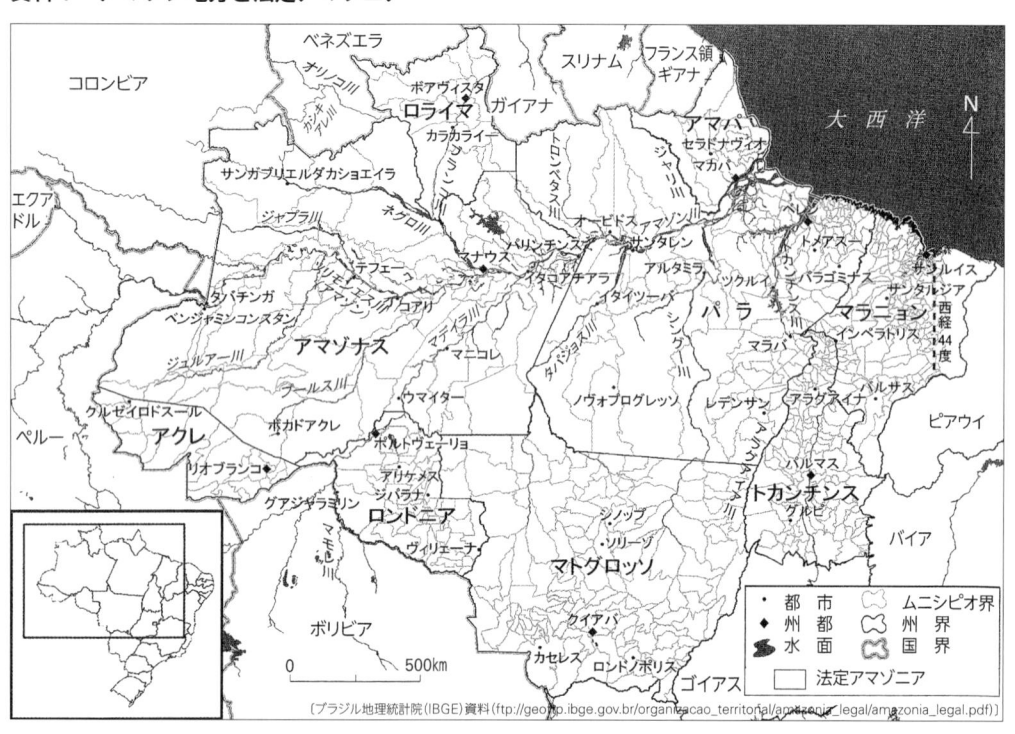

〔ブラジル地理統計院(IBGE)資料(ftp://geoftp.ibge.gov.br/organizacao_territorial/amazonia_legal/amazonia_legal.pdf)〕

資料2

アマゾニア森林消失の要因は牧場化

　熱帯林消失の要因にはさまざまあり，世界各地の熱帯林ごとに消失の主要な要因は異なっている。結論からいえば，アマゾニアの場合には，森林消失の主要因は牧場化である。

　アマゾン開発の刺激策としてブラジル政府が民間に提供した融資や税制優遇の大部分は，一件何千haという広大な牧場の造成に使われた。土壌が貧弱で牧草の生育が悪いアマゾニアでは，1頭の牛を飼うのに1haもの土地が必要といわれ，広大な土地が牧場化された。政府の助成が廃止された1990年頃からは，テンポが若干低下したとはいえ，牧場化が依然として森林消失の第一の要因であることに変わりはない。

資料3 アグロフォレストリー

情報

【出典】 　資料1・2　松本栄次『写真は語る南アメリカ・ブラジル・アマゾンの魅力』二宮書店（2012年）

　　　　　資料3　アグロフォレストリー（http://www.frutafruta.com/agroforestory/）

【授業づくりに有用な情報源】

・西沢利栄『アマゾンで地球環境を考える』岩波ジュニア新書（2005年）

解　説

【熱帯林の破壊―アマゾン】 アマゾニアとは，アマゾン川流域の熱帯林に覆われた平野地域をさす。ブラジルにはもう一つのアマゾニアがある。1953年に制定された法定アマゾニアというもので，アマゾニア開発庁などが管理する地域である。アマゾン横断道路（資料1の西はずれクルゼイロドスールから，マラバを通り，東海岸のジョアンペアソにいたる道路）やカラジャス鉄山地域などが含まれる。

　熱帯林の土壌は，植物が必要とする養分をほとんどたくわえていない。樹木はみずからの落ち葉や枯れ枝の分解物を養分として成長する。いったん熱帯林が破壊されると，その養分の蓄積の大部分が失われ，森林の再生が困難になる。また，動植物の種類の多いことが熱帯林の特徴で，この地域にしかないという特殊な生物種が多い。熱帯林の破壊はそれらの貴重な生物種の絶滅を招くことにもなる。ブラジルでは，おもに1960年代以降にアマゾン地域の総合開発が進められ，熱帯林の破壊が著しくなった。アマゾニアでの森林破壊の要因には，アマゾン横断道路の建設，農業入植地の開発，牧場化，木材の生産，大規模貯水池造成などといわれている。

　ブラジル政府は，農民に土地を与えて小規模自作農家を育成する目的で，農業入植地を開発した。入植農家は，森林を毎年少しずつ伐採・火入れして，カカオ，コーヒーなどの永年樹木作物やマニオク，サトウキビ，稲，トウモロコシ，フェジヨン豆などの1～2年生作物の畑を開いている。この作物畑は1～2作で放棄され，入植地の別の森林を焼却するという土地利用が一般的である。アマゾニア全体からみれば農業入植地の面積はわずかで，森林破壊の大きな要因ではない。森林破壊をもたらした最大の要因は大規模な牧場化である（資料2）。ブラジル政府は，大企業や資産家のアマゾニア開発計画に対して，融資や税制の面で優遇を与えて開発を促進した。小規模なもので数百ha，大規模なものでは数万haという広大な森林が焼き払われ，多くの牧場が造成された。近年では牧場の生産性の低さ，森林保護の機運の高まりから，牧場化に対する優遇政策は見直されつつある。アマゾニアでは，平均して牛1頭を放牧するのに1haの土地が必要である。

【アグロフォレストリー】 生活を支えながら森を守ることで注目されているのが，ベレンの南，トメアスで日系移民の坂口陞さんがはじめたアグロフォレストリー（森林農業）である（資料3）。1970年代，コショウ栽培で成功していたトメアスを病害が襲い，農園が全滅状態になった。多くの日系人がトメアスを離れるなか，坂口さんは，アマゾン川の先住民の暮らしをヒントに，いろんな作物や木を一緒に栽培する「混植」をはじめた。アグロフォレストリーは30～40年かけて輪作する。また次の輪作をはじめるので新しい原生林を焼かずにすみ，いろいろな作物が安定して収穫できる。原生林に近い生態系をもつこともわかった。トメアスでは現在，230の日系農家すべてがアグロフォレストリーを実践している。坂口さんの後継者である小長野道則さんはブラジル人に技術を広めている。1987年につくったジュース工場は軌道にのり，アメリカや日本へも輸出している。ブラジルは国をあげてアグロフォレストリーの研究に乗り出した。一人の日系移民が見つけだした農法が将来，世界の森林破壊と食料危機を救うかもしれない。トメアスで生産されたアサイヤシのジュースは日本でも人気が高い。

アマゾン地域の地球環境問題に関する三つの誤解

① 「熱帯雨林が砂漠化する」といわれることがある。熱帯雨林破壊と砂漠化を短絡している。この二つはまったく別の現象である。砂漠化とは砂漠の周辺地帯が過度の土地利用のために，雨が少ないと植生を失って裸地化し，砂漠が拡大する。「熱帯雨林」は高温多雨の気候だから，砂漠化はおこらない。

② 「アマゾンは世界の酸素の3分の1を供給する地球の肺である」という誤解で，保護の重要性が訴えられている。アマゾンの熱帯雨林は成熟した森林であるので，酸素にしても，二酸化炭素にしても，吸収量と放出量が収支のバランスがとれ，酸素や二酸化炭素という点からは大気に影響しない。

③ 「焼畑が自然を破壊する」は誤解である。自然を破壊しているのは牧場化である。

86 カリブ海地域の人びとのくらし

ねらい

（1） カリブ海諸国と民族構成とそのちがいの背景は何かを知る。

（2） キューバの医療・教育が充実している背景は何かを考える。

（3） コスタリカの平和憲法とエコツーリズムを理解する。

資　料

資料1　カリブ海地域

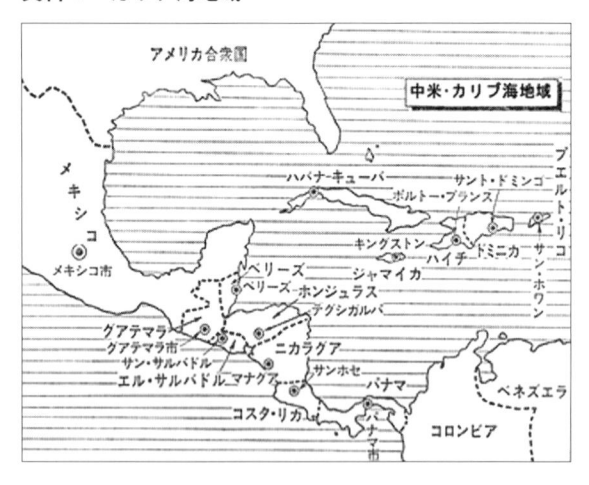

資料2　コスタリカの自然

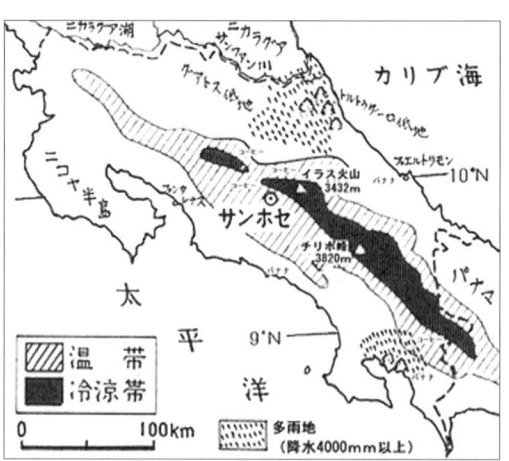

資料3　カリブ海地域の国々の暮らしと民族構成

資料2	一人あたり国民所得（ドル）	人口1万人あたり医師数	人口千人あたり健康管理受診数	成人識字率（％）	軍事費（億ドル）	同左GDP比率（％）	民族構成（％）
年	2012〜17	2008〜16	2006〜12	2003〜16	2017	2017	
バハマ	21,540	22.6	2,197	95.6	…	…	アフリカ系85，白人15
コスタリカ	10,258	11.5	3,751	96.0	※0	0	スペイン系95，アフリカ系3，インディヘナ2
キューバ	9,500	75.2	8,433	99.8	1.2	3.6	スペイン系白人66，ムラート22，アフリカ系12
ドミニカ	5,400	17.0	2,598	94.0	0	0	アフリカ系とその混血90
エル サルバドル	7,551	16.0	…	88.1	2.5	4.1	メスチソ84，白人10，インディヘナ6
グアテマラ	7,290	9.0	923	81.3	2.8	3.0	インディヘナ56，メスチソ36，白人8
ハイチ	820	2.5	…	48.7	0.01	0	アフリカ系90，白人とムラート10
ホンジュラス	2,283	9.0	…	89.0	3.6	5.8	メスチソ91，インディヘナ6，アフリカ系2，白人1
ジャマイカ	8,487	4.7	1,615	88.1	1.3	3.1	アフリカ系77，ムラート15，インド系3，白人1
メキシコ	17,390	22.3	2,680	94.9	57.8	2.2	メスチソ60，インディヘナ25，スペイン系15
ニカラグア	2,688	9.1	2,241	78.0	0.8	2.2	メスチソ69，白人17，アフリカ系9，インディヘナ5
パナマ	19,080	15.9	…	94.0	0	0	メスチソ65，アフリカ系13，白人11，インディヘナ10
（プエルトリコ）	28,636	22.0	1,271	90.0	…	…	白人76，アフリカ系7，スペイン語圏のU.S.Aの準州
ドミニカ共和国	12,173	14.9	…	93.8	4.9	3.6	ムラート73，白人16，アフリカ系11
トリニダード・トバゴ	28,636	18.2	1,057	99.0	2	2.6	インド系40，アフリカ系40，混血19
アメリカ合衆国	59,495	25.7	3,674	99.0	6097.7	8.8	白人64，ヒスパニック系16，アフリカ系12，アジア系5

※コスタリカ　治安対策費は0.8億ドル。

民族構成の基準は一様ではなく，絶対的なものではない。ムラートとは白人と黒人両方の血を受け継ぐもの。

情　報

【出典】　資料1　塩野崎宏『中米の素顔』日本放送出版協会（1970年）の挿入図に加筆

　　　　　　資料2　寿里順平『中米の奇跡　コスタリカ（第2版）』東洋書店（1990年）の挿入図に加筆

　　　　　　資料3　WHO，UNESCO，外務省ホームページ，二宮書店「データブック」などから作成

【授業づくりに有用な情報源】

・板垣真理子『キューバへ行きたい』新潮社（2011年）

・山岡加奈子編『岐路に立つキューバ』岩波書店（2012年）

・足立力也『平和ってなんだろう―「軍隊をすてた国」コスタリカから考える』岩波ジュニア新書（2009年）

解 説

【カリブ海地域の民族構成】 15世紀までの中米・カリブ海の地域はインディヘナ（インディオ）の世界であった。マヤ文明が栄えたメキシコ・ユカタン半島やグアテマラでは今も，インディヘナが住民の過半をしめている。コスタリカ以外の中米の国々は，ヨーロッパ系とインディヘナ両方の血を受けつぐメスチソが多い。ヨーロッパの侵略によって，インディヘナは鉱山労働や砂糖プランテーションの奴隷労働を強いられ，キューバをはじめカリブ海諸島では絶えてしまった。かわりに労働力とされたのは，アフリカからの黒人奴隷や英領インドから連行された労働者であった。領有した本国のちがいによりハイチではフランス語が，ジャマイカやベリーズ，トリニダード・トバゴなどでは英語が公用語となっているが，多くの地域はスペイン語圏である。20世紀，カリブ海地域の熱帯低地にアメリカ資本のバナナプランテーションが進出して，ジャマイカなどから黒人労働者が移住してきた。

【キューバの教育と医療】 資料3ではキューバの医療や教育の充実がめだつ。かつてキューバは砂糖産業の国であった。農園労働者は熱帯サバナ気候の下，サトウキビの収穫期の4か月以外は収入がなかった。食料と水道・電灯のない生活で感染症が蔓延した。砂糖産業の6割のほか，経済はことごとくアメリカ資本の支配下にあった。それと結びついた政権は暴力，賄賂，汚職，ネポティズム（縁故主義）で腐敗していた。カストロらの1959年の革命はアメリカが支援したバチスタ政権を倒し，社会主義化を進めた。医療無料化と教育無料化の2大改革が実現した。革命前の識字率は23％にすぎなかった。現在，小・中学校は1クラス15～20人。中南米統一国家試験では2位を大きく離し，ユネスコがフィンランドとともに教育モデル国とした。

革命直後，キューバの医師の半数が亡命したため，革命後の医療はほとんどゼロからスタートした。放置されていた農村部にも医療が行きわたる制度ができた。20～30家族の地域ごとに一人のホームドクターがいて，プライマリケア（初期医療）を担っている。ここで治療できないときは総合診療所へ，さらに国立病院へというシステムである。医師の数は国民165人あたり一人と世界一多く，日本の2倍以上いる。乳児死亡率は1000人あたり4.2人（2016年）でアメリカの5.6よりも少ない。医学部は無料で留学生（アメリカ人も含む）も無料である。海外被災地への医師派遣も積極的に行っている。

革命以来，アメリカから輸出入を拒否されていたキューバを経済的に支援していたのがソ連だった。そのソ連が崩壊し，試練に立たされた。ラテンアメリカの友好国に医療・教育支援をする一方で，それらから経済協力関係を仰いでいる。国内では有機農業の奨励，経済の一部民営化をはかったり，国外出稼ぎを認めたりしているが課題は多い。多くの若者がアメリカなどへの渡航を希望する。しかし老人たちは医療無料のキューバから離れる気はない。

2015年，キューバとアメリカは国交を回復したものの，両国の関係を改善するための課題は多い。

【常備軍をもたない国コスタリカ】 資料3の軍事費に注目したい。九州と四国をあわせたほどの面積で人口495万の小国コスタリカは平和主義の国，熱帯の自然や火山地形をエコツーリズムに活かす国として知られる。住民の多くは高度1000m以上の内陸高地に住む。そこは雨季と乾季があり，年中25度を上まわらない温帯相当の地であるが，火山性の土地は肥沃ではない。そのためスペイン植民地時代以降，入植者の多くは貧しい自営農民であった。ここで19世紀以降コーヒーが栽培できるようになり，ようやく輸出作物を得た。人々は，ある程度競争はするものの，助け合ってそこそこの生活を維持し，自由を愛している。1949年に「常備軍をもたない」ことを定めた憲法を制定した。武力紛争が多発し，アメリカの軍事的介入の多い中米地域で，安定した生活を維持したいと望む人々の結論だった。しかし「憲法に書いたから平和」と考えているわけではない。暴力と結びつく対立・紛争を積極的な対話＝民主主義活動＝を進めて「平和はつくるもの」と考えている。そのため学校では政治教育が重視され，政治への関心を若いころから養っている。選挙では多くの意見が反映されるように比例代表制をとり，国会は50以上の政党から成っている。コスタリカはラテンアメリカの紛争解決のため仲介の場を提供することにも積極的で，その活動はノーベル平和賞受賞で評価された。

87 アメリカ大陸の民族音楽

ねらい

（1） アフリカの音楽は，アメリカ大陸にどのように取りこまれているのかを知る。

（2） アフリカの音楽が他大陸に影響を与えたのはなぜなのかを理解する。

（3） ラテンアメリカの民族構成と民族音楽の関係にはどのような特色がみられるか考える。

資 料

資料1　サンバの楽器

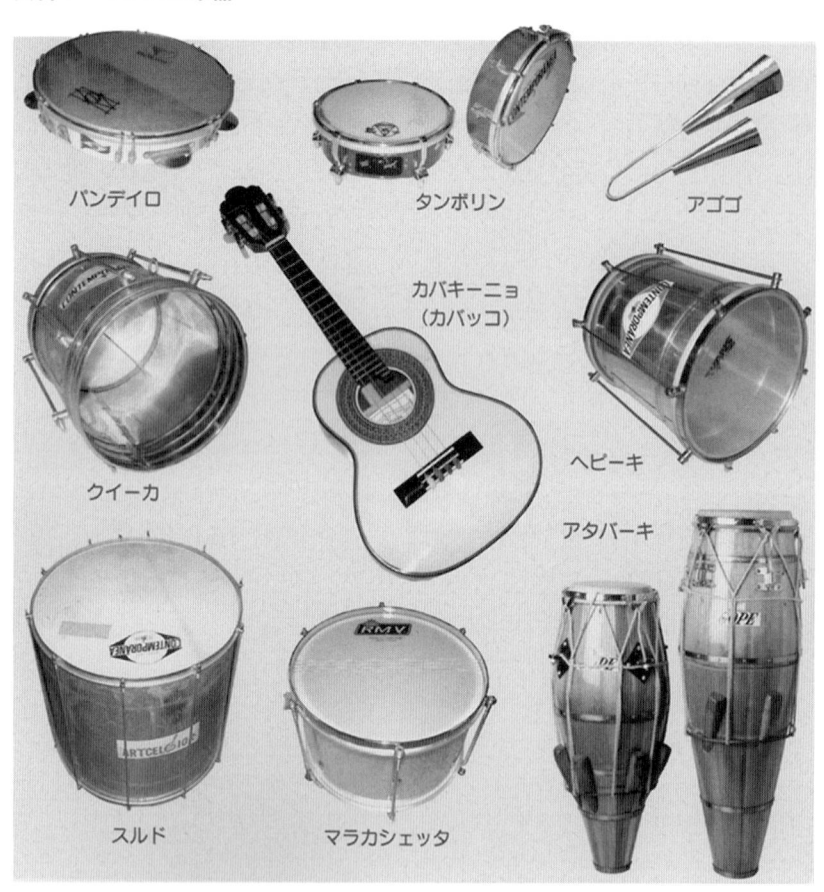

アタバーキ：アフリカ起源の信仰カンドンブレの儀式に用いられてきた太鼓。アフリカでは話す太鼓「トーキングドラム」の伝統がある。**クイーカ**：太鼓のなかの棒をぬれた布でこする。動物の鳴き声に似た音が出る。**タンボリン**：手持ちの小さな太鼓。タンバリン。**パンデイロ**：タンボリンに似ているが，音を出すよりもほうり上げるなど演技に使う。**アゴゴ**：金属のカネをスティックでたたく。**スルド**：大太鼓。**ヘピーキ**：25～30cm の太鼓。片手はスティックで皮を，他方の手は平手でリムと皮をたたく。

情 報

【**出典**】　資料1　千葉泉・若林忠弘ほか『国際理解に役立つ世界の民族音楽シリーズ　南・北アメリカの音楽』ポプラ社（2003年）

　　　　　本書は，小学校高学年から中学生向けの図書館用書籍であるが，図版が多く，やさしくて詳しい解説はおとなも楽しめる。しかも演奏の例を付属の CD で聞くことができる。同書がないときでもラテンアメリカの音楽は，YOUTUBE の「小泉文夫の世界の民族音楽」で実例を示したわかりやすい解説がある。

【**教材づくりに有用な情報源**】

・小泉文夫『小泉文夫フィールドワーク―人はなぜ歌をうたうか』冬樹社（1984年）

・山本紀夫『ラテンアメリカ楽器紀行』山川出版社（2005年）

・石橋純編『中南米の音楽―歌・踊り・祝宴を生きる人々』東京堂出版（2010年）

解 説

【アメリカ大陸に広がったアフリカの民族音楽】
アフリカ大陸からアメリカ大陸に奴隷として運ばれたアフリカ人は，1451〜1870年の間に少なくとも1000万人におよぶとされる。彼らは虐げられた生活のなかで故郷の音楽，踊りやそれらと結びついた信仰を，生きるためのよりどころとした。

ヨーロッパがアフリカを植民地化しはじめた15〜16世紀までは，アフリカはイスラーム圏との交流のなかで独自の発展をとげていた。ギニア湾沿岸では，マリ帝国の時代以来，グリオとよばれる職業音楽家がいる。彼らは文字のない時代に民族や社会の歴史をコラとよばれる楽器にあわせて口承し，膨大な事象を後世に伝達した。グリオはまた，権力者の儀式や民衆の祭式をしきった。彼らの先祖も奴隷として運ばれた。そうして運ばれた人たちやその子孫たちがブラジルのサンバや北米のブルースを生み出したといわれる。

【アフリカ伝統音楽の特色】
アフリカ伝統の音楽は一般にリズムのはっきりしたものが多い。しかも人びとは，たとえば太鼓の3拍子と手拍子の2拍子を（異なったリズムなのに）これを同時に組みあわせるといった「ポリリズム」の技法に巧みである。リズムの多様性とならんで，各人がそれぞれのメロディを奏であわせる「ポリフォニック」の要素も大きい。いまもアフリカ諸国の子どもたちは遊び歌のなかで「ポリリズム」と「ポリフォニック」を身につけていく。それはアフリカ社会が育んできた文化であって，アフリカ人が生まれつき音楽的であるということではけっしてない（小泉文夫）。

人々は農耕や狩猟などで一緒に仕事をする際に仕事の歩調や力をあわせる必要があった。協調を要する社会のなかから，リズムやメロディをあわせる音楽が生まれてきたとされる。その際にリーダーの歌い出しに続き，みんなが応えて歌い，あいの手を入れた。

北米のゴスペルソングやキューバのソンでは，リーダーの歌に皆があいの手を入れて和す「コールアンドレスポンス」とよばれる歌い方がある。ここにアフリカの伝統音楽の手法が受けつがれている。

このように南・北アメリカ各地に連行されたアフリカ人たちは，それぞれの地で支配者たちの文化的要素を取りこみながら新しい音楽を生み出していった。

中南米の民族楽器

カリブ海地域からは，ハバネラ，ソン，ルンバ，マンボ，メレンゲなどが生まれた。カリブ地域からアメリカ合衆国に移住した人々がこれを母体にサルサ，レゲエを生んだ。貧困の問題など社会的なテーマを取り上げた曲が少なくない。キリスト教がアフリカ系住民に広まると，ゴスペルソングが教会で生まれた。苦しみや不満に神の救いを求める内容は，やがてリズムアンドブルースに受けつがれた。一方，アパラチアのヨーロッパ人入植者からは，カントリーミュージックが生まれた。この両者の要素があわさってできたのが，ロックンロール，ソウル，ヒップホップと考えられている。

ペルー，ボリビアを中心にしたアンデス地域は，インディヘナやメスチソの人々の割合が高い。かつてインカ帝国が栄えたこの地域では，共同農耕作業の時に歌い（ヤラビ），自然神に祈る時に笛や打楽器を鳴らし踊った（ワイノ）。キリスト教を受け入れるようになると，伝統的な笛ケーナやシークに加えてヨーロッパのギター，バイオリンが取り入れられた。アンデスの音楽を日本ではフォルクローレとよんでいる。

アルゼンチンやチリなどラテンアメリカ南部では，南ヨーロッパからの移民が多くその影響を受けている。スペインからアルゼンチンやウルグアイに入ったタンゴは，移民労働者の憩いの場からはじまった。この地域のギターの弦の数が多様なのは，かつてのヨーロッパのギターの原型が残されているからといわれている。チリのギタロンには24本もの弦が張られている。

88 オーストラリアの社会—多文化主義の変質

ねらい

（1） 移民政策から，オーストラリアが求める移民像を理解する。

（2） 移民の出身国の変化から，現代のオーストラリア社会の特徴を考える。

資　料

資料1　オーストラリアにおける分類別移民の流入 （2016〜2017年）

分類	小分類	人数（人）	シェア（%）
雇用主スポンサー移民	雇用主指名移民	38,063	18.6
	地方の雇用主がスポンサーとなる制度	10,198	5.0
技能移民（ポイント制試験あり）	技術独立	42,422	20.7
	技術指名制度（州等）	23,765	11.6
	技術（地方）	1,670	0.8
ビジネスイノベーション＆投資		7,260	3.5
卓越した能力		200	0.1
家族移民	配偶者	47,825	23.3
	配偶者以外	11,799	5.8
人道支援（難民等）		21,968	10.7
合計		205,170	100

資料2　オーストラリアにおける移民出身国別人口の変化 （1996年と2016年の比較）

順位	1996年 国	人口（人）	シェア（%）	2016年 国	人口（人）	シェア（%）
1	イギリス・アイルランド	1,218	6.7	イギリス・アイルランド	1,284	5.3
2	ニュージーランド	312	1.7	ニュージーランド	607	2.5
3	イタリア	250	1.4	中国	526	2.2
4	ベトナム	159	0.9	インド	469	1.9
5	ギリシャ	138	0.8	フィリピン	246	1.0
6	ドイツ	122	0.7	ベトナム	237	1.0
7	中国	119	0.7	イタリア	195	0.8
8	フィリピン	105	0.6	南アフリカ共和国	181	0.8
9	オランダ	96	0.5	マレーシア	166	0.7
10	マレーシア	83	0.5	ドイツ	124	0.5
11	インド	80	0.4			

※シェアは全人口に占める割合

情　報

【出典】 資料1・2　翁百合「オーストラリアの移民政策の現状と評価」日本総研 （2019年）

【教材づくりに有用な情報源】

・在日オーストラリア大使館ホームページ （https://japan.embassy.gov.au/）

　オーストラリアの地理・歴史的なことから，日常生活のことまで知ることができる。

・オーストラリア統計局ホームページ （http://www.abs.gov.au/） （英語）

・追手門学院大学附属図書館オーストラリア・ライブラリー

　（http://www.oullib.otemon.ac.jp/aus/reference_site/index.php）

　環境・資源や経済・産業，多文化主義などのテーマごとにまとめてあり，概略をつかめる。

解 説

【移民で成り立つ国，オーストラリア】　オーストラリアは，かつて白豪主義というヨーロッパ系移民優先の政策をとってきた。しかし，1970年代に定住を基本とする移民の受け入れを行う政策へと転換した。その結果，第二次世界大戦中に600万人であった人口は2500万人に達した（2018年）。そのうち28％が外国生まれ，さらに，親のどちらかが外国生まれの移民2世は46％にもおよぶ。

　資料1は，最近の移民流入数を分類別に見たものである。2016年7月〜2017年6月の移民流入数は約20.5万人であるが，そのうち，技能移民は約11万人である。内訳を見ると，雇用主がスポンサーとなる移民が約4.8万人，政府が設定する基準（ポイント制で移民として受け入れるかの可否を判断）で入国した技能移民が6.6万人，そのほかに家族呼び寄せが6万人，人道支援移民が2万人である（資料1）。

　オーストラリアでは，1990年代後半以降，大量の技能移民を受け入れたため，永住ビザと就職のマッチングがうまくいかなくなり，移住者の失業率が高くなった。そこで政府は，不足している仕事を雇用主スポンサー制度で受け入れ，必要な職務の労働力不足の解決をはかるようになった。

　技能移民のポイント制というのは，たとえば，「技術独立永住ビザ」（ソフトウェア関連のエンジニア，会計士，看護師などの職種）とよばれる類型では，年齢，英語の試験の点数，オーストラリアでの学歴や職歴などでポイントが与えられる制度である。それらの点数が一定の基準をこえなければ申請できないため，この制度の移民の教育水準は高いとされる。現在，政府は雇用主スポンサー制度を優先しており，技能移民は，政府が招待する特定の職業に限定するようになった。オーストラリア政府は，国内の労働力不足を満たすため，技能移民とその家族，人道支援の移民を合わせた受け入れるべき移民の数を，州別，職業別の労働人口のデータにもとづき計算して決定している。

【移民出身国別人口の変化】　資料2から，オーストラリアの移民を出身国別に比較してみよう。1996年では，移民数1位のイギリス・アイルランドを含めて，イタリア，ギリシャ，ドイツなどヨーロッパの国が上位を占めている。ベトナム，中国，フィリピン，マレーシア，インドなどのアジア系も上位に入っているが，その割合はまだ低い。しかし，2016年になると中国，インド，フィリピン，ベトナムが上位を占めるようになり，はじめてアジア系の比率がヨーロッパを上まわった。トップ10以外にもインドネシア，韓国，シンガポール，タイなどアジア系の移民が増加し，多様化している。

　資料1の分類のなかに「ビジネスイノベーション＆投資」というのがあるが，これはオーストラリア国内のビジネスのイノベーションに貢献したり，投資を積極的に行う移民を受け入れる制度である。これはオーストラリアへの資産移転や投資が義務づけられるなど，富裕層向けの制度で，中国人がおもにこの制度を取得し増加している。また，「卓越した能力」をもつ移民の受け入れでは，インド人のIT技術者が多い。日本では2019年から人手不足に対応するため，外国人労働者の受け入れを拡大する。移民の定住と多文化共生によるオーストラリアの移民政策から日本が参考になる点は多いだろう。

アボリジニとマオリの権利回復

　オーストラリアでは，1960年代から先住民による権利回復運動が活発化し，1976年には「アボリジニ土地権利（NT＝ノーザンテリトリー）法」が成立，アボリジニ共同体による土地所有が認められた。また，アボリジニの慣習法にもとづく土地権利者の認定と土地権の請求手続きが明文化され，土地権の請求期限（1997年）までに250件近くの土地権請求が行われた。

　ニュージーランドは，1840年にマオリとイギリスの間で結ばれたワイタンギ条約により正式にイギリス領となったが，それ以降，マオリによる土地所有権をめぐる紛争が続き，政府は1975年に「ワイタンギ審判所」「土地問題裁判所」を設け，マオリの権利回復に努めている。

89 オーストラリアの経済状況─貿易と労働環境から

ねらい

（1） オーストラリアの貿易構造は発展途上国型と考えられ，資源依存の脆弱さと製造業の弱さが課題であることを理解する。

（2） オーストラリアの労働環境は良好だが，経済基盤が弱いので，今後，労働環境に影響が出る可能性もあることを理解する。

資　料

資料1　オーストラリアの相手先別貿易の変化　　　　　　　　　　　　　　（単位：百万ドル）

輸出額					輸入額				
2004年		%	2016年	%	2004年		%	2016年	%
日本	16,095	18.7	中国 58,383	30.5	アメリカ	15,310	14.8	中国 44,490	23.4
中国	7,946	9.2	日本 23,693	12.4	中国	13,183	12.7	アメリカ 21,809	11.5
アメリカ	6,995	8.1	アメリカ 12,343	6.5	日本	12,262	11.8	日本 14,908	7.8
韓国	6,665	7.8	韓国 11,725	6.1	ドイツ	6,044	5.8	タイ 10,681	5.6
ニュージーランド	6,361	7.4	インド 6,674	3.5	シンガポール	4,538	4.4	ドイツ 10,156	5.3
世界計	85,997	100.0	世界計 191,277	100.0	世界計	103,641	100.0	世界計 190,245	100.0
EU	9,600	11.2	EU 19,625	10.3	EU	24,613	23.7	EU 36,672	19.3

資料2　オーストラリアの主要輸出入品の変化　　　　　　　　　　　　　　（単位：百万ドル）

輸出額					輸入額				
2003年		%	2016年	%	2003年		%	2016年	%
石炭	7,113	10.1	鉄鉱石 39,692	20.9	機械類	23,879	28.3	機械類 48,098	25.4
機械類	4,530	6.5	石炭 29,580	15.6	自動車	11,194	13.2	自動車 25,654	13.5
金（非貨幣用）	3,817	5.4	金（非貨幣用） 14,067	7.4	原油	4,479	5.3	うち乗用車 15,961	8.4
肉類	3,455	4.9	液化天然ガス 13,369	7.0	医薬品	3,598	4.3	石油製品 11,415	6.0
鉄鉱石	3,310	4.7	肉類 8,280	4.4	航空機	2,938	3.5	医薬品 8,373	4.4
原油	3,279	4.7	機械類 7,602	4.0	精密機械	2,464	2.9	衣類 6,413	3.4
自動車	2,678	3.8	アルミナ 4,103	2.2	衣類	2,197	2.6	精密機械 6,310	3.3
アルミニウム	2,456	3.5	小麦 3,621	1.9	金属製品	2,013	2.4	原油 5,904	3.1
計	70,246	100.0	計 189,630	100.0	計	84,492	100.0	計 189,406	100.0

資料3　オーストラリアの労働環境（失業率・週あたり労働時間・1人あたり労働生産性）

失業率（2016年）		週あたり労働時間（2017年）		1人あたり労働生産性（2016年）	
	（単位　%）		（単位　時間）		（単位　購買力平価換算アメリカドル）
オーストラリア	5.7	オーストラリア	33.4	オーストラリア	97,949
日本	3.1	日本	38.8	日本	81,777
アメリカ	4.9	アメリカ	36.6	アメリカ	122,986
中国	4.7	中国	46.1	韓国	69,833
イギリス	4.8	イギリス	36.0	イギリス	88,427

1人あたり労働生産性は，購買力平価換算GDPを従業者数で割ったもの。

情　報

【出典】　資料1～3　矢野恒太記念会『世界国勢図会2006／07』，同『世界国勢図会2018／19』
【教材づくりに有用な情報源】

・経済協力開発機構（OECD）ホームページ

　（https://stats.oecd.org/Index.aspx?DataSetCode=ANHRS#）

　世界各国の経済活動に関する統計資料を見ることができる（英語）。

解　説

【資源の輸出にたよる貿易構造】　資料1で貿易相手国の変化を見ると，輸出では5位のニュージーランドがインドに変わっただけである。しかし，輸出額は倍増している。輸入ではシンガポールがタイへ変わっただけで，ほかに変化はない。2016年の貿易相手国を見ると，TPP不参加の国が輸出では，中国・アメリカ・インド，輸入では，アメリカ・タイ・ドイツであり，アジア太平洋地域以外ではドイツだけである。アメリカのTPP不参加はトランプ政権の特殊な事情であると考えると，オーストラリアがTPPに積極的なことが理解できよう。次に貿易額に注目してみると，両年の間で輸入額全体ではそれほど差はないが，輸出額全体では2倍以上増えている。このことからオーストラリアの経済は，輸出依存を強めていることがわかる。

　資料2から輸出品の変化を見ると，2003年には上位8品目のなかに，機械類，自動車，アルミニウムと工業製品が3つ入っているのに対し，2016年では，機械類（2位から6位に落ちる）と，アルミニウムを精製する途中段階のアルミナ（ただし，天然資源として産出する場合と工業製品としてつくられる場合がある）の2つだけである。輸出額全体では約2.7倍増加しているが，その多くは鉄鉱石，石炭など，天然資源の輸出の増加であることがわかる。

　このことから，オーストラリアは，この約10年間で工業化が進むどころか，「発展途上国型」といえる資源輸出への依存を高めたことがわかる。実際にオーストラリアでは，2016年にアメリカのフォードモーターが撤退，2017年にはトヨタ自動車，そして最後に残っていたゼネラルモーターズ系列の会社も撤退し，国内で自動車の生産は行われていない。人件費の高騰，豪ドル高，各国と自由貿易協定が結ばれ関税が撤廃されたことなどが，オーストラリアの製造業に大きな影響を与えた。一方で，東南アジアや中国，インドなどの工業化の進展で原材料の需要が増え，オーストラリアの資源輸出増加へつながった。

【労働環境から見た課題】　資料3は労働環境に関する項目をオーストラリア，日本，アメリカ，中国，イギリスで比較したものである（1人あたり労働生産性は，中国のデータがないため，韓国を取り上げた）。失業率を見ると，他の国と比べオーストラリアが1％ほど高い。これは先述したが，労働者の受け皿となる製造業が，オーストラリアでは成長していないことが考えられる。2016年の全就業者に対する製造業従事者の割合は，オーストラリアは7.5％しかなく，アメリカ10.4％，イギリス9.5％，日本16.8％と比べても少ない。

　週あたり労働時間では，オーストラリアが33.4時間と最も少なく，イギリス，アメリカ，日本が35〜40時間，中国は46.1時間と長い。さらに，1人あたり労働生産性では，アメリカがもっとも高く，ついでオーストラリアとなっている。オーストラリアは労働環境から見ると，労働時間が短いうえ労働生産性が高い。これはアメリカと同じように農業・工業では機械化の進んだ大規模経営が行われているからである。一方，失業率が高いのは労働市場の狭さ，とくに製造業が発展していない影響が大きい。現在，天然資源に対する需要は高いが，資源にも限りがあり，今後，世界的に省エネルギー化や生産工程の省力化が進むなか，天然資源へ依存した経済がいつまで続くかというのが，オーストラリアの課題となっている。

オーストラリアで市民権を得た"wagyu"

　シドニーやメルボルンといった大都市では，"wagyu"が人気を博し，いまや高級レストランで食べられるだけではなく，スーパーマーケットで売られたり，ハンバーグなどの加工品なども流通し，しっかりと市民権を得ている。このような"wagyu"は，じつは日本の「和牛」とは異なり，ほとんどが現地の在来種と和牛との交雑種であり，現在では，東南アジア，中東諸国，EUにまで広く輸出されている。

　オーストラリアで"wagyu"が生産されたきっかけは，1991年の日本の牛肉輸入自由化にあった。低コストで生産できるオーストラリアで，和牛に近い品質の肉を生産できれば大きな利益を得られると考えた日豪の業者が，「和牛」の遺伝資源を持ちこみ，日本式に長期間肥育して輸出するようになった。

ねらい

（1） 太平洋の島々は，ミクロネシア，メラネシア，ポリネシアの3つの文化圏に分けられる。なかでも，小さな珊瑚礁の島が多いミクロネシアと日本との関わりは強いことを知る。

（2） 太平洋の島々は，大国に支配され，核実験場としての役割を担わされてきた。マーシャル諸島では，島に戻れない島民が，現在もなおアメリカの財政支援に依存し続けていることを知る。

資 料

資料1　太平洋の島々

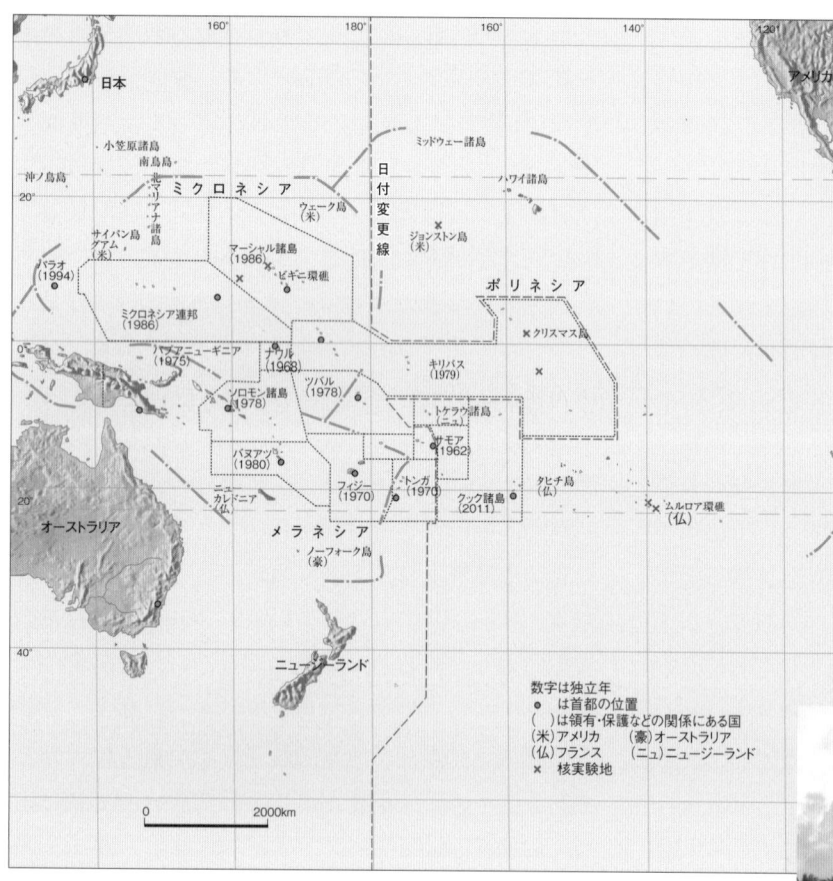

資料2　マーシャル諸島ジャルート（ヤルート）環礁にいまも残る日本商船の残骸（2005年）

情 報

【出典】　資料1　竹内裕一ほか『高等学校現代地理A新訂版』清水書院（2019年）p.101

　　　　　資料2　筆者撮影

【教材づくりに有用な情報源】

・竹峰誠一郎『マーシャル諸島　終わりなき核被害を生きる』新泉社（2015年）

・中原聖乃・竹峰誠一郎『核時代のマーシャル諸島』凱風社（2013年）

・佐々木英基『核の難民』NHK出版（2013年）

・吉岡政徳・石森大知編『南太平洋を知るための58章—メラネシア　ポリネシア』明石書店（2010年）

・前田哲男『非核太平洋　被爆太平洋』筑摩書房（1991年）

解　説

【ミクロネシア，メラネシア，ポリネシアの３つの文化圏】

資料１で示したように，太平洋地域は，ミクロネシア，メラネシア，ポリネシアの３つの文化圏に分けられる。1960年代以降に独立し，今なお大国の統治下にある島も多い。珊瑚礁の小さな島々と火山島からなるミクロネシアは，パラオ，ミクロネシア連邦，マーシャル諸島のほかにキリバス，ナウルの独立国があり，アメリカ領のグアムとアメリカ自治連邦区の北マリアナ諸島（サイパンなど）も含まれる。ミクロネシアは海洋資源に恵まれ，島を結ぶ帆走カヌーで移動する航海術が発達してきた。

パラオ，ミクロネシア連邦，マーシャル諸島，そして北マリアナ諸島は，かつて南洋群島とよばれ，1914年から委任統治領として日本に軍事占領された歴史がある。パラオのコロールに南洋庁がおかれると，日本からのパラオへの移民が増加し，その数は1935年に５万人に達した。これはミクロネシア系住民の２倍もの数であった。

【第二次世界大戦がはじまると，ミクロネシアは】

日米の激戦地となり，多くの住民が人命と財産を失い，犠牲となった。マーシャル諸島のジャルート（ヤルート）環礁には，南洋庁ヤルート支庁がおかれ，日本軍基地があったため，現在でも当時の司令部跡や戦争時の残骸が残ったままとなっているところもある（資料２）。

戦後，マーシャル諸島はアメリカの統治の下，環礁を利用した核実験が何度も実施され，アメリカの軍事戦略に組みこまれていった。1986年，マーシャル諸島はアメリカと自由連合協定を結び，アメリカの安全保障の枠のなかでの独立を選択した。

【核実験場となったマーシャル諸島】

現在，マーシャル諸島の首都マジュロには，移住を強いられたビキニ環礁やロンゲラップ環礁の人たちのタウンホールがあり，元島民たちのコミュニティがわずかながら保たれている。

第二次世界大戦後，アメリカ海軍がマーシャル諸島を支配すると，ビキニ環礁の住民をロンゲリック環礁に強制的に移し，1946年から核実験を開始した。1948年からはエニウェトク環礁でも核実験がはじまり，ビキニ環礁とあわせて67回もの核実験が行われた。それは，自然環境の破壊だけにとどまらず，土地を奪われた島民の生活環境を大きくかえ，被曝した人々を放射能の不安や後遺症で苦しめ続けることになった。

1954年に行われた「ブラボー」と名づけられた水爆実験は，ビキニ環礁の海底に直径約２km，深さ73mのクレーターを残す巨大なものであった。この時，日本のマグロ漁船「第五福竜丸」をはじめ，1000隻以上の漁船が死の灰（放射能）を浴びた。また，200km以上離れたロンゲラップ環礁でも多くの島民が被曝し，その後，甲状腺ガンや白血病などの異常があいつぐこととなった。

現在，ロンゲラップ環礁では除染作業が行われ，アメリカ政府は安全対策が整ったとして島民に帰還するようよびかけている。しかし，除染が住宅建設地周辺など一部の範囲に限られているため，残留放射能の不安を解消できず帰還をためらう人は多い。

1966年７月２日広場の記念碑

太平洋の島々を支配するフランスは，ポリネシアで211回の核実験を実施した。タヒチ島のパペーテ港の海岸に面した公園には，マホガニーの板に彫刻をほどこした高さ約３mの記念碑が３つたっている。そこは「1966年７月２日広場」と呼ばれ，核実験によって被爆した人たちの記憶が刻まれている。

記念碑の前には祭壇（ポリネシア・マラエ）があり，大小さまざまな石が置かれている。それらの石は，ムルロア環礁やファンガタウファ環礁などのフランス領の島々だけでなく，アメリカ軍が核実験を行ったビキニ環礁，エニウェトク環礁，ジョンストン島のものや，イギリス領のクリスマス島，モンテ・ベロ島の石もある。さらに，広島・長崎の石も置かれている。ここでは，訪問者が友情の証として石を持参する風習があり，日本人によって持ってこられたものである。最近では福島の石も加わった。

（鎌田慧ブログ2015年４月９日より引用，一部改変）

91 両極地方

ねらい

（1） 両極地域の自然特性，両極地域と人類との関わりについて理解する。

（2） 地球温暖化の進行にともない，両極地域にどのような変化が生じているか考える。

資 料

資料1　南極氷床の表面形態（a）と氷床下の地形（b）

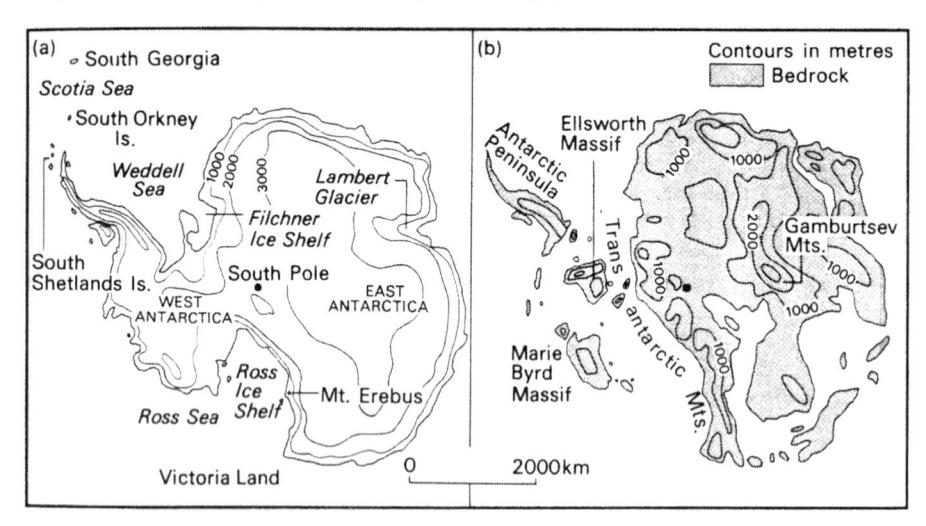

資料2　スエズ運河を通過する南回り航路と北極海航路（北東航路）

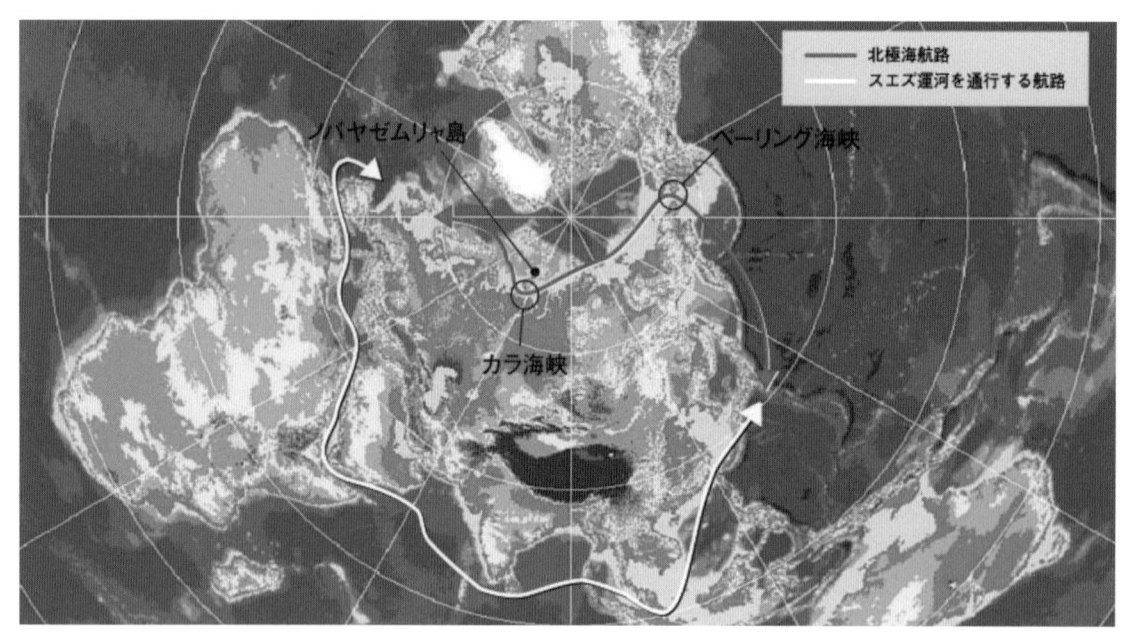

情 報

【出典】 資料1　Sugden, D.E. and John, B. S.（1976年）Glaciers and Lnadscape. Edward Arnold, p.58. を著
者改変

資料2　北極海航路が結ぶ日露関係の未来（http://www.nippon.com/ja/currents/d00099/）を著
者改変

【教材づくりに有用な情報源】

・南極 OB 会編集委員会『北極読本』成山堂（2015年）

・南極 OB 会編集委員会『南極読本』成山堂（2013年）

解　説

【両極地域の自然特性】　南北両極圏（66°33′N・S）の高緯度側では白夜と極夜が生じる。白夜と極夜の日数は，緯度70°付近でそれぞれ約3週間，80°付近でそれぞれ約3か月，両極点ではそれぞれ6か月となる。北極点では春分の日に初日の出があり，それから半年間白夜が続いた後，秋分の日に日没を迎え，その後半年間極夜が続くこととなる。その結果，高緯度地域では日較差にくらべ年較差が極端に大きな気候特性が生まれる。

北極点の周囲には平均水深4000mの北極海が，南極点の周囲には南極大陸が広がる。北極は「海の極」，南極は「陸の極」であるため，両極点の年平均気温は前者がマイナス18℃，後者がマイナス50℃と，南極点の方が32℃も低い。南極点は標高2800mに位置するので海面更正気温（マイナス32℃）に置き換えても，まだ14℃の気温差が存在する。

南極大陸の98％は，最大4000m以上，平均2450mの厚さの南極氷床に覆われており，「氷の大陸」とよばれる。一方，北極海は1年を通じて厚さ数m以上の多年性海氷に覆われている。南極でも冬季には大陸周辺に大陸とほぼ同面積の海氷域が発達するが，夏季には低緯度側に流出して姿を消す。1年性の海氷のため，厚さは2m程度である。

南極氷床下の地形の平均標高はマイナス160mで，東南極側（東半球側）には大陸があるものの，西南極側は平均水深マイナス440mの多島海となっている（資料1）。そのため，西南極氷床は海面上昇に対して脆弱で，地球温暖化の進行にともなってどのような挙動を示すか注目を集めている。一方，グリーンランドなどの北極地域には最大1000m近い厚さに達する永久凍土が存在するが，やはり地球温暖化による融解が問題となっている。

陸上の生物相をみると，北極圏内には固有種を含む多くの動植物が生息するが，南極大陸には陸上哺乳動物は生息せず，生物相はきわめて貧弱である。それに対し，海洋生物相は，1年性海氷域の広い南極海が豊かであるのに対し，多年性海氷に覆われる北極海は貧弱となる。

【両極地域と人類の関わり】　現在の北極圏内の人口は約200万人，それに対して南極圏内に居住する人類は（南極観測隊員を除いて）ゼロである。人類は，先史時代にはすでに北極圏を突破し，北極圏内を居住可能地域にしていた。大きな動きが生じたのは，大航海時代以降である。ポルトガル・スペインが南回り航路を開拓した後，それに遅れたオランダ・イギリス等の国々が，国家をあげて北東航路・北西航路の開拓に乗り出したことにより，北極探検の時代（16世紀後半〜17世紀前半）の幕が明けた。国際情勢の変化にともない北方航路開拓の意味がなくなった後は，アザラシ猟や捕鯨のための北極利用が進んだ。19世紀に入ると純粋な北極探検（領土拡張の意味が大きかったが）が過熱しだし，1909年，ロバート＝ピアリー（米）の北極点初到達を迎えた。

一方，人類の南極圏突破は1774年（J.クックの南極海一周航海），南極半島および東南極大陸部への上陸はそれぞれ1821年，1840年である。その直後から科学調査や越冬も行われるようになり，1911年，スコット隊（英）との競争に勝利したアムンセン隊（ノルウェー）により南極点初到達が成しとげられた。同時期，白瀬矗隊も日本人による南極大陸初到達を成しとげている。

【現在の両極地域】　1961年に発効した南極条約により，領土権主張と資源開発が凍結され，南極大陸は国際協調と平和のシンボルとなった。一方，北極圏のスバールバル諸島は，1925年発効のスバールバル条約により領有権はノルウェーにあるものの，条約加盟国の国民は査証なしでの入域と経済活動の自由が保障された。日本は原加盟国（14か国：現在の加盟国は40か国）である。人為的につくられた居住可能地域の代表例として世界最北の炭鉱町・ロングイヤーベン（ノルウェー：79°N）が知られ，ほかにもロシアの炭鉱町が存在する。ロングイヤーベンの人口は約2000人，そのうち約300人は40か国におよぶ多国籍人（難民を多く含む）である。地球温暖化の影響で北極海の海氷面積が減少し，ホッキョクグマが絶滅の危機に瀕している。一方で，海氷面積の減少は北極海航路（資料2）の利用を可能とした。冬季には利用不能となるなど問題もあるが，西欧〜極東アジア間の船舶による輸送距離は，スエズ運河経由にくらべ，北極海航路の利用により約40％削減される。北極海航路の開発には，日本が初期段階から深く関与しており，今後の展開にも注目したい。

学びがいのある社会科教育，地理教育をめざして

1 戦後の教育の原点は何だったのか？

A：「日本の教育は，これまで生きることよりも，死ぬことを教えた。自尊心よりも卑下心を教えた。人間は生命財産の持ち主であることを教えずして，生命財産は天皇のもの国家のものとして教えた。つまり非常時に処する教育に重きをおいて，平時に処する教育が軽視された。戦争道徳は鼓吹したが，平和道徳はお留守になった。愛国心は高調したが，愛社会心は，低調のままに放置された。一言にしていえば，いままでは非常時に処する教育を主とし，平時に処する教育は従の従であった。しかし今日以降の民主教育は，まったくこれとは逆に，平時における教育を主とし，非常に処する教育を従のまた従くらいせねばならぬ。」

B：「これまでの日本の教育には，政府のさしずによって動かされるところが多かった…特に誤った歴史教育を通じて生徒に日本は神国であると思いこませようとし，はては，学校に軍事教練を取り入れることを強制した…政治によってゆがめられた教育を通じて，太平洋戦争を頂点とする日本の悲劇が着々と用意されていったのである。」

C：「今度新しく設けられた社会科の任務は，青少年に社会生活を理解させ，その進展に力を致す態度や能力を養成することである。そして，そのために青少年の社会的経験を，今までよりも，もっと豊かにもっと深いものに発展させて行こうとすることがたいせつなのである」

〈A〉は，1890年の第1回総選挙以来，25回連続当選した「憲政の神様」とも言われた尾崎行雄が，戦争直後に，戦前の教育を批判して書いたものである。(「誤まれる非常時教育」(『わが遺言』国民図書刊行会，1951))

〈B〉は，文部省著作の中3・高1用社会科教科書『民主主義（下）』(1949・8）である。(上巻が1948年10月30日，下巻が1949年8月26日に刊行され，文部省著作教科書として1953年まで中学及び高校の社会科教科書として使用)

〈C〉は，戦後最初に文部省が作成した『学習指導要領　社会科編Ⅰ（試案）』(1947・5・5）の第1章序論，第1節の「社会科とは」の冒頭の文である。『学習指導要領　社会科編Ⅰ（試案）』は小学校を対象とし，『同Ⅱ（試案）』(1947・6・22）は中学校を主な対象とし高校は概要を記したものが1か月ほど遅れて刊行されている。

　戦前・戦中の教育が，「一旦緩急アレハ義勇公ニ奉シ以テ天壌無窮ノ皇運ヲ扶翼スヘシ」(教育勅語）の言葉に代表されるように，天皇・国家のために"死ぬための教育"だったのに対して，戦後の教育基本法（1947年3月31日公布・施行）に基づく教育は，個人の「人格の完成」をめざして"生きるための教育""平和をめざす教育"が，その眼目であったことがよくわかる。

　また，戦後誕生した社会科（Social Studies）は，文字通り社会について学ぶ，「社会研究」する教科であり，「新教育の花形教科」とも言われた。新生社会科の醍醐味は，「社会研究」の体験を子どもたちがつむことであり，子どもたちが主体的に社会を研究し，科学的認識力と社会的実践力を培うものとして出発した。しかし，誕生以来70余年，社会科の目標・内容・方法は大きく変容してきた。制度（学習指導要領・検定教科書・教育行政など）も大きく変遷し，かつ受験に役立つ学力の要請が「社会科は暗記科目」「社会科は覚える教科」とされることにより，戦後の社会科の精神は大きく歪められてきた。

　この本を利用する読者は，もう一度，「何のために，社会科（地歴・公民）を学ぶのか？」「社会科（地歴・公民）を教える目的は何なのか，何のためなのか？」を問い直して欲しい。そして「学びがいのある社会科」「学びがいのある地理」を「My授業プラン」として構想し，授業実践しようではありませんか。

② 新「教育基本法」後，最初の学習指導要領の意味するところは？ ─────────

　今回の学習指導要領は，「教育基本法」が「全部を改正」（2006年12月22日公布・施行）されて後の最初の学習指導要領であり，この意味するところは大きい。新教育基本法ができてから10年以上も経過すると余り話題にされないが，戦後の教育基本法が全面改訂されたことを思い出す必要がある。

　前文の第２段落は，

旧：「われらは，個人の尊厳を重んじ，真理と<u>平和</u>を希求する人間の育成を期するとともに，<u>普遍的</u>にしてしかも個性ゆたかな文化の創造をめざす教育を普及徹底しなければならない。」

新：「…個人の尊厳を重んじ，真理と<u>正義</u>を希求し，<u>公共の精神</u>を尊び，豊かな人間性と創造性を備えた人間の育成を期するとともに，<u>伝統を継承</u>し，新しい文化の創造を目指す教育を推進する。」

である。両者を比較すると，「平和」と「普遍的」が消えて，「正義」「公共の精神」「伝統の継承」などが登場してくる。現憲法を特徴づけている平和主義や普遍性（人類普遍の原理）に関わる言葉を消したことに注目したい。

　また，第１条の教育の目的は，

旧：「教育は，人格の完成をめざし，平和的な国家及び社会の形成者として，真理と正義を愛し，<u>個人の価値</u>をたっとび，勤労と責任を重んじ，<u>自主的精神</u>に充ちた心身ともに健康な国民の育成を期して行われなければならない。」

新：「<u>教育は，人格の完成を目指し，平和で民主的な国家及び社会の形成者として必要な資質を備えた心身共に健康な国民の育成を期して行わなければならない。</u>」

となり，「個人の価値」や「自主的精神」などが消えて，文章の構造も変わっている。新法での教育目的の根幹は，「<u>教育は，国家及び社会の形成者として必要な資質を備えた国民の育成</u>」とされる。

　安彦忠彦神奈川大学特別招聘教授は，

「今回の改訂は「個人の人格の完成」という「主体」重視の戦後の教育基本法の理念が，先の改正によって「国家・社会の形成者の育成」という明治以来の観点から再修正されたことを受けている。…つまり，すでに進行中の政治主導により，文部科学省の保持してきた「教育の政治的中立性」原則を軽視する，第二次世界大戦前に公的に行われた「教化 indoctrinaition」を正当化する風潮が強まる可能性がある。「社会に開かれた」というのは「社会の目指す理念を共有する」ということだとされているので，いっそうその危険は大きい。それでは「国家・社会に従順な人材」の育成という「隠れた（潜在的）カリキュラム」的な流れに引き込まれるであろう。」[1]

と危険性を指摘しているが，重く受け止めたい。

　一人一人が，21世紀の現代世界で生きる子どもたちに教える立場に立ったときに，"教育の目的は何か？"に立ち返って考えてみる必要がある。さらに，戦後の日本の教育の原点が「教え児を再び戦場に送るな！」であり，以下の詩に象徴される加害者としての痛烈な反省から出発したことも，思い出して欲しい。

戦死せる教え児よ[2]

逝いて還らぬ教え児よ　私の手は血まみれだ

君を縊ったその綱の　端を私も持っていた　しかも人の師の名において

嗚呼！

「お互いにだまされていた」の言訳が　　なんでできよう

慚愧 悔恨 懺悔を重ねても　それが何の償いになろう　逝つた君はもう還らない

今ぞ私は汚濁の手をすすぎ　涙をはらつて　君の墓標に誓う
「繰り返さぬぞ絶対に！」　　　　　　　　　　　　竹本源治 詩

❸　新学習指導要領の問題点を乗り越えるには？ ────────────

　教科書検定制度は，以前から問題になっていたが，2014年の検定基準の改訂により，一層政府の意向が教科書の内容に反映される仕組みとなっている。

> （3）近現代の歴史的事象のうち，通説的な見解がない数字などの事項について記述する場合には，通説的な見解がないことが明示されているとともに，児童又は生徒が誤解するおそれのある表現がないこと。
> （4）閣議決定その他の方法により示された政府の統一的な見解又は最高裁判所の判例が存在する場合には，それらに基づいた記述がされていること。[3]

　「閣議決定その他の方法により示された政府の統一的な見解」を唯一の解答とすることにより，例えば，領土問題についていえば，「竹島や北方領土が我が国の固有の領土」であることに加えて，「尖閣諸島については我が国の固有の領土であり，領土問題は存在しない」と教えることが求められている。「いずれの国家も，自国のことのみに専念して他国を無視してはならないのであつて，政治道徳の法則は，普遍的なもの」（日本国憲法前文）と述べている国際理解・国際協調の思想とは逆の，いわば"日本中心主義"の思想を生徒に押し付けることとなる。

　教科書内容の画一性に対して，国際的な視野から考えを深めることが求められる。それこそ，生徒とともに「主体的・対話的で深い学び」がそこで生きてくる。

　また，最近，教科書が読めない子どもたちが増えている。「日本の中高校生の多くは，詰め込み教育の成果で英語の単語や世界史の年表，数学の計算などの表層的な知識は豊富かもしれませんが，中学校の歴史や理科の教科書程度の文章を正確に理解できないということがわかったのです。これは，とても深刻な事態です。」（新井紀子『AI vs. 教科書が読めない子どもたち』東洋経済新報社，2018）と，東ロボ君で話題となった新井紀子国立情報学研究所教授が警告している。

　教科書内容の画一性の問題と子どもが読めない教科書の問題に，教える側が正面から取り組む必要があろう。教科書を読み込んで，そこから何が重要なことか，何が疑問として出てくるのかを探し出すことが求められている。もちろん生徒同士で，生徒と教員とのコラボで，じっくり考えていきたいものである。

❹　地理教育が担う役割は？ ────────────────────────

　従来から小学校では，社会科の中で，地理教育の内容と手法を使った教育が，かなりの時間数行われている。中学校では，社会科の3分野の一つに「地理的分野」があり，「歴史的分野」と並行して中学1，2年で学んでいる。高校の新学習指導要領では，地歴科の中に「地理総合」「歴史総合」（各2単位）が必修で置かれた。少なくとも小学校3年生から高校1年生までが何らかの形で地理教育を学ぶことができる。このことは意外と意識されていないが，子どもの社会認識の形成に地理教育が大きな役割を果たしているともいえる。

　戦後の学習指導要領の変遷を見ると，1960年代に「試案」から「告示」（1958・60年告示），1980年代に「現代社会」の登場（1978年告示），1990年代に高校社会科が「地歴科」「公民科」（1989年告示），2000年代に「総合的な学習の時間」（1998・99年告示），そして今回，高校で「地理総合」「歴史総合」「公共」（2018年告示）が登場と，文部行政の変化に伴って大きく変化をとげてきた。

　戦後70余年の間に，学習指導要領の拘束性が強まり，教育の自由度が狭まるとともに教員の多忙化が進み，「ブラックな仕事」ともいわれる昨今である。また，初期社会科の精神とはかなりずれた教育内容ともなっているが，21世紀に生きる子どもたちに，学びがいのある社会科教育・地理教育を実践したいと願う教師も

数多く存在する。初等中等教育全般を通して，地理教育で押さえておく点は何であろうか。忘れてはいけない！地理を教える際の"鍵"を述べたいと思う。

1）地理学習の基本〜「足もとを掘れ，そこに泉がわく」（ニーチェ）[4]〜

　大人も子どもも身近な地域の現実を知っているようで知らない事実がある。地域への興味・関心を持ち，改めて地域を具体的に観察，調査することにより，地域を深く知り，新しい発見があるはずである。また，地域で起こっていることは，日本や世界とつながっている。福島での原発事故が，地元の人々の生活を破壊するだけでなく，東京での生活のあり方を問い，地球規模での環境汚染を引き起こし，世界各地での原子力発電のあり方に影響を与える。「地域から日本へ，そして世界をつらぬく地域の見方，世界への関心と理解」が重要である。また，「Think Globally, Act Locally」という言葉は，環境問題を考える際によく語られてきたが，地球規模の問題，世界各地での諸問題に対して関心を持ち，自分たちができることをやってみようとすることは，単なる知識理解で終わるのではなく，小さな一歩でも生徒にとって"本当の学び"となる大きな一歩へとなるであろう。

　地域は，古い言葉で表現すれば「合切袋（がっさいぶくろ）」とも言えるであろう。合切袋とは，こまごました携帯品一切を入れる袋のことであるが，人々の生活の場である地域は，複雑で総合的である。ある出来事に対して，考え方や立場によって賛成反対まったく逆になる場合がある。なぜ評価が分かれるかを具体的に分析し，地域社会の現実に迫って考えることが重要である。過疎化，高齢化の進行が進んでいるとすれば，そうした地域の変化の要因は何か？また，地域社会に何をもたらしているか，地域の人々の「顔が見えるような学習」が大切である。地域比較により，日本や世界の中に位置づけることも忘れてはならない。

　歴史学習で年表を作成して事柄を整理するように，地理学習で地域を視覚的，空間的に理解するために地図は有効な方法である。生徒自身による地図作成の取組みを含めて，地図情報を地域理解に有効に活用してほしい。地図好きの子ども，地図の読める子を育てることは，地域・日本・世界への関心と理解を深めることに役立つからである。

2）自然と人間の関係を現実に即して具体的に考える

　自然と人間との関係をどのように捉えるのかは，昔から問題となっていることである。地理学習において，Aという自然条件とBという結果（社会的現実）の因果関係をもっともらしく結びつけて説明することがしばしばあった。一見「そうかもしれない」と思うような分かりやすさを伴っているが，現実の社会や地域の実態に接近せずに，平面的・表面的に繋げているだけである。結果として社会的・歴史的条件が考慮されない「ステレオタイプ」的な理解で終わっている。さらにいえば，地域の抱える諸問題や矛盾を覆い隠して，教える側に都合の良い事実が矛盾なく説明されるという性格をもっている。丁度，歴史の場合における原因と結果を短絡的，かつ都合よく結びつけて自国の行った歴史的事実を免罪する「自国中心史観」と似ている。

　また，3.11東日本大震災のような大災害に直面した場合に，しばしば「想定外」との言葉が使われる。また「天災だったので仕方ない」との「天災論」や「宿命論」が語られる。しかし，例えば福島での原発事故を丁寧に調べていくと，危険の可能性をうすうす知りつつも経営を優先し，安全対策を軽視した結果であることが分かる。巨大な津波をもたらした地震そのものは異常な自然現象であるが，巨大地震と原発事故や津波災害を短絡的に結びつけては，事の本質に迫れない。結局のところ「天災論」や「宿命論」は，災害の本当の原因を覆い隠すことにより，責任の所在を曖昧にする「免罪符」の役割を果たすのである。

　自然と人間との関係を問題とする際には，社会的・歴史的条件を押さえたうえで，具体的・科学的に考察することが重要である。また，自然災害は，自然と人間の関係が最もシビアな状態で発現したものであり，異常な自然現象の科学的な分析と同時に，社会的・歴史的背景を踏まえた災害の原因究明を被災者に寄り添いながら考えていく必要がある。そのような授業が，防災教育を生きたものとするであろう。

3）「○○にとって」の視点で地域をとらえる

　歴史学者鹿野政直は，歴史において「大文字の歴史」（「公」の歴史）と「小文字の歴史」（「私」の歴史）

があり，重要なのは，「小文字の歴史」に着目し，社会的弱者にとってとか，女性にとってと言うように，通常記録されにくい立場にいる人から見た歴史に焦点を当てて歴史をとらえ直す必要があると言っている。地理においても同様である。行政サイドの公的な資料だけでなく，その地域で生きている人々の生の声や，社会的に弱い立場，少数者の人々にとってどのような問題があるかに関心を持って地域をとらえ直す必要がある。

　最近の話題から「にとっての視点」を考える事例を二つ紹介する。昨年，マスコミで話題になった発言に，自民党の杉田水脈衆議院議員の「生産性がない」発言がある。LGBT（性的少数者）を攻撃したものだが，「特定の少数者や弱者の人権を侵害するヘイトスピーチの類であり，ナチスの優性思想にもつながりかねない。」（「毎日」2018・7・25社説）ものである。

　また，2年ほど前に，「東北で良かった」発言があった。2017年4月に自民党・二階派のパーティーでの講演で，3.11東日本大震災について「まだ東北で良かったものの，首都圏に近かったら莫大な被害があった」というものである。当時，復興大臣だった今村雅弘の発言である。杉田の「生産性がない」発言の思想は，人（人間）を，人格を持った個人としてとらえるのではなく，人材ないしは人的資源とみているがゆえに，役に立たないものは排除せよとなる。今村の発言は人的被害，経済的損失等々から考える，即ち国家・社会的な見地からのみ震災を考える，被災者をないがしろにした発言である。

　両者に共通しているのは，人権感覚が欠如し「個人の尊厳」を考えない，また当事者に寄り添わない「上から目線」の思想である。「LGBTの人たちにとって」，「福島の被災者にとって」という視点が欠けている。こうした社会的な見方・考え方を払しょくしていくような授業が社会科で実施される必要があろう。

４）批判的精神で “事実とは何か” を吟味する

　学校教育法において，高等学校の教育目標として「個性の確立に努めるとともに，社会について，広く深い理解と健全な批判力を養い，社会の発展に寄与する態度を養うこと」とされているが，この「健全な批判力」は，学習内容を生徒自身が吟味し，自身の生き方と結びつける上で鍵となるものである。また，批判的精神を育てるためには，子どもが学習の主体として位置づき，自由な雰囲気のなかで「学びの共同体」が実現される必要がある。

　教育において客観的事実を教えることは当然のことと考えられている。しかし，“事実とは何か”を吟味すると難しい問題が存在する。ある事象を取上げる際に，それこそ無数の事実から何を取上げるか，そこに「選択」が行われるゆえに，一般的な意味での客観的事実は存在せずに，ある見方やその人間の価値観で選択された事実，いわば「主観的な事実」を教えることになる。歴史学者E・H・カーは，「歴史的意味と言う点から見た選択の過程」が大切であるといっているが，地理教育にあてはめれば，「現代世界・日本・地域を理解するという点で，意味のある事実」をしっかりと吟味して選択し，教える必要がある。そこに教える側の資質・能力が試されることになる。しっかりとした世界観と教材研究が求められる。

　　（注1）安彦忠彦「これからの教育の方向と課題―次期学習指導要領答申を踏まえて―」（『教育展望』3月号，2017・3）なお，安彦氏は中教審委員であり，今回の学習指導要領の改訂に際しては，教育課程部会 教育課程企画特別部会の主査であった。
　　（注2）竹本源治「逝いて還らぬ教え児よ」（高知県教職員組合機関誌『るねさんす』1952年1月）
　　（注3）「義務教育諸学校教科用図書検定基準及び高等学校教科用図書検定基準の一部を改訂する告示」（2014・1）
　　（注4）原題は Friedrich Wilhelm Nietzsche『Die fröhliche Wissenschaft „la gaya scienza"』（1882年出版，1887年第2版）で，題名は『華やぐ智慧』，『悦ばしき知識』，『喜ばしき知恵』などと訳されている。副題はオック語で同様の意味。その中に「3 Unverzagt」（「ひるむな」，「尻込みせずに」）という詩がある。
　　Wo du stehst,grab tief hinein!／Drunten ist die Quelle!／Lass die dunklen Männer schrein:／"Stets ist drunten-Hölle!"
　　足もと　深く／掘れば　泉！／痴人（しれびと）はいう／「そこは―地獄。」（戦前の伊藤武雄の訳）
　　君のいる場所を深く掘れ！／地下には泉があるからだ！／愚かな輩（やから）には言わせておこう／「地下にあるのは―地獄に決まっている！」と。（村井則夫訳『喜ばしき知恵』河出文庫，2012）
　　この詩の最初の2文を取ったもので，環境経済学者の宮本憲一が「足もとを掘れ，そこに泉がわく」を座右の銘として使っていた。

編集委員　小林汎

編集委員・執筆者

（執筆箇所の項目タイトルの番号を示す）

相澤善雄 ……………………………………… 61

○相原正義 ……………… 5・50・57・58・71・77・78

蟻川明男 ……………………………………… 14

○石田素司 ……………………… 24・35・37・49・56

磯部　作 …………………………………… 3・29

岩渕　孝 …………………………………… 9・17

上野廣幸 ………………………………… 51・52

大谷猛夫 ………………………………… 55・65

大野　新 ……………………………………… 23

岡　利行 ……………………………………… 28

○海東達也 …………………………… 10・62・63・72

久保田嘉一 ………………………………… 4・43

○小林　汎 ………………………………… 81・83

○小山昌矩 ……………… 20・41・42・47・66・85

近藤正治 ……………………………………… 84

笹川耕太郎 …………………………… 44・79・80

柴田　健 ………………………………… 25・26・60

鈴木良伸 ……………………………………… 53

○高田和則 ……………………… 15・16・18・19

田口忠宣 ………………………………… 46・48

武田竜一 ………………………………… 21・38

竹本　伸 …………………………… 30・59・82

田島康弘 ………………………………… 22・64

田代　博 ………………………… 11・12・13

○長谷川裕彦 ……………………… 1・2・91

春名政弘 …………………………………… 8・27

二日市健一 ……………………… 36・86・87

松尾良作 ………………………… 31・32・34

松永和子 ……………………………………… 67

三堀潔貴 …………………………… 6・7・76

宮嶋祐一 ………………………………… 88・89

吉住知文 ………………………………… 74・75

吉村憲二 ……………………… 40・54・69・70

吉本健一 ……………………… 33・45・68・73・90

和田康喜 ……………………………………… 39

○編集委員

定価は裏表紙に表示

新版　地理授業で使いたい教材資料

2019年7月26日　第1版発行
2021年3月31日　第2版発行

編著者　「新版 地理授業で使いたい教材資料」
　　　　編集委員会

発行者　地理教育研究会

発行元　株式会社　清水書院
　　　　東京都千代田区飯田橋3-11-6
　　　　電話　03(5213)7151(代)
　　　　FAX　03(5213)7160
　　　　http://www.shimizushoin.co.jp
　　　　郵便番号　102-0072
　　　　振替　00130-3-5283

印刷所　広研印刷株式会社

ISBN978-4-389-22593-3
　　　　落丁・乱丁本はお取り替えします。

Printed in Japan